企业绩效评价标准值

2023

国务院国资委考核分配局　编

中国财经出版传媒集团

经济科学出版社

Economic Science Press

图书在版编目（CIP）数据

企业绩效评价标准值. 2023/国务院国资委考核分
配局编. －－北京：经济科学出版社，2023.7
　　ISBN 978－7－5218－4922－6

　　Ⅰ. ①企…　Ⅱ. ①国…　Ⅲ. ①国有企业－经济评价－
标准－中国－2023　Ⅳ. ①F279.241－65

中国国家版本馆 CIP 数据核字（2023）第 119629 号

责任编辑：黄双蓉
责任校对：刘　昕
责任印制：邱　天

企业绩效评价标准值
2023

国务院国资委考核分配局　编

经济科学出版社出版、发行　新华书店经销

社址：北京市海淀区阜成路甲 28 号　邮编：100142

总编部电话：010－88191217　发行部电话：010－88191522

网址：www. esp. com. cn

电子邮箱：esp@ esp. com. cn

天猫网店：经济科学出版社旗舰店

网址：http：//jjkxcbs. tmall. com

固安华明印业有限公司印装

787×1092　16 开　23.5 印张　440000 字

2023 年 7 月第 1 版　2023 年 7 月第 1 次印刷

ISBN 978－7－5218－4922－6　定价：96.00 元

（图书出现印装问题，本社负责调换。电话：010－88191545）

（版权所有　侵权必究　打击盗版　举报热线：010－88191661

QQ：2242791300　营销中心电话：010－88191537

电子邮箱：dbts@ esp. com. cn）

说　　明

　　2023 年企业绩效评价标准值由国务院国资委考核分配局根据《中央企业综合绩效评价管理暂行办法》（国务院国资委令第 14 号）等有关规定及实际工作需要，利用全国国有企业有关数据、国家统计部门有关资料、各行业协会有关运行材料等，结合对 2022 年度国民经济各行业运行情况的客观分析，运用数理统计方法测算编制。

　　企业绩效评价标准值的行业划分以《国民经济行业分类与代码》（GB/T4754 – 2017）为基本依据，结合各行业企业分布情况综合确定，共包括 10 个行业大类、48 个中类和 105 个小类。部分行业细分为大、中、小型规模企业标准值。

　　企业绩效评价标准值共包括 4 个维度 16 项评价指标和 8 项补充指标。为满足国际对标工作需要，收录部分行业上年企业绩效评价国际标准值，供参考。

编者

二〇二三年六月

目　　录

全国国有企业

项　　目	优秀值	良好值	平均值	较低值	较差值
一、盈利回报指标					
净资产收益率（％）	11.9	7.9	5.8	1.4	−5.6
营业收入利润率（％）	15.9	9.7	5.5	−1.8	−9.0
总资产报酬率（％）	7.8	5.3	4.0	0.5	−6.3
盈余现金保障倍数	8.7	4.4	1.7	−1.1	−3.1
二、资产运营指标					
总资产周转率（次）	1.4	0.7	0.3	0.2	0.1
应收账款周转率（次）	21.3	12.2	7.4	3.9	1.5
流动资产周转率（次）	2.0	1.2	0.8	0.4	0.1
两金占流动资产比重（％）	8.7	23.9	37.2	47.5	57.8
三、风险防控指标					
资产负债率（％）	49.1	55.1	64.1	74.1	89.1
现金流动负债比率（％）	18.1	13.2	6.7	−5.5	−13.6
带息负债比率（％）	18.9	30.4	45.5	64.8	77.8
已获利息倍数	5.7	4.3	3.0	0.9	−1.9
四、持续发展指标					
研发经费投入强度（％）	3.7	2.7	2.2	1.9	0.9
全员劳动生产率（万元/人）	56.9	45.3	39.3	19.9	6.9
经济增加值率（％）	6.4	0.4	−2.7	−5.0	−9.5
国有资本保值增值率（％）	110.7	107.2	104.3	99.5	90.1
五、补充指标					
营业现金比率（％）	19.3	12.0	8.2	0.4	−14.7
国有资本回报率（％）	11.1	7.1	5.0	−0.2	−10.3
EBITDA 率（％）	24.8	14.4	7.2	1.8	−2.7
百元收入支付的成本费用（元）	89.9	93.6	95.5	99.3	106.7
存货周转率（次）	15.4	8.0	2.1	0.9	0.1
速动比率	1.4	1.0	0.8	0.6	0.4
利润总额增长率（％）	14.8	4.4	−1.0	−14.5	−23.6
营业总收入增长率（％）	22.1	13.1	7.8	−4.3	−16.0

全国国有企业

项　目	优秀值	良好值	平均值	较低值	较差值
一、盈利回报指标					
净资产收益率（%）	13.6	9.1	6.8	2.6	-3.0
营业收入利润率（%）	13.9	9.0	5.6	0.1	-5.5
总资产报酬率（%）	8.9	6.0	4.5	1.4	-4.6
盈余现金保障倍数	9.0	4.7	1.8	0.2	-3.0
二、资产运营指标					
总资产周转率（次）	1.1	0.6	0.4	0.3	0.1
应收账款周转率（次）	21.5	14.5	8.6	4.4	1.5
流动资产周转率（次）	1.6	1.1	0.9	0.5	0.1
两金占流动资产比重（%）	10.3	22.3	35.2	45.0	53.8
三、风险防控指标					
资产负债率（%）	49.1	55.1	64.1	74.0	89.1
现金流动负债比率（%）	20.7	13.8	7.6	-3.0	-10.1
带息负债比率（%）	22.0	31.9	46.7	66.4	79.6
已获利息倍数	7.0	4.5	3.2	1.3	-1.6
四、持续发展指标					
研发经费投入强度（%）	4.3	3.2	2.7	2.3	1.6
全员劳动生产率（万元/人）	63.4	51.5	45.3	26.8	14.4
经济增加值率（%）	8.2	2.5	-0.4	-3.3	-8.9
国有资本保值增值率（%）	112.5	109.1	105.1	100.5	95.3
五、补充指标					
营业现金比率（%）	17.3	11.7	8.6	0.0	-6.6
国有资本回报率（%）	12.7	8.2	5.9	1.6	-6.6
EBITDA率（%）	25.1	15.1	7.8	4.0	-1.9
百元收入支付的成本费用（元）	89.8	93.4	95.3	98.6	104.9
存货周转率（次）	17.9	8.4	3.5	1.5	0.1
速动比率	1.4	1.2	0.8	0.7	0.5
利润总额增长率（%）	13.4	4.8	-0.2	-12.5	-21.6
营业总收入增长率（%）	21.5	16.0	7.6	-1.9	-12.9

全国国有企业

范围：中型企业

项目	优秀值	良好值	平均值	较低值	较差值
一、盈利回报指标					
净资产收益率（%）	12.0	7.7	5.5	1.9	− 5.1
营业收入利润率（%）	17.1	9.8	5.7	− 1.4	− 8.1
总资产报酬率（%）	5.6	2.7	1.3	− 1.8	− 7.8
盈余现金保障倍数	9.4	4.4	1.5	− 0.8	− 5.4
二、资产运营指标					
总资产周转率（次）	0.9	0.5	0.3	0.2	0.1
应收账款周转率（次）	20.6	12.9	4.5	2.2	0.7
流动资产周转率（次）	2.0	0.9	0.4	0.2	0.1
两金占流动资产比重（%）	8.5	19.5	36.0	45.1	51.9
三、风险防控指标					
资产负债率（%）	47.8	53.8	62.8	72.8	87.8
现金流动负债比率（%）	15.6	8.4	2.9	− 7.8	− 14.9
带息负债比率（%）	22.9	34.1	48.1	67.5	80.4
已获利息倍数	6.2	3.8	1.9	0.7	− 0.8
四、持续发展指标					
研发经费投入强度（%）	3.2	2.4	2.1	1.8	1.0
全员劳动生产率（万元/人）	54.6	42.1	35.7	18.2	6.5
经济增加值率（%）	0.4	− 1.8	− 3.2	− 5.7	− 10.2
国有资本保值增值率（%）	111.0	107.5	104.1	99.8	93.3
五、补充指标					
营业现金比率（%）	21.5	11.5	4.0	− 3.6	− 18.4
国有资本回报率（%）	11.3	6.9	4.7	0.0	− 9.2
EBITDA率（%）	22.9	16.2	7.4	2.6	− 0.6
百元收入支付的成本费用（元）	92.9	95.3	97.4	106.3	113.3
存货周转率（次）	13.9	7.0	1.3	0.6	0.1
速动比率	1.4	1.1	0.9	0.7	0.5
利润总额增长率（%）	13.9	4.8	− 1.7	− 15.3	− 24.8
营业总收入增长率（%）	25.5	18.5	11.7	− 4.6	− 17.3

全国国有企业

范围：小型企业

项　　目	优秀值	良好值	平均值	较低值	较差值
一、盈利回报指标					
净资产收益率（%）	8.9	5.8	4.2	-2.6	-7.1
营业收入利润率（%）	14.2	7.6	3.1	-8.0	-22.8
总资产报酬率（%）	4.3	2.2	1.1	-1.8	-7.5
盈余现金保障倍数	6.1	2.3	0.4	-2.2	-6.2
二、资产运营指标					
总资产周转率（次）	1.4	0.7	0.3	0.2	0.1
应收账款周转率（次）	17.7	9.9	3.9	1.6	0.1
流动资产周转率（次）	1.9	0.9	0.4	0.3	0.2
两金占流动资产比重（%）	9.6	29.0	39.8	55.0	66.9
三、风险防控指标					
资产负债率（%）	47.5	53.6	62.7	72.5	87.5
现金流动负债比率（%）	13.8	6.6	1.5	-7.6	-17.3
带息负债比率（%）	14.1	30.3	43.5	61.2	72.9
已获利息倍数	5.5	3.1	1.9	-0.3	-2.3
四、持续发展指标					
研发经费投入强度（%）	2.1	1.9	1.6	1.2	0.6
全员劳动生产率（万元/人）	53.6	40.3	33.4	15.7	3.9
经济增加值率（%）	-0.9	-2.6	-3.5	-7.1	-10.0
国有资本保值增值率（%）	107.9	105.7	103.0	97.2	89.2
五、补充指标					
营业现金比率（%）	18.9	9.8	-0.5	-7.1	-19.9
国有资本回报率（%）	8.3	5.2	3.6	-2.8	-11.9
EBITDA 率（%）	21.8	14.8	6.2	1.0	-4.0
百元收入支付的成本费用（元）	92.3	95.9	98.5	111.3	123.0
存货周转率（次）	16.5	6.1	0.8	0.4	0.1
速动比率	1.8	1.5	1.1	0.8	0.6
利润总额增长率（%）	20.0	-3.7	-15.9	-28.7	-37.3
营业总收入增长率（%）	24.8	18.8	11.6	-2.1	-15.7

工业

范围：全行业

项　　目	优秀值	良好值	平均值	较低值	较差值
一、盈利回报指标					
净资产收益率（%）	13.3	9.4	6.3	0.1	-4.3
营业收入利润率（%）	17.5	11.1	6.1	-1.7	-7.9
总资产报酬率（%）	7.7	5.3	4.0	0.1	-2.5
盈余现金保障倍数	6.0	2.9	1.0	0.2	-1.5
二、资产运营指标					
总资产周转率（次）	0.9	0.7	0.4	0.2	0.1
应收账款周转率（次）	18.0	9.6	5.3	2.3	0.3
流动资产周转率（次）	2.0	1.7	1.2	0.6	0.2
两金占流动资产比重（%）	14.0	25.1	35.4	47.4	57.7
三、风险防控指标					
资产负债率（%）	48.0	53.0	58.0	68.0	83.0
现金流动负债比率（%）	26.9	15.9	8.5	-3.1	-13.8
带息负债比率（%）	30.1	39.9	52.9	65.6	78.7
已获利息倍数	8.4	4.7	2.4	0.8	-1.4
四、持续发展指标					
研发经费投入强度（%）	3.7	2.5	2.0	1.5	0.6
全员劳动生产率（万元/人）	69.5	48.9	28.4	17.0	9.4
经济增加值率（%）	8.4	3.5	-0.4	-5.1	-8.2
国有资本保值增值率（%）	111.1	106.6	103.9	98.0	90.2
五、补充指标					
营业现金比率（%）	45.5	23.2	5.0	0.0	-5.3
国有资本回报率（%）	11.6	8.2	5.5	0.0	-9.4
EBITDA率（%）	27.5	17.3	9.3	2.3	-3.5
百元收入支付的成本费用（元）	82.3	90.9	96.4	102.6	110.9
存货周转率（次）	19.5	12.1	7.3	4.9	3.4
速动比率	1.4	1.2	0.8	0.6	0.3
利润总额增长率（%）	22.5	12.3	-2.9	-17.5	-27.2
营业总收入增长率（%）	22.5	15.6	5.2	-7.4	-17.8

工业

范围：大型企业

项　　目	优秀值	良好值	平均值	较低值	较差值
一、盈利回报指标					
净资产收益率（％）	13.8	9.9	6.1	1.1	-5.6
营业收入利润率（％）	17.5	11.2	6.3	-0.2	-6.4
总资产报酬率（％）	8.4	5.7	4.0	0.2	-5.3
盈余现金保障倍数	5.0	3.0	1.1	0.0	-2.1
二、资产运营指标					
总资产周转率（次）	1.1	0.8	0.5	0.3	0.1
应收账款周转率（次）	22.4	14.9	7.4	3.7	1.3
流动资产周转率（次）	2.8	1.9	1.3	0.6	0.2
两金占流动资产比重（％）	12.5	23.4	33.1	42.4	54.6
三、风险防控指标					
资产负债率（％）	48.0	53.0	58.0	68.0	83.0
现金流动负债比率（％）	26.4	17.6	9.9	1.2	-12.9
带息负债比率（％）	28.8	39.2	50.4	60.2	72.8
已获利息倍数	13.1	6.5	3.1	1.9	-0.3
四、持续发展指标					
研发经费投入强度（％）	4.1	3.3	2.7	2.2	1.3
全员劳动生产率（万元/人）	85.5	62.1	38.7	24.9	15.7
经济增加值率（％）	9.1	5.2	0.6	-3.2	-5.7
国有资本保值增值率（％）	110.0	106.2	104.0	98.7	93.8
五、补充指标					
营业现金比率（％）	31.5	18.9	6.4	0.6	-3.2
国有资本回报率（％）	12.1	8.8	5.5	0.4	-6.3
EBITDA率（％）	28.1	18.5	9.7	3.1	-2.2
百元收入支付的成本费用（元）	84.7	91.4	95.2	101.0	106.0
存货周转率（次）	19.9	12.7	7.5	5.3	3.8
速动比率	1.4	1.1	0.8	0.6	0.4
利润总额增长率（％）	23.0	11.2	-2.4	-16.5	-25.9
营业总收入增长率（％）	26.7	19.9	9.7	-1.2	-10.4

工业

项　　目	优秀值	良好值	平均值	较低值	较差值
一、盈利回报指标					
净资产收益率（%）	15.0	10.6	6.3	0.3	-8.8
营业收入利润率（%）	17.1	11.3	6.0	1.0	-7.4
总资产报酬率（%）	8.8	6.2	3.7	1.2	-3.4
盈余现金保障倍数	6.5	3.4	1.0	-0.5	-3.4
二、资产运营指标					
总资产周转率（次）	1.0	0.8	0.5	0.2	0.1
应收账款周转率（次）	22.4	12.1	4.9	2.2	0.4
流动资产周转率（次）	2.3	1.8	1.1	0.6	0.3
两金占流动资产比重（%）	11.3	23.8	37.2	51.4	61.0
三、风险防控指标					
资产负债率（%）	48.0	53.0	58.0	68.0	83.0
现金流动负债比率（%）	28.0	16.3	6.6	-4.0	-11.1
带息负债比率（%）	22.6	33.8	45.3	66.0	79.8
已获利息倍数	9.7	4.9	2.4	0.9	-1.3
四、持续发展指标					
研发经费投入强度（%）	3.4	2.3	1.8	1.4	0.6
全员劳动生产率（万元/人）	68.5	48.6	29.3	18.5	11.4
经济增加值率（%）	11.2	6.1	0.6	-3.3	-5.9
国有资本保值增值率（%）	112.6	108.6	104.8	98.5	90.4
五、补充指标					
营业现金比率（%）	33.9	18.4	5.1	0.0	-4.2
国有资本回报率（%）	13.3	9.5	5.8	0.2	-9.3
EBITDA率（%）	27.2	16.8	8.5	1.8	-4.2
百元收入支付的成本费用（元）	83.5	90.8	94.9	102.3	111.5
存货周转率（次）	32.1	15.4	6.8	4.9	3.6
速动比率	1.5	1.2	0.9	0.6	0.4
利润总额增长率（%）	24.5	13.1	-1.3	-19.0	-40.7
营业总收入增长率（%）	20.9	14.8	5.5	-7.6	-16.3

工业

项　　目	优秀值	良好值	平均值	较低值	较差值
一、盈利回报指标					
净资产收益率（%）	11.4	8.2	5.4	-0.3	-11.4
营业收入利润率（%）	17.0	12.1	5.5	-0.6	-8.2
总资产报酬率（%）	7.4	4.8	3.3	-0.4	-6.8
盈余现金保障倍数	6.1	3.2	1.1	-0.3	-1.6
二、资产运营指标					
总资产周转率（次）	0.9	0.6	0.3	0.2	0.1
应收账款周转率（次）	15.7	8.0	3.5	1.7	0.5
流动资产周转率（次）	1.9	1.5	0.9	0.5	0.2
两金占流动资产比重（%）	4.4	22.0	32.2	49.9	61.7
三、风险防控指标					
资产负债率（%）	48.0	53.0	58.0	68.0	83.0
现金流动负债比率（%）	24.3	14.0	5.6	-4.5	-13.2
带息负债比率（%）	33.2	45.6	56.5	67.8	82.9
已获利息倍数	7.3	4.4	2.3	0.8	-2.0
四、持续发展指标					
研发经费投入强度（%）	2.3	1.9	1.6	1.1	0.4
全员劳动生产率（万元/人）	64.6	44.9	26.1	15.6	8.6
经济增加值率（%）	8.9	4.0	-0.7	-4.4	-6.9
国有资本保值增值率（%）	109.0	105.7	103.2	97.8	89.8
五、补充指标					
营业现金比率（%）	48.5	24.0	4.2	0.0	-6.2
国有资本回报率（%）	9.8	7.0	4.6	-1.1	-12.2
EBITDA率（%）	26.8	17.1	7.1	1.1	-4.0
百元收入支付的成本费用（元）	81.1	89.9	96.8	103.7	116.5
存货周转率（次）	20.0	12.7	7.2	5.2	3.9
速动比率	1.4	1.1	0.7	0.5	0.3
利润总额增长率（%）	22.3	9.5	-4.7	-20.6	-41.1
营业总收入增长率（%）	23.7	15.8	3.9	-8.8	-19.1

煤炭工业

范围：全行业

项 目	优秀值	良好值	平均值	较低值	较差值
一、盈利回报指标					
净资产收益率（%）	19.2	13.9	10.3	5.0	1.4
营业收入利润率（%）	26.9	19.0	13.7	8.1	-2.1
总资产报酬率（%）	12.7	8.9	7.0	2.8	0.0
盈余现金保障倍数	4.6	2.0	0.6	-0.1	-1.4
二、资产运营指标					
总资产周转率（次）	0.8	0.6	0.4	0.3	0.2
应收账款周转率（次）	14.4	9.4	6.8	3.2	0.8
流动资产周转率（次）	2.5	1.7	1.2	0.7	0.4
两金占流动资产比重（%）	11.5	21.3	31.5	41.2	50.3
三、风险防控指标					
资产负债率（%）	48.6	53.6	58.6	68.6	83.6
现金流动负债比率（%）	20.5	13.3	6.6	-0.9	-15.4
带息负债比率（%）	32.8	41.8	48.9	57.2	73.3
已获利息倍数	8.7	5.3	2.5	1.2	-0.8
四、持续发展指标					
研发经费投入强度（%）	2.4	2.0	1.8	1.4	1.0
全员劳动生产率（万元/人）	99.1	72.1	58.2	29.0	9.6
经济增加值率（%）	13.8	7.1	2.5	-2.5	-5.9
国有资本保值增值率（%）	115.0	107.5	103.2	101.3	97.4
五、补充指标					
营业现金比率（%）	34.4	23.1	6.2	2.5	0.0
国有资本回报率（%）	12.2	7.6	4.6	0.0	-3.2
EBITDA率（%）	35.5	28.0	17.8	5.9	-2.1
百元收入支付的成本费用（元）	70.2	80.9	88.4	97.9	104.2
存货周转率（次）	27.8	22.0	18.1	12.7	9.0
速动比率	1.1	0.8	0.7	0.4	0.2
利润总额增长率（%）	38.5	23.8	15.2	4.8	-4.3
营业总收入增长率（%）	37.1	26.8	18.4	10.4	0.6

煤炭工业

范围：大型企业

项　目	优秀值	良好值	平均值	较低值	较差值
一、盈利回报指标					
净资产收益率（%）	22.8	17.6	14.2	8.2	0.8
营业收入利润率（%）	40.4	30.8	23.3	15.6	7.3
总资产报酬率（%）	12.7	9.1	7.2	2.6	-1.3
盈余现金保障倍数	4.8	2.2	0.8	0.1	-1.3
二、资产运营指标					
总资产周转率（次）	0.7	0.6	0.4	0.3	0.1
应收账款周转率（次）	18.3	13.6	9.9	6.1	3.6
流动资产周转率（次）	2.5	1.7	1.1	0.6	0.2
两金占流动资产比重（%）	3.3	12.3	21.9	31.4	39.4
三、风险防控指标					
资产负债率（%）	48.6	53.6	58.6	68.6	83.6
现金流动负债比率（%）	31.7	17.9	8.8	0.0	-14.4
带息负债比率（%）	42.1	50.1	57.6	65.9	81.9
已获利息倍数	11.5	8.2	4.4	3.0	1.2
四、持续发展指标					
研发经费投入强度（%）	2.3	2.0	1.9	1.4	0.9
全员劳动生产率（万元/人）	105.0	84.2	57.4	44.4	19.3
经济增加值率（%）	14.0	7.4	3.0	-2.3	-5.8
国有资本保值增值率（%）	119.3	112.9	108.7	105.5	99.3
五、补充指标					
营业现金比率（%）	38.0	29.9	17.7	7.1	0.0
国有资本回报率（%）	16.6	12.1	9.2	4.1	-2.4
EBITDA率（%）	39.1	33.1	25.3	16.3	7.0
百元收入支付的成本费用（元）	62.1	71.5	79.9	91.3	98.9
存货周转率（次）	24.8	22.2	19.5	17.0	13.6
速动比率	1.3	1.1	0.8	0.4	0.2
利润总额增长率（%）	52.3	41.7	25.8	15.9	9.4
营业总收入增长率（%）	33.4	25.5	18.5	9.2	2.4

煤炭工业

范围：中型企业

项　　目	优秀值	良好值	平均值	较低值	较差值
一、盈利回报指标					
净资产收益率（%）	26.9	21.6	16.4	9.8	3.4
营业收入利润率（%）	35.0	25.5	18.6	12.2	1.5
总资产报酬率（%）	12.5	9.0	7.2	3.4	0.3
盈余现金保障倍数	1.7	1.3	0.8	-0.2	-2.1
二、资产运营指标					
总资产周转率（次）	0.8	0.6	0.4	0.3	0.2
应收账款周转率（次）	13.1	9.0	6.7	3.8	1.8
流动资产周转率（次）	3.0	2.3	1.2	0.7	0.4
两金占流动资产比重（%）	15.2	23.5	34.6	44.3	54.3
三、风险防控指标					
资产负债率（%）	48.6	53.6	58.6	68.6	83.6
现金流动负债比率（%）	21.8	9.4	3.0	-1.6	-10.4
带息负债比率（%）	35.0	45.3	56.5	64.8	80.8
已获利息倍数	9.3	5.8	2.8	1.5	-0.7
四、持续发展指标					
研发经费投入强度（%）	3.7	2.5	1.9	1.6	1.1
全员劳动生产率（万元/人）	118.4	83.4	65.3	34.8	14.4
经济增加值率（%）	11.8	6.3	1.1	-3.4	-6.5
国有资本保值增值率（%）	112.7	109.4	106.2	104.2	100.3
五、补充指标					
营业现金比率（%）	32.5	22.4	13.0	5.2	0.0
国有资本回报率（%）	16.5	11.9	7.5	2.5	-0.8
EBITDA率（%）	34.3	28.0	19.2	6.0	-2.7
百元收入支付的成本费用（元）	64.6	74.8	82.5	99.3	112.7
存货周转率（次）	27.3	23.1	17.1	13.8	9.5
速动比率	1.2	0.9	0.6	0.3	0.1
利润总额增长率（%）	44.5	32.2	15.5	4.5	-2.9
营业总收入增长率（%）	40.9	30.5	18.5	8.1	1.2

煤炭工业

范围：小型企业

项　　目	优秀值	良好值	平均值	较低值	较差值
一、盈利回报指标					
净资产收益率（%）	11.6	7.0	4.1	-0.5	-8.3
营业收入利润率（%）	15.5	7.8	3.8	-1.9	-8.8
总资产报酬率（%）	7.0	4.8	3.1	-1.1	-5.6
盈余现金保障倍数	4.4	2.0	0.4	-0.5	-2.2
二、资产运营指标					
总资产周转率（次）	1.0	0.6	0.3	0.2	0.1
应收账款周转率（次）	12.8	8.2	5.9	2.7	0.6
流动资产周转率（次）	2.0	1.3	0.9	0.5	0.2
两金占流动资产比重（%）	0.9	8.0	18.7	27.6	43.4
三、风险防控指标					
资产负债率（%）	48.6	53.6	58.6	68.6	83.6
现金流动负债比率（%）	18.3	8.3	2.1	-4.1	-16.2
带息负债比率（%）	26.1	36.4	47.3	55.1	70.3
已获利息倍数	5.3	2.8	1.3	-0.6	-3.3
四、持续发展指标					
研发经费投入强度（%）	1.4	1.2	1.1	0.8	0.6
全员劳动生产率（万元/人）	69.1	51.4	42.2	16.9	0.0
经济增加值率（%）	9.7	3.1	-0.9	-5.6	-10.2
国有资本保值增值率（%）	109.3	104.8	102.4	98.6	91.1
五、补充指标					
营业现金比率（%）	29.0	13.2	1.3	-0.7	-4.6
国有资本回报率（%）	9.6	5.6	3.1	-1.1	-9.3
EBITDA率（%）	28.9	19.0	6.9	-0.7	-15.5
百元收入支付的成本费用（元）	78.5	87.2	96.6	109.7	118.4
存货周转率（次）	16.3	13.9	12.4	9.6	4.1
速动比率	1.1	0.9	0.6	0.3	0.1
利润总额增长率（%）	25.6	16.8	3.6	-6.8	-16.3
营业总收入增长率（%）	29.8	20.2	9.9	3.9	-5.1

石油石化工业

范围：全行业

项 目	优秀值	良好值	平均值	较低值	较差值
一、盈利回报指标					
净资产收益率（%）	11.1	9.9	8.1	5.1	0.7
营业收入利润率（%）	16.3	13.1	10.1	6.1	0.2
总资产报酬率（%）	6.8	6.2	5.2	3.1	0.6
盈余现金保障倍数	2.2	1.5	1.2	0.3	-1.5
二、资产运营指标					
总资产周转率（次）	1.3	0.9	0.6	0.4	0.2
应收账款周转率（次）	28.5	24.2	20.1	13.6	5.1
流动资产周转率（次）	2.5	2.0	1.6	0.7	0.1
两金占流动资产比重（%）	9.1	18.5	32.6	42.1	50.1
三、风险防控指标					
资产负债率（%）	46.0	52.6	56.0	66.0	81.0
现金流动负债比率（%）	25.8	14.0	5.2	-3.0	-18.9
带息负债比率（%）	25.9	32.6	42.8	49.7	63.3
已获利息倍数	12.9	10.2	6.6	4.3	1.1
四、持续发展指标					
研发经费投入强度（%）	2.0	1.3	1.0	0.5	0.2
全员劳动生产率（万元/人）	115.7	83.5	67.0	34.8	13.3
经济增加值率（%）	8.4	3.5	0.7	-3.0	-5.5
国有资本保值增值率（%）	110.3	108.4	107.2	104.6	99.4
五、补充指标					
营业现金比率（%）	36.5	16.6	2.9	0.0	-4.9
国有资本回报率（%）	10.2	9.2	7.6	4.6	0.5
EBITDA率（%）	27.1	21.0	11.9	3.9	-2.9
百元收入支付的成本费用（元）	80.0	89.3	94.1	101.8	110.4
存货周转率（次）	21.6	17.9	14.8	11.3	8.5
速动比率	1.3	0.9	0.7	0.5	0.3
利润总额增长率（%）	35.2	27.6	17.6	4.1	-22.2
营业总收入增长率（%）	42.1	35.0	24.4	13.2	5.8

石油石化工业

项　　目	优秀值	良好值	平均值	较低值	较差值
一、盈利回报指标					
净资产收益率（％）	15.9	10.7	8.0	4.5	0.4
营业收入利润率（％）	18.9	13.6	10.9	5.0	0.3
总资产报酬率（％）	7.7	6.8	5.5	2.4	0.4
盈余现金保障倍数	3.6	2.5	1.6	−0.3	−1.7
二、资产运营指标					
总资产周转率（次）	2.1	1.5	0.7	0.4	0.2
应收账款周转率（次）	30.0	25.6	22.4	17.8	11.9
流动资产周转率（次）	7.0	4.0	2.5	1.6	1.0
两金占流动资产比重（％）	−1.1	14.0	21.7	31.6	50.9
三、风险防控指标					
资产负债率（％）	46.0	51.0	56.0	66.0	81.0
现金流动负债比率（％）	30.0	18.9	6.0	−4.3	−24.2
带息负债比率（％）	16.7	27.0	39.6	51.2	59.0
已获利息倍数	13.4	10.6	6.4	3.2	0.6
四、持续发展指标					
研发经费投入强度（％）	1.7	1.3	1.1	0.6	0.1
全员劳动生产率（万元/人）	138.1	112.1	73.0	43.7	24.2
经济增加值率（％）	11.3	6.3	2.2	−1.4	−4.3
国有资本保值增值率（％）	111.3	109.6	107.1	104.0	99.4
五、补充指标					
营业现金比率（％）	44.2	24.9	3.8	0.1	−2.3
国有资本回报率（％）	13.7	9.6	7.5	4.0	0.0
EBITDA 率（％）	27.3	21.5	12.6	4.6	−2.3
百元收入支付的成本费用（元）	83.4	91.7	96.8	102.5	108.2
存货周转率（次）	26.8	22.4	15.8	14.1	10.7
速动比率	1.2	0.9	0.7	0.5	0.3
利润总额增长率（％）	40.9	34.3	24.3	8.2	−22.9
营业总收入增长率（％）	43.9	36.8	26.2	17.2	11.2

石油石化工业

范围：中型企业

项 目	优秀值	良好值	平均值	较低值	较差值
一、盈利回报指标					
净资产收益率（%）	12.8	11.0	8.7	5.3	0.1
营业收入利润率（%）	13.6	8.8	2.8	-0.2	-5.5
总资产报酬率（%）	7.9	6.3	4.8	1.6	-0.6
盈余现金保障倍数	3.1	2.3	1.2	0.2	-1.1
二、资产运营指标					
总资产周转率（次）	2.1	1.5	0.7	0.4	0.2
应收账款周转率（次）	23.8	20.1	16.2	13.3	9.1
流动资产周转率（次）	4.1	2.9	1.4	0.8	0.3
两金占流动资产比重（%）	5.8	16.1	29.9	45.7	56.2
三、风险防控指标					
资产负债率（%）	46.0	52.6	56.0	66.0	81.0
现金流动负债比率（%）	21.5	10.6	1.7	-10.1	-27.4
带息负债比率（%）	16.1	26.9	36.7	44.1	58.5
已获利息倍数	10.8	6.8	4.0	1.0	-1.4
四、持续发展指标					
研发经费投入强度（%）	1.3	0.9	0.7	0.4	0.1
全员劳动生产率（万元/人）	89.4	67.5	56.2	26.2	6.2
经济增加值率（%）	9.1	5.0	1.4	-3.3	-6.8
国有资本保值增值率（%）	112.1	109.6	107.8	104.2	97.1
五、补充指标					
营业现金比率（%）	17.2	8.4	1.8	-1.6	-8.1
国有资本回报率（%）	12.7	10.6	8.7	5.2	0.1
EBITDA 率（%）	31.7	18.2	9.0	2.6	-1.7
百元收入支付的成本费用（元）	87.0	92.9	96.3	102.5	108.8
存货周转率（次）	32.6	20.0	11.4	8.6	5.1
速动比率	1.3	0.9	0.7	0.5	0.4
利润总额增长率（%）	25.7	11.4	2.7	-10.5	-36.0
营业总收入增长率（%）	25.5	17.7	6.8	-3.1	-11.0

石油石化工业

项　　目	优秀值	良好值	平均值	较低值	较差值
一、盈利回报指标					
净资产收益率（%）	15.2	10.0	6.4	2.8	0.4
营业收入利润率（%）	19.6	13.1	8.3	1.6	−5.9
总资产报酬率（%）	5.9	4.1	2.0	0.0	−2.3
盈余现金保障倍数	3.4	2.5	1.6	0.1	−1.8
二、资产运营指标					
总资产周转率（次）	1.0	0.7	0.4	0.2	0.1
应收账款周转率（次）	19.8	16.4	11.7	6.0	2.1
流动资产周转率（次）	3.1	2.5	1.7	1.0	0.6
两金占流动资产比重（%）	0.4	19.1	45.9	54.0	66.3
三、风险防控指标					
资产负债率（%）	46.0	51.0	56.0	66.0	81.0
现金流动负债比率（%）	24.1	13.5	3.2	−7.9	−18.0
带息负债比率（%）	28.0	37.3	49.0	58.3	76.4
已获利息倍数	14.3	12.1	9.7	7.0	1.7
四、持续发展指标					
研发经费投入强度（%）	1.0	0.6	0.5	0.3	0.1
全员劳动生产率（万元/人）	91.4	66.6	53.8	36.5	11.2
经济增加值率（%）	8.5	3.2	−1.8	−3.8	−5.1
国有资本保值增值率（%）	108.7	106.7	105.8	101.0	96.0
五、补充指标					
营业现金比率（%）	37.0	18.4	8.8	−0.2	−15.2
国有资本回报率（%）	12.3	9.2	6.1	2.5	0.1
EBITDA率（%）	26.1	19.7	10.0	4.7	0.4
百元收入支付的成本费用（元）	79.2	85.4	89.9	95.5	100.4
存货周转率（次）	21.5	17.4	11.2	9.4	6.0
速动比率	1.2	0.9	0.8	0.6	0.3
利润总额增长率（%）	23.3	18.9	12.4	4.2	−3.0
营业总收入增长率（%）	44.6	35.0	23.8	17.5	12.5

石油和天然气开采业

范围：全行业

项　　目	优秀值	良好值	平均值	较低值	较差值
一、盈利回报指标					
净资产收益率（％）	18.6	12.2	8.9	3.7	−1.1
营业收入利润率（％）	32.5	25.8	18.7	9.9	1.5
总资产报酬率（％）	10.4	7.9	6.0	2.4	−2.5
盈余现金保障倍数	3.7	2.4	1.3	−0.3	−1.3
二、资产运营指标					
总资产周转率（次）	0.8	0.7	0.4	0.3	0.1
应收账款周转率（次）	23.1	17.1	11.4	4.6	0.1
流动资产周转率（次）	2.8	1.8	1.2	0.8	0.2
两金占流动资产比重（％）	2.0	8.8	15.8	27.7	50.7
三、风险防控指标					
资产负债率（％）	46.0	51.0	56.0	66.0	81.0
现金流动负债比率（％）	24.5	14.2	8.8	−4.7	−30.9
带息负债比率（％）	21.8	31.8	41.2	49.5	65.6
已获利息倍数	14.6	11.8	8.8	6.3	2.3
四、持续发展指标					
研发经费投入强度（％）	2.0	1.5	1.3	0.9	0.3
全员劳动生产率（万元/人）	114.3	86.5	66.7	60.6	48.7
经济增加值率（％）	9.0	5.0	3.0	−1.8	−5.0
国有资本保值增值率（％）	114.4	110.4	108.3	101.0	92.6
五、补充指标					
营业现金比率（％）	54.6	41.9	22.9	7.3	−3.2
国有资本回报率（％）	14.7	10.7	8.5	3.3	−1.5
EBITDA 率（％）	54.4	34.9	20.6	13.7	7.7
百元收入支付的成本费用（元）	70.7	78.6	90.4	97.5	103.9
存货周转率（次）	62.2	50.3	37.9	31.0	17.6
速动比率	1.5	1.1	0.6	0.4	0.3
利润总额增长率（％）	74.5	56.6	45.1	33.8	26.2
营业总收入增长率（％）	44.5	38.1	34.3	23.9	16.9

石油和天然气开采业

范围：大型企业

项 目	优秀值	良好值	平均值	较低值	较差值
一、盈利回报指标					
净资产收益率（%）	19.2	13.3	10.1	5.3	-3.9
营业收入利润率（%）	36.1	28.2	23.1	13.9	6.8
总资产报酬率（%）	10.4	8.2	6.3	2.8	-4.0
盈余现金保障倍数	4.4	2.8	2.0	0.4	-1.5
二、资产运营指标					
总资产周转率（次）	0.8	0.7	0.5	0.3	0.2
应收账款周转率（次）	22.7	17.6	12.2	4.9	0.1
流动资产周转率（次）	4.1	3.0	2.2	1.3	0.8
两金占流动资产比重（%）	6.4	11.2	18.4	39.5	53.9
三、风险防控指标					
资产负债率（%）	46.0	51.0	56.0	66.0	81.0
现金流动负债比率（%）	38.9	30.2	20.1	6.4	-16.8
带息负债比率（%）	19.0	28.9	37.9	47.2	65.3
已获利息倍数	16.0	12.6	8.7	5.1	1.5
四、持续发展指标					
研发经费投入强度（%）	2.8	2.4	1.8	1.3	0.6
全员劳动生产率（万元/人）	134.4	110.3	74.2	62.8	40.5
经济增加值率（%）	9.6	5.8	3.9	-1.9	-5.7
国有资本保值增值率（%）	114.5	111.0	108.5	101.3	96.0
五、补充指标					
营业现金比率（%）	56.0	45.7	30.1	13.2	1.9
国有资本回报率（%）	14.8	11.4	8.7	3.9	-5.3
EBITDA率（%）	55.9	39.4	25.1	19.0	14.2
百元收入支付的成本费用（元）	66.2	72.9	83.0	90.5	96.3
存货周转率（次）	47.9	40.3	29.0	27.4	24.2
速动比率	1.5	1.1	0.6	0.5	0.3
利润总额增长率（%）	94.8	88.3	78.5	64.4	37.1
营业总收入增长率（%）	49.5	44.2	36.2	31.3	21.9

石油和天然气开采业

范围：中型企业

项 目	优秀值	良好值	平均值	较低值	较差值
一、盈利回报指标					
净资产收益率（%）	20.4	13.9	8.9	3.3	-4.2
营业收入利润率（%）	31.0	24.6	17.6	11.2	3.0
总资产报酬率（%）	12.1	7.9	5.4	1.2	-3.6
盈余现金保障倍数	3.8	2.4	0.7	-0.1	-1.7
二、资产运营指标					
总资产周转率（次）	1.0	0.7	0.4	0.3	0.1
应收账款周转率（次）	18.7	11.2	7.0	4.3	2.5
流动资产周转率（次）	2.7	2.0	1.0	0.7	0.5
两金占流动资产比重（%）	4.6	9.1	15.7	30.6	43.8
三、风险防控指标					
资产负债率（%）	46.0	51.0	56.0	66.0	81.0
现金流动负债比率（%）	21.2	14.0	3.4	-10.4	-37.0
带息负债比率（%）	25.1	35.2	44.0	49.8	61.3
已获利息倍数	15.6	12.5	10.4	7.6	2.1
四、持续发展指标					
研发经费投入强度（%）	1.7	0.9	0.6	0.4	0.2
全员劳动生产率（万元/人）	106.8	84.4	72.8	59.8	34.7
经济增加值率（%）	10.4	5.3	2.6	-2.7	-6.1
国有资本保值增值率（%）	117.3	112.2	108.0	100.6	94.0
五、补充指标					
营业现金比率（%）	53.2	37.1	12.8	4.8	-0.6
国有资本回报率（%）	17.9	13.4	8.4	2.7	-4.7
EBITDA率（%）	47.2	31.3	19.5	12.3	6.1
百元收入支付的成本费用（元）	59.9	78.2	87.6	93.5	99.5
存货周转率（次）	65.5	53.9	38.7	27.9	7.0
速动比率	1.2	0.9	0.5	0.4	0.3
利润总额增长率（%）	67.1	52.4	39.6	27.8	19.8
营业总收入增长率（%）	30.7	26.2	21.5	15.8	10.6

石油和天然气开采业

范围：小型企业

项　　目	优秀值	良好值	平均值	较低值	较差值
一、盈利回报指标					
净资产收益率（%）	20.2	14.1	9.0	0.9	-5.8
营业收入利润率（%）	38.9	19.1	9.0	2.2	-8.3
总资产报酬率（%）	7.1	4.7	2.0	-2.3	-10.6
盈余现金保障倍数	3.4	2.7	1.6	-0.4	-2.6
二、资产运营指标					
总资产周转率（次）	1.0	0.7	0.4	0.2	0.1
应收账款周转率（次）	27.2	17.9	11.2	5.9	2.4
流动资产周转率（次）	3.1	2.6	1.9	1.0	0.5
两金占流动资产比重（%）	1.2	7.7	17.2	28.7	51.1
三、风险防控指标					
资产负债率（%）	46.0	51.0	56.0	65.8	81.0
现金流动负债比率（%）	29.2	19.1	6.5	-11.3	-27.9
带息负债比率（%）	29.0	38.6	49.6	59.3	78.1
已获利息倍数	18.0	14.4	8.9	6.6	2.2
四、持续发展指标					
研发经费投入强度（%）	1.2	0.8	0.6	0.4	0.2
全员劳动生产率（万元/人）	94.0	77.8	53.5	32.6	13.6
经济增加值率（%）	8.9	4.8	-1.3	-4.1	-9.5
国有资本保值增值率（%）	113.8	110.9	108.0	99.8	93.1
五、补充指标					
营业现金比率（%）	53.3	37.8	14.6	0.0	-23.9
国有资本回报率（%）	15.4	12.7	8.7	0.8	-6.1
EBITDA率（%）	39.2	25.4	9.5	3.5	-2.9
百元收入支付的成本费用（元）	71.4	83.8	93.4	101.0	108.4
存货周转率（次）	47.2	31.6	23.6	20.1	13.1
速动比率	1.5	1.1	0.5	0.4	0.3
利润总额增长率（%）	61.0	31.0	13.7	0.0	-11.4
营业总收入增长率（%）	48.0	40.6	29.6	26.3	19.9

石油加工及炼焦业

范围：全行业

项　目	优秀值	良好值	平均值	较低值	较差值
一、盈利回报指标					
净资产收益率（%）	13.3	8.7	3.9	-1.8	-9.3
营业收入利润率（%）	9.3	4.7	1.7	-1.9	-6.9
总资产报酬率（%）	7.6	4.4	2.6	-1.4	-8.5
盈余现金保障倍数	2.9	1.7	0.7	-1.1	-2.8
二、资产运营指标					
总资产周转率（次）	2.1	1.6	1.3	0.7	0.3
应收账款周转率（次）	42.3	33.6	24.2	15.5	5.5
流动资产周转率（次）	5.5	3.9	2.7	1.2	0.3
两金占流动资产比重（%）	8.8	26.9	37.9	43.8	55.3
三、风险防控指标					
资产负债率（%）	48.0	53.0	58.0	68.0	83.0
现金流动负债比率（%）	20.2	8.5	2.5	-12.6	-22.8
带息负债比率（%）	22.6	32.2	43.6	53.8	61.2
已获利息倍数	7.9	5.1	2.1	-0.6	-2.4
四、持续发展指标					
研发经费投入强度（%）	1.3	1.0	0.9	0.7	0.4
全员劳动生产率（万元/人）	115.7	85.8	70.4	32.8	7.8
经济增加值率（%）	7.7	3.2	-0.9	-5.2	-8.1
国有资本保值增值率（%）	109.7	106.1	101.3	94.6	88.6
五、补充指标					
营业现金比率（%）	11.8	5.5	0.9	-1.4	-5.8
国有资本回报率（%）	11.4	8.1	3.9	-2.3	-9.3
EBITDA率（%）	17.4	11.4	3.8	0.0	-5.2
百元收入支付的成本费用（元）	94.5	96.1	98.5	103.5	108.6
存货周转率（次）	26.5	18.9	12.2	8.9	6.4
速动比率	1.3	1.0	0.7	0.5	0.3
利润总额增长率（%）	5.0	-16.3	-27.3	-37.2	-56.4
营业总收入增长率（%）	31.7	24.8	14.5	2.6	-5.5

石油加工及炼焦业

范围：大型企业

项　　目	优秀值	良好值	平均值	较低值	较差值
一、盈利回报指标					
净资产收益率（%）	16.8	10.9	4.8	-0.6	-7.7
营业收入利润率（%）	10.6	5.1	1.6	-0.8	-5.4
总资产报酬率（%）	8.2	5.5	2.8	-0.2	-6.0
盈余现金保障倍数	3.5	1.8	0.9	-0.8	-4.1
二、资产运营指标					
总资产周转率（次）	2.7	2.3	1.7	1.2	0.6
应收账款周转率（次）	49.7	41.5	31.8	25.1	20.2
流动资产周转率（次）	7.4	5.8	3.7	2.4	1.3
两金占流动资产比重（%）	14.0	32.4	42.6	45.7	51.8
三、风险防控指标					
资产负债率（%）	48.0	53.0	58.0	68.0	83.0
现金流动负债比率（%）	26.0	13.5	2.0	-11.9	-21.2
带息负债比率（%）	22.4	31.7	43.6	53.7	60.5
已获利息倍数	9.9	7.0	2.7	0.4	-1.7
四、持续发展指标					
研发经费投入强度（%）	1.4	1.1	1.0	0.7	0.3
全员劳动生产率（万元/人）	141.9	117.4	80.7	50.4	16.8
经济增加值率（%）	10.2	5.1	-0.4	-4.2	-7.9
国有资本保值增值率（%）	112.6	108.5	104.4	99.2	94.7
五、补充指标					
营业现金比率（%）	6.5	3.8	1.1	-0.7	-4.3
国有资本回报率（%）	14.2	10.8	5.7	-1.2	-6.8
EBITDA率（%）	15.2	10.8	4.1	0.3	-7.0
百元收入支付的成本费用（元）	86.0	93.0	98.9	103.2	108.2
存货周转率（次）	22.2	18.2	13.5	10.8	8.7
速动比率	1.5	1.2	0.7	0.5	0.3
利润总额增长率（%）	11.0	-3.8	-25.9	-45.0	-61.0
营业总收入增长率（%）	33.2	26.4	16.3	8.4	2.7

石油加工及炼焦业

范围：中型企业

项　目	优秀值	良好值	平均值	较低值	较差值
一、盈利回报指标					
净资产收益率（％）	9.3	7.3	4.4	-2.6	-8.2
营业收入利润率（％）	8.4	3.4	0.8	-1.6	-6.1
总资产报酬率（％）	6.9	4.3	1.8	-1.8	-8.2
盈余现金保障倍数	2.2	1.0	0.2	-1.8	-3.7
二、资产运营指标					
总资产周转率（次）	2.5	2.0	1.3	0.7	0.3
应收账款周转率（次）	86.3	40.5	16.9	11.3	4.1
流动资产周转率（次）	5.5	3.9	2.5	1.6	0.9
两金占流动资产比重（％）	16.9	28.3	45.3	55.6	63.3
三、风险防控指标					
资产负债率（％）	48.0	53.0	58.0	68.0	83.0
现金流动负债比率（％）	11.9	7.2	0.3	-11.4	-23.7
带息负债比率（％）	23.9	33.3	44.6	50.7	62.5
已获利息倍数	6.3	3.5	0.1	-1.6	-3.7
四、持续发展指标					
研发经费投入强度（％）	1.2	0.8	0.7	0.5	0.3
全员劳动生产率（万元/人）	78.6	50.9	36.7	17.7	5.1
经济增加值率（％）	7.5	2.8	-1.8	-5.7	-9.9
国有资本保值增值率（％）	109.9	105.8	102.5	95.1	85.9
五、补充指标					
营业现金比率（％）	7.2	4.0	0.1	-3.1	-9.2
国有资本回报率（％）	10.3	8.0	4.7	-2.3	-7.9
EBITDA率（％）	16.5	7.8	1.3	-2.6	-5.2
百元收入支付的成本费用（元）	91.9	97.3	100.0	105.6	111.0
存货周转率（次）	26.2	17.7	9.6	7.0	4.8
速动比率	1.1	0.9	0.5	0.4	0.3
利润总额增长率（％）	30.2	-7.3	-63.5	-73.8	-87.4
营业总收入增长率（％）	14.9	6.3	-5.2	-11.5	-17.7

石油加工及炼焦业

范围：小型企业

项　目	优秀值	良好值	平均值	较低值	较差值
一、盈利回报指标					
净资产收益率（%）	10.1	5.4	3.0	-2.6	-8.8
营业收入利润率（%）	6.7	4.8	1.8	-2.9	-7.3
总资产报酬率（%）	5.3	3.4	1.8	-1.4	-7.5
盈余现金保障倍数	4.7	2.8	0.8	-1.2	-3.1
二、资产运营指标					
总资产周转率（次）	1.6	1.2	0.6	0.3	0.1
应收账款周转率（次）	27.8	16.6	8.8	5.7	2.1
流动资产周转率（次）	4.7	2.7	1.3	0.6	0.1
两金占流动资产比重（%）	2.1	21.0	36.4	42.8	55.4
三、风险防控指标					
资产负债率（%）	48.0	53.0	58.0	68.0	83.0
现金流动负债比率（%）	18.1	11.3	2.9	-5.1	-15.4
带息负债比率（%）	26.3	36.0	44.7	56.6	79.6
已获利息倍数	5.4	4.3	2.7	0.4	-2.7
四、持续发展指标					
研发经费投入强度（%）	0.8	0.6	0.4	0.3	0.2
全员劳动生产率（万元/人）	77.1	56.5	45.9	23.7	9.0
经济增加值率（%）	8.7	1.4	-2.3	-5.8	-8.1
国有资本保值增值率（%）	112.7	106.9	101.0	97.3	91.8
五、补充指标					
营业现金比率（%）	15.7	9.8	1.3	-2.0	-8.4
国有资本回报率（%）	10.1	5.2	2.7	-2.6	-9.0
EBITDA率（%）	16.6	11.3	3.4	0.2	-3.4
百元收入支付的成本费用（元）	89.2	95.4	98.5	105.1	110.1
存货周转率（次）	39.4	25.3	11.1	6.6	3.7
速动比率	1.3	1.0	0.7	0.6	0.4
利润总额增长率（%）	96.0	56.5	-2.7	-30.1	-48.3
营业总收入增长率（%）	63.9	32.6	16.2	3.5	-4.9

冶金工业

范围：全行业

项　　目	优秀值	良好值	平均值	较低值	较差值
一、盈利回报指标					
净资产收益率（％）	15.3	10.1	5.7	－3.0	－13.2
营业收入利润率（％）	9.2	6.9	3.4	0.5	－5.3
总资产报酬率（％）	7.8	5.3	3.7	－0.2	－5.5
盈余现金保障倍数	2.6	1.9	1.0	－0.3	－2.1
二、资产运营指标					
总资产周转率（次）	1.8	1.3	0.7	0.4	0.1
应收账款周转率（次）	24.2	20.1	14.1	7.9	3.9
流动资产周转率（次）	3.6	2.6	2.1	1.1	0.5
两金占流动资产比重（％）	26.4	33.1	39.3	51.4	62.4
三、风险防控指标					
资产负债率（％）	48.0	53.0	58.0	68.0	83.0
现金流动负债比率（％）	12.3	10.1	8.3	3.2	－3.7
带息负债比率（％）	29.2	39.4	53.9	60.9	74.5
已获利息倍数	5.9	3.9	2.8	1.1	－0.5
四、持续发展指标					
研发经费投入强度（％）	2.7	1.8	1.4	0.9	0.6
全员劳动生产率（万元／人）	77.6	54.6	31.1	18.7	10.3
经济增加值率（％）	7.4	3.0	0.1	－5.6	－9.3
国有资本保值增值率（％）	116.5	110.0	104.6	98.0	91.4
五、补充指标					
营业现金比率（％）	19.9	10.9	3.0	0.0	－3.3
国有资本回报率（％）	13.4	8.9	5.1	－1.3	－13.8
EBITDA率（％）	24.5	14.0	5.4	0.5	－4.3
百元收入支付的成本费用（元）	89.3	95.1	98.1	103.4	110.0
存货周转率（次）	16.9	12.0	8.2	5.0	2.8
速动比率	1.2	0.8	0.6	0.5	0.3
利润总额增长率（％）	6.0	－0.6	－10.4	－19.0	－29.0
营业总收入增长率（％）	18.9	13.3	5.1	－7.6	－18.9

冶金工业

范围：大型企业

项　　目	优秀值	良好值	平均值	较低值	较差值
一、盈利回报指标					
净资产收益率（%）	16.4	11.5	6.7	1.7	-7.9
营业收入利润率（%）	8.4	5.7	3.5	1.1	-3.0
总资产报酬率（%）	7.7	5.4	3.6	0.7	-5.1
盈余现金保障倍数	3.3	2.3	1.1	0.1	-1.8
二、资产运营指标					
总资产周转率（次）	1.7	1.3	0.8	0.5	0.3
应收账款周转率（次）	35.8	27.3	18.7	13.8	8.7
流动资产周转率（次）	4.7	3.6	2.3	1.4	0.8
两金占流动资产比重（%）	25.4	32.2	36.6	45.8	53.6
三、风险防控指标					
资产负债率（%）	48.0	53.0	58.0	68.0	83.0
现金流动负债比率（%）	11.7	10.0	9.2	1.8	-5.0
带息负债比率（%）	33.4	44.1	54.2	66.1	75.1
已获利息倍数	10.3	5.8	3.2	1.8	0.8
四、持续发展指标					
研发经费投入强度（%）	3.5	2.7	1.9	1.0	0.2
全员劳动生产率（万元/人）	92.5	70.2	44.3	27.4	16.1
经济增加值率（%）	6.9	3.7	0.5	-3.2	-6.6
国有资本保值增值率（%）	116.1	110.5	104.9	99.7	93.1
五、补充指标					
营业现金比率（%）	17.9	11.6	3.5	0.3	-1.8
国有资本回报率（%）	14.4	10.1	6.0	1.0	-8.6
EBITDA率（%）	24.8	14.5	5.6	2.2	-4.0
百元收入支付的成本费用（元）	90.3	95.0	98.5	102.4	105.6
存货周转率（次）	16.7	13.2	9.1	6.7	5.0
速动比率	1.2	0.8	0.6	0.5	0.4
利润总额增长率（%）	4.2	-3.3	-14.6	-21.5	-26.0
营业总收入增长率（%）	25.7	16.0	2.9	-5.8	-14.6

冶金工业

范围：中型企业

项　　目	优秀值	良好值	平均值	较低值	较差值
一、盈利回报指标					
净资产收益率（%）	13.5	10.4	6.1	-0.4	-13.0
营业收入利润率（%）	5.8	4.6	2.8	-1.5	-5.6
总资产报酬率（%）	7.7	6.0	4.8	1.8	-4.1
盈余现金保障倍数	3.1	2.2	1.1	-0.1	-2.4
二、资产运营指标					
总资产周转率（次）	2.0	1.5	0.8	0.5	0.3
应收账款周转率（次）	32.3	24.0	13.3	8.1	4.6
流动资产周转率（次）	4.1	3.1	2.5	1.5	0.8
两金占流动资产比重（%）	25.9	35.8	45.9	58.1	66.3
三、风险防控指标					
资产负债率（%）	48.0	53.0	58.0	68.0	83.0
现金流动负债比率（%）	8.7	6.4	5.2	0.3	-9.3
带息负债比率（%）	22.9	35.5	49.5	56.2	64.2
已获利息倍数	5.7	3.8	2.8	1.2	-0.8
四、持续发展指标					
研发经费投入强度（%）	3.1	1.9	1.3	0.7	0.4
全员劳动生产率（万元/人）	65.0	46.5	35.7	20.7	10.8
经济增加值率（%）	9.1	4.8	0.3	-5.3	-9.3
国有资本保值增值率（%）	115.0	109.3	104.3	96.0	88.8
五、补充指标					
营业现金比率（%）	20.2	11.7	3.0	0.2	-1.7
国有资本回报率（%）	12.1	9.4	5.7	-0.8	-13.4
EBITDA率（%）	25.3	15.8	5.2	1.6	-2.9
百元收入支付的成本费用（元）	82.7	91.7	97.5	102.1	109.8
存货周转率（次）	14.5	11.8	8.0	4.8	2.6
速动比率	1.2	0.8	0.6	0.5	0.3
利润总额增长率（%）	6.7	-1.3	-13.3	-20.1	-26.9
营业总收入增长率（%）	29.1	20.4	7.3	-5.4	-14.2

冶金工业

项　　　目	优秀值	良好值	平均值	较低值	较差值
一、盈利回报指标					
净资产收益率（%）	15.4	10.0	5.6	−0.3	−11.8
营业收入利润率（%）	4.8	3.3	2.6	−2.0	−6.1
总资产报酬率（%）	7.3	4.7	3.3	−0.9	−6.0
盈余现金保障倍数	3.1	1.9	1.0	−0.5	−2.3
二、资产运营指标					
总资产周转率（次）	2.1	1.3	0.6	0.3	0.1
应收账款周转率（次）	22.3	13.4	8.7	5.0	2.4
流动资产周转率（次）	3.1	2.1	1.4	0.8	0.4
两金占流动资产比重（%）	8.4	22.1	37.3	50.5	60.3
三、风险防控指标					
资产负债率（%）	48.0	53.0	58.0	68.0	83.0
现金流动负债比率（%）	6.4	4.1	3.0	−1.9	−11.2
带息负债比率（%）	26.6	41.5	53.5	58.2	67.2
已获利息倍数	9.0	5.0	2.5	0.8	−0.9
四、持续发展指标					
研发经费投入强度（%）	2.5	1.8	1.5	1.0	0.5
全员劳动生产率（万元/人）	75.5	50.1	28.4	17.0	9.4
经济增加值率（%）	6.5	1.6	−1.8	−6.5	−10.5
国有资本保值增值率（%）	112.4	107.4	104.0	97.9	91.3
五、补充指标					
营业现金比率（%）	21.4	9.4	2.3	−0.1	−4.9
国有资本回报率（%）	14.5	8.7	4.9	−1.0	−12.5
EBITDA率（%）	21.7	12.2	4.2	0.9	−5.5
百元收入支付的成本费用（元）	83.8	92.9	97.6	100.9	105.0
存货周转率（次）	18.7	12.6	9.4	5.4	2.7
速动比率	1.2	0.8	0.6	0.5	0.3
利润总额增长率（%）	16.0	6.4	−8.1	−15.1	−23.1
营业总收入增长率（%）	23.3	15.0	2.5	−10.9	−22.7

黑色金属矿采选业

范围：全行业

项　　目	优秀值	良好值	平均值	较低值	较差值
一、盈利回报指标					
净资产收益率（%）	17.5	12.9	6.2	2.2	-4.7
营业收入利润率（%）	19.5	14.8	7.6	1.8	-6.4
总资产报酬率（%）	8.2	4.7	2.4	-1.1	-7.9
盈余现金保障倍数	2.1	1.7	1.2	0.3	-0.8
二、资产运营指标					
总资产周转率（次）	0.6	0.5	0.4	0.2	0.1
应收账款周转率（次）	21.2	12.9	6.9	3.8	1.7
流动资产周转率（次）	2.5	1.6	1.0	0.5	0.2
两金占流动资产比重（%）	10.2	26.9	37.8	47.1	65.0
三、风险防控指标					
资产负债率（%）	48.0	53.0	58.0	68.0	83.0
现金流动负债比率（%）	20.8	13.8	6.9	-0.4	-9.2
带息负债比率（%）	31.2	43.5	50.0	59.3	77.3
已获利息倍数	5.5	4.3	3.1	0.6	-1.0
四、持续发展指标					
研发经费投入强度（%）	3.5	2.6	2.2	1.2	0.6
全员劳动生产率（万元/人）	104.7	68.5	49.8	24.5	7.7
经济增加值率（%）	12.3	4.9	-0.1	-5.5	-9.1
国有资本保值增值率（%）	113.2	108.6	105.3	99.3	91.7
五、补充指标					
营业现金比率（%）	30.7	18.0	7.1	0.1	-4.8
国有资本回报率（%）	15.4	11.5	5.7	1.7	-5.2
EBITDA率（%）	38.1	27.2	13.4	4.4	-5.0
百元收入支付的成本费用（元）	69.9	81.5	91.7	104.8	115.8
存货周转率（次）	19.0	14.4	10.1	6.3	3.7
速动比率	1.1	0.9	0.6	0.4	0.2
利润总额增长率（%）	5.5	-20.6	-34.1	-47.7	-58.1
营业总收入增长率（%）	14.3	3.1	-12.5	-27.4	-38.6

有色金属矿采选业

范围：全行业

项 目	优秀值	良好值	平均值	较低值	较差值
一、盈利回报指标					
净资产收益率（%）	17.8	11.6	6.2	0.5	-4.6
营业收入利润率（%）	19.2	14.0	8.9	0.7	-7.0
总资产报酬率（%）	9.9	6.3	3.8	-0.5	-5.9
盈余现金保障倍数	2.4	1.9	1.0	-0.5	-3.4
二、资产运营指标					
总资产周转率（次）	0.9	0.7	0.4	0.2	0.1
应收账款周转率（次）	28.6	20.3	12.2	5.9	1.7
流动资产周转率（次）	2.5	2.0	1.3	0.6	0.2
两金占流动资产比重（%）	7.5	17.9	24.9	34.1	43.6
三、风险防控指标					
资产负债率（%）	48.0	53.0	58.0	68.0	83.0
现金流动负债比率（%）	25.3	17.5	8.3	0.8	-4.8
带息负债比率（%）	41.7	49.8	58.4	67.1	84.0
已获利息倍数	8.3	5.0	3.2	0.8	-1.4
四、持续发展指标					
研发经费投入强度（%）	2.5	1.7	1.3	0.9	0.6
全员劳动生产率（万元/人）	77.6	51.3	27.9	15.8	7.8
经济增加值率（%）	8.8	3.4	-0.9	-6.2	-9.7
国有资本保值增值率（%）	115.9	110.6	105.0	99.0	93.5
五、补充指标					
营业现金比率（%）	39.3	25.6	8.2	0.4	-4.8
国有资本回报率（%）	15.5	10.1	5.5	0.0	-5.4
EBITDA率（%）	38.5	27.0	10.6	5.6	-1.8
百元收入支付的成本费用（元）	78.3	86.8	92.9	99.9	104.6
存货周转率（次）	16.9	10.9	6.5	3.4	1.4
速动比率	1.1	0.9	0.7	0.5	0.2
利润总额增长率（%）	19.7	11.3	0.8	-13.8	-23.6
营业总收入增长率（%）	28.4	20.2	8.0	-6.9	-17.1

黑色金属冶炼业

范围：全行业

项　　目	优秀值	良好值	平均值	较低值	较差值
一、盈利回报指标					
净资产收益率（％）	7.2	5.9	3.8	0.1	-6.6
营业收入利润率（％）	4.8	2.7	1.2	-2.6	-7.2
总资产报酬率（％）	5.2	3.8	2.4	-0.8	-5.1
盈余现金保障倍数	3.7	2.6	1.9	0.4	-0.7
二、资产运营指标					
总资产周转率（次）	1.9	1.4	0.8	0.6	0.3
应收账款周转率（次）	47.3	35.4	17.6	10.4	5.6
流动资产周转率（次）	4.5	3.2	2.1	1.2	0.6
两金占流动资产比重（％）	28.1	32.7	38.4	49.3	57.7
三、风险防控指标					
资产负债率（％）	48.0	53.0	58.0	68.0	83.0
现金流动负债比率（％）	15.7	10.5	7.8	2.0	-1.8
带息负债比率（％）	22.5	36.8	49.6	58.2	74.8
已获利息倍数	6.2	3.9	2.7	1.1	-0.1
四、持续发展指标					
研发经费投入强度（％）	3.8	2.3	1.6	0.9	0.5
全员劳动生产率（万元/人）	89.3	62.6	48.8	25.8	10.5
经济增加值率（％）	3.9	0.8	-1.2	-5.8	-8.8
国有资本保值增值率（％）	107.3	105.3	102.9	97.5	92.0
五、补充指标					
营业现金比率（％）	9.6	5.8	1.7	0.0	-2.2
国有资本回报率（％）	6.3	5.1	3.4	-0.2	-7.0
EBITDA率（％）	9.6	6.3	2.8	0.3	-4.3
百元收入支付的成本费用（元）	95.6	97.9	99.7	102.0	105.7
存货周转率（次）	16.9	13.2	9.2	6.2	4.2
速动比率	1.1	0.7	0.5	0.4	0.3
利润总额增长率（％）	6.6	-9.3	-27.3	-33.0	-38.1
营业总收入增长率（％）	13.4	5.0	-7.8	-18.2	-25.2

有色金属冶炼业

范围：全行业

项　　目	优秀值	良好值	平均值	较低值	较差值
一、盈利回报指标					
净资产收益率（%）	13.7	9.5	6.3	1.0	-4.4
营业收入利润率（%）	9.8	5.5	2.3	-1.5	-8.7
总资产报酬率（%）	9.8	6.8	4.7	0.5	-4.2
盈余现金保障倍数	3.1	2.0	1.0	-0.4	-2.5
二、资产运营指标					
总资产周转率（次）	2.3	1.7	1.2	0.7	0.4
应收账款周转率（次）	28.2	18.9	14.0	7.5	3.2
流动资产周转率（次）	4.1	3.1	2.5	1.3	0.4
两金占流动资产比重（%）	36.2	43.5	52.3	61.1	69.3
三、风险防控指标					
资产负债率（%）	48.3	53.3	58.3	68.3	83.3
现金流动负债比率（%）	19.4	15.0	8.8	0.4	-5.3
带息负债比率（%）	37.6	46.2	55.5	64.6	82.3
已获利息倍数	6.5	4.6	2.6	0.7	-0.5
四、持续发展指标					
研发经费投入强度（%）	3.1	1.9	1.3	0.7	0.4
全员劳动生产率（万元/人）	64.4	50.0	40.0	23.0	11.6
经济增加值（%）	9.1	4.9	0.6	-4.1	-7.2
国有资本保值增值率（%）	111.6	107.6	104.8	100.1	95.6
五、补充指标					
营业现金比率（%）	12.8	7.0	2.2	0.0	-3.1
国有资本回报率（%）	12.2	8.5	5.7	0.5	-4.9
EBITDA率（%）	14.1	9.6	5.2	1.6	-2.0
百元收入支付的成本费用（元）	92.2	95.0	98.0	100.8	106.2
存货周转率（次）	15.3	10.7	7.6	4.9	3.0
速动比率	1.2	0.9	0.7	0.5	0.4
利润总额增长率（%）	18.6	12.0	2.4	-5.6	-14.2
营业总收入增长率（%）	34.5	24.8	10.3	-0.5	-10.0

建材工业

范围：全行业

项　　　目	优秀值	良好值	平均值	较低值	较差值
一、盈利回报指标					
净资产收益率（%）	10.4	8.2	7.0	-1.7	-8.2
营业收入利润率（%）	10.2	8.3	7.3	0.9	-4.6
总资产报酬率（%）	8.5	6.2	4.4	-0.8	-7.0
盈余现金保障倍数	1.9	1.0	0.5	-0.5	-1.4
二、资产运营指标					
总资产周转率（次）	1.0	0.8	0.5	0.3	0.1
应收账款周转率（次）	8.7	5.4	3.7	1.6	0.2
流动资产周转率（次）	2.4	1.5	1.0	0.5	0.2
两金占流动资产比重（%）	26.4	35.2	48.5	58.0	69.2
三、风险防控指标					
资产负债率（%）	48.0	53.0	58.0	68.0	83.0
现金流动负债比率（%）	14.3	8.7	4.5	-2.8	-8.0
带息负债比率（%）	25.5	39.0	46.0	54.2	70.1
已获利息倍数	4.2	3.9	3.5	1.3	-0.2
四、持续发展指标					
研发经费投入强度（%）	2.8	2.0	1.7	1.3	0.8
全员劳动生产率（万元/人）	67.9	50.7	41.8	22.9	10.3
经济增加值（%）	12.8	6.7	0.1	-5.2	-8.8
国有资本保值增值率（%）	114.8	108.4	105.1	97.7	90.1
五、补充指标					
营业现金比率（%）	16.0	8.0	1.9	-1.7	-8.7
国有资本回报率（%）	9.2	7.3	6.3	-2.1	-8.9
EBITDA 率（%）	22.1	16.1	9.5	0.1	-7.3
百元收入支付的成本费用（元）	85.0	91.1	95.1	103.2	110.3
存货周转率（次）	13.0	9.7	7.1	4.6	3.0
速动比率	1.2	0.9	0.7	0.6	0.4
利润总额增长率（%）	4.6	-28.2	-45.1	-50.3	-60.5
营业总收入增长率（%）	14.8	3.5	-10.2	-19.7	-29.3

建材工业

范围：大型企业

项　　目	优秀值	良好值	平均值	较低值	较差值
一、盈利回报指标					
净资产收益率（%）	14.1	10.6	8.0	0.0	-8.2
营业收入利润率（%）	19.5	15.0	8.8	2.1	-7.0
总资产报酬率（%）	10.2	7.8	5.8	0.6	-7.0
盈余现金保障倍数	2.0	1.4	0.5	-0.5	-2.1
二、资产运营指标					
总资产周转率（次）	0.9	0.7	0.5	0.3	0.2
应收账款周转率（次）	8.2	7.0	6.3	3.8	2.2
流动资产周转率（次）	2.6	2.1	1.2	0.9	0.6
两金占流动资产比重（%）	30.3	37.7	48.8	58.7	69.4
三、风险防控指标					
资产负债率（%）	48.0	53.0	58.0	68.0	83.0
现金流动负债比率（%）	18.2	13.6	6.8	-2.5	-11.7
带息负债比率（%）	35.0	46.5	54.6	62.3	77.3
已获利息倍数	5.5	4.6	3.8	2.9	1.0
四、持续发展指标					
研发经费投入强度（%）	3.5	2.7	2.4	1.8	1.4
全员劳动生产率（万元/人）	88.7	70.4	61.0	36.6	20.3
经济增加值率（%）	14.6	9.2	1.0	-2.5	-6.1
国有资本保值增值率（%）	120.8	110.7	105.2	98.6	92.9
五、补充指标					
营业现金比率（%）	17.4	11.1	3.1	0.0	-2.4
国有资本回报率（%）	13.0	10.0	7.8	0.0	-8.4
EBITDA率（%）	22.8	17.1	11.7	3.0	-8.4
百元收入支付的成本费用（元）	85.5	89.3	91.3	98.4	103.1
存货周转率（次）	9.2	7.6	5.3	4.4	2.8
速动比率	1.2	0.9	0.6	0.5	0.4
利润总额增长率（%）	3.8	-20.0	-38.3	-46.7	-63.0
营业总收入增长率（%）	10.3	1.4	-12.0	-19.4	-26.0

建材工业

范围：中型企业

项　　目	优秀值	良好值	平均值	较低值	较差值
一、盈利回报指标					
净资产收益率（%）	13.6	9.4	6.2	−0.4	−9.2
营业收入利润率（%）	16.5	11.0	4.1	−2.6	−7.1
总资产报酬率（%）	8.0	5.4	3.7	−1.7	−8.3
盈余现金保障倍数	3.3	2.0	0.8	−0.2	−1.5
二、资产运营指标					
总资产周转率（次）	0.9	0.7	0.5	0.3	0.1
应收账款周转率（次）	7.1	4.9	3.7	2.0	0.8
流动资产周转率（次）	2.7	2.1	1.2	0.8	0.4
两金占流动资产比重（%）	20.1	32.0	43.6	52.6	69.9
三、风险防控指标					
资产负债率（%）	48.0	53.0	58.0	68.0	83.0
现金流动负债比率（%）	21.7	14.2	5.6	−0.3	−8.0
带息负债比率（%）	21.9	31.9	41.1	52.4	74.5
已获利息倍数	4.9	4.0	2.6	1.1	0.1
四、持续发展指标					
研发经费投入强度（%）	3.3	2.4	1.9	1.6	1.2
全员劳动生产率（万元/人）	68.3	53.6	40.3	23.8	12.7
经济增加值率（%）	13.0	7.7	−0.2	−5.7	−9.3
国有资本保值增值率（%）	114.7	108.5	105.3	99.9	92.0
五、补充指标					
营业现金比率（%）	18.4	10.4	3.1	0.0	−5.4
国有资本回报率（%）	11.8	8.1	5.4	−0.5	−10.0
EBITDA 率（%）	21.8	15.8	6.7	0.1	−12.5
百元收入支付的成本费用（元）	84.6	91.8	96.8	105.2	111.6
存货周转率（次）	15.9	12.3	9.0	6.2	4.3
速动比率	1.3	1.0	0.6	0.5	0.3
利润总额增长率（%）	0.8	−25.6	−45.8	−53.6	−66.5
营业总收入增长率（%）	10.1	0.4	−11.0	−22.3	−29.8

建材工业

范围：小型企业

项　　目	优秀值	良好值	平均值	较低值	较差值
一、盈利回报指标					
净资产收益率（％）	7.9	5.2	3.7	−3.0	−14.1
营业收入利润率（％）	8.2	5.9	3.7	−3.2	−9.6
总资产报酬率（％）	6.3	4.1	2.2	−2.5	−10.6
盈余现金保障倍数	2.4	1.0	0.2	−1.2	−2.3
二、资产运营指标					
总资产周转率（次）	1.2	0.9	0.5	0.3	0.1
应收账款周转率（次）	6.1	4.5	2.2	1.4	0.9
流动资产周转率（次）	2.1	1.6	1.0	0.5	0.2
两金占流动资产比重（％）	29.1	44.7	54.7	65.9	73.3
三、风险防控指标					
资产负债率（％）	48.0	53.0	58.0	68.0	83.0
现金流动负债比率（％）	13.6	5.4	1.2	−5.1	−10.4
带息负债比率（％）	20.5	32.3	41.3	51.5	71.3
已获利息倍数	2.8	2.4	1.8	−0.1	−3.1
四、持续发展指标					
研发经费投入强度（％）	2.1	1.2	0.8	0.6	0.4
全员劳动生产率（万元/人）	63.3	48.4	38.7	21.4	9.9
经济增加值率（％）	12.5	6.1	−2.1	−7.2	−10.5
国有资本保值增值率（％）	109.1	105.0	102.8	98.4	89.9
五、补充指标					
营业现金比率（％）	13.5	6.1	0.6	−3.3	−11.0
国有资本回报率（％）	6.7	4.4	3.1	−3.7	−14.7
EBITDA率（％）	17.4	11.9	5.8	−0.6	−10.4
百元收入支付的成本费用（元）	86.4	92.8	97.0	102.7	107.6
存货周转率（次）	14.4	9.0	6.2	5.0	3.1
速动比率	1.3	1.1	0.7	0.5	0.3
利润总额增长率（％）	9.6	−23.1	−40.1	−44.0	−50.6
营业总收入增长率（％）	21.0	9.0	−8.5	−19.1	−29.5

建筑用矿石采选业

范围：全行业

项　　目	优秀值	良好值	平均值	较低值	较差值
一、盈利回报指标					
净资产收益率（％）	17.5	9.3	4.7	-0.1	-5.1
营业收入利润率（％）	20.3	12.1	6.9	-1.8	-10.7
总资产报酬率（％）	8.4	5.5	2.7	-0.4	-6.1
盈余现金保障倍数	2.1	1.5	0.5	-0.9	-2.7
二、资产运营指标					
总资产周转率（次）	0.7	0.5	0.3	0.2	0.1
应收账款周转率（次）	10.7	7.7	3.5	1.6	0.3
流动资产周转率（次）	1.6	1.0	0.6	0.3	0.1
两金占流动资产比重（％）	15.8	20.9	23.5	43.3	56.5
三、风险防控指标					
资产负债率（％）	48.0	53.0	58.0	68.0	83.0
现金流动负债比率（％）	15.4	9.4	3.6	-6.6	-13.9
带息负债比率（％）	34.5	38.1	43.6	56.4	73.9
已获利息倍数	5.4	3.8	1.5	-0.4	-2.1
四、持续发展指标					
研发经费投入强度（％）	2.2	1.6	1.3	0.8	0.4
全员劳动生产率（万元/人）	98.4	64.5	47.1	19.4	0.9
经济增加值率（％）	17.6	7.4	-2.4	-6.4	-10.8
国有资本保值增值率（％）	113.2	107.4	103.0	98.9	92.2
五、补充指标					
营业现金比率（％）	32.5	20.8	3.3	-2.0	-12.3
国有资本回报率（％）	15.0	7.9	4.0	-0.8	-5.8
EBITDA率（％）	35.8	25.2	9.3	1.8	-10.0
百元收入支付的成本费用（元）	68.5	80.1	93.0	104.0	122.0
存货周转率（次）	21.5	13.5	7.4	4.0	1.7
速动比率	1.7	1.4	0.9	0.7	0.4
利润总额增长率（％）	4.7	-1.4	-10.6	-19.1	-33.2
营业总收入增长率（％）	24.8	13.8	5.3	-3.3	-9.8

水泥及石膏制造业

范围：全行业

项　　目	优秀值	良好值	平均值	较低值	较差值
一、盈利回报指标					
净资产收益率（%）	12.7	9.3	7.1	-1.4	-9.5
营业收入利润率（%）	15.1	11.0	8.5	-0.9	-10.5
总资产报酬率（%）	9.3	7.0	4.7	-1.8	-8.8
盈余现金保障倍数	2.4	1.6	0.5	-0.3	-1.8
二、资产运营指标					
总资产周转率（次）	1.0	0.8	0.6	0.4	0.2
应收账款周转率（次）	17.6	12.4	9.2	4.2	0.9
流动资产周转率（次）	4.0	2.9	1.3	1.0	0.5
两金占流动资产比重（%）	10.5	18.4	30.3	40.4	59.6
三、风险防控指标					
资产负债率（%）	48.0	53.0	58.0	68.0	83.0
现金流动负债比率（%）	20.4	13.3	6.3	-1.0	-5.9
带息负债比率（%）	36.9	45.8	53.2	63.7	84.2
已获利息倍数	7.3	5.5	3.8	1.9	-0.8
四、持续发展指标					
研发经费投入强度（%）	2.4	2.1	1.9	1.7	1.5
全员劳动生产率（万元/人）	70.9	57.9	51.3	27.5	11.6
经济增加值率（%）	14.2	7.1	-0.1	-6.6	-11.0
国有资本保值增值率（%）	111.5	108.4	106.1	97.7	87.3
五、补充指标					
营业现金比率（%）	14.0	8.1	3.4	0.0	-5.6
国有资本回报率（%）	11.1	8.1	6.2	-2.3	-10.4
EBITDA 率（%）	25.8	17.3	11.1	-0.6	-9.0
百元收入支付的成本费用（元）	84.1	91.1	94.8	103.7	109.6
存货周转率（次）	18.9	13.1	9.7	6.9	5.0
速动比率	1.2	1.0	0.7	0.5	0.2
利润总额增长率（%）	-20.0	-44.6	-57.3	-66.2	-83.4
营业总收入增长率（%）	0.1	-8.1	-17.0	-28.4	-36.6

水泥及石膏制造业

范围：大型企业

项　　目	优秀值	良好值	平均值	较低值	较差值
一、盈利回报指标					
净资产收益率（%）	14.6	10.6	7.3	−0.9	−9.2
营业收入利润率（%）	19.7	16.5	14.6	6.4	−2.1
总资产报酬率（%）	10.1	7.9	5.7	−0.9	−7.1
盈余现金保障倍数	2.0	1.2	0.5	−0.3	−1.8
二、资产运营指标					
总资产周转率（次）	0.8	0.6	0.5	0.3	0.2
应收账款周转率（次）	22.2	18.3	13.6	9.0	5.4
流动资产周转率（次）	3.5	2.4	1.1	0.9	0.5
两金占流动资产比重（%）	15.0	23.2	35.4	44.5	52.3
三、风险防控指标					
资产负债率（%）	48.0	53.0	58.0	68.0	83.0
现金流动负债比率（%）	22.4	14.2	8.3	−0.5	−6.4
带息负债比率（%）	39.4	48.1	52.6	63.3	84.2
已获利息倍数	7.6	5.9	4.6	3.2	0.5
四、持续发展指标					
研发经费投入强度（%）	3.6	2.6	2.2	1.9	1.6
全员劳动生产率（万元/人）	91.2	76.3	54.1	33.9	20.4
经济增加值率（%）	16.2	9.3	0.4	−3.1	−10.0
国有资本保值增值率（%）	111.4	108.1	106.4	99.0	85.9
五、补充指标					
营业现金比率（%）	21.5	13.4	5.6	0.8	−2.4
国有资本回报率（%）	13.4	9.9	7.1	−1.1	−9.4
EBITDA率（%）	41.1	26.4	18.8	12.6	1.9
百元收入支付的成本费用（元）	85.1	89.1	91.2	98.1	103.1
存货周转率（次）	14.5	13.2	11.2	9.1	7.6
速动比率	1.1	1.0	0.7	0.5	0.2
利润总额增长率（%）	−27.9	−43.4	−55.6	−64.8	−82.5
营业总收入增长率（%）	−4.7	−11.1	−19.0	−27.5	−33.5

水泥及石膏制造业

范围：中型企业

项　　目	优秀值	良好值	平均值	较低值	较差值
一、盈利回报指标					
净资产收益率（%）	12.8	8.9	5.8	−2.5	−10.2
营业收入利润率（%）	14.6	10.6	4.5	−5.9	−17.6
总资产报酬率（%）	7.9	6.1	3.3	−1.9	−7.5
盈余现金保障倍数	2.6	2.0	1.3	−0.1	−1.9
二、资产运营指标					
总资产周转率（次）	1.0	0.8	0.6	0.5	0.3
应收账款周转率（次）	20.6	14.3	9.2	4.8	1.9
流动资产周转率（次）	4.2	3.2	1.7	1.4	1.1
两金占流动资产比重（%）	5.8	18.2	24.6	36.1	58.6
三、风险防控指标					
资产负债率（%）	48.0	53.0	58.0	68.0	83.0
现金流动负债比率（%）	23.3	15.8	5.5	−2.9	−8.5
带息负债比率（%）	32.0	41.3	55.1	67.2	90.8
已获利息倍数	6.3	4.2	2.4	−0.2	−2.1
四、持续发展指标					
研发经费投入强度（%）	2.6	1.9	1.6	1.4	1.2
全员劳动生产率（万元/人）	74.3	59.6	46.2	27.1	14.3
经济增加值率（%）	13.5	6.9	−1.1	−7.9	−12.4
国有资本保值增值率（%）	111.7	108.4	104.9	96.6	85.6
五、补充指标					
营业现金比率（%）	15.9	10.6	5.1	0.0	−5.2
国有资本回报率（%）	11.0	7.7	5.0	−3.3	−11.0
EBITDA率（%）	26.1	18.8	7.9	0.1	−12.9
百元收入支付的成本费用（元）	85.0	91.0	97.0	107.2	114.1
存货周转率（次）	16.7	13.3	9.0	7.0	5.3
速动比率	1.2	1.0	0.6	0.4	0.2
利润总额增长率（%）	−25.2	−44.9	−55.3	−63.5	−79.4
营业总收入增长率（%）	2.3	−5.2	−16.3	−25.2	−33.6

水泥及石膏制造业

范围：小型企业

项　　目	优秀值	良好值	平均值	较低值	较差值
一、盈利回报指标					
净资产收益率（％）	8.4	6.1	3.3	-5.6	-15.4
营业收入利润率（％）	10.4	6.8	1.3	-5.8	-15.8
总资产报酬率（％）	7.7	5.5	2.0	-3.0	-12.4
盈余现金保障倍数	2.1	1.6	0.7	-0.7	-3.2
二、资产运营指标					
总资产周转率（次）	1.4	1.1	0.7	0.4	0.2
应收账款周转率（次）	18.0	10.0	5.0	2.1	0.1
流动资产周转率（次）	4.2	3.2	1.7	1.2	0.7
两金占流动资产比重（％）	6.3	22.6	38.5	47.2	63.9
三、风险防控指标					
资产负债率（％）	48.0	53.0	58.0	68.0	83.5
现金流动负债比率（％）	16.9	7.4	2.5	-1.2	-6.4
带息负债比率（％）	36.8	45.7	55.3	67.1	90.1
已获利息倍数	4.4	2.6	1.1	-1.4	-3.0
四、持续发展指标					
研发经费投入强度（％）	2.3	1.8	1.6	1.4	1.2
全员劳动生产率（万元/人）	58.1	46.2	40.1	20.7	7.8
经济增加值率（％）	9.5	3.9	-2.4	-8.6	-12.7
国有资本保值增值率（％）	107.4	104.7	102.5	93.4	86.8
五、补充指标					
营业现金比率（％）	9.8	4.1	0.0	-2.2	-6.5
国有资本回报率（％）	7.1	5.1	2.7	-6.2	-16.0
EBITDA率（％）	14.6	9.0	2.9	-3.7	-13.0
百元收入支付的成本费用（元）	90.2	94.7	99.3	105.6	112.9
存货周转率（次）	21.3	15.1	10.3	7.2	5.2
速动比率	1.2	0.9	0.6	0.4	0.2
利润总额增长率（％）	-16.7	-57.6	-78.7	-85.3	-98.0
营业总收入增长率（％）	3.7	-6.7	-19.2	-32.4	-41.3

水泥及石膏制品业

范围：全行业

项　目	优秀值	良好值	平均值	较低值	较差值
一、盈利回报指标					
净资产收益率（%）	12.5	9.1	7.4	−1.4	−9.1
营业收入利润率（%）	12.6	10.0	6.2	−0.7	−6.0
总资产报酬率（%）	9.1	5.7	3.5	−1.2	−9.4
盈余现金保障倍数	2.4	1.6	0.4	−0.8	−2.1
二、资产运营指标					
总资产周转率（次）	1.1	0.8	0.6	0.4	0.1
应收账款周转率（次）	2.6	2.1	1.4	0.9	0.7
流动资产周转率（次）	1.7	1.3	0.9	0.5	0.2
两金占流动资产比重（%）	46.3	56.1	67.4	78.9	90.0
三、风险防控指标					
资产负债率（%）	48.6	53.6	58.6	68.6	83.6
现金流动负债比率（%）	13.9	7.8	3.6	−5.6	−13.7
带息负债比率（%）	21.2	32.0	38.6	47.3	64.2
已获利息倍数	6.2	4.5	2.8	0.1	−1.8
四、持续发展指标					
研发经费投入强度（%）	1.5	1.3	1.1	0.8	0.5
全员劳动生产率（万元/人）	68.2	51.2	42.3	25.0	13.5
经济增加值率（%）	13.1	7.6	0.7	−8.0	−13.8
国有资本保值增值率（%）	113.4	109.6	104.9	98.2	91.5
五、补充指标					
营业现金比率（%）	14.7	7.2	1.6	−1.7	−8.1
国有资本回报率（%）	10.9	8.0	6.5	−1.7	−10.0
EBITDA 率（%）	16.0	12.9	8.8	0.9	−11.8
百元收入支付的成本费用（元）	89.5	91.8	95.3	101.8	106.1
存货周转率（次）	20.0	14.2	11.2	7.2	4.5
速动比率	1.4	1.2	0.9	0.6	0.4
利润总额增长率（%）	10.2	−16.3	−32.0	−41.1	−52.1
营业总收入增长率（%）	6.1	−2.1	−11.3	−23.7	−33.4

砖瓦、石材等建筑材料制造业

范围：全行业

项　　目	优秀值	良好值	平均值	较低值	较差值
一、盈利回报指标					
净资产收益率（％）	12.4	6.0	2.4	-3.6	-14.3
营业收入利润率（％）	7.6	4.9	2.8	-4.9	-14.5
总资产报酬率（％）	5.9	3.5	1.7	-2.9	-9.2
盈余现金保障倍数	4.4	2.9	1.9	0.6	-0.6
二、资产运营指标					
总资产周转率（次）	0.9	0.7	0.3	0.2	0.1
应收账款周转率（次）	8.0	4.2	2.2	1.4	0.9
流动资产周转率（次）	1.4	1.1	0.8	0.4	0.1
两金占流动资产比重（％）	28.1	43.3	57.7	68.7	81.9
三、风险防控指标					
资产负债率（％）	48.6	53.6	58.6	68.6	83.6
现金流动负债比率（％）	10.9	7.0	3.6	-3.2	-10.4
带息负债比率（％）	36.7	43.2	47.6	57.2	75.7
已获利息倍数	4.9	3.5	1.7	-0.4	-2.0
四、持续发展指标					
研发经费投入强度（％）	1.9	1.7	1.6	1.4	1.3
全员劳动生产率（万元/人）	72.1	52.9	43.0	18.9	2.8
经济增加值率（％）	7.6	1.7	-2.9	-8.4	-14.6
国有资本保值增值率（％）	109.3	105.6	101.5	96.3	86.2
五、补充指标					
营业现金比率（％）	20.4	10.0	4.7	-6.3	-27.6
国有资本回报率（％）	10.6	5.1	1.9	-4.3	-14.7
EBITDA率（％）	19.6	13.0	7.4	-0.9	-11.2
百元收入支付的成本费用（元）	91.9	96.5	98.8	104.7	113.4
存货周转率（次）	15.9	11.2	8.4	5.3	3.2
速动比率	1.6	1.2	0.9	0.6	0.5
利润总额增长率（％）	-9.6	-28.3	-40.8	-54.5	-63.6
营业总收入增长率（％）	7.7	-2.5	-12.7	-27.6	-38.2

平板玻璃制品业

范围：全行业

项　　目	优秀值	良好值	平均值	较低值	较差值
一、盈利回报指标					
净资产收益率（%）	12.5	9.0	3.8	-1.9	-12.8
营业收入利润率（%）	13.5	9.4	6.6	1.1	-9.4
总资产报酬率（%）	9.1	5.7	2.7	-1.0	-8.1
盈余现金保障倍数	3.7	1.7	0.6	-2.0	-4.8
二、资产运营指标					
总资产周转率（次）	0.8	0.5	0.4	0.2	0.1
应收账款周转率（次）	18.6	9.7	5.1	3.5	2.4
流动资产周转率（次）	2.2	1.5	0.9	0.5	0.3
两金占流动资产比重（%）	20.9	26.8	33.7	49.2	61.2
三、风险防控指标					
资产负债率（%）	48.6	53.6	58.6	68.6	83.6
现金流动负债比率（%）	12.4	6.4	2.1	-4.5	-13.8
带息负债比率（%）	16.1	28.7	44.7	53.3	69.9
已获利息倍数	5.3	3.5	2.2	1.2	0.6
四、持续发展指标					
研发经费投入强度（%）	2.5	2.2	2.0	1.5	0.4
全员劳动生产率（万元/人）	44.6	37.6	31.0	26.1	22.8
经济增加值率（%）	8.6	4.6	-1.3	-5.8	-10.0
国有资本保值增值率（%）	111.8	107.6	103.2	99.2	92.7
五、补充指标					
营业现金比率（%）	17.8	9.3	3.0	-7.3	-27.4
国有资本回报率（%）	13.6	9.1	3.7	-1.9	-12.9
EBITDA率（%）	19.7	13.6	8.3	5.3	-0.4
百元收入支付的成本费用（元）	91.0	94.4	98.8	102.9	110.9
存货周转率（次）	9.7	8.3	6.5	5.5	4.3
速动比率	1.2	0.8	0.6	0.4	0.3
利润总额增长率（%）	-10.3	-18.7	-31.3	-40.6	-54.5
营业总收入增长率（%）	12.8	1.6	-11.3	-19.6	-35.6

结构性金属制品制造业

范围：全行业

项 目	优秀值	良好值	平均值	较低值	较差值
一、盈利回报指标					
净资产收益率（%）	9.2	6.1	3.6	-0.3	-8.0
营业收入利润率（%）	4.8	3.1	1.2	-2.7	-10.2
总资产报酬率（%）	4.9	3.3	1.8	-0.4	-4.9
盈余现金保障倍数	5.9	2.9	1.3	-0.9	-3.1
二、资产运营指标					
总资产周转率（次）	1.2	0.9	0.5	0.3	0.2
应收账款周转率（次）	8.8	5.4	2.4	1.3	0.6
流动资产周转率（次）	2.5	1.6	1.1	0.5	0.1
两金占流动资产比重（%）	43.2	48.1	53.4	60.8	75.2
三、风险防控指标					
资产负债率（%）	49.0	54.0	59.0	69.0	84.0
现金流动负债比率（%）	6.5	3.7	-0.1	-6.5	-14.2
带息负债比率（%）	13.8	23.4	28.4	37.6	55.4
已获利息倍数	5.7	4.0	2.1	0.5	-2.5
四、持续发展指标					
研发经费投入强度（%）	2.7	1.6	1.1	0.8	0.4
全员劳动生产率（万元/人）	50.4	37.6	31.0	19.4	11.6
经济增加值率（%）	9.2	4.7	-1.0	-5.4	-10.1
国有资本保值增值率（%）	109.0	104.8	101.8	97.7	89.6
五、补充指标					
营业现金比率（%）	6.8	3.5	0.8	-3.4	-11.7
国有资本回报率（%）	8.3	5.7	3.5	-0.4	-8.1
EBITDA率（%）	13.1	7.2	3.1	-1.5	-10.4
百元收入支付的成本费用（元）	94.3	97.4	99.2	102.3	108.3
存货周转率（次）	9.3	7.7	5.9	3.5	1.9
速动比率	1.6	1.2	0.8	0.5	0.3
利润总额增长率（%）	4.9	-0.2	-7.7	-23.5	-37.6
营业总收入增长率（%）	13.8	7.4	-0.4	-13.6	-25.5

建筑、安全用金属制品制造业

范围：全行业

项 目	优秀值	良好值	平均值	较低值	较差值
一、盈利回报指标					
净资产收益率（%）	13.8	7.8	4.2	-1.4	-9.3
营业收入利润率（%）	9.3	5.7	1.2	-6.3	-13.4
总资产报酬率（%）	6.9	3.2	0.2	-3.5	-10.6
盈余现金保障倍数	4.0	2.8	1.0	-2.0	-7.8
二、资产运营指标					
总资产周转率（次）	1.5	1.0	0.6	0.4	0.1
应收账款周转率（次）	9.5	5.1	2.8	1.2	0.2
流动资产周转率（次）	1.9	1.4	0.8	0.4	0.1
两金占流动资产比重（%）	34.9	43.1	51.9	59.8	75.0
三、风险防控指标					
资产负债率（%）	48.6	53.6	58.6	68.6	83.6
现金流动负债比率（%）	19.1	9.5	4.6	-2.4	-7.0
带息负债比率（%）	24.5	32.8	45.2	53.0	68.2
已获利息倍数	5.5	3.8	2.4	1.3	-0.6
四、持续发展指标					
研发经费投入强度（%）	2.7	1.7	1.2	0.9	0.6
全员劳动生产率（万元/人）	41.3	35.0	26.2	16.0	9.1
经济增加值率（%）	4.0	-0.8	-3.8	-7.9	-15.8
国有资本保值增值率（%）	110.0	105.7	102.3	96.8	91.5
五、补充指标					
营业现金比率（%）	18.2	11.2	0.8	-6.8	-21.6
国有资本回报率（%）	11.6	6.4	3.3	-2.3	-10.2
EBITDA率（%）	12.9	8.4	2.8	-4.4	-12.1
百元收入支付的成本费用（元）	91.4	93.5	96.3	100.3	107.1
存货周转率（次）	11.7	8.4	6.4	4.3	2.9
速动比率	1.3	1.0	0.6	0.5	0.4
利润总额增长率（%）	-8.6	-19.9	-30.7	-42.8	-56.4
营业总收入增长率（%）	-1.0	-10.9	-18.6	-32.2	-43.4

化学工业

范围：全行业

项　　目	优秀值	良好值	平均值	较低值	较差值
一、盈利回报指标					
净资产收益率（%）	19.0	11.8	7.5	0.0	-6.6
营业收入利润率（%）	15.9	10.5	5.7	0.6	-9.2
总资产报酬率（%）	7.8	5.2	3.3	-0.6	-3.1
盈余现金保障倍数	3.1	1.9	0.9	-0.1	-2.0
二、资产运营指标					
总资产周转率（次）	1.2	1.0	0.6	0.4	0.3
应收账款周转率（次）	15.1	11.1	7.8	4.8	2.8
流动资产周转率（次）	2.7	2.0	1.4	0.7	0.2
两金占流动资产比重（%）	16.7	25.4	34.3	49.1	59.0
三、风险防控指标					
资产负债率（%）	48.3	53.3	58.3	71.2	82.4
现金流动负债比率（%）	25.3	14.7	7.5	-0.3	-5.5
带息负债比率（%）	25.3	36.0	52.0	58.3	70.6
已获利息倍数	7.2	4.4	2.5	1.0	-1.2
四、持续发展指标					
研发经费投入强度（%）	3.2	2.5	1.9	1.2	0.5
全员劳动生产率（万元/人）	67.8	48.9	39.2	21.5	9.7
经济增加值率（%）	12.4	6.0	0.0	-5.1	-8.5
国有资本保值增值率（%）	111.2	108.3	104.1	98.5	91.6
五、补充指标					
营业现金比率（%）	21.3	13.0	4.4	0.0	-3.8
国有资本回报率（%）	16.1	9.9	6.2	0.0	-7.9
EBITDA率（%）	24.5	17.1	8.6	1.5	-7.7
百元收入支付的成本费用（元）	85.7	91.4	95.6	103.1	114.5
存货周转率（次）	14.5	10.3	7.3	4.6	2.8
速动比率	1.3	1.0	0.6	0.5	0.3
利润总额增长率（%）	6.0	0.1	-7.6	-20.2	-29.3
营业总收入增长率（%）	31.7	22.2	12.3	1.7	-8.3

化学工业

范围：大型企业

项　　目	优秀值	良好值	平均值	较低值	较差值
一、盈利回报指标					
净资产收益率（%）	19.1	12.9	9.4	3.7	-2.5
营业收入利润率（%）	16.4	11.6	6.5	1.7	-3.7
总资产报酬率（%）	10.7	6.8	4.2	2.3	0.9
盈余现金保障倍数	4.5	2.9	1.1	0.2	-1.7
二、资产运营指标					
总资产周转率（次）	1.1	0.9	0.6	0.4	0.3
应收账款周转率（次）	22.1	17.8	13.3	9.5	6.9
流动资产周转率（次）	3.1	2.5	1.7	1.2	0.9
两金占流动资产比重（%）	20.6	27.5	33.8	45.0	56.6
三、风险防控指标					
资产负债率（%）	48.3	53.3	58.3	72.0	82.4
现金流动负债比率（%）	28.5	21.1	10.1	3.1	-1.6
带息负债比率（%）	25.0	34.6	47.0	62.3	72.6
已获利息倍数	11.2	6.6	4.1	2.8	0.5
四、持续发展指标					
研发经费投入强度（%）	3.3	2.5	2.1	1.6	1.0
全员劳动生产率（万元/人）	91.2	68.5	56.9	40.2	14.7
经济增加值（%）	10.9	5.2	0.5	-4.2	-7.2
国有资本保值增值率（%）	111.9	108.8	104.5	100.6	97.1
五、补充指标					
营业现金比率（%）	20.5	15.2	7.3	1.6	-2.2
国有资本回报率（%）	15.6	10.2	7.2	1.6	-4.7
EBITDA 率（%）	28.3	21.9	13.1	8.3	0.5
百元收入支付的成本费用（元）	86.9	91.3	95.1	102.1	109.0
存货周转率（次）	17.6	14.4	9.7	7.9	6.0
速动比率	1.2	0.9	0.7	0.5	0.4
利润总额增长率（%）	20.2	13.9	5.1	-5.3	-13.9
营业总收入增长率（%）	28.3	19.6	9.7	2.0	-5.1

化学工业

范围：中型企业

项　　目	优秀值	良好值	平均值	较低值	较差值
一、盈利回报指标					
净资产收益率（%）	18.8	11.3	7.4	0.4	－7.9
营业收入利润率（%）	17.8	12.2	6.1	2.1	－5.0
总资产报酬率（%）	8.5	6.0	3.5	－0.6	－6.1
盈余现金保障倍数	3.2	2.3	1.0	0.1	－1.0
二、资产运营指标					
总资产周转率（次）	1.4	1.0	0.7	0.4	0.2
应收账款周转率（次）	17.1	13.0	9.5	5.7	3.2
流动资产周转率（次）	2.9	2.3	1.5	0.8	0.4
两金占流动资产比重（%）	17.3	27.1	37.3	45.3	55.3
三、风险防控指标					
资产负债率（%）	48.0	53.0	58.0	69.6	83.0
现金流动负债比率（%）	28.2	17.6	7.3	1.1	－4.4
带息负债比率（%）	29.7	45.8	57.2	63.7	76.2
已获利息倍数	7.0	4.8	2.4	0.9	－1.1
四、持续发展指标					
研发经费投入强度（%）	3.4	2.1	1.2	0.6	0.1
全员劳动生产率（万元/人）	66.4	49.9	40.1	22.8	11.3
经济增加值率（%）	15.1	8.6	1.5	－3.5	－7.3
国有资本保值增值率（%）	115.0	109.4	105.3	98.7	92.5
五、补充指标					
营业现金比率（%）	19.8	12.8	5.6	0.6	－2.7
国有资本回报率（%）	16.9	10.4	6.8	0.3	－8.5
EBITDA 率（%）	27.0	19.7	10.3	4.3	－4.3
百元收入支付的成本费用（元）	84.1	90.1	95.0	102.0	110.4
存货周转率（次）	16.7	12.5	7.9	5.2	3.3
速动比率	1.3	1.0	0.6	0.4	0.2
利润总额增长率（%）	1.6	－3.1	－10.1	－21.4	－30.0
营业总收入增长率（%）	30.0	20.8	11.1	1.5	－7.9

化学工业

范围：小型企业

项　　目	优秀值	良好值	平均值	较低值	较差值
一、盈利回报指标					
净资产收益率（%）	16.7	10.1	4.0	-0.7	-9.8
营业收入利润率（%）	16.5	10.5	4.3	-0.8	-9.1
总资产报酬率（%）	6.9	4.4	2.1	-0.2	-4.2
盈余现金保障倍数	2.8	1.8	0.9	-0.4	-1.2
二、资产运营指标					
总资产周转率（次）	1.4	1.1	0.5	0.3	0.2
应收账款周转率（次）	13.8	9.7	6.2	3.5	1.7
流动资产周转率（次）	2.8	2.1	1.3	0.8	0.4
两金占流动资产比重（%）	11.9	23.2	33.1	46.1	60.2
三、风险防控指标					
资产负债率（%）	48.3	53.3	58.3	68.3	83.3
现金流动负债比率（%）	16.4	9.3	2.2	-4.1	-10.4
带息负债比率（%）	27.8	38.3	53.9	61.6	76.5
已获利息倍数	4.0	2.9	1.4	-0.3	-3.5
四、持续发展指标					
研发经费投入强度（%）	1.7	1.2	0.9	0.4	0.1
全员劳动生产率（万元/人）	65.4	48.0	39.1	21.4	9.6
经济增加值率（%）	12.5	6.7	-1.4	-5.5	-8.7
国有资本保值增值率（%）	111.5	107.0	103.2	97.6	91.6
五、补充指标					
营业现金比率（%）	20.4	11.6	3.4	0.0	-4.2
国有资本回报率（%）	14.6	8.9	3.7	-1.0	-10.2
EBITDA率（%）	23.4	15.8	6.7	1.4	-2.7
百元收入支付的成本费用（元）	85.8	92.2	96.4	101.5	111.4
存货周转率（次）	16.0	10.4	6.5	4.2	2.7
速动比率	1.5	1.1	0.6	0.4	0.3
利润总额增长率（%）	4.0	-4.4	-11.7	-25.9	-36.4
营业总收入增长率（%）	32.0	23.6	12.7	-1.2	-11.5

基础化学原料制造业

范围：全行业

项　　目	优秀值	良好值	平均值	较低值	较差值
一、盈利回报指标					
净资产收益率（%）	17.8	9.8	5.7	0.1	−7.1
营业收入利润率（%）	16.1	10.6	6.4	−0.5	−7.5
总资产报酬率（%）	10.0	6.7	4.4	−0.1	−4.4
盈余现金保障倍数	3.8	2.4	1.3	0.3	−1.3
二、资产运营指标					
总资产周转率（次）	1.4	1.0	0.7	0.5	0.3
应收账款周转率（次）	27.0	18.2	12.1	9.8	6.8
流动资产周转率（次）	3.4	2.5	1.7	1.0	0.5
两金占流动资产比重（%）	3.1	14.8	24.6	33.7	51.5
三、风险防控指标					
资产负债率（%）	48.3	53.3	58.3	68.3	83.3
现金流动负债比率（%）	25.6	15.0	6.6	−0.8	−5.7
带息负债比率（%）	23.6	36.1	54.7	62.6	74.7
已获利息倍数	9.3	4.9	2.6	1.4	−0.8
四、持续发展指标					
研发经费投入强度（%）	3.1	2.3	1.9	1.2	0.5
全员劳动生产率（万元/人）	97.7	74.5	53.2	28.9	12.7
经济增加值率（%）	10.9	4.7	−0.5	−5.6	−9.0
国有资本保值增值率（%）	113.6	107.8	103.9	98.0	92.1
五、补充指标					
营业现金比率（%）	24.2	17.2	8.1	2.6	−1.1
国有资本回报率（%）	14.9	9.2	6.0	0.0	−6.9
EBITDA率（%）	28.1	20.4	10.8	3.9	−4.3
百元收入支付的成本费用（元）	84.0	90.9	95.4	103.6	114.1
存货周转率（次）	22.2	16.4	12.5	9.1	6.9
速动比率	1.4	1.0	0.7	0.5	0.3
利润总额增长率（%）	18.4	4.8	−8.7	−18.6	−38.0
营业总收入增长率（%）	31.5	21.3	9.7	−1.4	−13.4

基础化学原料制造业

范围：大型企业

项　　目	优秀值	良好值	平均值	较低值	较差值
一、盈利回报指标					
净资产收益率（％）	16.7	12.4	9.8	4.6	−2.4
营业收入利润率（％）	17.4	10.2	6.4	0.1	−5.3
总资产报酬率（％）	9.1	6.7	4.4	0.8	−1.6
盈余现金保障倍数	3.8	2.8	1.4	0.4	−0.5
二、资产运营指标					
总资产周转率（次）	1.1	0.9	0.7	0.4	0.3
应收账款周转率（次）	47.8	29.6	12.8	11.4	8.5
流动资产周转率（次）	3.7	2.8	2.0	1.3	0.8
两金占流动资产比重（％）	4.7	16.3	24.1	32.7	49.3
三、风险防控指标					
资产负债率（％）	48.0	53.0	58.0	68.0	83.0
现金流动负债比率（％）	27.5	21.0	11.3	3.3	−2.1
带息负债比率（％）	26.7	38.3	55.0	63.7	72.8
已获利息倍数	13.3	7.7	4.1	2.6	1.5
四、持续发展指标					
研发经费投入强度（％）	3.7	3.0	2.3	1.5	0.5
全员劳动生产率（万元/人）	104.0	80.4	61.4	40.0	25.7
经济增加值率（％）	9.5	3.6	0.2	−4.9	−8.3
国有资本保值增值率（％）	113.2	108.2	104.0	99.3	94.3
五、补充指标					
营业现金比率（％）	19.4	15.1	8.6	3.2	−0.5
国有资本回报率（％）	13.4	9.8	7.1	2.0	−5.1
EBITDA率（％）	28.5	21.8	12.3	6.8	−3.3
百元收入支付的成本费用（元）	83.1	89.3	94.1	102.4	109.2
存货周转率（次）	24.2	18.3	13.7	11.7	9.7
速动比率	1.3	1.0	0.7	0.6	0.3
利润总额增长率（％）	19.5	8.6	−6.7	−13.7	−27.1
营业总收入增长率（％）	31.5	23.8	12.2	4.3	−1.2

基础化学原料制造业

范围：中型企业

项 目	优秀值	良好值	平均值	较低值	较差值
一、盈利回报指标					
净资产收益率（%）	22.1	14.8	8.3	3.2	-2.8
营业收入利润率（%）	16.8	12.9	7.2	0.3	-4.9
总资产报酬率（%）	11.3	7.6	4.1	1.3	-3.5
盈余现金保障倍数	3.1	2.3	1.1	0.0	-2.1
二、资产运营指标					
总资产周转率（次）	1.3	1.1	0.7	0.5	0.3
应收账款周转率（次）	28.0	19.7	9.9	7.4	5.4
流动资产周转率（次）	3.5	2.8	1.8	1.0	0.5
两金占流动资产比重（%）	15.6	29.2	46.0	54.8	66.1
三、风险防控指标					
资产负债率（%）	48.3	53.3	58.3	68.3	83.3
现金流动负债比率（%）	28.3	18.1	8.3	2.0	-4.3
带息负债比率（%）	17.9	30.3	49.0	62.6	76.4
已获利息倍数	8.6	5.3	2.7	1.5	-0.3
四、持续发展指标					
研发经费投入强度（%）	1.8	1.6	1.4	1.0	0.8
全员劳动生产率（万元/人）	99.0	78.4	50.3	28.2	13.4
经济增加值率（%）	14.9	9.0	1.2	-3.0	-6.6
国有资本保值增值率（%）	117.2	112.2	105.7	100.4	94.4
五、补充指标					
营业现金比率（%）	22.7	16.0	5.8	1.1	-2.1
国有资本回报率（%）	18.8	12.5	6.9	1.7	-4.2
EBITDA率（%）	25.2	18.1	8.9	3.1	-6.6
百元收入支付的成本费用（元）	84.8	90.7	95.9	104.6	114.7
存货周转率（次）	22.8	17.8	12.2	8.8	6.6
速动比率	1.2	0.9	0.6	0.5	0.3
利润总额增长率（%）	10.7	0.3	-13.5	-22.0	-38.6
营业总收入增长率（%）	32.3	21.5	12.2	0.3	-10.7

基础化学原料制造业

范围：小型企业

项　　目	优秀值	良好值	平均值	较低值	较差值
一、盈利回报指标					
净资产收益率（%）	17.1	9.6	5.4	0.1	-6.5
营业收入利润率（%）	17.8	11.7	6.0	1.0	-8.2
总资产报酬率（%）	8.6	5.3	2.7	-0.9	-7.8
盈余现金保障倍数	4.2	2.6	1.8	0.4	-2.0
二、资产运营指标					
总资产周转率（次）	1.9	1.4	0.8	0.6	0.4
应收账款周转率（次）	24.9	16.7	10.1	7.7	5.7
流动资产周转率（次）	3.8	2.7	1.2	0.8	0.5
两金占流动资产比重（%）	0.5	16.9	27.4	35.3	49.2
三、风险防控指标					
资产负债率（%）	48.6	53.6	58.6	68.6	83.6
现金流动负债比率（%）	19.8	11.7	3.7	-1.9	-12.6
带息负债比率（%）	31.5	40.3	44.8	57.0	66.7
已获利息倍数	8.2	4.8	1.4	0.1	-2.3
四、持续发展指标					
研发经费投入强度（%）	2.6	1.6	1.1	0.7	0.3
全员劳动生产率（万元/人）	97.0	75.4	47.7	27.1	13.3
经济增加值率（%）	12.8	5.7	-1.9	-5.6	-9.0
国有资本保值增值率（%）	111.7	105.9	103.0	95.5	90.5
五、补充指标					
营业现金比率（%）	29.2	17.0	8.5	3.0	-0.7
国有资本回报率（%）	14.3	7.8	4.2	0.0	-7.7
EBITDA率（%）	24.1	17.5	7.7	2.6	-1.1
百元收入支付的成本费用（元）	82.8	89.8	95.1	101.8	114.9
存货周转率（次）	26.1	16.9	11.6	8.5	6.3
速动比率	1.7	1.1	0.7	0.5	0.3
利润总额增长率（%）	19.5	5.8	-9.4	-18.4	-27.4
营业总收入增长率（%）	34.1	23.3	9.6	-3.5	-15.7

肥料制造业

范围：全行业

项　　目	优秀值	良好值	平均值	较低值	较差值
一、盈利回报指标					
净资产收益率（%）	23.2	17.2	11.5	5.2	-1.6
营业收入利润率（%）	16.5	13.5	9.1	1.2	-6.5
总资产报酬率（%）	9.7	6.9	2.8	0.1	-3.5
盈余现金保障倍数	3.7	2.8	1.4	0.0	-2.0
二、资产运营指标					
总资产周转率（次）	1.2	0.9	0.7	0.4	0.2
应收账款周转率（次）	25.5	20.4	15.6	8.9	4.2
流动资产周转率（次）	3.0	2.2	1.5	0.8	0.3
两金占流动资产比重（%）	6.7	18.6	24.7	34.7	53.9
三、风险防控指标					
资产负债率（%）	48.6	53.6	58.6	68.6	83.6
现金流动负债比率（%）	18.9	12.3	7.6	1.2	-3.0
带息负债比率（%）	19.5	32.2	49.6	58.8	76.6
已获利息倍数	7.9	5.2	3.3	0.7	-1.1
四、持续发展指标					
研发经费投入强度（%）	2.2	1.8	1.3	1.0	0.8
全员劳动生产率（万元/人）	81.6	58.5	46.5	23.5	8.1
经济增加值率（%）	13.3	7.5	2.0	-4.4	-8.6
国有资本保值增值率（%）	120.2	114.7	109.4	102.8	97.0
五、补充指标					
营业现金比率（%）	27.4	20.8	11.0	3.0	-2.3
国有资本回报率（%）	19.4	14.3	9.3	3.1	-3.8
EBITDA率（%）	26.3	19.5	10.8	1.8	-4.5
百元收入支付的成本费用（元）	84.9	91.0	95.9	104.1	120.0
存货周转率（次）	14.5	10.9	7.6	4.7	2.9
速动比率	1.0	0.8	0.5	0.3	0.1
利润总额增长率（%）	27.5	16.1	10.2	0.2	-12.9
营业总收入增长率（%）	39.3	30.3	19.9	8.0	-7.8

农药制造业

范围：全行业

项　　目	优秀值	良好值	平均值	较低值	较差值
一、盈利回报指标					
净资产收益率（%）	19.6	16.6	12.1	6.1	-0.5
营业收入利润率（%）	19.8	13.6	9.9	3.9	-7.7
总资产报酬率（%）	9.4	6.6	4.0	-0.6	-5.3
盈余现金保障倍数	2.9	1.6	0.8	-0.5	-3.0
二、资产运营指标					
总资产周转率（次）	1.4	1.2	0.8	0.6	0.2
应收账款周转率（次）	21.9	16.0	7.1	6.0	4.8
流动资产周转率（次）	2.5	2.0	1.3	0.9	0.5
两金占流动资产比重（%）	15.6	30.9	49.1	56.8	61.9
三、风险防控指标					
资产负债率（%）	48.3	53.3	58.3	66.8	83.3
现金流动负债比率（%）	21.6	16.1	9.1	4.0	-1.3
带息负债比率（%）	27.3	38.7	50.2	57.5	71.6
已获利息倍数	10.2	8.6	6.1	4.2	0.6
四、持续发展指标					
研发经费投入强度（%）	2.3	2.0	1.7	1.2	0.7
全员劳动生产率（万元/人）	56.9	45.4	39.5	25.8	16.7
经济增加值率（%）	17.0	11.4	2.9	-0.4	-4.6
国有资本保值增值率（%）	113.3	110.8	107.6	101.6	95.0
五、补充指标					
营业现金比率（%）	11.6	7.7	5.0	0.1	-4.3
国有资本回报率（%）	14.9	12.4	8.5	2.5	-4.1
EBITDA 率（%）	23.4	17.2	11.6	4.6	-1.0
百元收入支付的成本费用（元）	87.7	90.8	95.5	102.6	114.7
存货周转率（次）	8.0	6.4	4.6	3.0	1.9
速动比率	1.1	0.9	0.6	0.5	0.3
利润总额增长率（%）	51.5	31.2	20.7	7.8	-0.9
营业总收入增长率（%）	51.8	42.1	31.3	15.9	5.6

日用化学产品制造业

范围：全行业

项　　　目	优秀值	良好值	平均值	较低值	较差值
一、盈利回报指标					
净资产收益率（％）	14.2	6.7	2.9	-2.6	-7.7
营业收入利润率（％）	8.4	4.5	0.9	-9.0	-23.3
总资产报酬率（％）	5.4	2.9	1.2	-3.0	-6.6
盈余现金保障倍数	3.1	2.4	1.4	0.2	-2.0
二、资产运营指标					
总资产周转率（次）	1.2	0.9	0.6	0.3	0.1
应收账款周转率（次）	16.9	10.8	7.2	4.6	2.8
流动资产周转率（次）	1.9	1.6	1.1	0.7	0.4
两金占流动资产比重（％）	22.6	33.5	40.0	54.0	63.8
三、风险防控指标					
资产负债率（％）	48.0	53.0	58.0	68.0	83.0
现金流动负债比率（％）	13.2	4.5	0.0	-5.0	-14.6
带息负债比率（％）	25.2	33.5	44.2	53.3	71.0
已获利息倍数	1.9	-0.3	-1.9	-4.7	-9.5
四、持续发展指标					
研发经费投入强度（％）	1.8	1.5	1.3	0.9	0.7
全员劳动生产率（万元/人）	28.0	23.6	17.0	8.1	2.1
经济增加值率（％）	6.9	1.2	-4.3	-9.1	-14.8
国有资本保值增值率（％）	112.7	107.7	102.4	98.1	92.7
五、补充指标					
营业现金比率（％）	18.0	6.8	1.0	0.0	-1.4
国有资本回报率（％）	12.6	6.2	2.9	-2.4	-7.7
EBITDA率（％）	16.0	7.3	2.5	-5.0	-16.6
百元收入支付的成本费用（元）	91.8	95.9	100.7	106.7	117.4
存货周转率（次）	9.8	7.2	4.4	2.8	1.7
速动比率	1.6	1.1	0.8	0.5	0.3
利润总额增长率（％）	21.8	12.1	0.0	-6.0	-14.6
营业总收入增长率（％）	24.8	16.1	3.1	-10.7	-19.9

化学纤维制造业

范围：全行业

项　　目	优秀值	良好值	平均值	较低值	较差值
一、盈利回报指标					
净资产收益率（%）	12.3	8.1	4.5	-2.1	-9.2
营业收入利润率（%）	12.9	9.1	3.8	-2.9	-12.6
总资产报酬率（%）	5.7	3.3	1.2	-2.1	-5.7
盈余现金保障倍数	1.2	0.8	0.2	-0.9	-3.2
二、资产运营指标					
总资产周转率（次）	0.6	0.5	0.3	0.2	0.1
应收账款周转率（次）	29.4	20.4	12.4	8.2	5.5
流动资产周转率（次）	2.4	1.8	1.4	0.8	0.4
两金占流动资产比重（%）	17.7	23.1	29.0	43.7	56.2
三、风险防控指标					
资产负债率（%）	48.6	53.6	58.6	68.6	83.6
现金流动负债比率（%）	12.4	6.6	1.0	-4.8	-8.7
带息负债比率（%）	7.9	20.5	37.7	43.7	54.8
已获利息倍数	4.2	2.5	0.6	-1.4	-3.2
四、持续发展指标					
研发经费投入强度（%）	1.7	1.4	1.2	0.9	0.7
全员劳动生产率（万元/人）	58.5	40.9	28.0	13.3	3.6
经济增加值率（%）	3.8	-0.9	-4.4	-9.3	-14.5
国有资本保值增值率（%）	107.4	104.2	102.0	96.8	89.4
五、补充指标					
营业现金比率（%）	19.2	10.6	0.5	-8.6	-26.0
国有资本回报率（%）	9.8	6.3	3.1	-3.5	-10.6
EBITDA率（%）	32.4	20.5	7.0	2.3	-6.9
百元收入支付的成本费用（元）	90.9	95.8	101.6	110.7	128.3
存货周转率（次）	10.6	7.7	5.8	3.6	2.1
速动比率	1.1	0.8	0.5	0.4	0.2
利润总额增长率（%）	31.0	20.0	7.1	-10.4	-22.1
营业总收入增长率（%）	27.2	17.4	6.6	-7.9	-19.0

橡胶制品业

范围：全行业

项　　　目	优秀值	良好值	平均值	较低值	较差值
一、盈利回报指标					
净资产收益率（%）	10.3	6.4	3.1	−0.3	−6.9
营业收入利润率（%）	6.3	3.5	0.9	−3.8	−12.8
总资产报酬率（%）	5.6	3.4	1.4	−1.1	−6.0
盈余现金保障倍数	7.9	3.7	1.1	−0.6	−3.4
二、资产运营指标					
总资产周转率（次）	1.4	1.0	0.6	0.3	0.2
应收账款周转率（次）	10.4	7.7	6.1	3.6	2.0
流动资产周转率（次）	2.6	2.0	1.4	0.8	0.4
两金占流动资产比重（%）	28.3	34.2	38.8	51.9	62.6
三、风险防控指标					
资产负债率（%）	48.6	53.6	58.6	68.6	83.6
现金流动负债比率（%）	12.3	7.2	4.5	−1.5	−9.0
带息负债比率（%）	15.7	32.7	52.9	56.9	64.7
已获利息倍数	5.1	3.3	1.6	−0.4	−3.2
四、持续发展指标					
研发经费投入强度（%）	2.5	2.0	1.4	1.0	0.8
全员劳动生产率（万元/人）	35.4	26.9	19.2	11.0	5.5
经济增加值率（%）	9.2	3.1	−1.8	−6.2	−9.1
国有资本保值增值率（%）	108.8	105.6	101.9	96.4	91.8
五、补充指标					
营业现金比率（%）	15.6	9.7	0.9	−1.1	−5.1
国有资本回报率（%）	10.9	6.3	3.1	−0.3	−6.9
EBITDA率（%）	16.4	7.6	2.5	−0.6	−4.6
百元收入支付的成本费用（元）	94.7	97.3	99.5	103.6	110.0
存货周转率（次）	8.9	7.0	4.9	3.6	2.7
速动比率	1.4	1.0	0.7	0.5	0.3
利润总额增长率（%）	9.4	0.3	−7.2	−20.2	−28.9
营业总收入增长率（%）	17.7	9.7	1.5	−9.8	−19.3

塑料制品业

范围：全行业

项　　目	优秀值	良好值	平均值	较低值	较差值
一、盈利回报指标					
净资产收益率（%）	11.6	7.5	5.3	-0.8	-7.7
营业收入利润率（%）	8.3	6.6	4.1	-2.9	-10.7
总资产报酬率（%）	6.8	4.6	3.5	-1.2	-5.7
盈余现金保障倍数	2.9	1.4	0.6	-0.6	-1.8
二、资产运营指标					
总资产周转率（次）	1.2	0.9	0.7	0.4	0.1
应收账款周转率（次）	10.5	7.2	4.7	2.6	1.2
流动资产周转率（次）	2.0	1.5	1.2	0.7	0.4
两金占流动资产比重（%）	21.7	32.2	44.8	52.8	68.3
三、风险防控指标					
资产负债率（%）	48.0	53.0	58.0	66.5	83.0
现金流动负债比率（%）	19.8	10.2	5.2	-3.6	-9.5
带息负债比率（%）	13.9	23.9	38.8	48.4	66.9
已获利息倍数	7.3	5.3	3.4	1.1	-2.4
四、持续发展指标					
研发经费投入强度（%）	2.1	1.6	1.1	0.8	0.6
全员劳动生产率（万元/人）	33.5	26.5	22.9	13.1	6.5
经济增加值率（%）	8.7	3.9	0.5	-6.4	-11.0
国有资本保值增值率（%）	110.2	106.3	104.1	98.1	92.2
五、补充指标					
营业现金比率（%）	12.5	7.8	2.5	-0.3	-5.7
国有资本回报率（%）	11.7	7.3	5.1	-1.0	-7.9
EBITDA 率（%）	16.5	12.3	7.8	0.0	-7.1
百元收入支付的成本费用（元）	93.6	96.6	99.6	106.8	111.6
存货周转率（次）	8.7	6.4	5.0	3.0	1.7
速动比率	1.6	1.0	0.7	0.5	0.3
利润总额增长率（%）	-0.7	-20.3	-30.4	-43.1	-51.7
营业总收入增长率（%）	15.8	7.9	-2.4	-15.8	-24.8

森林工业

项　　目	优秀值	良好值	平均值	较低值	较差值
一、盈利回报指标					
净资产收益率（%）	6.9	3.5	0.6	-6.0	-10.5
营业收入利润率（%）	5.5	2.7	0.2	-4.8	-13.2
总资产报酬率（%）	4.6	1.9	0.2	-2.4	-5.8
盈余现金保障倍数	5.5	1.9	-0.6	-2.9	-5.3
二、资产运营指标					
总资产周转率（次）	1.4	0.8	0.5	0.3	0.1
应收账款周转率（次）	14.8	10.0	7.0	3.3	0.1
流动资产周转率（次）	2.2	1.5	1.0	0.5	0.2
两金占流动资产比重（%）	6.2	34.5	49.0	56.7	64.6
三、风险防控指标					
资产负债率（%）	48.7	53.7	58.7	68.7	83.7
现金流动负债比率（%）	11.5	5.2	-0.9	-5.4	-8.7
带息负债比率（%）	32.4	45.1	59.7	66.8	80.6
已获利息倍数	4.8	2.8	1.2	-1.2	-5.8
四、持续发展指标					
研发经费投入强度（%）	1.6	1.4	1.3	1.1	0.8
全员劳动生产率（万元/人）	28.2	21.2	12.7	7.4	3.8
经济增加值率（%）	1.5	-0.9	-4.5	-10.2	-16.8
国有资本保值增值率（%）	101.5	100.5	99.9	89.9	83.2
五、补充指标					
营业现金比率（%）	8.0	2.7	0.0	-10.5	-30.8
国有资本回报率（%）	5.5	2.6	0.1	-6.5	-11.0
EBITDA率（%）	14.4	8.9	1.8	-5.6	-12.2
百元收入支付的成本费用（元）	94.2	96.8	99.9	105.6	116.3
存货周转率（次）	10.0	6.2	3.9	3.0	2.1
速动比率	1.0	0.8	0.7	0.5	0.4
利润总额增长率（%）	-3.7	-25.0	-36.0	-45.4	-54.2
营业总收入增长率（%）	11.5	3.9	-1.0	-13.9	-23.8

食品工业

范围：全行业

项　　目	优秀值	良好值	平均值	较低值	较差值
一、盈利回报指标					
净资产收益率（%）	14.1	9.4	5.6	0.3	-3.7
营业收入利润率（%）	10.9	5.9	2.2	-4.4	-14.3
总资产报酬率（%）	6.7	5.2	3.0	-1.6	-4.8
盈余现金保障倍数	3.4	1.4	0.4	-1.0	-2.8
二、资产运营指标					
总资产周转率（次）	2.0	1.3	1.0	0.5	0.1
应收账款周转率（次）	35.8	24.9	13.8	8.4	4.7
流动资产周转率（次）	3.8	2.6	1.9	0.8	0.2
两金占流动资产比重（%）	10.2	26.8	38.7	45.5	58.7
三、风险防控指标					
资产负债率（%）	48.0	53.0	58.0	68.0	83.0
现金流动负债比率（%）	10.5	6.3	0.9	-7.8	-14.4
带息负债比率（%）	6.9	19.8	39.1	48.9	64.3
已获利息倍数	7.9	5.1	2.8	0.0	-2.6
四、持续发展指标					
研发经费投入强度（%）	1.3	0.9	0.7	0.5	0.4
全员劳动生产率（万元/人）	34.8	27.1	21.0	11.0	4.3
经济增加值率（%）	7.3	2.8	-0.8	-7.1	-11.5
国有资本保值增值率（%）	111.8	108.2	103.0	100.4	95.2
五、补充指标					
营业现金比率（%）	11.4	4.7	0.7	-2.6	-8.9
国有资本回报率（%）	12.3	8.7	4.9	-0.4	-4.4
EBITDA率（%）	15.3	9.2	3.8	-1.1	-7.7
百元收入支付的成本费用（元）	90.2	95.0	99.0	103.4	112.0
存货周转率（次）	18.3	11.9	7.1	4.2	2.3
速动比率	1.1	0.9	0.7	0.5	0.4
利润总额增长率（%）	13.3	2.9	-6.9	-15.7	-32.6
营业总收入增长率（%）	26.2	16.2	8.3	-5.6	-15.0

食品工业

范围：大型企业

项 目	优秀值	良好值	平均值	较低值	较差值
一、盈利回报指标					
净资产收益率（％）	15.6	10.8	6.2	3.0	-3.2
营业收入利润率（％）	15.0	9.9	4.6	0.0	-5.8
总资产报酬率（％）	9.7	7.4	4.3	1.9	-2.9
盈余现金保障倍数	2.5	1.8	0.7	-0.4	-1.4
二、资产运营指标					
总资产周转率（次）	1.8	1.2	0.9	0.6	0.3
应收账款周转率（次）	28.8	22.8	18.1	14.7	8.7
流动资产周转率（次）	3.6	2.7	1.8	1.2	0.8
两金占流动资产比重（％）	24.7	33.6	38.2	43.9	55.0
三、风险防控指标					
资产负债率（％）	48.3	53.3	58.3	67.6	83.3
现金流动负债比率（％）	21.2	13.6	7.7	1.6	-3.5
带息负债比率（％）	10.1	24.9	47.0	57.3	68.9
已获利息倍数	12.3	7.5	3.7	2.1	0.2
四、持续发展指标					
研发经费投入强度（％）	1.4	1.1	0.8	0.6	0.4
全员劳动生产率（万元/人）	50.1	38.8	31.7	18.5	9.6
经济增加值率（％）	6.2	3.5	0.5	-3.1	-10.0
国有资本保值增值率（％）	114.2	109.7	104.5	100.5	94.9
五、补充指标					
营业现金比率（％）	9.4	5.2	3.1	0.0	-4.2
国有资本回报率（％）	13.2	9.0	5.1	1.9	-4.3
EBITDA 率（％）	22.6	16.0	6.0	3.1	-2.2
百元收入支付的成本费用（元）	87.0	93.4	96.6	101.4	106.4
存货周转率（次）	18.7	13.7	7.9	5.9	4.2
速动比率	1.3	1.2	0.9	0.7	0.6
利润总额增长率（％）	29.1	16.2	3.2	-8.0	-16.5
营业总收入增长率（％）	29.0	19.8	10.1	-1.8	-9.8

食品工业

范围：中型企业

项　　目	优秀值	良好值	平均值	较低值	较差值
一、盈利回报指标					
净资产收益率（%）	15.2	8.9	5.1	−0.8	−5.9
营业收入利润率（%）	8.2	4.8	1.1	−3.4	−12.1
总资产报酬率（%）	8.1	5.0	3.3	−0.6	−3.2
盈余现金保障倍数	3.5	1.4	0.3	−1.0	−2.6
二、资产运营指标					
总资产周转率（次）	1.9	1.4	1.2	0.5	0.1
应收账款周转率（次）	21.7	15.9	10.6	5.9	2.7
流动资产周转率（次）	3.1	2.6	2.0	1.0	0.4
两金占流动资产比重（%）	19.3	34.8	42.9	49.1	58.6
三、风险防控指标					
资产负债率（%）	48.4	53.4	58.4	68.4	83.4
现金流动负债比率（%）	17.2	7.4	0.8	−8.6	−17.5
带息负债比率（%）	4.1	19.4	36.6	49.5	64.0
已获利息倍数	9.3	5.3	1.9	0.2	−2.6
四、持续发展指标					
研发经费投入强度（%）	0.8	0.7	0.6	0.5	0.4
全员劳动生产率（万元/人）	36.7	29.0	20.3	11.9	6.4
经济增加值（%）	8.1	3.9	−0.8	−6.4	−10.2
国有资本保值增值率（%）	114.9	109.7	103.1	99.5	94.8
五、补充指标					
营业现金比率（%）	9.2	4.6	0.0	−3.9	−11.3
国有资本回报率（%）	14.2	8.8	5.0	−0.9	−6.0
EBITDA率（%）	13.4	8.9	2.7	−0.8	−5.5
百元收入支付的成本费用（元）	90.1	95.2	98.9	103.2	111.5
存货周转率（次）	19.2	13.0	7.2	4.8	3.1
速动比率	1.0	0.8	0.6	0.5	0.3
利润总额增长率（%）	1.9	−6.8	−17.1	−24.8	−31.9
营业总收入增长率（%）	26.5	13.5	2.5	−13.7	−24.6

食品工业

范围：小型企业

项　　目	优秀值	良好值	平均值	较低值	较差值
一、盈利回报指标					
净资产收益率（%）	13.9	9.6	5.3	− 0.3	− 8.1
营业收入利润率（%）	4.8	3.5	1.6	− 4.4	− 13.0
总资产报酬率（%）	5.6	3.7	2.7	− 2.0	− 5.5
盈余现金保障倍数	4.2	1.8	0.6	− 1.0	− 3.3
二、资产运营指标					
总资产周转率（次）	2.4	1.7	1.3	0.6	0.2
应收账款周转率（次）	21.5	14.9	10.5	5.6	2.3
流动资产周转率（次）	4.0	2.8	2.1	1.0	0.3
两金占流动资产比重（%）	3.8	21.8	41.7	51.7	63.7
三、风险防控指标					
资产负债率（%）	48.0	53.0	58.0	68.0	83.0
现金流动负债比率（%）	17.3	8.4	3.8	− 3.8	− 8.8
带息负债比率（%）	14.1	25.7	43.1	53.1	72.6
已获利息倍数	6.1	3.6	1.8	− 0.3	− 2.9
四、持续发展指标					
研发经费投入强度（%）	0.8	0.7	0.6	0.5	0.4
全员劳动生产率（万元/人）	33.2	25.8	20.3	11.2	5.2
经济增加值率（%）	6.5	2.6	− 1.7	− 8.2	− 14.1
国有资本保值增值率（%）	109.9	106.2	102.8	97.4	90.8
五、补充指标					
营业现金比率（%）	8.7	3.8	0.3	− 2.1	− 6.9
国有资本回报率（%）	12.2	8.5	4.2	− 0.9	− 9.2
EBITDA 率（%）	14.8	8.2	3.4	− 0.6	− 8.1
百元收入支付的成本费用（元）	92.4	96.3	99.0	103.7	112.7
存货周转率（次）	18.7	12.4	6.9	4.5	2.9
速动比率	1.0	0.8	0.5	0.3	0.2
利润总额增长率（%）	6.0	− 3.9	− 15.2	− 23.0	− 30.2
营业总收入增长率（%）	30.2	15.0	7.1	− 3.6	− 12.5

农副食品加工业

范围：全行业

项　　目	优秀值	良好值	平均值	较低值	较差值
一、盈利回报指标					
净资产收益率（％）	13.5	9.5	5.9	0.1	-5.8
营业收入利润率（％）	3.4	2.6	1.4	-3.5	-12.2
总资产报酬率（％）	6.6	4.2	3.0	-1.3	-4.2
盈余现金保障倍数	2.7	1.5	0.4	-1.3	-3.5
二、资产运营指标					
总资产周转率（次）	3.2	1.7	1.0	0.4	0.1
应收账款周转率（次）	28.1	22.0	18.0	10.8	6.0
流动资产周转率（次）	4.7	3.3	2.5	1.2	0.3
两金占流动资产比重（％）	11.8	26.9	41.8	48.5	61.5
三、风险防控指标					
资产负债率（％）	48.0	53.0	58.0	68.0	83.0
现金流动负债比率（％）	15.2	6.9	2.5	-3.9	-9.6
带息负债比率（％）	12.4	25.0	38.9	53.2	64.6
已获利息倍数	8.8	4.9	2.5	0.1	-1.9
四、持续发展指标					
研发经费投入强度（％）	1.7	1.0	0.7	0.5	0.4
全员劳动生产率（万元/人）	35.5	28.1	21.3	11.1	4.3
经济增加值率（％）	9.5	2.9	-0.7	-6.8	-10.9
国有资本保值增值率（％）	110.5	106.9	103.7	99.4	93.0
五、补充指标					
营业现金比率（％）	10.7	4.0	0.3	-2.0	-6.6
国有资本回报率（％）	11.4	9.0	5.5	-0.3	-6.2
EBITDA 率（％）	12.6	7.4	3.0	-1.2	-9.2
百元收入支付的成本费用（元）	91.5	96.6	99.9	103.7	111.1
存货周转率（次）	15.6	10.5	6.3	3.3	1.3
速动比率	1.1	0.9	0.7	0.6	0.3
利润总额增长率（％）	11.9	6.7	0.4	-11.7	-35.1
营业总收入增长率（％）	19.7	15.3	9.7	-6.0	-16.5

食品制造业

范围：全行业

项　　目	优秀值	良好值	平均值	较低值	较差值
一、盈利回报指标					
净资产收益率（％）	13.5	10.0	5.1	−2.5	−9.7
营业收入利润率（％）	10.3	7.7	5.2	0.9	−7.5
总资产报酬率（％）	8.0	6.0	4.7	−1.2	−5.2
盈余现金保障倍数	3.1	1.8	0.8	−0.5	−1.9
二、资产运营指标					
总资产周转率（次）	1.2	1.0	0.6	0.3	0.1
应收账款周转率（次）	20.1	14.6	8.5	5.3	3.2
流动资产周转率（次）	2.5	2.1	1.3	0.6	0.1
两金占流动资产比重（％）	8.4	20.4	32.6	40.9	56.9
三、风险防控指标					
资产负债率（％）	48.0	53.0	58.0	68.0	83.0
现金流动负债比率（％）	17.8	9.4	5.1	−5.4	−12.4
带息负债比率（％）	14.0	25.3	42.3	50.6	66.9
已获利息倍数	6.6	4.3	2.3	−0.5	−4.1
四、持续发展指标					
研发经费投入强度（％）	1.1	1.0	0.9	0.7	0.6
全员劳动生产率（万元/人）	32.7	25.7	20.9	11.0	4.4
经济增加值率（％）	9.8	4.6	0.8	−6.5	−12.9
国有资本保值增值率（％）	112.3	108.1	101.9	94.8	89.1
五、补充指标					
营业现金比率（％）	12.9	6.9	3.8	−1.3	−11.3
国有资本回报率（％）	13.8	8.3	4.1	−2.5	−10.7
EBITDA率（％）	17.7	12.8	8.6	−0.7	−16.7
百元收入支付的成本费用（元）	89.0	93.4	98.1	105.2	115.9
存货周转率（次）	13.5	8.9	6.1	5.2	3.8
速动比率	1.3	1.0	0.8	0.6	0.4
利润总额增长率（％）	9.9	1.1	−6.2	−18.8	−28.9
营业总收入增长率（％）	22.3	13.6	3.6	−8.4	−22.8

纺织工业

项　目	优秀值	良好值	平均值	较低值	较差值
一、盈利回报指标					
净资产收益率（%）	7.0	3.1	0.9	−2.7	−6.5
营业收入利润率（%）	8.5	3.2	0.1	−5.3	−14.6
总资产报酬率（%）	3.5	1.7	0.7	−1.8	−4.5
盈余现金保障倍数	4.5	3.1	1.4	−0.7	−3.7
二、资产运营指标					
总资产周转率（次）	1.0	0.8	0.5	0.2	0.1
应收账款周转率（次）	20.7	12.5	7.9	4.1	1.6
流动资产周转率（次）	1.9	1.6	1.2	0.5	0.1
两金占流动资产比重（%）	15.0	23.9	33.1	48.6	59.6
三、风险防控指标					
资产负债率（%）	48.7	53.7	58.7	68.7	83.7
现金流动负债比率（%）	13.1	6.9	3.7	−2.0	−6.3
带息负债比率（%）	4.8	16.9	33.4	48.1	58.4
已获利息倍数	4.2	2.5	1.2	−0.6	−2.5
四、持续发展指标					
研发经费投入强度（%）	2.2	1.9	1.7	1.5	1.3
全员劳动生产率（万元/人）	20.1	16.2	10.9	6.5	3.6
经济增加值率（%）	2.0	−1.8	−3.7	−7.8	−11.2
国有资本保值增值率（%）	107.6	103.0	100.0	95.4	91.2
五、补充指标					
营业现金比率（%）	12.8	7.4	0.1	−2.8	−8.4
国有资本回报率（%）	6.3	2.8	0.6	−3.0	−6.8
EBITDA率（%）	17.2	8.7	1.7	−2.8	−11.4
百元收入支付的成本费用（元）	94.8	99.1	101.3	107.4	117.3
存货周转率（次）	8.8	7.1	4.4	2.3	0.9
速动比率	1.2	1.0	0.7	0.6	0.3
利润总额增长率（%）	−9.9	−41.1	−57.1	−64.5	−70.5
营业总收入增长率（%）	11.5	3.3	−4.1	−12.8	−19.8

纺织工业

范围：大型企业

项　　目	优秀值	良好值	平均值	较低值	较差值
一、盈利回报指标					
净资产收益率（%）	6.3	4.3	2.0	−1.8	−4.7
营业收入利润率（%）	5.9	2.8	0.8	−2.5	−7.3
总资产报酬率（%）	3.2	2.6	1.8	−0.8	−2.9
盈余现金保障倍数	6.9	5.5	4.0	2.0	−0.1
二、资产运营指标					
总资产周转率（次）	1.0	0.9	0.7	0.3	0.1
应收账款周转率（次）	20.2	14.1	8.1	4.2	1.7
流动资产周转率（次）	1.9	1.8	1.5	1.1	0.4
两金占流动资产比重（%）	26.6	33.7	39.9	49.6	56.1
三、风险防控指标					
资产负债率（%）	49.0	54.0	59.0	69.0	84.0
现金流动负债比率（%）	17.0	10.0	5.0	−1.2	−5.2
带息负债比率（%）	10.5	22.1	38.7	52.3	63.8
已获利息倍数	3.7	2.2	1.4	0.3	−1.7
四、持续发展指标					
研发经费投入强度（%）	2.8	2.2	2.0	1.3	0.2
全员劳动生产率（万元/人）	18.9	14.8	12.2	9.1	7.0
经济增加值率（%）	1.4	−0.6	−2.2	−5.7	−8.2
国有资本保值增值率（%）	106.7	103.1	101.2	95.9	92.0
五、补充指标					
营业现金比率（%）	12.9	8.9	3.0	−0.1	−3.2
国有资本回报率（%）	6.3	4.3	2.0	−1.8	−4.7
EBITDA率（%）	16.5	11.0	4.0	1.2	−4.2
百元收入支付的成本费用（元）	97.5	100.7	102.3	107.1	113.1
存货周转率（次）	12.0	9.1	5.9	4.2	3.1
速动比率	1.3	1.0	0.8	0.6	0.5
利润总额增长率（%）	−8.1	−51.7	−74.1	−81.1	−85.7
营业总收入增长率（%）	7.8	−1.9	−7.4	−15.8	−21.6

纺织工业

范围：中型企业

项　　　目	优秀值	良好值	平均值	较低值	较差值
一、盈利回报指标					
净资产收益率（％）	7.2	3.6	0.6	−3.6	−7.5
营业收入利润率（％）	8.2	3.6	0.4	−4.3	−11.9
总资产报酬率（％）	4.2	1.9	0.5	−2.2	−5.5
盈余现金保障倍数	3.8	2.0	0.3	−1.6	−5.4
二、资产运营指标					
总资产周转率（次）	1.4	1.0	0.7	0.4	0.2
应收账款周转率（次）	35.5	22.7	11.4	7.1	4.3
流动资产周转率（次）	2.8	2.0	1.2	0.7	0.3
两金占流动资产比重（％）	19.8	34.6	46.3	53.0	62.5
三、风险防控指标					
资产负债率（％）	48.0	53.0	58.0	68.0	83.0
现金流动负债比率（％）	11.7	5.9	0.8	−4.8	−9.4
带息负债比率（％）	16.3	28.7	45.1	57.8	68.5
已获利息倍数	3.6	2.1	1.2	0.1	−2.1
四、持续发展指标					
研发经费投入强度（％）	2.2	1.9	1.7	1.5	1.4
全员劳动生产率（万元/人）	17.3	13.9	9.7	6.4	4.2
经济增加值率（％）	1.6	−1.8	−5.1	−7.8	−10.8
国有资本保值增值率（％）	106.3	102.2	99.7	95.1	89.9
五、补充指标					
营业现金比率（％）	9.0	5.5	0.1	−2.7	−8.2
国有资本回报率（％）	6.9	3.4	0.3	−3.8	−7.8
EBITDA 率（％）	13.0	8.2	2.0	−2.1	−6.6
百元收入支付的成本费用（元）	96.1	99.1	101.0	108.4	117.2
存货周转率（次）	7.9	5.6	3.7	2.4	1.5
速动比率	1.1	0.9	0.6	0.5	0.3
利润总额增长率（％）	0.8	−22.9	−35.1	−43.7	−49.5
营业总收入增长率（％）	22.8	10.1	0.2	−10.1	−17.7

纺织工业

范围：小型企业

项　　目	优秀值	良好值	平均值	较低值	较差值
一、盈利回报指标					
净资产收益率（％）	8.6	5.5	2.5	−0.4	−4.0
营业收入利润率（％）	9.3	3.7	−0.6	−5.9	−14.3
总资产报酬率（％）	4.3	2.6	1.2	−1.5	−3.8
盈余现金保障倍数	3.4	2.1	0.4	−1.8	−6.1
二、资产运营指标					
总资产周转率（次）	1.0	0.8	0.4	0.3	0.1
应收账款周转率（次）	19.4	13.7	7.0	3.9	1.9
流动资产周转率（次）	1.8	1.3	0.7	0.4	0.1
两金占流动资产比重（％）	0.6	11.0	24.4	38.3	53.6
三、风险防控指标					
资产负债率（％）	48.3	53.3	58.3	68.3	83.3
现金流动负债比率（％）	13.8	6.0	2.0	−4.5	−9.8
带息负债比率（％）	0.3	12.4	30.6	43.3	53.6
已获利息倍数	6.0	2.7	1.0	−0.9	−2.3
四、持续发展指标					
研发经费投入强度（％）	1.8	1.5	1.4	1.1	0.8
全员劳动生产率（万元/人）	31.8	20.1	14.0	7.9	3.9
经济增加值率（％）	5.9	0.3	−3.0	−6.0	−8.2
国有资本保值增值率（％）	108.5	104.8	101.9	98.3	91.7
五、补充指标					
营业现金比率（％）	12.8	7.6	0.0	−2.6	−7.6
国有资本回报率（％）	8.6	5.4	2.4	−0.3	−4.0
EBITDA率（％）	15.5	8.6	1.0	−2.8	−10.2
百元收入支付的成本费用（元）	91.2	96.0	100.0	107.0	113.9
存货周转率（次）	12.0	8.9	4.6	2.7	1.4
速动比率	1.4	1.0	0.7	0.5	0.3
利润总额增长率（％）	6.1	−12.1	−22.0	−33.3	−55.4
营业总收入增长率（％）	10.9	2.1	−5.5	−17.9	−26.1

棉化纤纺织业

范围：全行业

项　　目	优秀值	良好值	平均值	较低值	较差值
一、盈利回报指标					
净资产收益率（%）	6.7	4.1	1.0	-2.1	-5.5
营业收入利润率（%）	8.4	3.2	-0.8	-6.0	-13.6
总资产报酬率（%）	4.0	2.1	0.9	-1.5	-3.8
盈余现金保障倍数	5.4	2.9	1.2	-1.0	-4.1
二、资产运营指标					
总资产周转率（次）	1.1	0.8	0.6	0.3	0.1
应收账款周转率（次）	21.2	13.3	8.1	5.1	3.0
流动资产周转率（次）	2.3	1.7	1.2	0.6	0.2
两金占流动资产比重（%）	15.7	23.4	34.5	49.8	60.2
三、风险防控指标					
资产负债率（%）	48.6	53.6	58.6	68.6	83.6
现金流动负债比率（%）	9.8	5.0	2.0	-2.6	-9.4
带息负债比率（%）	4.9	19.1	33.8	45.2	55.1
已获利息倍数	4.0	2.2	1.1	-0.3	-2.1
四、持续发展指标					
研发经费投入强度（%）	1.9	1.6	1.5	1.3	1.1
全员劳动生产率（万元/人）	19.0	15.4	10.4	5.6	2.4
经济增加值率（%）	1.8	-1.2	-3.6	-6.9	-9.2
国有资本保值增值率（%）	107.5	104.1	100.3	95.8	91.6
五、补充指标					
营业现金比率（%）	12.9	6.6	0.9	-2.2	-8.2
国有资本回报率（%）	6.7	4.1	0.9	-2.2	-5.6
EBITDA率（%）	18.0	9.1	0.8	-4.4	-14.5
百元收入支付的成本费用（元）	96.3	100.1	102.1	109.5	123.6
存货周转率（次）	8.5	6.5	4.3	2.4	0.8
速动比率	1.2	1.0	0.7	0.6	0.3
利润总额增长率（%）	-10.0	-42.1	-58.7	-68.7	-75.5
营业总收入增长率（%）	14.7	4.6	-3.9	-12.6	-20.6

毛纺织业

范围：全行业

项　　目	优秀值	良好值	平均值	较低值	较差值
一、盈利回报指标					
净资产收益率（%）	8.5	5.9	3.0	0.0	-4.7
营业收入利润率（%）	10.2	4.9	1.5	-4.2	-15.2
总资产报酬率（%）	6.5	4.7	2.4	0.1	-3.0
盈余现金保障倍数	4.9	1.3	-0.5	-3.4	-6.8
二、资产运营指标					
总资产周转率（次）	0.6	0.4	0.3	0.2	0.1
应收账款周转率（次）	12.2	7.8	5.4	3.1	1.3
流动资产周转率（次）	1.8	1.0	0.5	0.3	0.1
两金占流动资产比重（%）	20.4	35.3	43.0	49.2	61.3
三、风险防控指标					
资产负债率（%）	48.3	53.3	58.3	66.8	83.3
现金流动负债比率（%）	12.5	4.3	0.0	-3.8	-11.2
带息负债比率（%）	7.7	19.8	29.7	36.3	49.2
已获利息倍数	5.0	3.6	2.2	0.8	-1.9
四、持续发展指标					
研发经费投入强度（%）	2.6	2.3	2.2	1.9	1.5
全员劳动生产率（万元/人）	31.8	19.4	12.9	8.3	5.3
经济增加值率（%）	3.3	0.7	-2.7	-5.2	-8.9
国有资本保值增值率（%）	107.7	104.5	102.1	100.0	96.0
五、补充指标					
营业现金比率（%）	13.0	6.2	0.2	-0.3	-1.3
国有资本回报率（%）	6.5	4.1	2.9	0.0	-4.8
EBITDA率（%）	17.7	8.6	4.0	-1.4	-11.7
百元收入支付的成本费用（元）	92.9	96.1	99.9	105.8	116.8
存货周转率（次）	5.6	3.4	2.2	1.6	1.1
速动比率	1.1	0.8	0.6	0.5	0.3
利润总额增长率（%）	3.1	-17.8	-28.6	-37.0	-44.0
营业总收入增长率（%）	7.0	1.3	-3.4	-11.7	-19.0

麻纺织业

范围：全行业

项　　目	优秀值	良好值	平均值	较低值	较差值
一、盈利回报指标					
净资产收益率（%）	0.8	−4.2	−6.8	−12.6	−16.5
营业收入利润率（%）	1.7	−3.2	−6.3	−12.9	−25.7
总资产报酬率（%）	1.5	0.2	−1.7	−4.3	−9.4
盈余现金保障倍数	9.9	6.5	4.0	1.9	−1.3
二、资产运营指标					
总资产周转率（次）	0.6	0.4	0.3	0.2	0.1
应收账款周转率（次）	17.2	13.2	10.3	7.8	6.1
流动资产周转率（次）	1.9	1.4	0.8	0.4	0.1
两金占流动资产比重（%）	17.5	24.0	33.5	48.3	72.8
三、风险防控指标					
资产负债率（%）	48.3	53.3	58.3	68.3	83.3
现金流动负债比率（%）	9.8	6.7	2.1	−0.1	−4.3
带息负债比率（%）	7.7	22.5	35.7	42.0	50.6
已获利息倍数	1.9	1.0	−0.2	−2.0	−4.5
四、持续发展指标					
研发经费投入强度（%）	2.9	2.6	2.5	2.2	1.9
全员劳动生产率（万元/人）	21.2	15.4	10.6	7.1	4.7
经济增加值率（%）	−3.4	−6.2	−8.5	−11.6	−16.3
国有资本保值增值率（%）	98.7	96.0	93.2	88.2	83.6
五、补充指标					
营业现金比率（%）	12.9	11.9	10.5	3.6	−0.9
国有资本回报率（%）	0.8	−2.9	−5.0	−10.8	−14.7
EBITDA率（%）	7.0	2.7	−3.9	−8.9	−18.5
百元收入支付的成本费用（元）	106.5	107.6	109.2	127.8	164.0
存货周转率（次）	6.2	3.6	2.4	1.3	0.5
速动比率	1.2	0.9	0.8	0.6	0.1
利润总额增长率（%）	−15.2	−35.2	−45.5	−54.3	−60.1
营业总收入增长率（%）	1.8	−8.9	−14.4	−23.8	−30.0

丝绢纺织业

范围：全行业

项　　　目	优秀值	良好值	平均值	较低值	较差值
一、盈利回报指标					
净资产收益率（％）	4.1	0.5	−2.5	−7.1	−10.8
营业收入利润率（％）	6.2	2.0	−2.3	−7.7	−14.8
总资产报酬率（％）	3.8	2.4	0.7	−1.7	−4.4
盈余现金保障倍数	6.2	3.6	0.7	−1.6	−6.0
二、资产运营指标					
总资产周转率（次）	1.0	0.7	0.5	0.3	0.1
应收账款周转率（次）	21.9	15.2	11.8	9.1	7.4
流动资产周转率（次）	2.6	1.6	1.0	0.5	0.2
两金占流动资产比重（％）	22.4	43.7	54.6	67.9	76.7
三、风险防控指标					
资产负债率（％）	48.3	53.3	58.3	68.3	83.3
现金流动负债比率（％）	8.3	3.5	0.0	−4.4	−10.1
带息负债比率（％）	14.3	26.7	45.3	52.7	67.1
已获利息倍数	3.7	2.1	1.3	−0.4	−2.3
四、持续发展指标					
研发经费投入强度（％）	3.5	3.2	3.1	2.8	2.3
全员劳动生产率（万元/人）	12.1	10.3	9.4	7.8	4.7
经济增加值率（％）	−1.0	−4.9	−7.0	−12.4	−19.8
国有资本保值增值率（％）	105.1	100.5	97.8	90.9	77.7
五、补充指标					
营业现金比率（％）	15.5	9.3	0.0	−2.6	−7.6
国有资本回报率（％）	5.3	0.9	−1.4	−6.3	−15.8
EBITDA率（％）	24.7	7.9	−0.7	−4.5	−9.6
百元收入支付的成本费用（元）	97.6	101.2	103.0	107.4	115.9
存货周转率（次）	7.9	3.8	1.6	1.2	0.3
速动比率	1.2	0.9	0.7	0.5	0.2
利润总额增长率（％）	−57.1	−76.4	−86.3	−93.7	−98.6
营业总收入增长率（％）	3.8	−0.8	−7.1	−17.4	−24.3

医药工业

范围：全行业

项　　目	优秀值	良好值	平均值	较低值	较差值
一、盈利回报指标					
净资产收益率（%）	16.1	11.5	9.1	2.0	−3.7
营业收入利润率（%）	25.4	16.8	10.9	2.8	−3.2
总资产报酬率（%）	11.0	7.4	5.5	−0.4	−4.8
盈余现金保障倍数	2.5	1.4	0.7	−0.3	−2.0
二、资产运营指标					
总资产周转率（次）	1.0	0.8	0.5	0.3	0.1
应收账款周转率（次）	15.0	9.3	4.6	3.5	2.2
流动资产周转率（次）	1.6	1.3	1.0	0.5	0.1
两金占流动资产比重（%）	37.8	41.6	45.7	53.6	66.8
三、风险防控指标					
资产负债率（%）	48.0	53.0	58.0	66.5	83.0
现金流动负债比率（%）	21.8	13.7	4.3	−5.1	−11.4
带息负债比率（%）	6.1	18.4	31.7	39.1	53.3
已获利息倍数	8.3	6.4	4.5	2.5	0.5
四、持续发展指标					
研发经费投入强度（%）	6.3	4.4	3.4	2.5	1.8
全员劳动生产率（万元/人）	45.7	36.7	32.1	19.9	11.7
经济增加值率（%）	13.1	7.1	2.5	−5.7	−12.6
国有资本保值增值率（%）	120.3	113.3	108.2	101.1	96.5
五、补充指标					
营业现金比率（%）	16.1	10.6	5.8	0.0	−6.3
国有资本回报率（%）	15.1	10.4	8.0	1.0	−4.8
EBITDA 率（%）	30.3	21.7	12.6	5.8	−6.5
百元收入支付的成本费用（元）	81.5	88.2	96.0	102.4	108.5
存货周转率（次）	6.2	4.5	2.7	1.6	1.0
速动比率	1.3	1.1	0.9	0.6	0.5
利润总额增长率（%）	25.9	15.8	4.9	−2.0	−8.0
营业总收入增长率（%）	29.9	18.5	7.6	−2.6	−11.7

医药工业

项 目	优秀值	良好值	平均值	较低值	较差值
一、盈利回报指标					
净资产收益率（%）	18.7	14.6	10.9	5.1	-5.5
营业收入利润率（%）	30.3	20.7	13.5	6.7	-1.5
总资产报酬率（%）	12.8	9.5	6.3	3.1	-2.5
盈余现金保障倍数	1.8	1.5	1.0	-0.1	-2.2
二、资产运营指标					
总资产周转率（次）	0.8	0.7	0.5	0.2	0.1
应收账款周转率（次）	12.2	9.5	5.4	4.3	2.9
流动资产周转率（次）	1.7	1.4	0.9	0.4	0.1
两金占流动资产比重（%）	39.3	46.6	50.4	52.5	56.7
三、风险防控指标					
资产负债率（%）	48.0	53.0	58.0	66.5	83.0
现金流动负债比率（%）	26.0	17.3	8.6	3.0	-4.3
带息负债比率（%）	4.1	19.0	31.6	43.8	52.0
已获利息倍数	13.8	8.3	4.8	3.7	1.6
四、持续发展指标					
研发经费投入强度（%）	7.4	5.4	4.0	3.5	2.9
全员劳动生产率（万元/人）	75.6	59.8	49.0	40.2	23.3
经济增加值率（%）	14.2	9.8	4.6	0.0	-7.4
国有资本保值增值率（%）	117.4	113.5	109.4	103.4	97.8
五、补充指标					
营业现金比率（%）	21.6	16.5	13.6	5.4	0.0
国有资本回报率（%）	17.9	13.8	10.1	4.3	-6.3
EBITDA率（%）	33.4	25.7	15.3	12.3	7.2
百元收入支付的成本费用（元）	76.8	83.3	90.5	95.0	98.0
存货周转率（次）	4.1	3.5	2.6	1.6	1.0
速动比率	1.4	1.2	0.9	0.7	0.6
利润总额增长率（%）	21.4	12.0	3.3	-5.7	-12.9
营业总收入增长率（%）	23.7	16.2	6.8	-0.8	-5.8

医药工业

项　目	优秀值	良好值	平均值	较低值	较差值
一、盈利回报指标					
净资产收益率（%）	18.7	13.4	9.0	1.2	-5.2
营业收入利润率（%）	23.6	13.7	8.2	0.3	-9.6
总资产报酬率（%）	12.2	8.4	5.5	0.9	-3.9
盈余现金保障倍数	1.9	1.4	0.6	0.0	-0.9
二、资产运营指标					
总资产周转率（次）	1.1	0.8	0.6	0.4	0.2
应收账款周转率（次）	11.2	7.9	4.5	2.7	1.6
流动资产周转率（次）	1.6	1.4	1.1	0.7	0.4
两金占流动资产比重（%）	17.6	26.2	39.1	47.4	63.5
三、风险防控指标					
资产负债率（%）	48.0	53.0	58.0	66.5	83.0
现金流动负债比率（%）	30.4	17.4	5.9	0.5	-6.7
带息负债比率（%）	4.4	20.7	33.6	43.4	54.9
已获利息倍数	9.4	8.0	5.9	3.3	0.4
四、持续发展指标					
研发经费投入强度（%）	6.8	5.0	4.1	3.2	1.5
全员劳动生产率（万元/人）	53.3	42.9	37.5	23.8	14.6
经济增加值率（%）	15.7	10.6	3.1	-3.4	-11.0
国有资本保值增值率（%）	119.2	114.6	108.0	101.3	96.0
五、补充指标					
营业现金比率（%）	17.0	10.8	3.9	0.0	-5.5
国有资本回报率（%）	16.3	11.7	7.9	1.1	-6.3
EBITDA率（%）	31.0	22.6	14.1	5.9	-8.0
百元收入支付的成本费用（元）	75.7	83.2	92.5	100.4	107.5
存货周转率（次）	4.8	4.0	2.7	2.1	1.7
速动比率	1.4	1.0	0.8	0.6	0.5
利润总额增长率（%）	22.7	15.5	5.9	-2.7	-10.6
营业总收入增长率（%）	25.3	15.0	7.6	-3.6	-11.9

医药工业

范围：小型企业

项　　目	优秀值	良好值	平均值	较低值	较差值
一、盈利回报指标					
净资产收益率（％）	13.8	8.5	4.7	-0.6	-11.0
营业收入利润率（％）	15.2	9.5	6.1	-1.4	-8.9
总资产报酬率（％）	8.9	5.1	3.1	0.1	-4.2
盈余现金保障倍数	3.5	1.7	0.8	-0.3	-2.1
二、资产运营指标					
总资产周转率（次）	1.3	1.0	0.6	0.3	0.2
应收账款周转率（次）	14.8	10.0	4.7	3.5	2.3
流动资产周转率（次）	2.3	1.8	0.9	0.7	0.4
两金占流动资产比重（％）	17.2	23.6	33.2	42.8	61.5
三、风险防控指标					
资产负债率（％）	48.0	53.0	58.0	66.5	83.0
现金流动负债比率（％）	21.0	12.1	4.3	-3.6	-10.5
带息负债比率（％）	8.3	21.1	37.2	43.6	55.9
已获利息倍数	6.2	4.3	3.3	0.6	-4.4
四、持续发展指标					
研发经费投入强度（％）	7.8	4.5	2.9	2.4	1.5
全员劳动生产率（万元/人）	36.1	28.4	24.4	16.0	10.3
经济增加值率（％）	11.2	5.0	-1.0	-7.5	-20.2
国有资本保值增值率（％）	114.0	108.7	103.1	97.9	91.2
五、补充指标					
营业现金比率（％）	14.5	7.7	4.2	0.0	-5.0
国有资本回报率（％）	13.4	8.1	4.3	-1.1	-11.4
EBITDA率（％）	25.1	18.1	9.9	2.4	-10.9
百元收入支付的成本费用（元）	81.9	90.5	97.9	105.4	115.2
存货周转率（次）	11.4	6.1	3.0	2.1	1.5
速动比率	1.1	0.9	0.7	0.5	0.4
利润总额增长率（％）	23.2	15.3	5.8	0.7	-7.5
营业总收入增长率（％）	29.2	18.2	7.6	-0.5	-11.9

化学药品制造业

范围：全行业

项　　目	优秀值	良好值	平均值	较低值	较差值
一、盈利回报指标					
净资产收益率（%）	16.1	11.5	8.6	1.9	-4.0
营业收入利润率（%）	23.6	15.8	7.2	0.5	-12.5
总资产报酬率（%）	11.3	7.3	5.0	0.1	-5.5
盈余现金保障倍数	3.3	1.9	1.2	0.0	-1.4
二、资产运营指标					
总资产周转率（次）	0.9	0.7	0.4	0.2	0.1
应收账款周转率（次）	10.3	8.0	5.3	3.6	2.5
流动资产周转率（次）	1.6	1.4	1.1	0.6	0.2
两金占流动资产比重（%）	37.6	43.7	46.8	54.4	69.2
三、风险防控指标					
资产负债率（%）	48.6	53.6	58.6	67.1	83.6
现金流动负债比率（%）	21.7	12.5	6.4	0.0	-6.9
带息负债比率（%）	12.4	22.8	34.4	43.3	60.7
已获利息倍数	7.7	5.2	3.3	0.3	-1.9
四、持续发展指标					
研发经费投入强度（%）	5.7	4.3	3.5	3.0	2.2
全员劳动生产率（万元/人）	49.2	40.0	31.3	25.2	13.4
经济增加值率（%）	12.9	7.0	2.3	-4.7	-13.1
国有资本保值增值率（%）	116.5	112.0	107.5	101.4	96.6
五、补充指标					
营业现金比率（%）	20.4	14.2	7.6	3.1	0.0
国有资本回报率（%）	14.3	10.8	8.3	1.6	-4.3
EBITDA率（%）	31.0	21.4	11.0	5.9	-3.9
百元收入支付的成本费用（元）	78.6	86.5	94.3	99.5	105.9
存货周转率（次）	7.1	4.5	3.1	2.3	1.4
速动比率	1.5	1.2	0.8	0.7	0.5
利润总额增长率（%）	24.3	15.0	4.9	-4.2	-12.7
营业总收入增长率（%）	26.0	15.1	7.0	-5.5	-13.9

中药材及中成药加工业

范围：全行业

项　　目	优秀值	良好值	平均值	较低值	较差值
一、盈利回报指标					
净资产收益率（％）	16.5	11.8	9.4	1.7	−3.9
营业收入利润率（％）	19.5	14.5	11.2	2.2	−7.2
总资产报酬率（％）	10.0	7.8	6.2	0.6	−3.2
盈余现金保障倍数	2.8	1.8	1.0	−0.3	−1.9
二、资产运营指标					
总资产周转率（次）	0.9	0.7	0.5	0.3	0.1
应收账款周转率（次）	10.5	6.3	3.8	2.7	1.8
流动资产周转率（次）	1.6	1.3	1.0	0.6	0.3
两金占流动资产比重（％）	33.3	39.5	47.2	56.3	74.1
三、风险防控指标					
资产负债率（％）	48.0	53.0	58.0	67.6	83.0
现金流动负债比率（％）	24.9	15.2	10.3	0.0	−7.2
带息负债比率（％）	8.7	17.6	31.0	43.2	65.1
已获利息倍数	9.7	7.3	5.3	2.1	−0.1
四、持续发展指标					
研发经费投入强度（％）	4.2	3.5	3.0	2.5	1.5
全员劳动生产率（万元/人）	38.9	30.2	21.6	14.8	10.3
经济增加值率（％）	12.9	8.0	3.4	−4.2	−10.6
国有资本保值增值率（％）	118.8	112.8	108.5	100.2	94.7
五、补充指标					
营业现金比率（％）	12.7	8.4	6.1	0.0	−6.7
国有资本回报率（％）	15.4	11.7	9.5	1.7	−3.8
EBITDA率（％）	27.4	21.7	15.2	8.2	−5.5
百元收入支付的成本费用（元）	80.2	85.7	90.7	97.6	102.2
存货周转率（次）	4.1	3.2	2.3	1.5	0.9
速动比率	1.3	1.2	1.0	0.8	0.6
利润总额增长率（％）	22.2	14.0	4.3	−4.3	−12.6
营业总收入增长率（％）	37.4	22.4	11.3	1.0	−7.4

机械工业

范围：全行业

项　　目	优秀值	良好值	平均值	较低值	较差值
一、盈利回报指标					
净资产收益率（％）	16.8	10.5	5.6	0.5	-6.3
营业收入利润率（％）	9.7	6.6	3.8	-1.6	-8.4
总资产报酬率（％）	6.3	4.7	3.3	-0.6	-8.1
盈余现金保障倍数	2.9	1.3	0.5	-1.2	-2.5
二、资产运营指标					
总资产周转率（次）	1.1	0.7	0.5	0.3	0.1
应收账款周转率（次）	6.7	4.7	3.7	2.0	0.8
流动资产周转率（次）	1.6	1.1	0.9	0.4	0.1
两金占流动资产比重（％）	30.8	38.2	47.8	62.7	72.6
三、风险防控指标					
资产负债率（％）	48.0	53.0	58.0	68.0	83.0
现金流动负债比率（％）	6.9	5.3	3.2	-2.6	-7.7
带息负债比率（％）	4.0	16.8	24.7	36.3	58.9
已获利息倍数	3.6	3.4	3.0	1.1	-2.5
四、持续发展指标					
研发经费投入强度（％）	6.0	4.1	3.1	2.2	1.7
全员劳动生产率（万元/人）	51.8	39.3	32.4	19.6	11.1
经济增加值率（％）	11.9	6.5	1.0	-6.1	-13.5
国有资本保值增值率（％）	116.5	109.7	103.9	96.6	90.9
五、补充指标					
营业现金比率（％）	13.8	8.0	1.3	-2.7	-10.5
国有资本回报率（％）	13.5	9.6	4.8	0.1	-7.1
EBITDA率（％）	16.2	10.9	6.4	0.9	-7.0
百元收入支付的成本费用（元）	90.5	94.0	96.7	103.0	111.9
存货周转率（次）	10.1	6.5	3.9	2.3	1.3
速动比率	1.1	0.9	0.8	0.7	0.6
利润总额增长率（％）	17.9	8.9	2.0	-1.6	-8.5
营业总收入增长率（％）	27.2	16.5	4.7	-7.1	-19.0

机械工业

范围：大型企业

项　　目	优秀值	良好值	平均值	较低值	较差值
一、盈利回报指标					
净资产收益率（％）	13.1	9.3	6.2	1.3	－8.1
营业收入利润率（％）	11.3	7.2	4.6	－0.1	－8.0
总资产报酬率（％）	5.3	4.6	3.5	0.4	－4.7
盈余现金保障倍数	2.6	1.8	0.6	－0.7	－1.7
二、资产运营指标					
总资产周转率（次）	0.9	0.7	0.5	0.3	0.2
应收账款周转率（次）	9.8	6.1	4.1	2.6	1.5
流动资产周转率（次）	1.5	1.2	0.9	0.6	0.4
两金占流动资产比重（％）	29.5	36.5	44.6	56.8	64.9
三、风险防控指标					
资产负债率（％）	48.3	53.3	58.3	68.3	83.3
现金流动负债比率（％）	17.1	10.1	3.1	－4.3	－10.8
带息负债比率（％）	6.5	16.7	23.9	37.2	57.7
已获利息倍数	7.7	5.7	3.7	2.3	1.2
四、持续发展指标					
研发经费投入强度（％）	7.4	5.2	3.7	2.5	1.8
全员劳动生产率（万元／人）	58.1	45.6	37.4	25.5	17.6
经济增加值率（％）	10.4	6.8	2.0	－3.5	－13.0
国有资本保值增值率（％）	113.0	108.9	104.4	99.5	94.1
五、补充指标					
营业现金比率（％）	12.3	8.0	2.6	－1.7	－9.9
国有资本回报率（％）	11.9	8.9	5.8	0.9	－8.5
EBITDA率（％）	15.5	11.1	6.6	2.3	－5.0
百元收入支付的成本费用（元）	90.8	93.6	96.1	101.5	105.8
存货周转率（次）	9.2	6.4	4.1	2.6	1.6
速动比率	1.3	1.0	0.9	0.8	0.6
利润总额增长率（％）	15.4	6.4	1.7	－5.2	－10.4
营业总收入增长率（％）	26.0	17.4	4.8	－4.4	－13.8

机械工业

范围：中型企业

项 目	优秀值	良好值	平均值	较低值	较差值
一、盈利回报指标					
净资产收益率（%）	16.0	10.1	5.9	0.4	−7.1
营业收入利润率（%）	9.3	6.0	3.3	−1.1	−8.6
总资产报酬率（%）	7.0	4.7	2.9	0.4	−4.6
盈余现金保障倍数	3.1	1.5	0.6	−1.1	−3.5
二、资产运营指标					
总资产周转率（次）	1.1	0.8	0.5	0.3	0.2
应收账款周转率（次）	9.0	6.0	3.4	2.2	1.4
流动资产周转率（次）	1.5	1.2	0.9	0.6	0.4
两金占流动资产比重（%）	36.7	46.7	56.0	66.7	73.9
三、风险防控指标					
资产负债率（%）	48.2	53.2	58.2	68.2	83.2
现金流动负债比率（%）	9.5	5.6	3.1	−3.4	−7.9
带息负债比率（%）	14.8	23.9	29.2	42.8	69.1
已获利息倍数	11.7	6.3	2.7	1.5	−0.3
四、持续发展指标					
研发经费投入强度（%）	4.3	3.9	3.4	2.4	0.6
全员劳动生产率（万元/人）	49.8	38.0	30.7	19.3	11.7
经济增加值率（%）	13.1	8.3	1.6	−4.4	−12.8
国有资本保值增值率（%）	116.7	109.6	104.3	97.2	91.7
五、补充指标					
营业现金比率（%）	12.3	8.1	1.8	−1.8	−8.8
国有资本回报率（%）	14.3	9.9	5.7	0.3	−7.3
EBITDA 率（%）	14.6	10.0	5.5	1.2	−5.2
百元收入支付的成本费用（元）	90.7	94.4	97.9	103.3	110.1
存货周转率（次）	10.0	6.7	3.5	2.2	1.4
速动比率	1.1	0.9	0.8	0.7	0.6
利润总额增长率（%）	15.4	7.1	2.8	−3.9	−10.9
营业总收入增长率（%）	28.2	19.0	5.8	−3.6	−12.5

机械工业

范围：小型企业

项　　　目	优秀值	良好值	平均值	较低值	较差值
一、盈利回报指标					
净资产收益率（%）	15.3	10.0	4.5	−0.4	−9.8
营业收入利润率（%）	8.8	6.0	2.4	−3.5	−11.6
总资产报酬率（%）	8.2	5.2	2.6	−1.3	−9.1
盈余现金保障倍数	3.2	1.4	0.4	−1.3	−3.0
二、资产运营指标					
总资产周转率（次）	1.2	0.8	0.4	0.2	0.1
应收账款周转率（次）	7.7	5.1	3.0	2.0	1.3
流动资产周转率（次）	1.6	1.3	0.8	0.5	0.3
两金占流动资产比重（%）	27.1	35.6	48.5	65.2	76.4
三、风险防控指标					
资产负债率（%）	48.0	53.0	58.0	68.0	83.0
现金流动负债比率（%）	17.8	9.7	4.2	−3.0	−8.1
带息负债比率（%）	13.8	21.6	26.4	42.3	73.2
已获利息倍数	9.8	5.9	2.4	0.9	−2.0
四、持续发展指标					
研发经费投入强度（%）	3.9	3.4	2.7	2.1	1.3
全员劳动生产率（万元/人）	49.7	36.8	29.7	17.8	9.9
经济增加值率（%）	15.5	9.2	0.0	−4.8	−13.9
国有资本保值增值率（%）	110.9	106.8	102.7	97.7	88.7
五、补充指标					
营业现金比率（%）	13.1	7.2	0.7	−3.3	−11.2
国有资本回报率（%）	14.8	9.4	3.9	−1.0	−10.4
EBITDA率（%）	17.8	11.0	4.2	0.3	−7.2
百元收入支付的成本费用（元）	90.4	94.9	98.4	104.9	117.4
存货周转率（次）	11.4	7.1	3.6	2.4	1.6
速动比率	1.2	0.9	0.8	0.7	0.5
利润总额增长率（%）	15.2	5.2	0.0	−4.7	−11.3
营业总收入增长率（%）	24.8	16.0	3.3	−6.5	−13.4

金属制品业

范围：全行业

项　　目	优秀值	良好值	平均值	较低值	较差值
一、盈利回报指标					
净资产收益率（%）	14.3	9.7	7.1	1.2	− 7.8
营业收入利润率（%）	10.6	5.4	2.3	− 2.7	− 12.0
总资产报酬率（%）	8.4	5.7	4.1	0.4	− 6.7
盈余现金保障倍数	3.1	2.1	1.0	− 0.2	− 1.4
二、资产运营指标					
总资产周转率（次）	1.6	1.1	0.8	0.4	0.1
应收账款周转率（次）	11.4	7.0	4.7	2.1	0.3
流动资产周转率（次）	2.3	1.7	1.4	0.7	0.2
两金占流动资产比重（%）	38.2	49.4	55.2	62.9	71.6
三、风险防控指标					
资产负债率（%）	48.3	53.3	58.3	68.3	83.3
现金流动负债比率（%）	13.2	7.6	3.8	− 5.7	− 12.3
带息负债比率（%）	14.2	24.9	36.1	47.0	68.1
已获利息倍数	14.9	6.9	2.6	0.2	− 3.6
四、持续发展指标					
研发经费投入强度（%）	3.7	2.4	1.7	1.2	0.4
全员劳动生产率（万元/人）	52.1	39.0	30.5	19.4	12.0
经济增加值率（%）	12.0	6.0	1.4	− 2.3	− 7.1
国有资本保值增值率（%）	113.3	107.4	102.8	98.9	91.3
五、补充指标					
营业现金比率（%）	10.4	6.2	1.7	− 1.4	− 7.6
国有资本回报率（%）	12.6	8.0	5.4	0.1	− 9.5
EBITDA 率（%）	12.9	8.9	4.0	0.2	− 3.0
百元收入支付的成本费用（元）	93.1	96.1	98.2	102.5	107.7
存货周转率（次）	10.3	7.3	5.5	2.9	1.1
速动比率	1.4	1.1	0.8	0.5	0.3
利润总额增长率（%）	10.6	2.9	− 5.0	− 13.2	− 23.0
营业总收入增长率（%）	14.9	8.0	0.7	− 11.8	− 22.0

金属工具制造业

范围：全行业

项 目	优秀值	良好值	平均值	较低值	较差值
一、盈利回报指标					
净资产收益率（％）	9.8	7.2	3.5	0.1	−5.3
营业收入利润率（％）	21.0	9.7	3.1	−3.3	−15.8
总资产报酬率（％）	5.3	3.9	2.2	−0.1	−4.4
盈余现金保障倍数	4.8	2.8	1.1	−0.2	−1.8
二、资产运营指标					
总资产周转率（次）	1.1	0.8	0.5	0.4	0.2
应收账款周转率（次）	9.7	7.0	4.0	2.9	1.9
流动资产周转率（次）	2.2	1.6	1.0	0.6	0.3
两金占流动资产比重（％）	45.3	51.8	59.4	67.2	78.1
三、风险防控指标					
资产负债率（％）	48.3	53.3	58.3	66.8	83.3
现金流动负债比率（％）	12.3	7.2	3.0	−3.0	−6.9
带息负债比率（％）	14.5	24.4	36.3	47.9	70.5
已获利息倍数	5.1	3.9	2.4	0.9	−1.9
四、持续发展指标					
研发经费投入强度（％）	6.5	4.8	4.0	2.0	0.7
全员劳动生产率（万元/人）	29.3	24.6	22.2	16.1	12.0
经济增加值率（％）	6.2	2.4	−0.9	−5.1	−10.0
国有资本保值增值率（％）	108.9	105.2	102.5	98.7	91.4
五、补充指标					
营业现金比率（％）	9.9	6.4	3.3	0.1	−2.1
国有资本回报率（％）	9.8	6.8	3.2	0.1	−5.6
EBITDA率（％）	16.8	9.2	5.2	0.7	−8.0
百元收入支付的成本费用（元）	92.2	95.2	98.6	102.7	110.7
存货周转率（次）	6.9	4.7	3.0	2.1	1.5
速动比率	1.2	0.9	0.7	0.5	0.4
利润总额增长率（％）	25.0	17.5	11.3	3.6	−3.1
营业总收入增长率（％）	26.2	17.9	11.6	2.6	−3.5

通用设备制造业

范围：全行业

项　　目	优秀值	良好值	平均值	较低值	较差值
一、盈利回报指标					
净资产收益率（%）	14.4	9.8	5.4	0.1	-8.2
营业收入利润率（%）	7.9	5.9	3.0	-2.2	-12.1
总资产报酬率（%）	5.8	4.0	2.7	-0.7	-6.5
盈余现金保障倍数	2.9	2.0	0.7	-1.0	-2.6
二、资产运营指标					
总资产周转率（次）	1.0	0.7	0.5	0.3	0.1
应收账款周转率（次）	7.9	4.9	3.1	1.6	0.6
流动资产周转率（次）	1.3	1.1	0.8	0.4	0.2
两金占流动资产比重（%）	34.0	40.8	50.8	62.2	69.9
三、风险防控指标					
资产负债率（%）	48.6	53.6	58.6	68.6	83.6
现金流动负债比率（%）	10.7	6.8	2.0	-5.5	-10.6
带息负债比率（%）	0.5	9.4	22.9	32.6	51.3
已获利息倍数	5.5	4.2	2.4	0.7	-2.0
四、持续发展指标					
研发经费投入强度（%）	5.5	4.3	3.7	2.9	2.0
全员劳动生产率（万元/人）	42.3	33.1	26.2	16.6	10.1
经济增加值率（%）	12.5	6.9	1.1	-5.2	-9.5
国有资本保值增值率（%）	113.9	109.1	104.2	98.3	91.8
五、补充指标					
营业现金比率（%）	11.0	6.6	0.8	-2.8	-9.7
国有资本回报率（%）	12.5	8.5	4.8	0.1	-8.9
EBITDA率（%）	14.0	9.6	4.6	-0.6	-10.8
百元收入支付的成本费用（元）	91.2	94.1	96.8	103.0	111.2
存货周转率（次）	6.8	4.4	2.8	1.7	1.0
速动比率	1.3	1.1	0.8	0.6	0.3
利润总额增长率（%）	20.6	12.5	3.6	-8.5	-17.1
营业总收入增长率（%）	19.8	13.2	6.8	-1.0	-13.3

通用设备制造业

范围：大型企业

项 目	优秀值	良好值	平均值	较低值	较差值
一、盈利回报指标					
净资产收益率（%）	11.4	8.6	5.4	0.1	−9.8
营业收入利润率（%）	8.2	6.8	4.7	1.1	−5.8
总资产报酬率（%）	4.7	4.0	2.9	0.2	−5.1
盈余现金保障倍数	2.5	1.6	0.4	−1.1	−4.0
二、资产运营指标					
总资产周转率（次）	0.9	0.6	0.5	0.3	0.2
应收账款周转率（次）	8.4	5.7	3.6	2.1	1.2
流动资产周转率（次）	1.4	1.2	0.8	0.5	0.4
两金占流动资产比重（%）	33.6	39.4	48.0	57.2	63.3
三、风险防控指标					
资产负债率（%）	49.0	54.0	59.0	69.0	84.0
现金流动负债比率（%）	12.6	8.2	1.7	−5.4	−14.4
带息负债比率（%）	0.2	8.1	19.9	35.4	52.8
已获利息倍数	7.1	5.4	3.9	2.0	−1.2
四、持续发展指标					
研发经费投入强度（%）	5.9	4.7	4.1	3.2	1.4
全员劳动生产率（万元/人）	49.4	42.6	32.3	22.4	15.8
经济增加值率（%）	9.7	5.9	1.9	−3.6	−10.8
国有资本保值增值率（%）	112.1	107.5	104.3	99.3	93.6
五、补充指标					
营业现金比率（%）	8.6	5.7	1.6	−0.4	−4.2
国有资本回报率（%）	10.5	8.0	4.8	−0.4	−10.4
EBITDA率（%）	15.7	11.7	7.0	3.0	−2.4
百元收入支付的成本费用（元）	92.0	94.6	95.9	101.0	105.7
存货周转率（次）	5.5	4.2	3.0	2.0	1.3
速动比率	1.5	1.2	0.9	0.8	0.6
利润总额增长率（%）	26.3	17.8	8.9	−0.7	−8.8
营业总收入增长率（%）	19.9	14.4	8.0	−0.7	−11.6

通用设备制造业

范围：中型企业

项　　目	优秀值	良好值	平均值	较低值	较差值
一、盈利回报指标					
净资产收益率（%）	13.0	9.7	5.0	0.3	-6.4
营业收入利润率（%）	7.8	5.7	2.7	-2.4	-7.7
总资产报酬率（%）	5.8	4.2	2.2	-0.9	-6.9
盈余现金保障倍数	2.7	1.9	0.8	-0.7	-2.3
二、资产运营指标					
总资产周转率（次）	0.9	0.7	0.5	0.4	0.2
应收账款周转率（次）	8.3	5.7	3.2	2.2	1.6
流动资产周转率（次）	1.3	1.1	0.8	0.5	0.4
两金占流动资产比重（%）	35.5	45.4	55.3	64.0	69.9
三、风险防控指标					
资产负债率（%）	48.4	53.4	58.4	68.4	83.4
现金流动负债比率（%）	12.3	8.0	3.9	-3.3	-8.4
带息负债比率（%）	4.6	17.3	28.9	37.2	53.3
已获利息倍数	6.4	3.8	2.2	0.4	-2.3
四、持续发展指标					
研发经费投入强度（%）	6.8	5.4	4.2	3.1	1.0
全员劳动生产率（万元/人）	41.8	32.7	26.3	17.7	12.0
经济增加值率（%）	12.1	7.2	0.3	-3.9	-9.3
国有资本保值增值率（%）	114.3	109.9	103.7	98.9	92.7
五、补充指标					
营业现金比率（%）	8.4	5.4	0.8	-2.9	-10.2
国有资本回报率（%）	13.0	9.2	4.6	0.1	-6.4
EBITDA 率（%）	13.4	9.6	4.5	0.9	-6.1
百元收入支付的成本费用（元）	91.8	94.9	98.6	103.8	112.3
存货周转率（次）	6.0	4.0	2.5	1.7	1.2
速动比率	1.2	1.0	0.8	0.5	0.4
利润总额增长率（%）	22.6	12.4	3.0	-10.9	-20.1
营业总收入增长率（%）	19.0	12.2	4.7	-7.9	-18.4

通用设备制造业

范围：小型企业

项　　目	优秀值	良好值	平均值	较低值	较差值
一、盈利回报指标					
净资产收益率（%）	16.7	11.6	7.1	1.1	-6.6
营业收入利润率（%）	7.8	5.4	1.9	-2.9	-10.8
总资产报酬率（%）	6.2	3.8	1.8	-1.6	-8.1
盈余现金保障倍数	3.1	1.4	0.4	-0.7	-2.2
二、资产运营指标					
总资产周转率（次）	1.0	0.8	0.6	0.3	0.2
应收账款周转率（次）	6.2	4.8	2.8	1.6	0.9
流动资产周转率（次）	1.3	1.1	0.8	0.4	0.1
两金占流动资产比重（%）	27.4	42.2	52.2	65.7	74.8
三、风险防控指标					
资产负债率（%）	48.3	53.3	58.3	68.3	83.3
现金流动负债比率（%）	13.2	6.9	2.1	-3.7	-9.5
带息负债比率（%）	5.8	18.3	30.7	38.8	54.5
已获利息倍数	4.5	3.4	1.8	0.1	-3.1
四、持续发展指标					
研发经费投入强度（%）	5.2	3.2	2.3	1.8	1.4
全员劳动生产率（万元/人）	39.4	30.5	23.5	14.1	7.8
经济增加值率（%）	15.0	9.2	0.6	-4.3	-9.3
国有资本保值增值率（%）	112.9	108.1	104.3	98.5	90.3
五、补充指标					
营业现金比率（%）	13.1	6.8	0.5	-3.7	-11.7
国有资本回报率（%）	15.0	10.0	5.5	0.1	-8.2
EBITDA率（%）	13.6	9.1	4.1	-2.4	-13.3
百元收入支付的成本费用（元）	89.2	94.2	98.3	106.4	119.7
存货周转率（次）	8.3	5.1	2.7	1.6	0.9
速动比率	1.4	1.1	0.8	0.5	0.3
利润总额增长率（%）	14.1	5.5	-3.5	-11.0	-20.2
营业总收入增长率（%）	23.0	11.3	0.3	-13.7	-23.8

锅炉及原动设备制造业

范围：全行业

项　　目	优秀值	良好值	平均值	较低值	较差值
一、盈利回报指标					
净资产收益率（%）	13.9	10.8	8.5	1.9	-4.0
营业收入利润率（%）	8.3	6.4	3.5	0.2	-6.1
总资产报酬率（%）	4.5	3.6	2.3	-0.1	-4.9
盈余现金保障倍数	3.9	2.4	0.8	-1.3	-5.3
二、资产运营指标					
总资产周转率（次）	0.9	0.7	0.5	0.3	0.1
应收账款周转率（次）	7.2	4.5	3.1	2.0	1.3
流动资产周转率（次）	1.2	1.0	0.7	0.4	0.1
两金占流动资产比重（%）	29.4	38.3	48.2	57.1	64.6
三、风险防控指标					
资产负债率（%）	49.0	54.0	59.0	69.0	84.0
现金流动负债比率（%）	10.1	7.7	3.9	-4.0	-12.5
带息负债比率（%）	2.3	7.7	15.8	26.1	46.0
已获利息倍数	11.5	8.6	5.5	3.4	1.2
四、持续发展指标					
研发经费投入强度（%）	5.6	4.9	4.4	3.5	2.7
全员劳动生产率（万元/人）	50.1	41.9	32.0	20.7	13.2
经济增加值率（%）	10.2	6.2	2.4	-5.8	-14.0
国有资本保值增值率（%）	113.7	109.7	105.6	100.2	94.6
五、补充指标					
营业现金比率（%）	13.7	9.0	2.7	0.0	-5.3
国有资本回报率（%）	11.2	8.9	6.6	0.3	-5.9
EBITDA率（%）	14.4	9.3	5.2	-1.5	-14.5
百元收入支付的成本费用（元）	92.3	95.9	98.4	101.9	108.5
存货周转率（次）	6.5	4.6	2.8	1.8	1.2
速动比率	1.5	1.2	1.0	0.8	0.6
利润总额增长率（%）	16.1	7.6	0.0	-8.6	-14.4
营业总收入增长率（%）	21.9	14.3	6.5	-4.5	-16.9

金属加工机械制造业

范围：全行业

项　　目	优秀值	良好值	平均值	较低值	较差值
一、盈利回报指标					
净资产收益率（％）	10.0	5.6	2.2	−1.5	−8.6
营业收入利润率（％）	8.3	4.7	0.3	−3.8	−11.8
总资产报酬率（％）	5.4	3.3	1.7	−1.1	−4.0
盈余现金保障倍数	2.6	1.7	0.4	−1.1	−4.1
二、资产运营指标					
总资产周转率（次）	1.0	0.7	0.4	0.2	0.1
应收账款周转率（次）	10.8	6.5	3.4	2.0	1.1
流动资产周转率（次）	1.4	1.2	0.8	0.5	0.3
两金占流动资产比重（％）	37.7	45.6	55.6	63.6	70.0
三、风险防控指标					
资产负债率（％）	48.0	53.0	58.0	68.0	83.0
现金流动负债比率（％）	5.9	4.1	1.6	−4.1	−10.7
带息负债比率（％）	10.5	23.9	34.8	43.8	61.3
已获利息倍数	5.9	3.2	1.5	−1.2	−4.2
四、持续发展指标					
研发经费投入强度（％）	7.0	5.5	3.6	2.7	1.0
全员劳动生产率（万元/人）	32.6	24.5	20.3	12.9	8.0
经济增加值率（％）	9.4	3.7	−2.4	−7.4	−11.4
国有资本保值增值率（％）	112.9	106.8	101.1	95.7	90.5
五、补充指标					
营业现金比率（％）	6.7	3.6	0.0	−3.6	−10.6
国有资本回报率（％）	9.9	5.5	2.1	−1.6	−8.7
EBITDA率（％）	14.7	9.9	5.4	−2.4	−12.4
百元收入支付的成本费用（元）	95.0	97.5	100.4	106.3	116.9
存货周转率（次）	6.0	4.1	2.4	1.6	1.1
速动比率	1.3	1.1	0.7	0.5	0.4
利润总额增长率（％）	16.8	9.8	−0.7	−18.2	−29.8
营业总收入增长率（％）	13.8	7.0	−0.6	−11.2	−22.4

其他通用设备制造业

范围：全行业

项　　目	优秀值	良好值	平均值	较低值	较差值
一、盈利回报指标					
净资产收益率（%）	15.6	11.2	8.0	2.2	-3.4
营业收入利润率（%）	13.3	8.5	4.9	0.8	-7.0
总资产报酬率（%）	7.3	5.9	4.3	0.5	-4.4
盈余现金保障倍数	4.0	1.8	0.6	-0.4	-1.9
二、资产运营指标					
总资产周转率（次）	1.0	0.9	0.6	0.3	0.1
应收账款周转率（次）	7.4	5.0	3.3	1.7	0.7
流动资产周转率（次）	1.3	1.1	0.8	0.4	0.2
两金占流动资产比重（%）	37.3	43.0	48.9	62.1	71.0
三、风险防控指标					
资产负债率（%）	48.0	53.0	58.0	68.0	83.0
现金流动负债比率（%）	16.3	8.2	4.0	-3.3	-8.1
带息负债比率（%）	5.9	20.0	33.5	43.8	63.8
已获利息倍数	8.0	6.1	4.0	1.4	-1.6
四、持续发展指标					
研发经费投入强度（%）	5.7	4.5	3.9	2.8	1.2
全员劳动生产率（万元/人）	59.6	43.0	34.4	22.5	14.6
经济增加值率（%）	14.7	8.8	2.8	-2.9	-6.7
国有资本保值增值率（%）	113.0	109.8	106.2	102.7	96.5
五、补充指标					
营业现金比率（%）	8.8	5.8	1.3	-2.5	-9.8
国有资本回报率（%）	13.6	10.0	6.8	1.0	-4.7
EBITDA 率（%）	15.3	11.1	6.5	1.4	-8.4
百元收入支付的成本费用（元）	91.0	93.2	96.4	102.5	109.1
存货周转率（次）	5.6	3.9	2.7	1.5	0.7
速动比率	1.4	1.2	0.8	0.6	0.4
利润总额增长率（%）	36.6	26.7	16.0	3.4	-6.7
营业总收入增长率（%）	33.1	22.4	14.4	-2.1	-13.2

轴承制造业

范围：全行业

项　　目	优秀值	良好值	平均值	较低值	较差值
一、盈利回报指标					
净资产收益率（％）	13.0	7.6	2.7	−1.0	−6.4
营业收入利润率（％）	16.7	8.8	2.8	−2.2	−11.9
总资产报酬率（％）	5.8	3.2	1.2	−2.2	−4.7
盈余现金保障倍数	6.1	3.1	1.5	0.0	−2.3
二、资产运营指标					
总资产周转率（次）	0.8	0.7	0.5	0.3	0.2
应收账款周转率（次）	7.2	5.4	2.7	2.2	1.6
流动资产周转率（次）	1.2	1.0	0.8	0.5	0.3
两金占流动资产比重（％）	44.3	50.1	55.9	63.6	73.0
三、风险防控指标					
资产负债率（％）	48.3	53.3	58.3	68.3	83.3
现金流动负债比率（％）	11.1	6.1	2.2	−0.6	−6.1
带息负债比率（％）	0.5	21.8	37.5	43.1	54.1
已获利息倍数	4.9	3.0	1.5	0.5	−1.5
四、持续发展指标					
研发经费投入强度（％）	5.8	5.4	4.8	4.1	2.9
全员劳动生产率（万元／人）	28.6	24.9	20.2	12.0	6.5
经济增加值率（％）	11.9	6.6	−0.4	−5.1	−10.5
国有资本保值增值率（％）	112.8	106.8	101.8	98.6	92.6
五、补充指标					
营业现金比率（％）	20.9	9.1	3.0	−0.3	−2.8
国有资本回报率（％）	12.8	7.4	2.5	−1.2	−6.6
EBITDA率（％）	24.4	13.5	4.4	1.6	−4.0
百元收入支付的成本费用（元）	87.4	92.0	98.7	104.1	110.5
存货周转率（次）	5.3	3.4	2.4	1.6	1.1
速动比率	1.4	1.1	0.8	0.5	0.3
利润总额增长率（％）	5.6	−18.9	−31.5	−42.9	−50.5
营业总收入增长率（％）	12.6	5.9	−0.5	−13.6	−22.3

专用设备制造业

范围：全行业

项　　目	优秀值	良好值	平均值	较低值	较差值
一、盈利回报指标					
净资产收益率（%）	14.5	8.6	4.7	0.2	−5.5
营业收入利润率（%）	9.8	6.9	3.6	−1.4	−7.6
总资产报酬率（%）	5.6	3.8	2.4	0.0	−4.1
盈余现金保障倍数	3.8	1.7	0.4	−1.0	−3.2
二、资产运营指标					
总资产周转率（次）	1.0	0.8	0.5	0.3	0.1
应收账款周转率（次）	6.9	5.0	2.7	1.5	0.6
流动资产周转率（次）	1.3	1.1	0.7	0.4	0.2
两金占流动资产比重（%）	38.9	49.3	54.6	64.7	72.1
三、风险防控指标					
资产负债率（%）	49.0	54.0	59.0	69.0	84.0
现金流动负债比率（%）	10.8	5.6	1.4	−5.8	−10.9
带息负债比率（%）	9.3	21.6	32.6	41.8	59.8
已获利息倍数	8.7	5.3	2.3	0.7	−2.3
四、持续发展指标					
研发经费投入强度（%）	5.9	4.7	3.9	2.7	0.6
全员劳动生产率（万元/人）	50.7	38.1	30.5	18.8	10.9
经济增加值率（%）	13.3	6.9	0.4	−4.9	−8.8
国有资本保值增值率（%）	112.3	107.6	103.8	100.6	94.3
五、补充指标					
营业现金比率（%）	13.2	7.1	1.5	−2.6	−10.5
国有资本回报率（%）	12.6	7.6	4.2	0.1	−6.0
EBITDA率（%）	16.3	11.4	6.6	0.9	−6.4
百元收入支付的成本费用（元）	89.5	93.7	97.5	103.2	111.5
存货周转率（次）	6.5	4.2	2.5	1.7	1.1
速动比率	1.5	1.2	0.8	0.6	0.4
利润总额增长率（%）	21.8	11.7	1.6	−12.8	−22.5
营业总收入增长率（%）	24.7	15.4	5.6	−9.0	−18.8

专用设备制造业

范围：大型企业

项　　目	优秀值	良好值	平均值	较低值	较差值
一、盈利回报指标					
净资产收益率（%）	10.7	6.7	4.1	0.0	-8.0
营业收入利润率（%）	10.9	6.7	4.3	0.5	-3.1
总资产报酬率（%）	4.4	3.6	2.5	0.3	-2.6
盈余现金保障倍数	2.8	1.9	0.6	-1.0	-3.2
二、资产运营指标					
总资产周转率（次）	0.8	0.7	0.5	0.3	0.1
应收账款周转率（次）	7.4	4.8	2.5	1.4	0.6
流动资产周转率（次）	1.1	0.9	0.7	0.5	0.3
两金占流动资产比重（%）	35.7	45.5	50.7	57.7	63.4
三、风险防控指标					
资产负债率（%）	49.0	54.0	59.0	69.0	84.0
现金流动负债比率（%）	14.6	7.7	1.7	-5.7	-10.7
带息负债比率（%）	16.5	29.3	39.7	51.1	64.0
已获利息倍数	5.2	3.6	2.1	1.0	-0.1
四、持续发展指标					
研发经费投入强度（%）	7.0	5.5	4.1	2.8	0.6
全员劳动生产率（万元/人）	51.5	40.7	33.0	23.8	17.6
经济增加值率（%）	9.7	5.7	0.2	-3.8	-8.0
国有资本保值增值率（%）	114.3	109.9	103.2	100.1	95.4
五、补充指标					
营业现金比率（%）	12.4	8.1	2.3	-1.9	-10.1
国有资本回报率（%）	10.2	6.2	3.6	-0.5	-8.5
EBITDA 率（%）	15.9	11.5	6.7	2.1	-3.2
百元收入支付的成本费用（元）	90.5	94.5	98.7	102.7	107.8
存货周转率（次）	5.4	4.1	2.2	1.5	1.1
速动比率	1.3	1.1	0.9	0.7	0.6
利润总额增长率（%）	19.0	10.7	3.4	-8.0	-19.7
营业总收入增长率（%）	21.3	14.7	6.1	-4.8	-12.7

专用设备制造业

范围：中型企业

项　　目	优秀值	良好值	平均值	较低值	较差值
一、盈利回报指标					
净资产收益率（%）	13.5	9.1	5.2	0.5	-6.1
营业收入利润率（%）	8.2	5.9	2.5	-1.2	-7.8
总资产报酬率（%）	5.6	3.9	2.1	0.1	-3.3
盈余现金保障倍数	3.0	1.9	0.6	-0.8	-3.2
二、资产运营指标					
总资产周转率（次）	1.0	0.8	0.6	0.4	0.2
应收账款周转率（次）	7.1	5.0	2.8	1.9	1.3
流动资产周转率（次）	1.5	1.1	0.8	0.5	0.3
两金占流动资产比重（%）	39.1	48.4	58.8	71.0	79.0
三、风险防控指标					
资产负债率（%）	49.0	54.0	59.0	69.0	84.0
现金流动负债比率（%）	11.8	6.0	1.2	-4.6	-9.5
带息负债比率（%）	6.4	17.4	28.5	38.6	58.2
已获利息倍数	9.6	5.5	2.4	1.2	0.1
四、持续发展指标					
研发经费投入强度（%）	6.2	5.2	3.8	2.9	1.3
全员劳动生产率（万元/人）	45.7	36.6	26.2	17.1	11.1
经济增加值率（%）	13.9	8.1	1.7	-2.5	-9.9
国有资本保值增值率（%）	114.0	110.1	104.3	100.5	95.0
五、补充指标					
营业现金比率（%）	10.6	6.9	1.4	-1.9	-8.3
国有资本回报率（%）	11.8	8.0	4.6	0.4	-6.6
EBITDA率（%）	13.0	9.7	4.9	1.2	-5.9
百元收入支付的成本费用（元）	91.2	94.3	97.6	102.9	109.4
存货周转率（次）	5.7	3.9	2.2	1.5	1.0
速动比率	1.4	1.1	0.8	0.6	0.4
利润总额增长率（%）	24.1	15.6	5.3	-5.3	-19.0
营业总收入增长率（%）	24.2	15.8	5.3	-6.9	-18.1

专用设备制造业

范围：小型企业

项　　目	优秀值	良好值	平均值	较低值	较差值
一、盈利回报指标					
净资产收益率（％）	16.6	10.2	5.7	1.0	−8.1
营业收入利润率（％）	10.0	6.7	3.1	−1.4	−10.0
总资产报酬率（％）	7.1	4.4	2.3	−0.4	−5.6
盈余现金保障倍数	2.8	1.7	0.3	−1.1	−3.7
二、资产运营指标					
总资产周转率（次）	1.0	0.8	0.5	0.3	0.1
应收账款周转率（次）	6.2	4.8	2.6	1.7	1.0
流动资产周转率（次）	1.3	1.1	0.7	0.5	0.3
两金占流动资产比重（％）	32.1	44.2	54.0	65.4	73.1
三、风险防控指标					
资产负债率（％）	48.0	53.0	58.0	68.0	83.0
现金流动负债比率（％）	12.1	5.2	1.5	−4.3	−10.1
带息负债比率（％）	6.5	21.5	36.8	46.2	64.4
已获利息倍数	7.8	5.1	2.5	0.2	−4.3
四、持续发展指标					
研发经费投入强度（％）	4.4	3.3	2.7	2.0	0.8
全员劳动生产率（万元/人）	48.7	36.3	30.0	18.0	10.1
经济增加值率（％）	16.5	10.2	0.7	−3.8	−8.8
国有资本保值增值率（％）	110.7	106.4	104.1	99.1	90.9
五、补充指标					
营业现金比率（％）	11.7	5.7	0.4	−3.9	−12.0
国有资本回报率（％）	14.1	8.6	4.7	0.0	−9.2
EBITDA率（％）	17.9	11.5	5.5	0.0	−10.6
百元收入支付的成本费用（元）	88.5	93.4	97.0	104.0	114.9
存货周转率（次）	7.9	4.8	2.6	1.8	1.2
速动比率	1.6	1.2	0.8	0.6	0.4
利润总额增长率（％）	19.5	11.4	0.2	−9.5	−19.8
营业总收入增长率（％）	28.7	17.5	4.6	−7.2	−17.6

冶金矿山建筑设备制造业

范围：全行业

项　目	优秀值	良好值	平均值	较低值	较差值
一、盈利回报指标					
净资产收益率（％）	14.5	8.0	4.6	0.3	−6.4
营业收入利润率（％）	8.6	5.8	3.1	−1.6	−8.5
总资产报酬率（％）	5.9	3.8	2.2	−0.1	−4.0
盈余现金保障倍数	2.4	1.7	0.6	−0.6	−2.9
二、资产运营指标					
总资产周转率（次）	0.9	0.7	0.5	0.3	0.1
应收账款周转率（次）	5.5	4.2	2.3	1.4	0.8
流动资产周转率（次）	1.3	1.0	0.7	0.4	0.2
两金占流动资产比重（％）	41.5	48.9	57.7	64.9	79.0
三、风险防控指标					
资产负债率（％）	48.5	53.5	58.5	68.5	83.5
现金流动负债比率（％）	11.0	6.3	1.2	−3.8	−10.0
带息负债比率（％）	11.6	20.5	33.8	44.2	64.5
已获利息倍数	7.0	4.8	2.0	−0.1	−2.8
四、持续发展指标					
研发经费投入强度（％）	5.8	4.9	4.1	2.9	0.6
全员劳动生产率（万元/人）	42.6	34.0	25.9	16.3	9.9
经济增加值率（％）	10.9	5.4	0.3	−5.6	−10.7
国有资本保值增值率（％）	115.7	109.3	103.7	99.2	94.6
五、补充指标					
营业现金比率（％）	9.7	5.3	1.3	−2.2	−9.0
国有资本回报率（％）	12.9	7.2	4.0	0.1	−7.0
EBITDA率（％）	13.5	9.0	4.8	0.8	−6.9
百元收入支付的成本费用（元）	91.0	95.0	98.2	103.5	109.9
存货周转率（次）	5.9	3.7	2.4	1.5	1.0
速动比率	1.4	1.1	0.8	0.7	0.5
利润总额增长率（％）	20.4	13.3	2.8	−5.5	−16.0
营业总收入增长率（％）	19.2	12.4	4.9	−11.2	−23.5

矿山机械制造业

范围：全行业

项　　目	优秀值	良好值	平均值	较低值	较差值
一、盈利回报指标					
净资产收益率（%）	13.8	8.6	3.9	−0.2	−8.4
营业收入利润率（%）	8.5	5.8	1.6	−4.3	−9.9
总资产报酬率（%）	5.6	3.0	1.6	−1.2	−5.6
盈余现金保障倍数	2.4	1.8	0.9	−0.5	−3.2
二、资产运营指标					
总资产周转率（次）	0.8	0.6	0.4	0.2	0.1
应收账款周转率（次）	5.5	3.8	2.0	1.2	0.6
流动资产周转率（次）	1.2	1.0	0.6	0.4	0.2
两金占流动资产比重（%）	45.2	52.2	59.0	70.6	79.3
三、风险防控指标					
资产负债率（%）	48.7	53.7	58.7	68.7	83.7
现金流动负债比率（%）	7.7	6.0	3.4	−1.1	−4.2
带息负债比率（%）	5.4	13.9	23.7	32.9	50.9
已获利息倍数	8.3	5.5	1.8	−0.1	−3.2
四、持续发展指标					
研发经费投入强度（%）	6.8	4.4	2.5	1.3	0.5
全员劳动生产率（万元/人）	38.0	30.2	24.3	14.9	8.7
经济增加值率（%）	10.8	4.5	−0.6	−5.7	−9.2
国有资本保值增值率（%）	115.4	109.6	102.8	98.7	93.7
五、补充指标					
营业现金比率（%）	6.9	3.7	0.6	−1.7	−6.2
国有资本回报率（%）	10.1	7.4	3.3	−0.9	−9.0
EBITDA 率（%）	12.6	8.2	3.7	−0.7	−9.3
百元收入支付的成本费用（元）	91.2	95.5	98.6	104.1	111.8
存货周转率（次）	6.3	3.8	2.0	1.3	0.8
速动比率	1.3	1.1	0.8	0.7	0.5
利润总额增长率（%）	25.2	12.3	3.2	−8.2	−19.2
营业总收入增长率（%）	24.9	14.7	5.2	−4.7	−16.0

建筑工程用机械制造业

范围：全行业

项 目	优秀值	良好值	平均值	较低值	较差值
一、盈利回报指标					
净资产收益率（%）	16.9	11.0	5.4	0.0	-10.6
营业收入利润率（%）	12.1	6.3	3.4	-1.7	-8.4
总资产报酬率（%）	5.0	3.6	1.5	-1.7	-8.0
盈余现金保障倍数	2.8	1.8	0.7	-0.7	-3.3
二、资产运营指标					
总资产周转率（次）	1.0	0.8	0.5	0.2	0.1
应收账款周转率（次）	4.9	3.8	2.0	1.1	0.1
流动资产周转率（次）	1.4	1.0	0.7	0.4	0.1
两金占流动资产比重（%）	44.2	50.4	57.6	64.9	79.0
三、风险防控指标					
资产负债率（%）	48.0	53.0	58.0	68.0	83.0
现金流动负债比率（%）	12.3	5.3	1.7	-4.9	-14.3
带息负债比率（%）	12.3	21.1	33.9	43.5	62.1
已获利息倍数	6.0	3.5	1.8	-0.4	-2.1
四、持续发展指标					
研发经费投入强度（%）	7.6	4.5	2.3	1.4	0.5
全员劳动生产率（万元/人）	40.8	34.2	30.0	19.5	12.4
经济增加值率（%）	9.5	3.9	0.9	-5.6	-11.3
国有资本保值增值率（%）	116.8	109.7	105.1	98.0	92.6
五、补充指标					
营业现金比率（%）	10.6	6.3	1.8	-3.3	-13.2
国有资本回报率（%）	16.5	10.5	5.0	-0.5	-11.1
EBITDA率（%）	15.9	10.3	5.0	0.8	-6.2
百元收入支付的成本费用（元）	89.1	94.3	98.4	102.2	108.4
存货周转率（次）	5.6	4.2	3.5	2.0	1.0
速动比率	1.5	1.3	1.0	0.6	0.4
利润总额增长率（%）	6.0	-12.1	-25.8	-38.6	-47.1
营业总收入增长率（%）	7.2	0.7	-8.2	-22.5	-35.7

冶金专用设备制造业

范围：全行业

项　　目	优秀值	良好值	平均值	较低值	较差值
一、盈利回报指标					
净资产收益率（%）	14.4	9.3	2.9	0.8	－1.7
营业收入利润率（%）	9.6	6.0	1.3	－2.2	－7.1
总资产报酬率（%）	7.2	3.6	1.3	－0.1	－2.8
盈余现金保障倍数	2.2	1.3	0.1	－1.2	－3.2
二、资产运营指标					
总资产周转率（次）	1.2	0.8	0.4	0.3	0.2
应收账款周转率（次）	6.5	4.9	2.5	2.2	1.7
流动资产周转率（次）	1.5	1.1	0.6	0.4	0.3
两金占流动资产比重（%）	57.4	61.2	63.2	70.7	80.8
三、风险防控指标					
资产负债率（%）	48.3	53.3	58.3	68.3	83.3
现金流动负债比率（%）	10.8	5.1	0.0	－5.0	－8.3
带息负债比率（%）	10.4	18.7	29.8	37.4	52.2
已获利息倍数	6.1	4.0	2.1	0.7	－0.8
四、持续发展指标					
研发经费投入强度（%）	8.8	6.2	4.4	2.1	0.6
全员劳动生产率（万元/人）	38.8	30.2	23.3	15.8	10.9
经济增加值率（%）	11.1	4.0	－0.1	－2.8	－6.8
国有资本保值增值率（%）	120.0	111.4	102.5	99.8	95.1
五、补充指标					
营业现金比率（%）	7.0	3.1	0.0	－2.9	－8.5
国有资本回报率（%）	14.3	9.3	2.9	1.0	－1.7
EBITDA率（%）	14.3	9.8	4.7	1.3	－1.4
百元收入支付的成本费用（元）	92.8	95.1	98.4	103.2	110.1
存货周转率（次）	6.7	4.6	2.1	1.6	1.3
速动比率	1.3	1.0	0.8	0.6	0.4
利润总额增长率（%）	22.4	12.7	3.5	－2.9	－12.9
营业总收入增长率（%）	26.6	17.9	9.2	2.4	－7.3

化工、木材、非金属加工设备制造业

范围：全行业

项　　　目	优秀值	良好值	平均值	较低值	较差值
一、盈利回报指标					
净资产收益率（%）	11.7	7.9	4.8	1.5	-3.9
营业收入利润率（%）	5.9	5.0	3.7	-0.1	-7.4
总资产报酬率（%）	4.9	3.6	2.4	0.6	-2.7
盈余现金保障倍数	4.0	2.3	0.3	-1.1	-3.4
二、资产运营指标					
总资产周转率（次）	0.9	0.8	0.5	0.3	0.1
应收账款周转率（次）	8.8	5.3	2.9	1.8	1.0
流动资产周转率（次）	1.4	1.2	0.9	0.5	0.3
两金占流动资产比重（%）	42.7	47.7	54.5	60.7	71.2
三、风险防控指标					
资产负债率（%）	48.4	53.4	58.4	68.4	83.4
现金流动负债比率（%）	10.4	5.4	2.1	-3.3	-8.8
带息负债比率（%）	16.8	24.4	35.1	42.9	58.3
已获利息倍数	7.8	5.5	2.8	1.5	-0.2
四、持续发展指标					
研发经费投入强度（%）	4.9	2.8	1.6	0.9	0.5
全员劳动生产率（万元/人）	40.5	34.5	25.6	15.9	9.5
经济增加值率（%）	11.1	5.3	-0.7	-5.2	-13.4
国有资本保值增值率（%）	113.1	108.4	102.5	99.3	93.1
五、补充指标					
营业现金比率（%）	14.8	8.6	1.2	-0.8	-4.5
国有资本回报率（%）	8.8	7.0	4.2	0.9	-4.5
EBITDA率（%）	18.6	11.5	6.7	0.4	-11.8
百元收入支付的成本费用（元）	90.6	94.7	97.3	102.1	110.8
存货周转率（次）	6.9	4.7	3.0	2.0	1.4
速动比率	1.6	1.3	0.9	0.7	0.5
利润总额增长率（%）	18.5	11.6	4.1	-8.1	-16.2
营业总收入增长率（%）	21.4	15.8	7.3	-5.7	-14.3

轻纺设备制造业

范围：全行业

项　　目	优秀值	良好值	平均值	较低值	较差值
一、盈利回报指标					
净资产收益率（%）	9.1	5.2	3.2	−0.2	−6.7
营业收入利润率（%）	13.3	7.2	0.7	−4.5	−14.5
总资产报酬率（%）	4.6	3.1	1.4	−1.7	−5.3
盈余现金保障倍数	3.7	2.5	0.7	−0.3	−1.8
二、资产运营指标					
总资产周转率（次）	1.1	0.8	0.4	0.3	0.2
应收账款周转率（次）	8.9	6.1	4.7	2.1	0.2
流动资产周转率（次）	1.7	1.1	0.7	0.5	0.3
两金占流动资产比重（%）	16.9	26.3	40.3	50.2	60.2
三、风险防控指标					
资产负债率（%）	48.6	53.6	58.6	68.6	83.6
现金流动负债比率（%）	12.5	4.5	0.5	−3.9	−12.5
带息负债比率（%）	20.1	30.9	47.2	54.7	69.3
已获利息倍数	5.4	3.3	1.4	−0.8	−3.8
四、持续发展指标					
研发经费投入强度（%）	5.0	3.3	2.4	1.9	0.9
全员劳动生产率（万元/人）	56.4	42.4	21.4	15.3	11.3
经济增加值（%）	7.0	1.8	−2.8	−6.6	−11.6
国有资本保值增值率（%）	106.9	103.7	101.8	98.3	92.4
五、补充指标					
营业现金比率（%）	15.6	8.1	−0.1	−1.6	−4.5
国有资本回报率（%）	7.4	4.1	2.3	−1.0	−7.6
EBITDA 率（%）	20.5	10.5	2.3	−2.7	−12.3
百元收入支付的成本费用（元）	89.2	95.9	99.4	105.7	112.4
存货周转率（次）	7.4	4.4	2.9	2.1	1.5
速动比率	1.5	1.1	0.8	0.6	0.4
利润总额增长率（%）	8.4	−0.1	−8.4	−18.3	−26.0
营业总收入增长率（%）	21.1	13.6	7.7	−4.0	−17.1

电子和电工机械专用设备制造业

范围：全行业

项　目	优秀值	良好值	平均值	较低值	较差值
一、盈利回报指标					
净资产收益率（％）	20.8	15.3	8.9	5.0	-1.8
营业收入利润率（％）	12.7	8.9	3.0	-2.0	-11.5
总资产报酬率（％）	9.7	6.9	4.7	1.2	-3.6
盈余现金保障倍数	3.2	1.6	0.7	-0.3	-2.1
二、资产运营指标					
总资产周转率（次）	1.0	0.8	0.6	0.4	0.2
应收账款周转率（次）	6.4	5.1	3.1	1.8	1.0
流动资产周转率（次）	1.1	1.0	0.7	0.4	0.2
两金占流动资产比重（％）	45.6	50.7	55.1	65.8	73.0
三、风险防控指标					
资产负债率（％）	48.0	53.0	58.0	68.0	83.0
现金流动负债比率（％）	23.3	10.3	3.0	-3.4	-8.8
带息负债比率（％）	6.2	13.2	23.0	36.1	61.6
已获利息倍数	11.8	7.8	3.7	0.8	-2.8
四、持续发展指标					
研发经费投入强度（％）	13.4	7.6	3.6	2.3	1.0
全员劳动生产率（万元/人）	61.5	46.8	39.3	20.5	8.0
经济增加值率（％）	16.7	10.0	4.2	-2.6	-7.1
国有资本保值增值率（％）	120.6	113.5	107.7	102.5	96.5
五、补充指标					
营业现金比率（％）	16.2	8.5	1.9	-2.8	-12.0
国有资本回报率（％）	17.4	12.7	7.1	3.3	-3.6
EBITDA 率（％）	16.7	11.6	7.1	2.1	-7.1
百元收入支付的成本费用（元）	86.6	90.9	94.7	102.4	108.6
存货周转率（次）	7.6	4.7	2.6	1.8	1.3
速动比率	1.7	1.4	1.0	0.7	0.4
利润总额增长率（％）	39.7	26.7	17.1	2.2	-7.7
营业总收入增长率（％）	47.2	33.9	20.0	9.4	-0.9

农林牧渔专用机械制造业

范围：全行业

项　　目	优秀值	良好值	平均值	较低值	较差值
一、盈利回报指标					
净资产收益率（％）	13.9	10.0	5.7	-0.2	-11.8
营业收入利润率（％）	9.9	7.5	3.8	-5.2	-20.3
总资产报酬率（％）	7.6	5.5	3.3	0.0	-4.0
盈余现金保障倍数	3.2	2.1	1.2	-0.1	-1.7
二、资产运营指标					
总资产周转率（次）	1.0	0.8	0.5	0.3	0.1
应收账款周转率（次）	17.3	13.3	7.6	5.4	3.9
流动资产周转率（次）	1.6	1.2	0.9	0.4	0.1
两金占流动资产比重（％）	22.2	29.4	40.1	48.5	54.0
三、风险防控指标					
资产负债率（％）	48.0	53.0	58.0	68.0	83.0
现金流动负债比率（％）	13.1	10.0	6.3	0.0	-5.7
带息负债比率（％）	9.5	19.9	35.4	45.2	55.0
已获利息倍数	4.8	3.1	2.2	-0.2	-4.3
四、持续发展指标					
研发经费投入强度（％）	5.2	3.6	2.8	2.2	1.5
全员劳动生产率（万元/人）	42.5	33.8	20.7	16.9	9.5
经济增加值率（％）	7.6	4.3	0.6	-5.5	-14.6
国有资本保值增值率（％）	109.1	106.7	103.4	97.1	84.9
五、补充指标					
营业现金比率（％）	14.0	8.9	1.4	-1.6	-7.4
国有资本回报率（％）	12.3	8.9	5.3	-0.7	-12.3
EBITDA率（％）	23.2	13.4	6.5	3.1	-3.4
百元收入支付的成本费用（元）	92.5	95.5	97.7	104.9	109.7
存货周转率（次）	7.5	6.0	4.6	2.6	1.3
速动比率	1.4	1.1	0.8	0.6	0.3
利润总额增长率（％）	28.2	17.1	8.4	-1.0	-7.2
营业总收入增长率（％）	23.4	15.5	8.9	-1.0	-11.8

医疗仪器设备制造业

范围：全行业

项 目	优秀值	良好值	平均值	较低值	较差值
一、盈利回报指标					
净资产收益率（%）	14.3	10.5	7.3	0.1	-5.1
营业收入利润率（%）	19.8	13.9	9.3	2.8	-4.0
总资产报酬率（%）	9.9	5.8	3.7	-0.8	-5.0
盈余现金保障倍数	2.1	1.3	0.8	-1.0	-2.7
二、资产运营指标					
总资产周转率（次）	1.0	0.8	0.6	0.3	0.1
应收账款周转率（次）	12.8	8.0	4.7	3.0	1.9
流动资产周转率（次）	1.6	1.3	0.9	0.5	0.1
两金占流动资产比重（%）	39.0	48.8	53.9	60.7	73.8
三、风险防控指标					
资产负债率（%）	48.0	53.0	58.0	68.0	83.0
现金流动负债比率（%）	14.2	10.1	5.7	-0.5	-12.7
带息负债比率（%）	2.1	13.6	30.9	39.2	55.4
已获利息倍数	9.6	4.9	2.4	-1.4	-5.5
四、持续发展指标					
研发经费投入强度（%）	7.2	5.1	3.6	2.0	0.7
全员劳动生产率（万元/人）	46.5	29.3	20.5	14.5	10.5
经济增加值率（%）	10.8	5.5	2.8	-5.5	-13.9
国有资本保值增值率（%）	109.5	107.1	103.4	98.7	93.6
五、补充指标					
营业现金比率（%）	27.8	16.0	5.6	0.0	-6.5
国有资本回报率（%）	8.2	4.9	2.1	-2.1	-10.3
EBITDA率（%）	24.3	15.8	7.8	1.4	-8.9
百元收入支付的成本费用（元）	78.0	86.6	96.9	106.9	117.9
存货周转率（次）	5.2	4.2	2.6	1.9	1.4
速动比率	1.6	1.4	1.0	0.9	0.7
利润总额增长率（%）	41.4	33.6	24.5	15.0	-1.7
营业总收入增长率（%）	40.2	33.4	26.2	19.1	5.1

交通运输设备制造业

范围：全行业

项　　目	优秀值	良好值	平均值	较低值	较差值
一、盈利回报指标					
净资产收益率（％）	14.6	10.3	6.9	0.8	−5.8
营业收入利润率（％）	10.0	7.4	4.4	−0.8	−7.2
总资产报酬率（％）	6.0	5.0	3.4	0.0	−6.0
盈余现金保障倍数	4.0	2.1	0.6	−0.6	−1.9
二、资产运营指标					
总资产周转率（次）	1.1	0.8	0.6	0.3	0.1
应收账款周转率（次）	11.8	7.4	4.5	2.1	0.4
流动资产周转率（次）	1.6	1.3	0.9	0.4	0.1
两金占流动资产比重（％）	31.2	39.5	48.3	59.0	66.1
三、风险防控指标					
资产负债率（％）	48.0	53.0	58.0	68.0	83.0
现金流动负债比率（％）	17.7	9.5	3.5	−6.1	−17.0
带息负债比率（％）	3.9	18.5	31.5	39.4	54.7
已获利息倍数	5.7	4.8	3.4	1.1	−1.1
四、持续发展指标					
研发经费投入强度（％）	6.6	4.6	3.6	2.7	1.1
全员劳动生产率（万元/人）	56.6	43.3	36.4	21.8	12.0
经济增加值率（％）	11.2	7.0	0.9	−6.0	−11.9
国有资本保值增值率（％）	112.7	108.9	103.2	99.8	93.1
五、补充指标					
营业现金比率（％）	15.4	9.5	2.0	−2.6	−11.7
国有资本回报率（％）	12.4	9.0	5.5	0.1	−7.2
EBITDA率（％）	17.2	11.6	6.1	1.0	−7.8
百元收入支付的成本费用（元）	90.7	93.9	96.4	102.7	108.4
存货周转率（次）	11.1	7.3	4.3	2.4	1.1
速动比率	1.5	1.2	0.9	0.7	0.5
利润总额增长率（％）	14.2	3.3	−3.3	−17.5	−27.0
营业总收入增长率（％）	18.3	12.3	5.6	−4.8	−16.5

交通运输设备制造业

范围：大型企业

项　　目	优秀值	良好值	平均值	较低值	较差值
一、盈利回报指标					
净资产收益率（%）	13.3	10.4	6.9	1.0	-5.0
营业收入利润率（%）	9.9	7.8	5.2	1.1	-4.2
总资产报酬率（%）	5.5	4.8	3.7	-0.1	-7.3
盈余现金保障倍数	5.1	2.4	0.6	-0.6	-1.7
二、资产运营指标					
总资产周转率（次）	0.9	0.7	0.6	0.3	0.1
应收账款周转率（次）	9.7	7.8	4.9	2.4	0.8
流动资产周转率（次）	1.8	1.3	1.0	0.5	0.2
两金占流动资产比重（%）	27.4	33.4	42.5	52.2	63.5
三、风险防控指标					
资产负债率（%）	48.3	53.3	58.3	68.3	83.3
现金流动负债比率（%）	17.0	10.0	3.4	-5.2	-21.7
带息负债比率（%）	3.4	16.7	29.8	37.0	51.1
已获利息倍数	7.1	6.0	4.9	1.8	-0.2
四、持续发展指标					
研发经费投入强度（%）	8.0	5.4	4.1	3.1	1.4
全员劳动生产率（万元/人）	59.9	48.2	39.8	27.2	18.8
经济增加值率（%）	12.4	8.6	3.0	-3.4	-9.5
国有资本保值增值率（%）	113.2	109.8	104.8	101.2	97.4
五、补充指标					
营业现金比率（%）	12.2	8.0	2.3	-2.4	-11.5
国有资本回报率（%）	12.3	9.4	6.0	0.3	-6.0
EBITDA率（%）	15.0	11.6	6.8	2.3	-2.9
百元收入支付的成本费用（元）	90.9	93.5	96.0	101.6	106.0
存货周转率（次）	10.7	7.2	4.5	2.5	1.2
速动比率	1.5	1.2	0.9	0.7	0.5
利润总额增长率（%）	12.6	3.8	-3.7	-16.5	-27.4
营业总收入增长率（%）	19.5	13.7	5.4	-3.1	-13.6

交通运输设备制造业

范围：中型企业

项　　目	优秀值	良好值	平均值	较低值	较差值
一、盈利回报指标					
净资产收益率（％）	15.1	10.9	5.9	0.4	-7.0
营业收入利润率（％）	9.9	7.3	4.1	-0.5	-5.8
总资产报酬率（％）	7.0	4.9	2.9	-0.2	-6.3
盈余现金保障倍数	4.1	2.5	0.6	-0.6	-1.9
二、资产运营指标					
总资产周转率（次）	1.1	0.9	0.6	0.4	0.2
应收账款周转率（次）	12.8	7.9	3.7	2.5	1.7
流动资产周转率（次）	1.6	1.3	0.8	0.5	0.2
两金占流动资产比重（％）	35.4	45.4	53.7	61.1	68.0
三、风险防控指标					
资产负债率（％）	48.0	53.0	58.0	68.0	83.0
现金流动负债比率（％）	20.2	12.2	3.7	-5.0	-11.9
带息负债比率（％）	7.5	21.4	36.8	44.8	60.3
已获利息倍数	5.8	4.4	3.0	0.5	-2.3
四、持续发展指标					
研发经费投入强度（％）	5.8	4.5	3.2	2.4	0.7
全员劳动生产率（万元/人）	56.0	42.6	34.3	21.0	12.1
经济增加值率（％）	14.0	9.3	2.3	-3.5	-9.7
国有资本保值增值率（％）	114.2	110.5	105.2	100.4	96.1
五、补充指标					
营业现金比率（％）	14.2	8.7	0.4	-3.2	-10.3
国有资本回报率（％）	15.4	11.0	6.7	0.3	-6.2
EBITDA率（％）	16.0	11.4	5.7	0.9	-6.3
百元收入支付的成本费用（元）	90.4	94.2	97.8	104.0	110.7
存货周转率（次）	11.0	7.7	3.6	2.2	1.2
速动比率	1.6	1.3	0.9	0.7	0.6
利润总额增长率（％）	51.0	27.7	1.0	-11.1	-29.3
营业总收入增长率（％）	27.1	19.0	7.6	-1.3	-11.7

交通运输设备制造业

范围：小型企业

项 目	优秀值	良好值	平均值	较低值	较差值
一、盈利回报指标					
净资产收益率（%）	13.9	8.6	3.7	-0.6	-9.0
营业收入利润率（%）	11.3	6.3	1.8	-2.4	-10.5
总资产报酬率（%）	5.6	4.1	1.9	-0.9	-6.1
盈余现金保障倍数	3.8	2.1	0.5	-0.4	-1.7
二、资产运营指标					
总资产周转率（次）	1.2	0.9	0.4	0.2	0.1
应收账款周转率（次）	11.8	7.3	3.4	2.4	1.7
流动资产周转率（次）	1.7	1.4	0.8	0.4	0.2
两金占流动资产比重（%）	19.4	32.9	46.2	57.7	66.7
三、风险防控指标					
资产负债率（%）	48.0	53.0	58.0	68.0	83.0
现金流动负债比率（%）	19.1	10.1	3.9	-3.2	-11.3
带息负债比率（%）	4.8	20.1	40.1	48.9	65.9
已获利息倍数	5.2	3.7	2.7	0.4	-2.7
四、持续发展指标					
研发经费投入强度（%）	4.3	2.4	1.5	1.1	0.8
全员劳动生产率（万元/人）	50.2	38.6	29.1	18.0	10.6
经济增加值（%）	12.9	7.1	-1.2	-5.5	-11.5
国有资本保值增值率（%）	109.0	106.1	102.1	97.8	90.0
五、补充指标					
营业现金比率（%）	15.6	9.0	0.4	-4.4	-13.8
国有资本回报率（%）	12.9	7.5	3.2	-1.1	-9.4
EBITDA率（%）	18.0	11.2	3.4	0.5	-4.3
百元收入支付的成本费用（元）	91.7	95.9	98.8	105.3	115.1
存货周转率（次）	12.0	7.7	4.3	2.3	1.0
速动比率	1.6	1.3	0.9	0.6	0.5
利润总额增长率（%）	22.0	12.7	-1.4	-15.7	-25.2
营业总收入增长率（%）	22.7	15.5	4.8	-3.2	-12.2

汽车制造业

范围：全行业

项　　目	优秀值	良好值	平均值	较低值	较差值
一、盈利回报指标					
净资产收益率（％）	14.5	8.9	5.9	-1.3	-8.2
营业收入利润率（％）	9.4	6.4	4.0	-2.7	-7.8
总资产报酬率（％）	10.7	6.5	4.4	-0.9	-5.8
盈余现金保障倍数	3.2	1.6	0.8	-0.4	-1.3
二、资产运营指标					
总资产周转率（次）	1.3	1.0	0.7	0.3	0.1
应收账款周转率（次）	13.6	8.9	5.7	2.5	0.3
流动资产周转率（次）	2.1	1.8	1.4	0.7	0.3
两金占流动资产比重（％）	31.1	41.7	50.8	62.2	70.8
三、风险防控指标					
资产负债率（％）	48.0	53.0	58.0	68.0	83.0
现金流动负债比率（％）	19.5	11.9	6.6	-5.1	-12.9
带息负债比率（％）	4.1	16.3	27.4	36.6	54.5
已获利息倍数	8.8	6.4	3.4	0.0	-2.9
四、持续发展指标					
研发经费投入强度（％）	4.8	3.3	2.5	2.0	1.4
全员劳动生产率（万元／人）	50.9	39.1	33.0	16.0	4.6
经济增加值率（％）	10.6	4.7	0.7	-9.1	-17.3
国有资本保值增值率（％）	110.4	105.5	102.5	99.0	95.0
五、补充指标					
营业现金比率（％）	13.1	8.6	3.2	-1.7	-11.2
国有资本回报率（％）	13.3	8.6	5.7	-1.5	-8.4
EBITDA率（％）	15.5	10.4	6.3	-0.2	-8.3
百元收入支付的成本费用（元）	92.0	94.4	96.2	103.5	110.6
存货周转率（次）	13.4	9.7	7.8	4.4	2.1
速动比率	1.1	1.0	0.9	0.7	0.5
利润总额增长率（％）	10.7	-5.8	-14.3	-18.6	-21.4
营业总收入增长率（％）	9.6	5.9	0.4	-5.3	-12.9

汽车制造业

范围：大型企业

项　　目	优秀值	良好值	平均值	较低值	较差值
一、盈利回报指标					
净资产收益率（％）	17.6	10.9	7.1	−0.4	−7.6
营业收入利润率（％）	9.6	6.2	4.5	0.1	−5.6
总资产报酬率（％）	13.1	7.7	4.9	−0.1	−5.6
盈余现金保障倍数	2.9	1.8	0.9	−0.5	−1.4
二、资产运营指标					
总资产周转率（次）	1.3	1.0	0.8	0.4	0.1
应收账款周转率（次）	19.5	10.6	6.0	3.4	1.7
流动资产周转率（次）	2.3	1.8	1.4	0.8	0.4
两金占流动资产比重（％）	26.0	35.2	42.0	50.3	59.6
三、风险防控指标					
资产负债率（％）	51.2	55.8	58.6	68.6	83.6
现金流动负债比率（％）	19.2	13.1	6.8	−6.7	−16.8
带息负债比率（％）	2.3	15.4	25.8	36.2	51.4
已获利息倍数	8.0	6.1	3.3	0.9	−1.3
四、持续发展指标					
研发经费投入强度（％）	5.2	3.7	2.8	1.7	0.9
全员劳动生产率（万元/人）	51.3	44.2	40.5	19.9	6.1
经济增加值率（％）	12.5	7.1	1.5	−5.2	−18.1
国有资本保值增值率（％）	113.3	108.7	104.3	101.3	96.0
五、补充指标					
营业现金比率（％）	11.5	7.4	3.3	0.0	−5.1
国有资本回报率（％）	16.7	10.0	6.2	−1.9	−8.4
EBITDA率（％）	14.5	10.7	6.7	0.8	−7.7
百元收入支付的成本费用（元）	90.3	93.7	95.4	102.8	108.2
存货周转率（次）	15.0	10.8	8.1	5.6	3.9
速动比率	1.1	1.0	0.9	0.7	0.6
利润总额增长率（％）	1.3	−5.1	−14.6	−20.5	−29.2
营业总收入增长率（％）	6.0	1.8	−4.4	−10.8	−17.1

汽车制造业

范围：中型企业

项　　目	优秀值	良好值	平均值	较低值	较差值
一、盈利回报指标					
净资产收益率（%）	14.7	9.1	5.4	−0.6	−6.0
营业收入利润率（%）	6.9	4.6	1.6	−3.3	−10.1
总资产报酬率（%）	6.0	4.0	1.6	−1.4	−5.3
盈余现金保障倍数	3.7	2.0	1.1	0.1	−1.7
二、资产运营指标					
总资产周转率（次）	1.3	1.1	0.7	0.5	0.3
应收账款周转率（次）	12.5	7.8	4.1	2.9	2.1
流动资产周转率（次）	2.2	1.8	1.2	0.8	0.5
两金占流动资产比重（%）	38.6	48.5	55.8	62.5	68.6
三、风险防控指标					
资产负债率（%）	48.0	53.0	58.0	68.0	83.0
现金流动负债比率（%）	24.2	14.8	6.3	−5.2	−13.5
带息负债比率（%）	17.0	29.2	39.2	48.4	66.4
已获利息倍数	6.9	5.0	2.2	−1.0	−4.3
四、持续发展指标					
研发经费投入强度（%）	5.0	3.7	3.0	2.1	0.7
全员劳动生产率（万元/人）	37.3	27.4	21.5	11.3	4.5
经济增加值率（%）	13.2	8.2	0.7	−5.2	−12.5
国有资本保值增值率（%）	111.3	108.6	104.5	99.3	95.7
五、补充指标					
营业现金比率（%）	12.2	7.5	0.5	−3.4	−11.1
国有资本回报率（%）	13.0	8.2	5.0	−1.6	−6.3
EBITDA率（%）	12.3	7.9	3.2	−1.6	−8.6
百元收入支付的成本费用（元）	92.7	95.8	99.8	105.5	111.3
存货周转率（次）	11.2	9.0	5.8	3.4	1.8
速动比率	1.1	1.0	0.8	0.7	0.6
利润总额增长率（%）	11.6	4.6	−5.1	−11.1	−18.9
营业总收入增长率（%）	22.8	16.0	7.2	0.6	−5.2

汽车制造业

范围：小型企业

项　　目	优秀值	良好值	平均值	较低值	较差值
一、盈利回报指标					
净资产收益率（%）	11.9	7.4	3.3	-2.0	-7.9
营业收入利润率（%）	7.9	4.5	1.0	-2.8	-10.3
总资产报酬率（%）	5.8	3.8	1.8	-2.0	-7.2
盈余现金保障倍数	3.0	1.6	0.8	-0.4	-1.1
二、资产运营指标					
总资产周转率（次）	1.4	1.1	0.7	0.5	0.3
应收账款周转率（次）	13.6	7.8	4.2	2.9	2.0
流动资产周转率（次）	2.4	1.8	1.1	0.7	0.4
两金占流动资产比重（%）	29.5	41.7	48.4	60.5	68.7
三、风险防控指标					
资产负债率（%）	48.0	53.0	58.0	68.0	83.0
现金流动负债比率（%）	17.2	10.3	5.5	-4.2	-11.5
带息负债比率（%）	8.0	20.5	31.7	37.4	48.5
已获利息倍数	6.9	5.8	4.1	1.0	-3.9
四、持续发展指标					
研发经费投入强度（%）	4.0	2.5	1.8	1.4	1.1
全员劳动生产率（万元/人）	36.8	30.3	22.4	12.5	6.0
经济增加值率（%）	11.6	5.8	-2.3	-6.2	-11.1
国有资本保值增值率（%）	107.6	105.1	102.0	98.1	93.6
五、补充指标					
营业现金比率（%）	13.4	7.5	0.2	-3.1	-9.7
国有资本回报率（%）	10.8	7.1	3.0	-2.3	-8.3
EBITDA 率（%）	16.0	10.0	2.6	-0.8	-5.7
百元收入支付的成本费用（元）	93.1	97.0	99.7	106.3	114.8
存货周转率（次）	13.0	9.8	5.8	3.8	2.5
速动比率	1.4	1.1	0.8	0.5	0.3
利润总额增长率（%）	8.0	-1.4	-8.2	-13.9	-25.0
营业总收入增长率（%）	11.3	7.1	0.7	-5.5	-15.3

汽车整车制造业

范围：全行业

项　目	优秀值	良好值	平均值	较低值	较差值
一、盈利回报指标					
净资产收益率（%）	18.4	12.2	6.0	-4.5	-14.8
营业收入利润率（%）	9.8	6.1	4.2	-5.1	-11.3
总资产报酬率（%）	13.6	7.9	5.0	-3.5	-9.2
盈余现金保障倍数	2.9	1.6	0.5	-0.2	-1.5
二、资产运营指标					
总资产周转率（次）	1.7	1.3	0.7	0.3	0.1
应收账款周转率（次）	42.4	20.3	6.0	3.4	1.7
流动资产周转率（次）	2.5	2.1	1.4	0.6	0.1
两金占流动资产比重（%）	22.0	29.1	38.1	49.9	62.1
三、风险防控指标					
资产负债率（%）	48.6	53.6	58.6	68.6	83.6
现金流动负债比率（%）	15.8	11.1	3.9	-10.4	-26.5
带息负债比率（%）	0.4	5.6	13.4	31.4	49.2
已获利息倍数	15.2	7.6	3.7	0.0	-2.8
四、持续发展指标					
研发经费投入强度（%）	5.7	3.7	2.7	1.2	0.2
全员劳动生产率（万元/人）	45.7	32.0	16.5	6.6	-0.1
经济增加值率（%）	10.4	5.6	0.6	-10.2	-20.3
国有资本保值增值率（%）	116.8	111.2	104.1	95.0	84.5
五、补充指标					
营业现金比率（%）	17.3	7.8	0.4	-6.4	-19.5
国有资本回报率（%）	16.8	11.4	6.1	-4.4	-14.8
EBITDA率（%）	19.0	11.6	6.8	-1.1	-7.6
百元收入支付的成本费用（元）	86.4	92.4	95.5	101.7	110.6
存货周转率（次）	21.7	13.7	8.5	4.4	1.7
速动比率	1.4	1.2	0.9	0.6	0.3
利润总额增长率（%）	4.7	-1.8	-7.0	-15.3	-31.3
营业总收入增长率（%）	10.4	6.3	0.1	-5.4	-16.0

汽车零部件及配件制造业

范围：全行业

项　　目	优秀值	良好值	平均值	较低值	较差值
一、盈利回报指标					
净资产收益率（%）	15.6	9.9	5.4	-0.2	-7.7
营业收入利润率（%）	8.2	6.4	3.8	-2.6	-8.6
总资产报酬率（%）	5.9	4.7	2.8	-0.9	-8.1
盈余现金保障倍数	3.9	2.0	1.0	-0.5	-1.7
二、资产运营指标					
总资产周转率（次）	1.4	1.1	0.8	0.4	0.1
应收账款周转率（次）	7.4	6.2	4.3	2.9	1.9
流动资产周转率（次）	2.1	1.8	1.3	0.7	0.2
两金占流动资产比重（%）	18.3	28.8	38.7	48.1	66.3
三、风险防控指标					
资产负债率（%）	48.0	53.0	58.0	68.0	83.0
现金流动负债比率（%）	19.9	13.7	4.3	-6.8	-17.5
带息负债比率（%）	10.7	18.4	29.9	42.1	65.9
已获利息倍数	8.1	6.3	3.7	0.6	-1.5
四、持续发展指标					
研发经费投入强度（%）	7.0	4.7	3.0	1.6	0.4
全员劳动生产率（万元/人）	38.4	30.6	26.5	15.3	7.8
经济增加值率（%）	14.3	8.2	0.7	-6.8	-12.0
国有资本保值增值率（%）	117.7	111.7	102.6	98.0	89.2
五、补充指标					
营业现金比率（%）	12.6	8.8	3.2	-0.4	-7.4
国有资本回报率（%）	12.6	9.6	5.1	-0.3	-8.1
EBITDA率（%）	15.6	11.0	5.8	0.5	-6.8
百元收入支付的成本费用（元）	91.1	94.1	97.6	103.8	109.2
存货周转率（次）	12.8	9.5	6.6	3.8	1.9
速动比率	1.3	1.1	0.9	0.6	0.4
利润总额增长率（%）	1.6	-5.4	-12.5	-18.7	-25.0
营业总收入增长率（%）	16.8	9.0	1.4	-7.5	-16.9

铁路运输设备制造业

范围：全行业

项　　目	优秀值	良好值	平均值	较低值	较差值
一、盈利回报指标					
净资产收益率（％）	13.3	10.3	6.8	2.8	0.1
营业收入利润率（％）	14.0	9.1	6.5	0.9	-6.9
总资产报酬率（％）	6.9	5.0	4.1	1.5	-0.3
盈余现金保障倍数	3.2	1.4	0.4	-1.0	-3.1
二、资产运营指标					
总资产周转率（次）	0.9	0.7	0.4	0.3	0.1
应收账款周转率（次）	5.0	3.3	2.2	1.3	0.8
流动资产周转率（次）	1.3	1.0	0.7	0.5	0.3
两金占流动资产比重（％）	42.2	50.0	54.0	61.6	74.8
三、风险防控指标					
资产负债率（％）	48.0	53.0	58.0	68.0	83.0
现金流动负债比率（％）	12.8	7.7	3.6	-5.3	-12.0
带息负债比率（％）	21.7	30.1	36.0	44.5	61.0
已获利息倍数	8.8	7.2	4.6	2.5	1.1
四、持续发展指标					
研发经费投入强度（％）	4.4	3.6	2.5	1.9	1.2
全员劳动生产率（万元/人）	66.8	55.2	39.5	27.3	19.1
经济增加值率（％）	11.4	6.7	1.6	-4.2	-8.0
国有资本保值增值率（％）	114.3	109.2	105.4	101.6	99.1
五、补充指标					
营业现金比率（％）	14.8	7.9	1.3	-2.3	-9.3
国有资本回报率（％）	12.1	9.5	6.4	2.4	-0.2
EBITDA率（％）	23.3	14.2	7.9	4.5	2.1
百元收入支付的成本费用（元）	89.1	93.7	96.0	100.6	103.9
存货周转率（次）	10.0	6.1	3.5	2.5	1.8
速动比率	1.2	1.0	0.9	0.8	0.7
利润总额增长率（％）	15.3	8.9	2.0	-6.7	-12.5
营业总收入增长率（％）	15.5	8.9	3.5	1.5	-2.3

船舶制造业

范围：全行业

项　　目	优秀值	良好值	平均值	较低值	较差值
一、盈利回报指标					
净资产收益率（%）	12.7	6.6	3.4	−1.3	−10.5
营业收入利润率（%）	10.3	6.0	2.1	−2.0	−7.4
总资产报酬率（%）	5.2	3.1	1.3	−1.3	−6.5
盈余现金保障倍数	7.7	4.3	1.6	−0.6	−2.3
二、资产运营指标					
总资产周转率（次）	0.9	0.6	0.4	0.3	0.2
应收账款周转率（次）	10.4	6.6	4.6	2.3	0.8
流动资产周转率（次）	1.6	1.1	0.7	0.5	0.3
两金占流动资产比重（%）	30.9	37.6	41.0	57.5	68.4
三、风险防控指标					
资产负债率（%）	48.0	53.0	58.0	68.0	83.0
现金流动负债比率（%）	14.7	8.3	2.2	−4.9	−11.0
带息负债比率（%）	18.0	25.4	35.5	44.7	62.4
已获利息倍数	7.8	4.2	2.3	0.6	−1.4
四、持续发展指标					
研发经费投入强度（%）	7.9	5.0	3.6	2.4	1.1
全员劳动生产率（万元/人）	51.9	42.8	29.1	19.7	13.5
经济增加值率（%）	9.3	3.7	−0.9	−4.6	−11.7
国有资本保值增值率（%）	111.7	106.5	102.5	98.6	93.1
五、补充指标					
营业现金比率（%）	24.1	13.8	2.4	−2.5	−12.0
国有资本回报率（%）	12.0	6.2	3.2	−1.5	−10.7
EBITDA率（%）	15.1	9.5	4.2	−1.8	−13.4
百元收入支付的成本费用（元）	93.0	96.4	99.8	105.6	110.9
存货周转率（次）	7.4	4.5	2.3	1.8	1.3
速动比率	1.6	1.2	0.9	0.7	0.6
利润总额增长率（%）	15.2	8.5	−1.5	−11.4	−20.5
营业总收入增长率（%）	21.3	16.2	9.9	2.4	−9.3

船舶制造业

范围：大型企业

项 目	优秀值	良好值	平均值	较低值	较差值
一、盈利回报指标					
净资产收益率（％）	12.9	7.9	3.6	-0.8	-9.2
营业收入利润率（％）	9.4	5.7	1.5	-1.9	-6.1
总资产报酬率（％）	6.4	3.7	1.3	-1.0	-5.5
盈余现金保障倍数	10.4	5.7	2.5	0.8	-1.1
二、资产运营指标					
总资产周转率（次）	0.6	0.5	0.3	0.2	0.1
应收账款周转率（次）	14.1	10.4	6.1	3.7	2.1
流动资产周转率（次）	0.9	0.7	0.5	0.4	0.2
两金占流动资产比重（％）	16.3	24.0	31.0	44.3	53.2
三、风险防控指标					
资产负债率（％）	48.6	53.6	58.6	68.6	83.6
现金流动负债比率（％）	14.5	8.1	1.0	-5.1	-9.7
带息负债比率（％）	14.5	21.7	31.7	40.7	58.1
已获利息倍数	7.5	4.2	2.5	0.2	-1.4
四、持续发展指标					
研发经费投入强度（％）	9.2	6.2	4.3	3.1	1.5
全员劳动生产率（万元/人）	51.6	42.9	29.7	24.4	20.9
经济增加值率（％）	5.5	2.0	-0.9	-3.8	-9.4
国有资本保值增值率（％）	110.8	105.8	102.7	98.5	93.4
五、补充指标					
营业现金比率（％）	23.9	15.6	3.2	-4.3	-19.0
国有资本回报率（％）	11.6	7.3	3.0	-1.3	-9.8
EBITDA率（％）	12.8	8.2	3.8	0.2	-6.7
百元收入支付的成本费用（元）	93.0	96.3	99.5	105.4	110.3
存货周转率（次）	5.6	3.8	2.2	1.8	1.4
速动比率	1.6	1.2	0.9	0.7	0.6
利润总额增长率（％）	26.2	18.6	7.1	-0.9	-9.3
营业总收入增长率（％）	25.0	18.5	8.7	4.1	-4.3

船舶制造业

范围：中型企业

项　　目	优秀值	良好值	平均值	较低值	较差值
一、盈利回报指标					
净资产收益率（％）	8.8	5.0	2.2	−1.4	−8.4
营业收入利润率（％）	7.5	4.0	1.1	−2.6	−10.0
总资产报酬率（％）	3.8	2.7	1.1	−1.5	−6.5
盈余现金保障倍数	9.2	4.1	1.3	−1.5	−3.5
二、资产运营指标					
总资产周转率（次）	0.8	0.6	0.4	0.3	0.2
应收账款周转率（次）	10.2	7.6	4.4	2.9	1.9
流动资产周转率（次）	1.5	1.1	0.6	0.5	0.3
两金占流动资产比重（％）	31.8	39.2	50.1	58.6	64.3
三、风险防控指标					
资产负债率（％）	48.6	53.6	58.6	68.6	83.6
现金流动负债比率（％）	17.9	10.1	3.5	−6.3	−12.8
带息负债比率（％）	23.2	31.0	42.8	51.9	69.5
已获利息倍数	7.4	3.5	1.6	0.4	−1.8
四、持续发展指标					
研发经费投入强度（％）	8.0	5.3	3.7	2.5	1.4
全员劳动生产率（万元/人）	54.8	40.0	28.4	18.0	11.1
经济增加值率（％）	7.6	3.6	−0.7	−4.6	−8.4
国有资本保值增值率（％）	109.5	104.6	101.3	98.3	92.9
五、补充指标					
营业现金比率（％）	20.5	12.8	1.4	−3.3	−12.5
国有资本回报率（％）	11.9	6.4	3.6	0.0	−6.9
EBITDA率（％）	14.8	9.7	3.8	0.7	−5.5
百元收入支付的成本费用（元）	96.1	97.6	100.0	105.4	110.5
存货周转率（次）	8.0	5.2	2.8	2.4	1.8
速动比率	1.7	1.3	0.8	0.7	0.5
利润总额增长率（％）	13.2	7.9	0.8	−10.3	−20.3
营业总收入增长率（％）	27.0	20.8	13.5	3.3	−3.4

船舶制造业

范围：小型企业

项　　目	优秀值	良好值	平均值	较低值	较差值
一、盈利回报指标					
净资产收益率（%）	13.2	8.3	3.4	-1.7	-11.4
营业收入利润率（%）	8.6	6.2	2.6	-2.2	-11.7
总资产报酬率（%）	6.5	4.4	2.0	-0.9	-6.5
盈余现金保障倍数	7.3	4.7	2.4	-0.1	-2.1
二、资产运营指标					
总资产周转率（次）	1.1	0.8	0.5	0.3	0.1
应收账款周转率（次）	8.3	5.7	3.2	2.3	1.7
流动资产周转率（次）	1.7	1.3	0.8	0.5	0.3
两金占流动资产比重（%）	27.0	36.6	47.5	61.5	70.8
三、风险防控指标					
资产负债率（%）	48.0	53.0	58.0	68.0	83.0
现金流动负债比率（%）	15.2	7.9	2.8	-4.1	-13.3
带息负债比率（%）	28.7	37.4	50.4	59.2	76.2
已获利息倍数	8.5	5.1	2.7	1.2	-0.4
四、持续发展指标					
研发经费投入强度（%）	5.9	4.2	2.9	1.7	0.8
全员劳动生产率（万元/人）	46.7	40.5	31.4	22.1	16.0
经济增加值率（%）	13.1	7.1	-2.1	-5.4	-12.0
国有资本保值增值率（%）	110.0	105.3	102.5	97.8	91.0
五、补充指标					
营业现金比率（%）	24.2	13.1	3.9	0.0	-7.5
国有资本回报率（%）	12.7	7.8	2.9	-2.2	-11.9
EBITDA率（%）	14.5	10.4	4.2	-1.3	-12.1
百元收入支付的成本费用（元）	93.8	96.5	99.2	104.9	110.0
存货周转率（次）	11.2	6.4	3.1	2.6	1.9
速动比率	1.6	1.2	0.8	0.6	0.5
利润总额增长率（%）	13.9	7.5	-2.0	-19.3	-40.5
营业总收入增长率（%）	32.5	23.9	11.1	1.7	-6.1

123

摩托车制造业

范围：全行业

项　　目	优秀值	良好值	平均值	较低值	较差值
一、盈利回报指标					
净资产收益率（%）	8.8	7.0	4.4	0.7	-5.6
营业收入利润率（%）	13.0	9.4	5.7	0.5	-5.1
总资产报酬率（%）	7.0	5.3	3.9	1.2	-1.8
盈余现金保障倍数	1.5	1.2	0.6	-1.3	-3.6
二、资产运营指标					
总资产周转率（次）	1.7	1.4	1.0	0.7	0.5
应收账款周转率（次）	8.7	7.4	5.4	3.7	2.4
流动资产周转率（次）	2.3	2.0	1.6	1.3	0.7
两金占流动资产比重（%）	30.2	41.9	54.7	66.3	78.6
三、风险防控指标					
资产负债率（%）	49.0	54.0	59.0	67.5	84.0
现金流动负债比率（%）	13.5	8.9	3.4	-3.6	-10.1
带息负债比率（%）	9.8	22.6	33.3	44.5	66.1
已获利息倍数	11.0	7.2	4.2	2.5	-0.6
四、持续发展指标					
研发经费投入强度（%）	4.5	3.4	2.7	2.1	1.7
全员劳动生产率（万元/人）	18.2	13.1	10.5	4.2	0.0
经济增加值率（%）	3.5	1.9	-0.4	-7.1	-12.2
国有资本保值增值率（%）	109.7	107.2	103.3	98.4	93.5
五、补充指标					
营业现金比率（%）	6.0	3.1	1.6	-5.6	-19.5
国有资本回报率（%）	8.2	6.6	4.4	0.7	-5.6
EBITDA 率（%）	13.8	10.6	7.4	2.5	-0.7
百元收入支付的成本费用（元）	92.2	94.9	96.9	101.3	105.6
存货周转率（次）	14.2	10.7	8.4	5.2	2.7
速动比率	1.3	1.0	0.7	0.5	0.4
利润总额增长率（%）	41.1	26.0	7.7	-5.9	-19.3
营业总收入增长率（%）	26.4	16.8	6.8	-3.4	-10.7

电气机械和器材制造业

范围：全行业

项　　目	优秀值	良好值	平均值	较低值	较差值
一、盈利回报指标					
净资产收益率（%）	14.3	9.7	6.3	0.6	-10.4
营业收入利润率（%）	12.5	7.9	4.5	-1.1	-6.2
总资产报酬率（%）	6.0	4.7	2.7	0.1	-3.8
盈余现金保障倍数	4.0	2.4	0.9	-0.3	-1.8
二、资产运营指标					
总资产周转率（次）	1.3	1.0	0.6	0.3	0.1
应收账款周转率（次）	6.9	4.6	2.6	1.5	0.8
流动资产周转率（次）	1.7	1.3	0.9	0.5	0.2
两金占流动资产比重（%）	42.3	47.3	53.3	62.6	69.6
三、风险防控指标					
资产负债率（%）	48.0	53.0	58.0	68.0	83.0
现金流动负债比率（%）	15.2	9.1	4.7	-3.9	-9.7
带息负债比率（%）	0.6	15.3	28.4	35.9	50.6
已获利息倍数	10.0	5.3	2.8	1.3	-1.2
四、持续发展指标					
研发经费投入强度（%）	5.7	4.4	3.5	2.4	1.6
全员劳动生产率（万元/人）	56.0	42.2	35.0	19.6	9.3
经济增加值率（%）	11.1	5.5	1.5	-5.6	-13.5
国有资本保值增值率（%）	113.0	108.7	103.0	99.3	92.1
五、补充指标					
营业现金比率（%）	14.7	7.2	2.7	-1.0	-8.2
国有资本回报率（%）	14.1	9.5	6.0	0.4	-10.7
EBITDA率（%）	15.7	9.5	5.4	0.4	-9.2
百元收入支付的成本费用（元）	92.7	95.2	97.3	103.1	110.7
存货周转率（次）	11.8	7.2	4.4	3.1	2.2
速动比率	1.5	1.2	0.9	0.7	0.5
利润总额增长率（%）	18.1	11.7	2.5	-15.7	-29.6
营业总收入增长率（%）	19.4	13.7	5.9	-8.6	-18.3

电气机械和器材制造业

范围：大型企业

项　　目	优秀值	良好值	平均值	较低值	较差值
一、盈利回报指标					
净资产收益率（％）	14.5	10.0	6.3	2.2	-0.6
营业收入利润率（％）	12.8	8.8	6.4	0.6	-3.8
总资产报酬率（％）	5.7	4.8	3.5	0.8	-1.3
盈余现金保障倍数	2.5	1.8	0.8	-0.2	-1.3
二、资产运营指标					
总资产周转率（次）	1.2	0.8	0.5	0.4	0.2
应收账款周转率（次）	7.6	5.1	2.7	1.9	1.3
流动资产周转率（次）	1.7	1.3	0.9	0.6	0.5
两金占流动资产比重（％）	39.7	47.1	50.9	60.3	66.5
三、风险防控指标					
资产负债率（％）	48.0	53.0	58.0	68.0	83.0
现金流动负债比率（％）	16.5	10.9	4.5	-2.0	-9.0
带息负债比率（％）	0.4	11.0	26.6	39.1	47.5
已获利息倍数	11.5	6.2	3.3	2.5	1.1
四、持续发展指标					
研发经费投入强度（％）	6.7	5.1	4.3	3.0	1.9
全员劳动生产率（万元/人）	59.3	46.6	40.1	24.8	14.6
经济增加值率（％）	9.7	6.3	1.9	-2.6	-7.7
国有资本保值增值率（％）	112.7	108.4	104.4	100.8	98.0
五、补充指标					
营业现金比率（％）	19.0	10.9	4.8	0.0	-5.0
国有资本回报率（％）	13.5	10.0	6.2	2.1	-0.6
EBITDA率（％）	16.8	11.9	7.0	3.4	0.4
百元收入支付的成本费用（元）	93.4	94.9	97.3	100.9	105.6
存货周转率（次）	7.3	5.8	4.4	3.7	3.0
速动比率	1.4	1.2	0.9	0.7	0.5
利润总额增长率（％）	14.8	9.5	4.2	-8.6	-23.6
营业总收入增长率（％）	17.9	12.0	5.8	-5.7	-15.9

电气机械和器材制造业

范围：中型企业

项　　目	优秀值	良好值	平均值	较低值	较差值
一、盈利回报指标					
净资产收益率（％）	15.9	11.0	8.0	1.9	−2.6
营业收入利润率（％）	10.8	6.6	3.6	−0.3	−4.9
总资产报酬率（％）	7.6	5.0	3.6	0.4	−3.2
盈余现金保障倍数	4.7	2.2	0.7	−0.5	−2.4
二、资产运营指标					
总资产周转率（次）	1.2	0.9	0.7	0.4	0.2
应收账款周转率（次）	5.9	4.7	2.9	2.0	1.4
流动资产周转率（次）	1.9	1.4	1.1	0.7	0.4
两金占流动资产比重（％）	48.9	55.2	59.3	68.7	75.0
三、风险防控指标					
资产负债率（％）	48.7	53.7	58.7	68.7	83.7
现金流动负债比率（％）	13.8	8.1	3.4	−3.9	−8.7
带息负债比率（％）	0.3	12.4	25.0	37.1	47.6
已获利息倍数	8.7	4.5	2.3	1.0	−0.6
四、持续发展指标					
研发经费投入强度（％）	5.8	4.6	3.5	2.5	1.5
全员劳动生产率（万元／人）	43.4	36.8	30.2	18.9	11.4
经济增加值率（％）	13.4	7.4	1.8	−3.2	−7.3
国有资本保值增值率（％）	116.2	110.9	103.1	100.8	96.9
五、补充指标					
营业现金比率（％）	11.2	6.2	2.1	−0.7	−6.0
国有资本回报率（％）	12.4	9.2	6.2	0.5	−4.4
EBITDA率（％）	11.9	8.0	4.7	1.1	−2.4
百元收入支付的成本费用（元）	91.3	94.6	96.8	101.3	107.3
存货周转率（次）	10.1	7.0	4.5	3.0	1.9
速动比率	1.4	1.2	0.9	0.7	0.4
利润总额增长率（％）	29.4	19.5	4.7	−5.7	−14.2
营业总收入增长率（％）	19.8	14.1	7.2	−4.3	−14.9

电气机械和器材制造业

范围：小型企业

项　目	优秀值	良好值	平均值	较低值	较差值
一、盈利回报指标					
净资产收益率（%）	14.1	8.4	4.0	0.0	-7.9
营业收入利润率（%）	11.8	6.1	2.2	-2.2	-8.9
总资产报酬率（%）	6.2	4.4	2.3	-0.3	-5.3
盈余现金保障倍数	4.7	3.0	1.9	0.6	-1.0
二、资产运营指标					
总资产周转率（次）	1.4	1.1	0.7	0.4	0.2
应收账款周转率（次）	6.8	4.7	2.4	1.6	1.0
流动资产周转率（次）	1.6	1.2	0.8	0.4	0.2
两金占流动资产比重（%）	37.0	45.2	55.1	67.7	76.1
三、风险防控指标					
资产负债率（%）	48.0	53.0	58.0	68.0	83.0
现金流动负债比率（%）	14.9	11.0	5.0	-1.2	-7.6
带息负债比率（%）	0.1	13.4	33.5	39.9	52.3
已获利息倍数	6.8	3.7	1.9	-0.3	-4.6
四、持续发展指标					
研发经费投入强度（%）	5.6	2.9	1.6	1.1	0.4
全员劳动生产率（万元/人）	67.3	46.2	35.3	18.3	7.0
经济增加值率（%）	13.7	7.7	-1.2	-4.0	-9.5
国有资本保值增值率（%）	111.9	105.9	102.7	97.8	91.6
五、补充指标					
营业现金比率（%）	13.4	6.8	3.5	-0.6	-8.6
国有资本回报率（%）	13.5	7.8	3.4	-0.7	-8.5
EBITDA率（%）	16.6	8.9	4.0	0.2	-7.2
百元收入支付的成本费用（元）	91.0	94.6	97.8	103.4	110.8
存货周转率（次）	12.9	8.4	5.2	3.5	2.4
速动比率	1.5	1.2	0.9	0.6	0.4
利润总额增长率（%）	20.0	10.5	-3.7	-13.6	-25.7
营业总收入增长率（%）	23.3	16.1	5.2	-3.5	-9.4

电机制造业

范围：全行业

项 目	优秀值	良好值	平均值	较低值	较差值
一、盈利回报指标					
净资产收益率（%）	11.8	7.1	4.4	0.1	-8.3
营业收入利润率（%）	10.8	6.0	2.6	-3.1	-9.4
总资产报酬率（%）	4.0	3.1	1.9	-0.4	-4.7
盈余现金保障倍数	4.3	2.6	0.6	-0.8	-3.5
二、资产运营指标					
总资产周转率（次）	1.4	0.8	0.5	0.2	0.1
应收账款周转率（次）	8.5	5.0	3.2	1.3	0.1
流动资产周转率（次）	1.8	1.1	0.7	0.4	0.2
两金占流动资产比重（%）	38.6	44.7	50.4	57.2	68.2
三、风险防控指标					
资产负债率（%）	48.3	53.3	58.3	68.3	83.3
现金流动负债比率（%）	13.8	8.1	2.2	-5.3	-11.4
带息负债比率（%）	9.1	20.3	29.5	38.5	55.9
已获利息倍数	5.1	3.8	2.3	0.5	-1.9
四、持续发展指标					
研发经费投入强度（%）	4.8	3.7	3.1	2.3	1.3
全员劳动生产率（万元/人）	53.5	38.8	30.4	15.2	5.1
经济增加值率（%）	8.8	3.3	-0.7	-6.4	-16.9
国有资本保值增值率（%）	111.8	107.7	103.6	98.9	94.7
五、补充指标					
营业现金比率（%）	11.4	4.0	0.1	-6.4	-18.9
国有资本回报率（%）	10.0	7.1	4.4	0.1	-8.3
EBITDA率（%）	13.4	8.1	4.2	-1.0	-11.1
百元收入支付的成本费用（元）	93.8	95.6	98.2	103.1	112.3
存货周转率（次）	9.6	5.7	3.1	2.2	1.6
速动比率	1.5	1.2	1.0	0.8	0.7
利润总额增长率（%）	21.6	14.6	7.1	-9.1	-19.9
营业总收入增长率（%）	16.6	11.6	7.4	-6.8	-20.4

输配电及控制设备制造业

范围：全行业

项　目	优秀值	良好值	平均值	较低值	较差值
一、盈利回报指标					
净资产收益率（%）	16.4	10.7	7.6	1.9	-2.8
营业收入利润率（%）	14.0	9.6	7.2	1.1	-3.0
总资产报酬率（%）	7.5	5.6	4.4	0.4	-3.0
盈余现金保障倍数	4.6	2.4	1.1	0.0	-1.8
二、资产运营指标					
总资产周转率（次）	1.2	0.9	0.6	0.3	0.2
应收账款周转率（次）	4.8	3.5	2.3	1.8	1.3
流动资产周转率（次）	1.5	1.2	0.9	0.6	0.3
两金占流动资产比重（%）	45.9	53.6	61.2	70.0	79.6
三、风险防控指标					
资产负债率（%）	48.0	53.0	58.0	68.0	83.0
现金流动负债比率（%）	17.5	11.4	7.4	-1.0	-7.3
带息负债比率（%）	8.0	18.2	33.5	41.7	57.6
已获利息倍数	6.1	4.3	2.6	1.1	-0.4
四、持续发展指标					
研发经费投入强度（%）	5.7	3.6	2.3	1.7	0.6
全员劳动生产率（万元/人）	90.8	65.9	53.1	29.6	13.9
经济增加值率（%）	12.6	6.4	2.4	-4.7	-10.2
国有资本保值增值率（%）	114.5	109.2	104.2	100.3	96.6
五、补充指标					
营业现金比率（%）	15.9	9.6	5.4	-0.3	-5.2
国有资本回报率（%）	15.5	9.7	6.6	0.9	-3.7
EBITDA 率（%）	19.5	13.2	9.2	2.8	-9.9
百元收入支付的成本费用（元）	86.8	91.7	95.7	101.5	107.6
存货周转率（次）	10.5	7.1	4.2	3.2	2.5
速动比率	1.6	1.3	1.0	0.8	0.6
利润总额增长率（%）	21.9	14.6	7.8	-1.3	-8.7
营业总收入增长率（%）	24.4	18.5	10.9	-1.8	-14.0

电工器材制造业

范围：全行业

项 目	优秀值	良好值	平均值	较低值	较差值
一、盈利回报指标					
净资产收益率（％）	13.6	9.1	4.7	0.0	− 6.7
营业收入利润率（％）	5.9	4.3	1.8	− 2.6	− 7.8
总资产报酬率（％）	7.1	4.5	2.7	− 0.4	− 2.4
盈余现金保障倍数	3.3	1.9	0.5	− 1.0	− 3.1
二、资产运营指标					
总资产周转率（次）	1.6	1.3	1.0	0.5	0.1
应收账款周转率（次）	7.8	5.2	3.6	1.9	0.8
流动资产周转率（次）	2.3	1.8	1.4	0.7	0.2
两金占流动资产比重（％）	41.3	48.8	56.1	62.2	68.6
三、风险防控指标					
资产负债率（％）	48.6	53.6	58.6	68.6	83.6
现金流动负债比率（％）	13.7	7.4	0.7	− 4.3	− 12.6
带息负债比率（％）	8.3	24.3	38.8	48.8	63.0
已获利息倍数	7.8	5.1	2.5	1.1	− 1.5
四、持续发展指标					
研发经费投入强度（％）	5.1	3.6	2.6	2.2	1.6
全员劳动生产率（万元/人）	44.1	32.5	25.1	15.5	9.0
经济增加值（％）	12.6	7.5	2.0	− 2.9	− 7.6
国有资本保值增值率（％）	111.3	108.0	103.0	98.1	92.3
五、补充指标					
营业现金比率（％）	8.2	4.5	0.4	− 3.5	− 11.0
国有资本回报率（％）	12.2	8.5	4.1	− 0.1	− 7.3
EBITDA 率（％）	12.7	7.6	3.3	0.8	− 2.6
百元收入支付的成本费用（元）	93.9	96.7	98.7	101.8	107.6
存货周转率（次）	11.4	7.7	5.0	3.1	1.9
速动比率	1.6	1.3	0.9	0.7	0.6
利润总额增长率（％）	19.7	11.1	2.5	− 6.7	− 17.6
营业总收入增长率（％）	28.1	20.7	9.6	2.8	− 9.4

家用电力器具制造业

范围：全行业

项　　目	优秀值	良好值	平均值	较低值	较差值
一、盈利回报指标					
净资产收益率（%）	10.3	6.4	2.7	-3.0	-14.0
营业收入利润率（%）	11.8	6.0	1.2	-6.8	-15.9
总资产报酬率（%）	6.6	4.0	2.1	-0.8	-6.6
盈余现金保障倍数	7.3	3.5	0.9	-0.2	-1.9
二、资产运营指标					
总资产周转率（次）	1.4	1.0	0.6	0.3	0.1
应收账款周转率（次）	11.3	6.9	4.2	2.2	0.9
流动资产周转率（次）	2.0	1.5	1.1	0.6	0.3
两金占流动资产比重（%）	29.1	38.2	47.7	57.3	69.0
三、风险防控指标					
资产负债率（%）	49.0	54.0	59.0	69.0	84.0
现金流动负债比率（%）	12.8	7.0	4.0	-1.8	-10.5
带息负债比率（%）	4.6	12.9	25.5	37.5	60.8
已获利息倍数	6.9	5.1	2.3	0.2	-3.2
四、持续发展指标					
研发经费投入强度（%）	3.2	2.3	1.9	1.5	1.2
全员劳动生产率（万元/人）	24.1	20.0	15.8	9.8	5.7
经济增加值率（%）	8.4	3.6	0.4	-6.8	-20.7
国有资本保值增值率（%）	109.8	105.1	102.6	96.8	86.3
五、补充指标					
营业现金比率（%）	14.1	5.3	0.8	-1.7	-6.5
国有资本回报率（%）	9.6	5.7	2.0	-3.7	-14.8
EBITDA率（%）	4.3	3.6	2.8	-1.2	-9.0
百元收入支付的成本费用（元）	94.1	97.7	99.6	104.1	110.8
存货周转率（次）	10.4	7.4	5.9	4.4	1.9
速动比率	1.2	1.1	0.8	0.6	0.3
利润总额增长率（%）	8.8	2.3	-3.2	-22.1	-34.8
营业总收入增长率（%）	31.3	22.9	15.5	-3.2	-15.6

照明器具制造业

范围：全行业

项　　目	优秀值	良好值	平均值	较低值	较差值
一、盈利回报指标					
净资产收益率（%）	10.0	6.6	3.1	-1.8	-7.1
营业收入利润率（%）	12.6	7.2	3.0	-3.3	-11.2
总资产报酬率（%）	8.3	4.5	2.3	0.3	-1.1
盈余现金保障倍数	5.9	4.1	2.4	0.9	-1.9
二、资产运营指标					
总资产周转率（次）	0.9	0.7	0.4	0.2	0.1
应收账款周转率（次）	5.0	4.0	2.5	1.5	0.1
流动资产周转率（次）	2.4	1.3	0.8	0.4	0.1
两金占流动资产比重（%）	46.1	53.6	57.4	60.8	67.4
三、风险防控指标					
资产负债率（%）	48.7	53.7	58.7	68.7	83.7
现金流动负债比率（%）	11.6	5.8	0.5	-3.5	-11.4
带息负债比率（%）	0.2	14.6	36.1	43.9	57.7
已获利息倍数	5.2	2.9	1.5	0.3	-1.2
四、持续发展指标					
研发经费投入强度（%）	5.2	4.4	3.3	2.9	2.5
全员劳动生产率（万元/人）	20.4	17.0	13.2	7.7	4.0
经济增加值率（%）	5.4	2.2	-0.3	-6.3	-14.6
国有资本保值增值率（%）	108.1	105.5	102.2	99.4	94.0
五、补充指标					
营业现金比率（%）	21.3	15.4	6.5	0.2	-4.0
国有资本回报率（%）	9.1	6.2	3.1	-0.3	-7.1
EBITDA 率（%）	24.7	13.1	7.0	0.5	-5.2
百元收入支付的成本费用（元）	86.2	93.6	98.3	103.0	109.8
存货周转率（次）	12.8	7.7	4.4	2.4	1.1
速动比率	1.4	1.0	0.8	0.5	0.3
利润总额增长率（%）	12.4	-9.6	-20.9	-34.2	-43.1
营业总收入增长率（%）	17.6	6.9	-2.3	-12.3	-21.9

仪器仪表制造业

范围：全行业

项　　目	优秀值	良好值	平均值	较低值	较差值
一、盈利回报指标					
净资产收益率（％）	15.1	11.1	7.4	1.4	-3.7
营业收入利润率（％）	16.6	11.7	6.2	0.0	-5.0
总资产报酬率（％）	8.2	5.9	3.6	0.2	-3.6
盈余现金保障倍数	2.0	1.4	0.5	-0.6	-2.8
二、资产运营指标					
总资产周转率（次）	1.0	0.7	0.5	0.3	0.1
应收账款周转率（次）	7.2	5.5	2.8	1.9	1.2
流动资产周转率（次）	1.3	1.1	0.7	0.4	0.2
两金占流动资产比重（％）	25.7	33.6	45.4	58.1	66.6
三、风险防控指标					
资产负债率（％）	40.1	45.1	50.1	60.1	75.1
现金流动负债比率（％）	18.5	9.4	2.2	-5.7	-12.2
带息负债比率（％）	4.4	17.6	36.2	44.0	59.1
已获利息倍数	7.6	6.8	5.5	4.2	1.7
四、持续发展指标					
研发经费投入强度（％）	11.5	9.1	7.7	5.7	4.0
全员劳动生产率（万元/人）	51.3	40.4	33.9	20.6	11.8
经济增加值率（％）	10.3	7.7	4.0	-1.4	-6.6
国有资本保值增值率（％）	112.1	108.5	105.8	100.6	94.1
五、补充指标					
营业现金比率（％）	15.2	8.9	3.1	-2.1	-12.2
国有资本回报率（％）	16.5	10.2	6.9	0.9	-4.2
EBITDA率（％）	18.4	13.8	8.2	3.1	-2.5
百元收入支付的成本费用（元）	84.4	90.3	95.5	102.8	107.8
存货周转率（次）	8.0	5.0	2.9	2.1	1.5
速动比率	1.7	1.4	1.0	0.8	0.6
利润总额增长率（％）	28.3	13.1	2.6	-6.8	-13.1
营业总收入增长率（％）	23.0	14.0	3.5	-6.6	-16.5

仪器仪表制造业

范围：大型企业

项　　目	优秀值	良好值	平均值	较低值	较差值
一、盈利回报指标					
净资产收益率（％）	11.1	7.6	5.8	1.6	-2.3
营业收入利润率（％）	14.5	10.9	7.9	2.5	-1.5
总资产报酬率（％）	7.2	5.3	3.3	1.8	0.2
盈余现金保障倍数	1.7	1.2	0.5	-0.4	-1.4
二、资产运营指标					
总资产周转率（次）	0.8	0.6	0.5	0.4	0.2
应收账款周转率（次）	6.5	4.9	3.2	2.4	1.7
流动资产周转率（次）	1.1	0.9	0.7	0.5	0.1
两金占流动资产比重（％）	27.0	34.2	42.9	49.6	54.0
三、风险防控指标					
资产负债率（％）	39.8	44.8	49.8	59.8	74.8
现金流动负债比率（％）	13.6	7.7	0.8	-4.2	-12.3
带息负债比率（％）	0.7	28.9	43.4	51.5	67.3
已获利息倍数	9.9	8.3	5.9	4.8	2.6
四、持续发展指标					
研发经费投入强度（％）	11.2	8.9	7.4	6.0	3.3
全员劳动生产率（万元/人）	57.3	48.1	34.2	26.1	20.6
经济增加值率（％）	9.8	7.1	3.2	-1.4	-6.0
国有资本保值增值率（％）	112.0	107.7	105.5	102.4	98.7
五、补充指标					
营业现金比率（％）	13.8	6.6	2.9	-5.9	-22.8
国有资本回报率（％）	11.2	8.2	6.6	2.5	-1.4
EBITDA率（％）	20.0	16.6	11.4	6.6	0.1
百元收入支付的成本费用（元）	84.1	89.5	94.6	101.4	106.0
存货周转率（次）	4.7	3.7	3.1	2.4	1.9
速动比率	1.4	1.1	1.0	0.9	0.8
利润总额增长率（％）	29.4	19.3	10.5	4.9	-0.4
营业总收入增长率（％）	17.6	11.5	5.1	-4.9	-11.9

仪器仪表制造业

范围：中型企业

项　　目	优秀值	良好值	平均值	较低值	较差值
一、盈利回报指标					
净资产收益率（%）	17.2	12.9	9.4	2.4	-3.0
营业收入利润率（%）	18.7	14.1	7.2	0.9	-3.4
总资产报酬率（%）	9.6	6.8	4.9	0.7	-2.0
盈余现金保障倍数	1.9	1.4	0.7	-0.4	-2.5
二、资产运营指标					
总资产周转率（次）	1.0	0.7	0.5	0.3	0.2
应收账款周转率（次）	6.9	5.3	2.9	2.1	1.4
流动资产周转率（次）	1.1	1.0	0.7	0.5	0.4
两金占流动资产比重（%）	31.6	39.7	48.0	58.4	65.3
三、风险防控指标					
资产负债率（%）	48.6	53.6	58.6	68.6	83.6
现金流动负债比率（%）	19.8	11.2	3.1	-3.5	-8.5
带息负债比率（%）	5.6	16.6	32.7	41.3	58.1
已获利息倍数	7.3	5.8	5.0	3.7	1.2
四、持续发展指标					
研发经费投入强度（%）	8.5	7.9	7.7	6.0	3.1
全员劳动生产率（万元/人）	51.2	43.6	35.2	20.9	11.4
经济增加值率（%）	15.0	10.7	5.5	0.2	-4.5
国有资本保值增值率（%）	113.7	109.4	107.2	102.4	93.6
五、补充指标					
营业现金比率（%）	15.9	10.1	3.8	-1.6	-12.1
国有资本回报率（%）	18.0	11.7	8.4	1.4	-4.0
EBITDA率（%）	19.4	14.9	8.9	4.5	0.4
百元收入支付的成本费用（元）	84.5	90.5	96.5	102.5	107.1
存货周转率（次）	7.0	4.7	3.1	2.2	1.5
速动比率	1.7	1.4	1.0	0.9	0.6
利润总额增长率（%）	28.6	15.9	3.3	-12.1	-22.3
营业总收入增长率（%）	22.3	14.4	2.6	-1.4	-9.2

仪器仪表制造业

范围：小型企业

项　　目	优秀值	良好值	平均值	较低值	较差值
一、盈利回报指标					
净资产收益率（％）	15.7	11.5	6.9	1.7	-2.4
营业收入利润率（％）	25.4	13.7	5.2	0.2	-5.6
总资产报酬率（％）	9.5	7.0	3.3	0.4	-3.5
盈余现金保障倍数	3.4	2.2	0.5	-0.4	-2.0
二、资产运营指标					
总资产周转率（次）	1.2	0.9	0.5	0.3	0.1
应收账款周转率（次）	13.8	8.4	2.4	1.6	0.6
流动资产周转率（次）	1.4	1.2	0.8	0.5	0.3
两金占流动资产比重（％）	32.2	45.6	55.4	62.7	72.8
三、风险防控指标					
资产负债率（％）	48.3	53.3	58.3	68.3	83.3
现金流动负债比率（％）	21.4	14.0	2.9	-5.6	-14.3
带息负债比率（％）	4.3	18.1	38.9	50.3	72.3
已获利息倍数	10.9	8.1	3.9	0.7	-5.5
四、持续发展指标					
研发经费投入强度（％）	13.2	9.0	4.8	3.3	1.3
全员劳动生产率（万元/人）	48.1	38.2	31.5	19.7	11.8
经济增加值率（％）	12.2	9.2	4.6	-0.6	-5.8
国有资本保值增值率（％）	110.9	107.9	105.2	98.9	93.6
五、补充指标					
营业现金比率（％）	13.6	7.9	0.6	-2.8	-9.3
国有资本回报率（％）	15.8	10.2	6.2	1.0	-3.1
EBITDA率（％）	17.5	13.3	6.8	2.0	-5.4
百元收入支付的成本费用（元）	80.4	89.1	96.1	103.3	112.0
存货周转率（次）	6.9	5.3	2.9	1.6	0.7
速动比率	1.3	1.1	1.0	0.8	0.6
利润总额增长率（％）	18.2	7.8	-1.5	-18.4	-37.9
营业总收入增长率（％）	25.1	16.4	3.4	-15.4	-29.8

通用仪器仪表制造业

范围：全行业

项　　目	优秀值	良好值	平均值	较低值	较差值
一、盈利回报指标					
净资产收益率（%）	17.4	12.7	8.0	3.4	−4.3
营业收入利润率（%）	14.3	10.5	6.5	0.0	−6.8
总资产报酬率（%）	8.2	5.9	2.9	0.0	−2.0
盈余现金保障倍数	2.4	1.5	1.1	−0.1	−2.0
二、资产运营指标					
总资产周转率（次）	1.2	1.0	0.7	0.5	0.3
应收账款周转率（次）	8.9	5.3	2.4	1.9	1.6
流动资产周转率（次）	1.4	1.1	0.7	0.6	0.4
两金占流动资产比重（%）	31.8	42.3	50.6	61.6	70.2
三、风险防控指标					
资产负债率（%）	48.0	53.0	58.0	68.0	83.0
现金流动负债比率（%）	16.9	11.6	5.4	−2.7	−10.1
带息负债比率（%）	6.7	15.4	28.5	35.5	48.9
已获利息倍数	6.5	5.4	3.8	3.1	1.8
四、持续发展指标					
研发经费投入强度（%）	8.4	6.7	5.2	4.2	3.2
全员劳动生产率（万元/人）	67.1	51.9	44.0	25.7	13.4
经济增加值率（%）	22.1	13.4	2.7	−1.3	−8.9
国有资本保值增值率（%）	114.2	110.4	106.1	102.1	96.3
五、补充指标					
营业现金比率（%）	14.1	8.0	4.8	−0.2	−5.5
国有资本回报率（%）	15.1	11.1	6.9	2.3	−5.3
EBITDA率（%）	20.9	15.1	8.2	1.6	−3.0
百元收入支付的成本费用（元）	89.5	93.6	96.3	102.5	109.8
存货周转率（次）	8.3	5.4	3.5	2.4	1.7
速动比率	1.5	1.2	0.9	0.8	0.5
利润总额增长率（%）	33.5	20.2	1.3	−9.8	−17.3
营业总收入增长率（%）	27.0	16.2	9.4	2.7	−10.2

专用仪器仪表制造业

范围：全行业

项　　目	优秀值	良好值	平均值	较低值	较差值
一、盈利回报指标					
净资产收益率（%）	18.1	11.9	7.3	2.9	-4.1
营业收入利润率（%）	19.2	11.8	8.0	1.6	-6.0
总资产报酬率（%）	8.1	5.7	3.1	1.5	0.0
盈余现金保障倍数	3.0	1.4	0.1	-1.2	-3.5
二、资产运营指标					
总资产周转率（次）	1.0	0.8	0.5	0.4	0.3
应收账款周转率（次）	5.8	4.5	2.8	1.9	1.3
流动资产周转率（次）	1.1	0.9	0.6	0.4	0.3
两金占流动资产比重（%）	38.6	44.5	47.6	56.6	70.7
三、风险防控指标					
资产负债率（%）	48.0	53.0	58.0	68.0	83.0
现金流动负债比率（%）	15.6	7.2	-0.1	-11.8	-23.1
带息负债比率（%）	0.6	12.5	30.4	42.0	52.3
已获利息倍数	4.0	3.3	2.4	0.5	-3.2
四、持续发展指标					
研发经费投入强度（%）	12.3	9.7	8.2	6.0	3.9
全员劳动生产率（万元/人）	38.3	33.6	26.6	18.4	13.0
经济增加值率（%）	16.3	9.3	3.8	-2.9	-13.7
国有资本保值增值率（%）	118.1	110.7	105.2	101.8	95.1
五、补充指标					
营业现金比率（%）	14.8	8.2	-0.1	-4.9	-14.2
国有资本回报率（%）	17.3	11.1	6.4	2.1	-4.9
EBITDA率（%）	22.8	16.0	11.0	2.0	-7.0
百元收入支付的成本费用（元）	88.0	91.9	95.3	102.2	106.9
存货周转率（次）	3.5	2.9	1.9	1.2	0.8
速动比率	1.7	1.3	1.0	0.8	0.6
利润总额增长率（%）	18.9	8.1	-3.7	-15.1	-26.7
营业总收入增长率（%）	22.1	12.0	2.6	-12.3	-23.0

钟表制造业

项　　目	优秀值	良好值	平均值	较低值	较差值
一、盈利回报指标					
净资产收益率（%）	16.2	12.9	10.4	0.9	-5.5
营业收入利润率（%）	17.9	13.0	7.2	-5.7	-30.6
总资产报酬率（%）	9.7	5.9	4.0	0.4	-6.0
盈余现金保障倍数	7.0	3.0	0.9	-1.4	-5.9
二、资产运营指标					
总资产周转率（次）	1.0	0.6	0.3	0.2	0.1
应收账款周转率（次）	15.2	8.3	4.7	3.9	2.4
流动资产周转率（次）	2.2	1.2	0.7	0.5	0.3
两金占流动资产比重（%）	13.9	35.5	53.6	62.7	69.5
三、风险防控指标					
资产负债率（%）	49.0	54.0	59.0	67.5	84.0
现金流动负债比率（%）	12.9	5.7	1.9	-0.6	-5.7
带息负债比率（%）	0.6	11.5	24.1	32.5	48.9
已获利息倍数	9.4	8.9	8.2	7.5	6.2
四、持续发展指标					
研发经费投入强度（%）	4.5	3.9	3.5	3.1	2.8
全员劳动生产率（万元/人）	47.9	40.7	30.0	18.2	10.4
经济增加值率（%）	11.3	7.4	5.0	-0.8	-8.9
国有资本保值增值率（%）	112.4	110.0	107.9	98.4	92.1
五、补充指标					
营业现金比率（%）	22.2	11.2	4.6	1.5	-0.6
国有资本回报率（%）	14.5	11.5	9.0	3.6	-6.9
EBITDA率（%）	19.8	15.9	11.4	5.2	-1.2
百元收入支付的成本费用（元）	68.3	78.1	89.7	100.1	107.0
存货周转率（次）	5.4	2.9	1.2	0.8	0.3
速动比率	1.5	1.2	0.8	0.6	0.3
利润总额增长率（%）	-0.4	-5.4	-12.4	-19.2	-32.3
营业总收入增长率（%）	18.2	3.2	-4.5	-14.3	-25.4

电子工业

范围：全行业

项　　目	优秀值	良好值	平均值	较低值	较差值
一、盈利回报指标					
净资产收益率（%）	12.1	8.4	5.5	0.2	-6.9
营业收入利润率（%）	12.5	7.2	3.6	-0.3	-7.8
总资产报酬率（%）	6.3	3.9	2.6	-0.3	-6.1
盈余现金保障倍数	1.6	1.0	0.5	-1.1	-3.6
二、资产运营指标					
总资产周转率（次）	1.2	0.8	0.6	0.3	0.1
应收账款周转率（次）	5.7	4.7	3.3	2.2	1.5
流动资产周转率（次）	1.6	1.1	0.9	0.4	0.1
两金占流动资产比重（%）	25.8	35.9	48.8	57.9	66.1
三、风险防控指标					
资产负债率（%）	48.0	53.0	58.0	68.0	83.0
现金流动负债比率（%）	20.7	11.6	5.5	-3.7	-10.1
带息负债比率（%）	7.2	21.6	34.8	43.0	59.0
已获利息倍数	5.3	4.4	3.2	0.4	-3.8
四、持续发展指标					
研发经费投入强度（%）	6.7	5.2	4.4	3.2	2.2
全员劳动生产率（万元/人）	53.1	41.1	32.4	19.0	10.1
经济增加值率（%）	6.2	3.1	1.4	-5.4	-11.5
国有资本保值增值率（%）	111.0	106.8	104.6	98.3	92.3
五、补充指标					
营业现金比率（%）	17.8	9.0	1.4	-3.7	-13.7
国有资本回报率（%）	10.3	7.1	4.6	0.1	-7.8
EBITDA率（%）	17.3	10.7	5.2	1.3	-4.6
百元收入支付的成本费用（元）	90.1	94.5	97.2	102.2	109.8
存货周转率（次）	10.7	7.1	4.0	2.5	1.5
速动比率	1.3	1.1	1.0	0.8	0.5
利润总额增长率（%）	11.2	4.8	1.5	-8.0	-14.4
营业总收入增长率（%）	14.7	10.0	5.7	-2.3	-8.3

电子工业

范围：大型企业

项　　目	优秀值	良好值	平均值	较低值	较差值
一、盈利回报指标					
净资产收益率（%）	11.5	6.5	3.9	0.0	-5.4
营业收入利润率（%）	12.0	7.6	4.2	0.1	-5.7
总资产报酬率（%）	6.9	4.6	2.6	0.3	-2.8
盈余现金保障倍数	2.4	1.3	0.7	-0.8	-3.1
二、资产运营指标					
总资产周转率（次）	0.9	0.6	0.5	0.3	0.1
应收账款周转率（次）	8.1	5.3	3.5	2.4	1.1
流动资产周转率（次）	1.5	1.1	0.8	0.5	0.2
两金占流动资产比重（%）	29.6	36.5	46.9	55.2	60.7
三、风险防控指标					
资产负债率（%）	48.0	53.0	58.0	68.0	83.0
现金流动负债比率（%）	24.1	14.2	6.2	-2.5	-8.3
带息负债比率（%）	8.3	22.2	36.1	48.3	63.3
已获利息倍数	7.2	5.5	3.0	-0.1	-2.4
四、持续发展指标					
研发经费投入强度（%）	7.2	6.1	5.3	3.9	2.0
全员劳动生产率（万元/人）	64.0	51.9	38.0	24.1	14.9
经济增加值率（%）	8.6	4.7	0.3	-4.7	-9.1
国有资本保值增值率（%）	108.5	105.7	103.0	99.1	96.1
五、补充指标					
营业现金比率（%）	17.4	10.0	2.0	-1.5	-8.3
国有资本回报率（%）	10.2	5.9	3.7	-0.2	-5.6
EBITDA率（%）	18.3	12.6	5.9	2.8	-3.2
百元收入支付的成本费用（元）	90.9	94.3	96.5	100.3	105.9
存货周转率（次）	11.4	8.4	4.5	3.1	2.2
速动比率	1.5	1.3	1.1	0.8	0.4
利润总额增长率（%）	1.0	-3.3	-9.7	-22.0	-33.9
营业总收入增长率（%）	14.6	7.1	0.3	-9.3	-19.5

电子工业

范围：中型企业

项　　　　目	优秀值	良好值	平均值	较低值	较差值
一、盈利回报指标					
净资产收益率（%）	15.8	9.8	6.8	1.2	-2.6
营业收入利润率（%）	12.5	6.6	3.1	-1.9	-9.1
总资产报酬率（%）	8.6	5.7	3.2	0.0	-3.8
盈余现金保障倍数	2.4	1.5	0.7	-0.9	-4.0
二、资产运营指标					
总资产周转率（次）	1.4	1.1	0.7	0.4	0.3
应收账款周转率（次）	6.7	4.8	3.3	2.3	1.7
流动资产周转率（次）	1.7	1.4	1.0	0.7	0.4
两金占流动资产比重（%）	33.5	44.4	51.3	57.6	67.8
三、风险防控指标					
资产负债率（%）	48.0	53.0	58.0	68.0	83.0
现金流动负债比率（%）	16.8	12.1	5.1	-5.1	-11.9
带息负债比率（%）	4.5	17.9	32.3	38.2	49.7
已获利息倍数	7.3	5.6	3.4	1.6	-0.8
四、持续发展指标					
研发经费投入强度（%）	6.4	4.6	3.5	2.9	2.1
全员劳动生产率（万元/人）	47.3	38.2	29.0	18.1	10.7
经济增加值率（%）	15.2	9.2	3.1	-2.4	-6.1
国有资本保值增值率（%）	113.4	108.8	105.4	99.8	94.4
五、补充指标					
营业现金比率（%）	14.6	7.7	1.2	-3.2	-11.7
国有资本回报率（%）	13.7	8.6	5.9	0.3	-3.4
EBITDA率（%）	16.3	10.2	4.8	0.5	-5.4
百元收入支付的成本费用（元）	89.5	94.1	97.5	101.2	107.9
存货周转率（次）	9.8	7.0	3.9	2.5	1.5
速动比率	1.4	1.2	1.0	0.7	0.5
利润总额增长率（%）	17.9	13.3	6.8	-5.5	-14.7
营业总收入增长率（%）	20.6	13.4	6.3	-3.0	-11.1

电子工业

项　　目	优秀值	良好值	平均值	较低值	较差值
一、盈利回报指标					
净资产收益率（%）	13.2	9.2	6.6	0.4	-7.9
营业收入利润率（%）	13.8	9.8	5.1	0.5	-8.4
总资产报酬率（%）	9.8	6.2	4.3	0.0	-4.5
盈余现金保障倍数	1.9	1.1	0.3	-0.9	-2.9
二、资产运营指标					
总资产周转率（次）	1.3	0.8	0.4	0.2	0.1
应收账款周转率（次）	7.3	4.8	3.2	2.3	1.7
流动资产周转率（次）	1.5	1.2	0.8	0.4	0.2
两金占流动资产比重（%）	12.1	35.0	46.8	54.5	69.6
三、风险防控指标					
资产负债率（%）	48.0	53.0	58.0	68.0	83.0
现金流动负债比率（%）	19.5	9.0	2.3	-6.3	-14.5
带息负债比率（%）	7.6	23.7	37.5	44.1	56.7
已获利息倍数	6.4	5.4	3.9	0.3	-4.1
四、持续发展指标					
研发经费投入强度（%）	5.5	4.2	2.9	2.5	2.2
全员劳动生产率（万元/人）	56.3	43.2	30.9	18.5	10.2
经济增加值率（%）	14.2	8.0	1.7	-4.7	-9.0
国有资本保值增值率（%）	113.0	107.9	105.1	98.2	92.1
五、补充指标					
营业现金比率（%）	18.4	8.6	1.2	-4.5	-15.6
国有资本回报率（%）	11.5	8.0	5.8	0.3	-8.7
EBITDA率（%）	17.3	11.2	5.2	0.4	-6.5
百元收入支付的成本费用（元）	88.1	92.7	96.2	98.8	103.1
存货周转率（次）	11.9	6.9	4.1	2.7	1.8
速动比率	1.2	1.1	0.9	0.7	0.4
利润总额增长率（%）	12.7	6.5	3.2	-5.3	-11.0
营业总收入增长率（%）	17.4	12.4	7.0	-3.9	-14.1

计算机制造业

范围：全行业

项　　目	优秀值	良好值	平均值	较低值	较差值
一、盈利回报指标					
净资产收益率（％）	11.1	7.8	5.0	0.6	-2.3
营业收入利润率（％）	12.5	6.3	2.9	-1.0	-8.5
总资产报酬率（％）	7.5	4.3	2.6	-0.8	-3.1
盈余现金保障倍数	2.2	1.4	0.7	-1.3	-3.5
二、资产运营指标					
总资产周转率（次）	1.7	1.2	0.7	0.3	0.1
应收账款周转率（次）	7.2	5.1	4.1	3.3	2.5
流动资产周转率（次）	2.4	1.8	1.2	0.7	0.3
两金占流动资产比重（％）	35.3	47.5	53.9	61.9	69.6
三、风险防控指标					
资产负债率（％）	48.6	53.6	58.6	68.6	83.6
现金流动负债比率（％）	18.3	8.9	3.1	-7.4	-15.7
带息负债比率（％）	18.1	34.0	44.1	54.0	73.1
已获利息倍数	7.2	6.1	5.0	-0.6	-7.6
四、持续发展指标					
研发经费投入强度（％）	6.4	4.7	3.1	2.4	1.9
全员劳动生产率（万元/人）	46.5	39.8	29.8	17.6	9.6
经济增加值率（％）	15.6	9.3	2.5	-3.8	-8.4
国有资本保值增值率（％）	110.7	107.8	104.8	98.5	93.7
五、补充指标					
营业现金比率（％）	18.3	8.3	1.7	-1.6	-7.9
国有资本回报率（％）	10.0	7.1	4.7	0.3	-2.6
EBITDA 率（％）	13.3	7.6	3.8	1.1	-4.0
百元收入支付的成本费用（元）	92.8	96.0	98.9	102.0	106.1
存货周转率（次）	9.9	7.7	4.9	4.0	2.3
速动比率	1.3	1.1	1.0	0.8	0.4
利润总额增长率（％）	0.1	-7.0	-10.7	-19.8	-30.0
营业总收入增长率（％）	5.5	-1.4	-5.0	-16.1	-24.7

通信设备制造业

项　　目	优秀值	良好值	平均值	较低值	较差值
一、盈利回报指标					
净资产收益率（%）	17.8	9.9	5.4	0.4	-6.5
营业收入利润率（%）	14.5	8.7	3.2	-2.0	-10.1
总资产报酬率（%）	6.9	4.4	2.1	-2.1	-7.4
盈余现金保障倍数	2.4	1.1	0.2	-1.2	-3.8
二、资产运营指标					
总资产周转率（次）	1.2	0.8	0.6	0.3	0.1
应收账款周转率（次）	6.7	5.0	4.1	2.7	1.8
流动资产周转率（次）	1.5	1.2	0.9	0.4	0.1
两金占流动资产比重（%）	36.4	43.2	53.3	59.5	71.5
三、风险防控指标					
资产负债率（%）	48.0	53.0	58.0	68.0	83.0
现金流动负债比率（%）	17.5	6.7	0.1	-11.0	-18.5
带息负债比率（%）	9.7	23.0	34.0	41.1	55.0
已获利息倍数	7.5	5.5	2.5	-0.1	-3.5
四、持续发展指标					
研发经费投入强度（%）	8.6	6.2	5.1	4.5	3.5
全员劳动生产率（万元/人）	50.4	43.2	32.5	18.3	8.7
经济增加值率（%）	14.1	7.9	1.9	-4.3	-8.5
国有资本保值增值率（%）	115.3	108.9	104.5	98.2	92.0
五、补充指标					
营业现金比率（%）	17.7	8.4	0.2	-5.5	-16.6
国有资本回报率（%）	15.2	8.5	4.5	0.2	-7.3
EBITDA 率（%）	18.3	11.4	4.3	0.6	-6.6
百元收入支付的成本费用（元）	90.2	93.9	97.8	100.9	105.9
存货周转率（次）	9.4	5.9	3.2	2.0	1.3
速动比率	1.6	1.3	1.0	0.8	0.6
利润总额增长率（%）	9.7	3.0	-0.4	-10.1	-22.5
营业总收入增长率（%）	18.9	10.6	4.4	-7.0	-18.7

广播电视设备制造业

范围：全行业

项　　目	优秀值	良好值	平均值	较低值	较差值
一、盈利回报指标					
净资产收益率（%）	10.4	5.5	3.0	-1.9	-11.3
营业收入利润率（%）	11.9	9.1	5.0	0.1	-9.4
总资产报酬率（%）	7.1	4.1	2.6	0.0	-3.6
盈余现金保障倍数	2.9	1.1	0.2	-2.2	-4.7
二、资产运营指标					
总资产周转率（次）	0.8	0.7	0.5	0.3	0.2
应收账款周转率（次）	7.6	5.2	2.6	1.4	0.6
流动资产周转率（次）	1.9	1.2	0.8	0.5	0.3
两金占流动资产比重（%）	27.3	37.7	53.4	60.6	74.6
三、风险防控指标					
资产负债率（%）	48.3	53.3	58.3	68.3	83.3
现金流动负债比率（%）	13.3	8.5	1.2	-13.6	-23.4
带息负债比率（%）	14.5	22.8	33.8	44.0	62.1
已获利息倍数	4.9	3.3	1.4	-0.7	-5.0
四、持续发展指标					
研发经费投入强度（%）	5.8	4.5	2.9	2.0	1.4
全员劳动生产率（万元/人）	42.4	33.9	21.2	13.7	8.7
经济增加值率（%）	7.3	4.6	0.5	-3.1	-9.7
国有资本保值增值率（%）	108.6	105.3	102.7	97.8	90.9
五、补充指标					
营业现金比率（%）	4.9	3.0	0.0	-5.0	-14.8
国有资本回报率（%）	9.7	5.5	3.3	-1.5	-10.9
EBITDA 率（%）	13.6	9.9	4.8	1.4	-3.5
百元收入支付的成本费用（元）	88.7	92.5	95.8	100.6	105.2
存货周转率（次）	14.6	7.2	3.5	1.8	0.7
速动比率	1.5	1.2	0.9	0.7	0.4
利润总额增长率（%）	20.6	15.9	8.8	-3.2	-11.1
营业总收入增长率（%）	19.1	12.7	3.1	-1.7	-4.9

家用影视设备制造业

范围：全行业

项　　目	优秀值	良好值	平均值	较低值	较差值
一、盈利回报指标					
净资产收益率（%）	7.5	3.8	1.0	-4.5	-8.2
营业收入利润率（%）	6.2	4.2	1.2	-3.5	-12.8
总资产报酬率（%）	4.5	2.1	0.9	-1.7	-5.3
盈余现金保障倍数	4.3	2.5	1.6	-0.3	-4.0
二、资产运营指标					
总资产周转率（次）	1.8	1.0	0.5	0.2	0.1
应收账款周转率（次）	11.8	6.1	3.2	1.5	0.4
流动资产周转率（次）	2.2	1.4	0.9	0.4	0.1
两金占流动资产比重（%）	28.2	35.9	41.3	64.4	79.8
三、风险防控指标					
资产负债率（%）	48.6	53.6	58.6	68.6	83.6
现金流动负债比率（%）	26.0	12.1	4.9	-2.4	-16.6
带息负债比率（%）	28.7	44.3	55.7	66.4	87.2
已获利息倍数	4.7	3.2	1.0	-1.0	-2.3
四、持续发展指标					
研发经费投入强度（%）	6.0	5.4	5.1	4.4	3.9
全员劳动生产率（万元/人）	44.7	33.2	16.0	10.2	6.3
经济增加值率（%）	6.3	1.8	-2.2	-7.4	-11.6
国有资本保值增值率（%）	105.4	102.1	100.2	94.3	90.4
五、补充指标					
营业现金比率（%）	9.4	6.3	1.7	-4.5	-16.4
国有资本回报率（%）	7.2	4.0	1.6	-3.9	-7.6
EBITDA 率（%）	11.8	5.9	2.9	0.0	-5.4
百元收入支付的成本费用（元）	94.3	97.0	99.4	102.9	109.9
存货周转率（次）	13.6	11.0	7.9	7.0	5.1
速动比率	1.4	1.2	1.0	0.8	0.5
利润总额增长率（%）	-6.9	-41.2	-58.9	-68.6	-75.7
营业总收入增长率（%）	2.0	-6.6	-12.7	-22.1	-34.0

电子元、器件制造业

范围：全行业

项　　目	优秀值	良好值	平均值	较低值	较差值
一、盈利回报指标					
净资产收益率（%）	14.8	10.7	5.8	1.7	-1.0
营业收入利润率（%）	14.7	10.0	5.0	-2.2	-10.7
总资产报酬率（%）	9.3	6.0	2.6	-0.2	-2.1
盈余现金保障倍数	2.4	1.5	1.0	-0.6	-3.2
二、资产运营指标					
总资产周转率（次）	1.1	0.9	0.5	0.3	0.2
应收账款周转率（次）	6.3	4.9	3.7	2.7	2.0
流动资产周转率（次）	1.7	1.2	0.9	0.5	0.2
两金占流动资产比重（%）	27.7	39.5	45.7	56.7	65.1
三、风险防控指标					
资产负债率（%）	48.0	53.0	58.0	67.9	83.0
现金流动负债比率（%）	26.9	15.9	8.5	-0.6	-6.7
带息负债比率（%）	18.3	33.8	44.1	54.3	74.1
已获利息倍数	6.5	5.5	4.3	0.0	-5.4
四、持续发展指标					
研发经费投入强度（%）	6.8	5.0	4.1	3.1	2.5
全员劳动生产率（万元/人）	57.1	40.5	31.9	17.6	8.0
经济增加值率（%）	12.3	7.6	1.2	-3.6	-6.8
国有资本保值增值率（%）	110.2	106.8	105.0	98.9	94.2
五、补充指标					
营业现金比率（%）	16.9	10.1	2.5	-1.3	-8.5
国有资本回报率（%）	12.8	9.2	5.0	0.9	-1.8
EBITDA 率（%）	15.7	11.0	6.2	2.6	-2.6
百元收入支付的成本费用（元）	88.8	92.9	96.1	102.1	110.5
存货周转率（次）	9.1	6.6	4.8	3.0	1.8
速动比率	1.2	1.1	1.0	0.7	0.4
利润总额增长率（%）	10.7	3.7	-5.3	-12.5	-20.0
营业总收入增长率（%）	14.3	7.8	4.0	-7.4	-15.0

电力热力燃气工业

范围：全行业

项　　目	优秀值	良好值	平均值	较低值	较差值
一、盈利回报指标					
净资产收益率（%）	13.3	9.8	6.3	3.4	-0.1
营业收入利润率（%）	16.4	13.4	10.4	6.7	-0.1
总资产报酬率（%）	8.0	6.2	4.0	1.2	-0.6
盈余现金保障倍数	5.0	3.1	1.8	0.6	-0.3
二、资产运营指标					
总资产周转率（次）	0.6	0.4	0.3	0.2	0.1
应收账款周转率（次）	16.9	11.2	7.9	3.9	1.2
流动资产周转率（次）	2.7	2.0	1.4	0.7	0.2
两金占流动资产比重（%）	11.2	24.6	33.7	44.7	52.0
三、风险防控指标					
资产负债率（%）	48.0	53.0	58.0	68.0	83.0
现金流动负债比率（%）	31.3	23.1	15.6	4.1	-6.8
带息负债比率（%）	50.7	59.4	67.6	76.0	82.9
已获利息倍数	5.0	3.6	2.4	1.4	0.4
四、持续发展指标					
研发经费投入强度（%）	1.7	1.1	0.8	0.5	0.3
全员劳动生产率（万元/人）	125.6	86.8	66.2	36.5	12.0
经济增加值率（%）	6.5	3.8	0.6	-2.7	-5.0
国有资本保值增值率（%）	109.9	107.2	105.3	101.4	96.2
五、补充指标					
营业现金比率（%）	55.9	38.4	12.1	4.8	0.0
国有资本回报率（%）	12.0	9.1	6.0	3.1	-0.4
EBITDA率（%）	30.1	23.2	17.4	8.2	1.6
百元收入支付的成本费用（元）	80.9	86.2	91.0	96.1	103.1
存货周转率（次）	34.4	25.4	18.5	11.3	6.5
速动比率	0.8	0.6	0.5	0.4	0.3
利润总额增长率（%）	17.0	8.9	0.9	-5.2	-14.3
营业总收入增长率（%）	27.7	17.8	11.4	4.9	-5.5

电力热力燃气工业

范围：大型企业

项　目	优秀值	良好值	平均值	较低值	较差值
一、盈利回报指标					
净资产收益率（%）	12.7	8.9	5.1	2.3	-3.2
营业收入利润率（%）	13.6	10.7	7.5	3.7	-3.3
总资产报酬率（%）	7.1	5.3	3.4	1.6	0.3
盈余现金保障倍数	5.6	3.4	2.1	0.5	-0.5
二、资产运营指标					
总资产周转率（次）	0.7	0.4	0.3	0.2	0.1
应收账款周转率（次）	20.0	15.8	11.3	6.5	3.4
流动资产周转率（次）	3.7	2.6	1.8	0.8	0.1
两金占流动资产比重（%）	17.5	30.7	37.8	48.4	59.3
三、风险防控指标					
资产负债率（%）	48.0	53.0	58.0	68.0	83.0
现金流动负债比率（%）	31.2	25.8	17.5	6.7	-3.0
带息负债比率（%）	46.6	55.8	65.0	71.6	83.2
已获利息倍数	5.4	3.6	2.2	0.9	-0.2
四、持续发展指标					
研发经费投入强度（%）	2.2	1.5	1.2	0.8	0.5
全员劳动生产率（万元/人）	132.9	92.6	71.8	40.6	19.8
经济增加值率（%）	4.0	1.5	-0.9	-3.5	-6.0
国有资本保值增值率（%）	110.2	107.0	104.4	99.9	95.8
五、补充指标					
营业现金比率（%）	41.9	24.4	11.4	4.6	0.0
国有资本回报率（%）	11.2	8.0	4.8	1.9	-3.6
EBITDA率（%）	26.5	19.2	12.9	4.3	-1.4
百元收入支付的成本费用（元）	86.9	92.4	97.0	101.3	107.7
存货周转率（次）	35.5	26.9	18.9	11.7	7.0
速动比率	0.8	0.6	0.5	0.4	0.3
利润总额增长率（%）	17.8	9.4	1.6	-3.9	-13.6
营业总收入增长率（%）	24.6	16.2	11.5	4.9	-4.2

电力热力燃气工业

范围：中型企业

项　　目	优秀值	良好值	平均值	较低值	较差值
一、盈利回报指标					
净资产收益率（%）	15.0	11.1	7.9	2.9	−1.1
营业收入利润率（%）	20.1	16.9	14.1	8.5	2.4
总资产报酬率（%）	8.3	6.4	4.0	0.8	−1.6
盈余现金保障倍数	6.0	3.8	1.8	1.0	0.0
二、资产运营指标					
总资产周转率（次）	0.7	0.5	0.3	0.2	0.1
应收账款周转率（次）	14.7	9.7	5.0	2.4	0.7
流动资产周转率（次）	2.6	1.6	1.0	0.5	0.1
两金占流动资产比重（%）	4.8	17.2	27.2	37.5	54.2
三、风险防控指标					
资产负债率（%）	49.0	54.0	59.0	69.0	84.0
现金流动负债比率（%）	25.8	18.3	12.6	0.7	−17.6
带息负债比率（%）	50.4	58.5	67.9	75.5	88.1
已获利息倍数	5.2	3.5	2.0	1.1	0.1
四、持续发展指标					
研发经费投入强度（%）	1.6	0.9	0.6	0.4	0.2
全员劳动生产率（万元/人）	128.4	97.2	51.4	29.6	15.1
经济增加值率（%）	6.5	4.0	0.9	−2.6	−4.9
国有资本保值增值率（%）	110.2	108.6	106.9	101.2	96.5
五、补充指标					
营业现金比率（%）	54.5	37.7	13.1	5.2	0.0
国有资本回报率（%）	13.2	9.8	7.0	2.0	−1.9
EBITDA率（%）	28.6	21.5	15.9	6.3	−0.1
百元收入支付的成本费用（元）	79.4	86.1	91.6	98.2	104.2
存货周转率（次）	33.1	24.4	17.6	11.8	8.0
速动比率	0.9	0.7	0.6	0.5	0.4
利润总额增长率（%）	18.3	10.5	1.8	−5.7	−11.9
营业总收入增长率（%）	24.9	17.9	11.4	5.4	−3.2

电力热力燃气工业

范围：小型企业

项　　目	优秀值	良好值	平均值	较低值	较差值
一、盈利回报指标					
净资产收益率（％）	12.7	10.6	7.5	2.1	-2.2
营业收入利润率（％）	22.3	18.2	15.1	7.5	1.7
总资产报酬率（％）	7.8	6.0	4.4	0.9	-1.4
盈余现金保障倍数	5.5	3.6	2.0	0.9	0.1
二、资产运营指标					
总资产周转率（次）	0.7	0.4	0.3	0.2	0.1
应收账款周转率（次）	13.7	8.7	2.6	1.5	0.7
流动资产周转率（次）	1.8	1.4	0.9	0.5	0.2
两金占流动资产比重（％）	1.1	13.8	32.9	42.2	52.0
三、风险防控指标					
资产负债率（％）	49.0	54.0	59.0	69.0	84.0
现金流动负债比率（％）	26.1	18.4	11.9	0.0	-10.4
带息负债比率（％）	45.7	55.1	68.1	83.0	93.0
已获利息倍数	4.9	3.4	2.5	1.5	0.3
四、持续发展指标					
研发经费投入强度（％）	1.6	1.0	0.8	0.5	0.1
全员劳动生产率（万元/人）	112.4	79.5	52.4	27.2	10.3
经济增加值率（％）	5.8	3.4	0.6	-4.3	-7.6
国有资本保值增值率（％）	110.2	108.5	106.6	100.9	96.0
五、补充指标					
营业现金比率（％）	57.3	40.0	14.0	5.6	0.0
国有资本回报率（％）	11.6	9.8	7.1	1.7	-2.6
EBITDA率（％）	32.9	25.9	19.7	7.4	-0.7
百元收入支付的成本费用（元）	77.8	84.8	88.4	97.8	105.3
存货周转率（次）	39.7	30.7	24.0	17.9	13.8
速动比率	0.9	0.8	0.6	0.5	0.4
利润总额增长率（％）	16.4	9.0	-1.3	-9.2	-16.4
营业总收入增长率（％）	24.1	14.7	7.5	-0.6	-13.9

电力生产业

项　　目	优秀值	良好值	平均值	较低值	较差值
一、盈利回报指标					
净资产收益率（％）	12.4	9.3	6.3	1.9	−6.5
营业收入利润率（％）	15.7	11.8	8.9	4.0	−2.5
总资产报酬率（％）	8.0	6.3	4.2	1.2	−1.6
盈余现金保障倍数	5.2	3.5	2.2	0.8	−0.4
二、资产运营指标					
总资产周转率（次）	0.5	0.4	0.3	0.2	0.1
应收账款周转率（次）	9.0	5.6	3.8	1.9	0.6
流动资产周转率（次）	3.0	1.7	1.0	0.5	0.2
两金占流动资产比重（％）	13.8	28.6	36.2	43.7	58.3
三、风险防控指标					
资产负债率（％）	49.2	54.2	59.0	69.2	84.2
现金流动负债比率（％）	36.5	23.1	13.3	1.5	−12.3
带息负债比率（％）	48.6	60.9	73.9	83.2	89.4
已获利息倍数	4.8	3.6	2.4	1.2	−0.6
四、持续发展指标					
研发经费投入强度（％）	1.9	1.2	0.9	0.5	0.2
全员劳动生产率（万元/人）	159.3	118.2	61.0	32.6	13.7
经济增加值率（％）	5.3	3.1	0.6	−3.2	−6.0
国有资本保值增值率（％）	110.7	106.9	104.7	101.3	95.7
五、补充指标					
营业现金比率（％）	64.0	45.7	18.3	9.1	0.2
国有资本回报率（％）	12.2	9.2	6.2	1.8	−6.6
EBITDA率（％）	34.2	25.2	15.1	2.6	−12.5
百元收入支付的成本费用（元）	62.3	73.8	84.9	93.5	100.4
存货周转率（次）	29.2	24.3	19.2	13.6	9.9
速动比率	1.0	0.8	0.6	0.4	0.3
利润总额增长率（％）	16.5	9.0	1.7	−4.6	−14.1
营业总收入增长率（％）	28.8	21.2	12.9	3.6	−10.4

电力生产业

范围：大型企业

项　　　目	优秀值	良好值	平均值	较低值	较差值
一、盈利回报指标					
净资产收益率（%）	11.2	8.1	5.8	0.4	-7.5
营业收入利润率（%）	13.5	10.3	7.3	1.6	-5.8
总资产报酬率（%）	7.6	5.8	4.1	1.6	-0.1
盈余现金保障倍数	4.5	2.9	1.5	0.2	-0.7
二、资产运营指标					
总资产周转率（次）	0.5	0.4	0.3	0.2	0.1
应收账款周转率（次）	15.7	10.0	6.5	3.6	1.7
流动资产周转率（次）	3.0	1.9	1.2	0.6	0.2
两金占流动资产比重（%）	23.1	32.2	37.0	46.6	60.2
三、风险防控指标					
资产负债率（%）	48.6	53.6	58.6	68.6	83.6
现金流动负债比率（%）	38.8	25.8	12.8	5.3	-7.4
带息负债比率（%）	47.0	58.9	73.5	86.3	94.8
已获利息倍数	5.4	4.0	2.6	1.0	-1.0
四、持续发展指标					
研发经费投入强度（%）	2.1	1.4	1.1	0.5	0.2
全员劳动生产率（万元/人）	146.2	102.2	58.6	33.4	16.6
经济增加值率（%）	4.1	2.1	-0.2	-3.8	-7.6
国有资本保值增值率（%）	109.7	106.0	104.0	100.5	95.3
五、补充指标					
营业现金比率（%）	46.1	30.9	10.8	4.3	0.0
国有资本回报率（%）	11.0	8.0	5.7	0.3	-7.6
EBITDA率（%）	31.9	22.7	12.9	0.0	-15.1
百元收入支付的成本费用（元）	71.1	83.4	91.8	103.3	110.9
存货周转率（次）	25.7	21.7	16.9	11.6	8.1
速动比率	1.0	0.8	0.5	0.4	0.3
利润总额增长率（%）	17.0	11.1	3.2	-2.7	-12.3
营业总收入增长率（%）	28.6	22.1	12.9	4.7	-3.4

电力生产业

范围：中型企业

项　　目	优秀值	良好值	平均值	较低值	较差值
一、盈利回报指标					
净资产收益率（％）	11.3	8.2	6.4	1.8	−5.4
营业收入利润率（％）	13.8	9.3	6.3	1.5	−4.5
总资产报酬率（％）	8.1	6.6	4.5	1.4	−2.0
盈余现金保障倍数	5.9	4.2	2.5	1.2	0.4
二、资产运营指标					
总资产周转率（次）	0.5	0.4	0.3	0.2	0.1
应收账款周转率（次）	11.0	7.9	4.3	1.9	0.3
流动资产周转率（次）	2.1	1.7	1.0	0.4	0.1
两金占流动资产比重（％）	14.1	27.3	39.2	48.3	59.7
三、风险防控指标					
资产负债率（％）	48.8	53.8	58.8	68.8	83.8
现金流动负债比率（％）	36.3	25.7	13.6	7.8	−3.4
带息负债比率（％）	48.1	60.4	75.4	81.8	91.3
已获利息倍数	4.3	3.1	1.9	1.2	0.1
四、持续发展指标					
研发经费投入强度（％）	1.3	0.9	0.8	0.4	0.2
全员劳动生产率（万元/人）	168.3	128.0	67.5	38.8	19.6
经济增加值率（％）	5.7	3.3	0.8	−2.8	−6.2
国有资本保值增值率（％）	109.4	107.0	104.7	100.9	95.1
五、补充指标					
营业现金比率（％）	61.5	42.8	14.8	8.3	0.0
国有资本回报率（％）	11.0	7.9	6.1	1.6	−5.6
EBITDA 率（％）	33.6	21.8	13.8	3.8	−8.5
百元收入支付的成本费用（元）	67.6	78.4	88.3	98.1	105.6
存货周转率（次）	31.5	26.0	20.2	14.4	10.5
速动比率	1.1	0.9	0.6	0.4	0.3
利润总额增长率（％）	16.8	9.5	2.9	−7.6	−16.5
营业总收入增长率（％）	27.5	19.5	11.2	4.7	−3.1

电力生产业

范围：小型企业

项　　　目	优秀值	良好值	平均值	较低值	较差值
一、盈利回报指标					
净资产收益率（%）	11.0	8.7	7.0	2.7	- 5.7
营业收入利润率（%）	18.1	14.9	11.6	7.2	- 0.7
总资产报酬率（%）	7.9	6.5	4.7	1.4	- 1.8
盈余现金保障倍数	5.7	4.0	2.5	0.9	- 0.4
二、资产运营指标					
总资产周转率（次）	0.5	0.4	0.3	0.2	0.1
应收账款周转率（次）	8.8	4.6	2.0	1.2	0.6
流动资产周转率（次）	2.9	1.5	0.8	0.4	0.2
两金占流动资产比重（%）	7.2	19.5	35.8	43.7	59.1
三、风险防控指标					
资产负债率（%）	49.0	54.0	59.0	69.0	84.0
现金流动负债比率（%）	33.7	24.0	14.0	0.0	- 11.1
带息负债比率（%）	48.7	61.9	73.7	83.1	89.3
已获利息倍数	4.6	3.4	2.3	1.4	- 0.5
四、持续发展指标					
研发经费投入强度（%）	1.0	0.7	0.6	0.3	0.2
全员劳动生产率（万元/人）	150.2	110.0	59.9	31.9	13.2
经济增加值率（%）	5.1	3.5	1.2	- 2.8	- 6.2
国有资本保值增值率（%）	109.3	106.9	104.9	101.1	94.7
五、补充指标					
营业现金比率（%）	66.6	48.0	20.1	11.2	0.0
国有资本回报率（%）	10.9	8.6	6.9	2.6	- 5.8
EBITDA 率（%）	34.1	24.5	15.8	2.5	- 15.9
百元收入支付的成本费用（元）	63.5	71.9	82.9	94.0	101.4
存货周转率（次）	29.3	25.6	21.1	16.3	13.1
速动比率	1.0	0.8	0.6	0.4	0.3
利润总额增长率（%）	11.8	6.4	- 1.2	- 12.7	- 27.1
营业总收入增长率（%）	20.8	12.2	6.0	- 1.3	- 11.1

火力发电业

范围：全行业

项　　　目	优秀值	良好值	平均值	较低值	较差值
一、盈利回报指标					
净资产收益率（%）	8.1	3.8	1.6	-1.9	-8.1
营业收入利润率（%）	9.6	4.5	-1.3	-7.5	-13.8
总资产报酬率（%）	6.2	3.6	1.2	-1.0	-3.0
盈余现金保障倍数	5.7	4.1	2.7	1.1	-0.1
二、资产运营指标					
总资产周转率（次）	0.8	0.6	0.5	0.3	0.2
应收账款周转率（次）	15.9	12.0	8.7	7.6	5.4
流动资产周转率（次）	4.0	3.2	2.2	1.3	0.8
两金占流动资产比重（%）	30.4	37.3	42.0	53.5	65.0
三、风险防控指标					
资产负债率（%）	58.5	65.0	71.0	79.0	87.0
现金流动负债比率（%）	31.1	17.1	8.1	-2.1	-12.4
带息负债比率（%）	48.8	56.6	68.3	78.6	85.4
已获利息倍数	3.6	2.1	1.0	-1.3	-3.2
四、持续发展指标					
研发经费投入强度（%）	1.6	1.1	0.9	0.5	0.2
全员劳动生产率（万元/人）	120.9	91.1	56.6	36.3	22.7
经济增加值率（%）	2.8	-0.4	-2.9	-8.0	-13.0
国有资本保值增值率（%）	106.9	103.6	100.7	96.6	90.2
五、补充指标					
营业现金比率（%）	26.0	18.1	8.6	0.7	-4.6
国有资本回报率（%）	7.0	3.3	1.4	-2.1	-8.3
EBITDA率（%）	27.7	17.5	9.8	-0.3	-13.2
百元收入支付的成本费用（元）	90.3	97.4	101.1	109.8	120.4
存货周转率（次）	36.8	25.1	18.2	12.6	8.9
速动比率	0.8	0.7	0.5	0.4	0.3
利润总额增长率（%）	9.1	-4.1	-10.9	-17.1	-26.7
营业总收入增长率（%）	25.2	19.2	14.7	8.0	0.1

火力发电业

范围：大型企业

项　　目	优秀值	良好值	平均值	较低值	较差值
一、盈利回报指标					
净资产收益率（%）	7.5	3.4	1.4	−3.1	−8.4
营业收入利润率（%）	8.1	2.9	−1.8	−11.0	−17.5
总资产报酬率（%）	5.0	2.5	1.1	−1.8	−3.8
盈余现金保障倍数	6.0	4.3	2.8	1.1	−0.1
二、资产运营指标					
总资产周转率（次）	0.7	0.6	0.4	0.3	0.2
应收账款周转率（次）	14.8	11.3	8.5	7.5	6.0
流动资产周转率（次）	4.2	3.4	2.2	1.7	1.0
两金占流动资产比重（%）	30.7	36.7	40.7	51.9	62.8
三、风险防控指标					
资产负债率（%）	58.5	65.0	71.0	78.5	87.0
现金流动负债比率（%）	30.8	15.3	7.3	−3.4	−10.6
带息负债比率（%）	45.0	52.6	64.0	72.5	85.2
已获利息倍数	3.2	2.0	0.9	−0.9	−3.4
四、持续发展指标					
研发经费投入强度（%）	1.8	1.2	1.0	0.5	0.2
全员劳动生产率（万元/人）	126.5	91.1	57.0	42.4	32.6
经济增加值率（%）	1.6	−0.7	−3.5	−7.6	−10.3
国有资本保值增值率（%）	105.9	102.9	100.5	95.6	90.5
五、补充指标					
营业现金比率（%）	24.1	17.3	7.5	0.5	−4.1
国有资本回报率（%）	6.5	3.0	1.2	−3.2	−9.6
EBITDA率（%）	27.7	17.3	8.9	−1.7	−13.5
百元收入支付的成本费用（元）	92.4	98.2	103.6	110.1	118.4
存货周转率（次）	40.2	28.4	19.6	14.6	9.7
速动比率	0.7	0.6	0.5	0.4	0.3
利润总额增长率（%）	9.7	−5.5	−13.4	−21.9	−28.8
营业总收入增长率（%）	25.4	19.7	15.3	8.0	0.7

火力发电业

范围：中型企业

项　　　目	优秀值	良好值	平均值	较低值	较差值
一、盈利回报指标					
净资产收益率（%）	7.8	3.7	1.1	−5.5	−10.9
营业收入利润率（%）	9.0	2.7	−2.6	−10.3	−17.1
总资产报酬率（%）	5.5	2.6	0.8	−1.5	−4.7
盈余现金保障倍数	7.7	5.9	4.6	2.6	1.3
二、资产运营指标					
总资产周转率（次）	0.9	0.8	0.6	0.5	0.4
应收账款周转率（次）	15.4	11.4	9.3	7.7	6.5
流动资产周转率（次）	4.4	3.7	2.6	1.9	1.3
两金占流动资产比重（%）	22.4	33.5	43.4	53.0	63.7
三、风险防控指标					
资产负债率（%）	58.0	64.5	70.5	78.5	86.5
现金流动负债比率（%）	30.9	20.7	10.5	2.9	−6.2
带息负债比率（%）	51.1	60.6	68.5	79.9	87.6
已获利息倍数	2.9	1.3	0.3	−1.8	−3.6
四、持续发展指标					
研发经费投入强度（%）	1.5	1.0	0.8	0.4	0.2
全员劳动生产率（万元/人）	119.3	84.3	53.4	30.9	15.9
经济增加值率（%）	3.2	−0.6	−2.9	−7.9	−11.3
国有资本保值增值率（%）	107.6	104.5	100.2	95.4	88.9
五、补充指标					
营业现金比率（%）	23.6	16.4	9.2	0.8	−4.8
国有资本回报率（%）	6.4	2.8	0.5	−6.1	−11.5
EBITDA 率（%）	25.5	17.7	9.1	−2.1	−10.9
百元收入支付的成本费用（元）	92.9	99.3	103.1	111.5	123.7
存货周转率（次）	35.7	26.1	17.3	12.1	8.2
速动比率	0.8	0.7	0.5	0.3	0.2
利润总额增长率（%）	0.9	−6.3	−13.9	−20.5	−30.0
营业总收入增长率（%）	28.6	23.2	17.6	7.9	−1.3

火力发电业

范围：小型企业

项　　目	优秀值	良好值	平均值	较低值	较差值
一、盈利回报指标					
净资产收益率（%）	9.4	4.4	1.8	-4.5	-9.7
营业收入利润率（%）	11.5	5.2	-0.9	-7.2	-14.7
总资产报酬率（%）	5.8	3.4	1.3	-0.8	-3.0
盈余现金保障倍数	4.8	2.9	1.6	0.0	-1.1
二、资产运营指标					
总资产周转率（次）	0.7	0.5	0.4	0.2	0.1
应收账款周转率（次）	15.8	11.9	8.4	6.8	4.7
流动资产周转率（次）	3.7	2.8	1.9	1.1	0.6
两金占流动资产比重（%）	12.5	23.7	36.5	48.4	60.2
三、风险防控指标					
资产负债率（%）	58.0	64.5	70.5	78.5	86.5
现金流动负债比率（%）	30.6	19.9	11.1	-0.6	-8.3
带息负债比率（%）	49.4	60.4	70.7	80.8	87.5
已获利息倍数	3.9	2.4	1.1	-1.3	-3.8
四、持续发展指标					
研发经费投入强度（%）	1.4	1.0	0.8	0.5	0.2
全员劳动生产率（万元/人）	125.1	98.0	62.1	28.0	5.3
经济增加值率（%）	3.0	-0.2	-1.8	-8.0	-12.1
国有资本保值增值率（%）	108.6	105.4	100.9	96.8	88.9
五、补充指标					
营业现金比率（%）	27.8	18.5	7.3	1.3	-2.6
国有资本回报率（%）	8.2	3.9	1.6	-4.6	-9.8
EBITDA率（%）	24.4	16.7	11.1	1.8	-10.8
百元收入支付的成本费用（元）	89.9	95.8	99.7	109.0	120.6
存货周转率（次）	36.8	27.7	18.5	14.0	10.9
速动比率	0.9	0.7	0.5	0.3	0.2
利润总额增长率（%）	10.7	4.3	-2.0	-13.9	-23.7
营业总收入增长率（%）	27.3	19.9	12.8	4.1	-5.5

水力发电业

范围：全行业

项　　目	优秀值	良好值	平均值	较低值	较差值
一、盈利回报指标					
净资产收益率（%）	11.8	8.8	6.6	0.2	-5.6
营业收入利润率（%）	38.9	29.2	20.0	10.9	-0.8
总资产报酬率（%）	7.7	6.1	4.7	0.4	-3.3
盈余现金保障倍数	4.4	2.8	1.5	0.0	-1.4
二、资产运营指标					
总资产周转率（次）	0.5	0.4	0.3	0.2	0.1
应收账款周转率（次）	11.2	7.8	5.4	4.6	3.0
流动资产周转率（次）	2.6	1.7	0.9	0.5	0.2
两金占流动资产比重（%）	2.4	12.0	23.4	30.6	44.5
三、风险防控指标					
资产负债率（%）	48.0	53.0	58.0	68.0	83.0
现金流动负债比率（%）	44.6	30.5	22.0	12.8	0.2
带息负债比率（%）	47.2	66.1	82.3	88.4	98.7
已获利息倍数	4.1	2.9	1.6	0.3	-0.5
四、持续发展指标					
研发经费投入强度（%）	2.1	1.4	1.0	0.5	0.2
全员劳动生产率（万元/人）	169.3	106.5	74.1	34.9	8.7
经济增加值率（%）	5.6	2.8	0.9	-4.5	-8.0
国有资本保值增值率（%）	112.4	107.8	104.4	99.1	93.0
五、补充指标					
营业现金比率（%）	62.6	49.2	29.2	11.7	0.0
国有资本回报率（%）	11.8	8.8	6.6	0.2	-5.6
EBITDA率（%）	48.1	37.6	26.4	10.3	-7.0
百元收入支付的成本费用（元）	63.4	70.4	80.7	100.7	114.5
存货周转率（次）	57.3	44.5	27.7	23.4	19.2
速动比率	0.8	0.7	0.5	0.3	0.2
利润总额增长率（%）	17.1	9.8	4.5	-5.4	-14.6
营业总收入增长率（%）	19.3	11.4	5.2	-12.1	-23.6

水力发电业

范围：大型企业

项 目	优秀值	良好值	平均值	较低值	较差值
一、盈利回报指标					
净资产收益率（%）	12.6	9.8	7.5	2.4	-3.0
营业收入利润率（%）	37.0	29.7	22.3	15.1	5.8
总资产报酬率（%）	8.6	6.7	5.3	2.8	-1.4
盈余现金保障倍数	4.6	3.3	1.7	1.0	-0.2
二、资产运营指标					
总资产周转率（次）	0.5	0.4	0.3	0.2	0.1
应收账款周转率（次）	14.0	11.2	9.7	8.4	7.1
流动资产周转率（次）	2.6	1.7	1.1	0.6	0.3
两金占流动资产比重（%）	13.3	20.5	30.7	39.5	48.4
三、风险防控指标					
资产负债率（%）	48.0	53.0	58.0	68.0	83.0
现金流动负债比率（%）	42.6	30.9	23.3	16.0	5.0
带息负债比率（%）	58.9	74.9	84.6	90.3	94.1
已获利息倍数	5.7	4.5	3.2	2.2	1.5
四、持续发展指标					
研发经费投入强度（%）	1.7	1.2	1.0	0.6	0.4
全员劳动生产率（万元/人）	175.4	153.1	119.7	95.9	49.6
经济增加值率（%）	6.3	3.8	1.9	-1.5	-5.6
国有资本保值增值率（%）	110.5	107.7	105.8	101.1	97.7
五、补充指标					
营业现金比率（%）	71.6	58.4	38.6	27.9	20.7
国有资本回报率（%）	11.9	9.5	7.5	2.4	-3.0
EBITDA率（%）	44.5	37.8	27.8	19.0	2.0
百元收入支付的成本费用（元）	61.6	67.6	76.8	91.9	102.0
存货周转率（次）	48.5	38.5	25.3	20.6	12.6
速动比率	0.7	0.6	0.5	0.4	0.2
利润总额增长率（%）	12.2	6.5	1.3	-7.3	-15.5
营业总收入增长率（%）	13.2	6.9	0.8	-10.6	-19.3

水力发电业

范围：中型企业

项　　目	优秀值	良好值	平均值	较低值	较差值
一、盈利回报指标					
净资产收益率（%）	11.1	8.1	6.5	1.7	−3.0
营业收入利润率（%）	32.3	25.0	15.4	7.4	−1.0
总资产报酬率（%）	7.7	6.0	4.4	1.1	−1.6
盈余现金保障倍数	5.1	3.5	1.9	0.8	−0.4
二、资产运营指标					
总资产周转率（次）	0.5	0.4	0.3	0.2	0.1
应收账款周转率（次）	10.2	7.1	5.0	4.0	2.0
流动资产周转率（次）	2.8	1.9	1.0	0.6	0.4
两金占流动资产比重（%）	8.3	15.5	21.7	32.1	41.5
三、风险防控指标					
资产负债率（%）	48.6	53.6	58.6	68.6	83.6
现金流动负债比率（%）	38.6	28.5	20.7	9.9	2.2
带息负债比率（%）	45.2	59.7	70.3	76.4	88.3
已获利息倍数	5.4	3.8	2.9	1.7	0.9
四、持续发展指标					
研发经费投入强度（%）	1.7	1.2	1.0	0.6	0.4
全员劳动生产率（万元/人）	167.0	130.8	76.3	58.9	25.0
经济增加值率（%）	5.7	3.1	1.3	−3.3	−7.2
国有资本保值增值率（%）	110.2	107.5	104.4	98.3	93.3
五、补充指标					
营业现金比率（%）	70.9	57.8	38.1	15.8	0.9
国有资本回报率（%）	11.1	8.1	6.5	1.7	−3.0
EBITDA 率（%）	35.7	27.7	15.7	8.4	−5.8
百元收入支付的成本费用（元）	68.1	75.2	85.8	102.2	115.8
存货周转率（次）	61.7	48.4	37.0	33.2	30.6
速动比率	0.8	0.6	0.5	0.4	0.2
利润总额增长率（%）	16.0	9.6	4.8	−0.1	−9.5
营业总收入增长率（%）	17.9	11.6	6.6	−8.5	−18.6

水力发电业

范围：小型企业

项　　目	优秀值	良好值	平均值	较低值	较差值
一、盈利回报指标					
净资产收益率（％）	11.3	8.3	6.0	−1.4	−6.4
营业收入利润率（％）	33.3	23.2	14.7	7.1	−4.3
总资产报酬率（％）	7.9	5.9	4.0	0.3	−2.1
盈余现金保障倍数	4.3	3.1	1.5	0.4	−0.8
二、资产运营指标					
总资产周转率（次）	0.5	0.4	0.3	0.2	0.1
应收账款周转率（次）	10.7	9.1	6.6	4.9	1.6
流动资产周转率（次）	2.5	1.7	0.8	0.5	0.3
两金占流动资产比重（％）	4.3	11.4	16.7	26.5	37.6
三、风险防控指标					
资产负债率（％）	48.6	53.6	58.6	68.6	83.6
现金流动负债比率（％）	29.8	21.9	13.2	4.3	−1.7
带息负债比率（％）	44.6	61.2	71.7	81.2	87.6
已获利息倍数	4.3	2.5	1.6	0.6	−0.1
四、持续发展指标					
研发经费投入强度（％）	1.7	1.2	1.0	0.6	0.4
全员劳动生产率（万元/人）	92.0	64.9	46.6	24.1	9.0
经济增加值率（％）	4.6	2.5	0.8	−4.3	−7.6
国有资本保值增值率（％）	108.7	106.3	103.2	97.7	92.2
五、补充指标					
营业现金比率（％）	59.8	46.6	26.7	10.7	0.0
国有资本回报率（％）	11.6	8.6	6.2	−1.2	−6.1
EBITDA率（％）	39.7	32.9	23.3	7.6	−5.7
百元收入支付的成本费用（元）	60.8	69.3	79.5	95.5	106.2
存货周转率（次）	40.9	30.5	22.5	19.2	13.8
速动比率	0.8	0.6	0.5	0.4	0.2
利润总额增长率（％）	12.6	4.4	−1.9	−10.1	−15.6
营业总收入增长率（％）	18.5	12.0	2.2	−7.9	−16.9

风力发电业

范围：全行业

项　目	优秀值	良好值	平均值	较低值	较差值
一、盈利回报指标					
净资产收益率（%）	18.7	15.0	10.8	6.6	3.8
营业收入利润率（%）	50.1	44.0	34.8	24.3	17.2
总资产报酬率（%）	9.3	7.9	6.3	3.7	1.1
盈余现金保障倍数	5.4	3.8	2.4	1.7	0.5
二、资产运营指标					
总资产周转率（次）	0.5	0.4	0.3	0.2	0.1
应收账款周转率（次）	2.7	1.7	1.2	1.0	0.7
流动资产周转率（次）	1.1	0.9	0.6	0.4	0.2
两金占流动资产比重（%）	19.2	32.1	51.4	67.0	77.4
三、风险防控指标					
资产负债率（%）	51.5	58.4	63.6	71.0	76.0
现金流动负债比率（%）	52.4	39.9	22.6	9.0	0.0
带息负债比率（%）	55.4	65.5	80.6	87.1	91.4
已获利息倍数	5.4	4.0	3.1	2.3	1.8
四、持续发展指标					
研发经费投入强度（%）	1.1	0.8	0.6	0.3	0.1
全员劳动生产率（万元/人）	225.8	197.3	154.4	131.0	85.6
经济增加值率（%）	6.8	4.6	2.7	0.2	-1.6
国有资本保值增值率（%）	117.7	113.6	109.8	103.8	99.8
五、补充指标					
营业现金比率（%）	72.8	60.5	41.9	27.7	0.0
国有资本回报率（%）	19.1	14.2	10.6	5.5	2.1
EBITDA 率（%）	43.2	39.1	37.0	26.0	4.7
百元收入支付的成本费用（元）	52.8	58.6	67.3	77.8	84.8
存货周转率（次）	60.6	49.8	33.5	28.1	17.4
速动比率	1.4	1.2	0.9	0.6	0.4
利润总额增长率（%）	52.0	32.9	4.3	-23.9	-42.7
营业总收入增长率（%）	21.6	11.0	5.5	-5.3	-12.6

风力发电业

范围：大型企业

项　　目	优秀值	良好值	平均值	较低值	较差值
一、盈利回报指标					
净资产收益率（%）	22.9	15.4	11.6	7.4	4.5
营业收入利润率（%）	59.2	53.2	44.2	35.9	26.4
总资产报酬率（%）	10.3	9.0	7.1	4.8	3.2
盈余现金保障倍数	2.5	1.5	1.0	0.4	0.0
二、资产运营指标					
总资产周转率（次）	0.5	0.4	0.3	0.2	0.1
应收账款周转率（次）	5.2	3.1	2.0	1.5	1.2
流动资产周转率（次）	1.3	1.2	0.9	0.6	0.4
两金占流动资产比重（%）	10.1	24.2	45.4	64.3	76.9
三、风险防控指标					
资产负债率（%）	46.7	52.4	60.1	66.8	71.3
现金流动负债比率（%）	22.6	16.1	12.8	5.1	0.0
带息负债比率（%）	60.7	67.2	77.1	83.2	88.0
已获利息倍数	7.6	6.6	5.0	3.6	2.4
四、持续发展指标					
研发经费投入强度（%）	0.7	0.5	0.4	0.2	0.1
全员劳动生产率（万元/人）	193.2	179.4	158.6	119.3	93.2
经济增加值率（%）	8.5	7.2	5.3	2.7	-0.6
国有资本保值增值率（%）	118.5	114.4	110.6	105.1	101.4
五、补充指标					
营业现金比率（%）	41.7	23.1	13.6	5.4	0.0
国有资本回报率（%）	22.9	18.4	11.6	7.8	4.5
EBITDA率（%）	43.6	40.2	38.4	27.5	6.5
百元收入支付的成本费用（元）	42.6	46.9	53.3	68.0	78.3
存货周转率（次）	47.2	38.5	25.6	20.3	16.8
速动比率	1.2	1.0	0.8	0.5	0.3
利润总额增长率（%）	63.0	34.1	13.6	-13.5	-33.1
营业总收入增长率（%）	40.4	26.5	10.8	-3.4	-12.9

风力发电业

范围：中型企业

项　　目	优秀值	良好值	平均值	较低值	较差值
一、盈利回报指标					
净资产收益率（%）	19.0	13.9	11.2	8.9	5.4
营业收入利润率（%）	46.7	35.3	29.4	21.2	15.8
总资产报酬率（%）	8.7	7.3	6.1	5.4	3.8
盈余现金保障倍数	7.5	5.1	2.5	1.6	0.9
二、资产运营指标					
总资产周转率（次）	0.5	0.4	0.3	0.2	0.1
应收账款周转率（次）	3.0	1.8	1.2	0.9	0.7
流动资产周转率（次）	1.1	0.9	0.6	0.5	0.4
两金占流动资产比重（%）	20.1	36.7	45.3	62.3	73.7
三、风险防控指标					
资产负债率（%）	55.6	62.0	67.5	73.3	77.1
现金流动负债比率（%）	57.5	37.8	27.6	18.6	4.9
带息负债比率（%）	64.3	74.9	82.8	88.8	92.8
已获利息倍数	5.0	3.5	2.7	2.1	1.7
四、持续发展指标					
研发经费投入强度（%）	0.9	0.6	0.5	0.3	0.1
全员劳动生产率（万元/人）	224.4	201.7	167.6	142.5	93.6
经济增加值率（%）	6.3	3.9	2.7	1.7	-0.1
国有资本保值增值率（%）	121.1	113.9	110.3	104.2	100.1
五、补充指标					
营业现金比率（%）	70.0	60.6	46.6	30.9	10.8
国有资本回报率（%）	18.7	13.8	11.2	8.9	5.5
EBITDA率（%）	41.4	35.4	31.4	21.4	1.9
百元收入支付的成本费用（元）	54.4	61.3	71.6	82.6	103.9
存货周转率（次）	56.8	46.5	31.0	25.8	15.7
速动比率	1.5	1.1	0.9	0.7	0.5
利润总额增长率（%）	52.9	33.8	5.2	-17.1	-37.8
营业总收入增长率（%）	29.3	15.7	5.7	-2.0	-9.0

风力发电业

范围：小型企业

项　　目	优秀值	良好值	平均值	较低值	较差值
一、盈利回报指标					
净资产收益率（%）	17.6	14.5	9.8	6.3	3.6
营业收入利润率（%）	46.5	41.7	34.6	24.8	18.2
总资产报酬率（%）	9.5	8.2	6.4	4.8	3.4
盈余现金保障倍数	5.9	4.1	2.7	2.3	1.5
二、资产运营指标					
总资产周转率（次）	0.5	0.4	0.3	0.2	0.1
应收账款周转率（次）	2.1	1.5	1.1	0.9	0.7
流动资产周转率（次）	1.2	0.9	0.6	0.5	0.4
两金占流动资产比重（%）	23.3	44.7	55.6	69.4	78.5
三、风险防控指标					
资产负债率（%）	51.8	58.2	62.2	70.2	75.5
现金流动负债比率（%）	59.1	46.8	28.4	19.0	0.8
带息负债比率（%）	50.8	69.2	78.7	86.0	90.8
已获利息倍数	5.1	4.1	3.2	2.4	1.9
四、持续发展指标					
研发经费投入强度（%）	1.4	1.0	0.8	0.3	0.1
全员劳动生产率（万元/人）	228.4	196.5	153.4	130.2	85.3
经济增加值率（%）	6.4	4.9	2.7	1.1	-0.3
国有资本保值增值率（%）	119.2	114.7	109.6	103.3	99.1
五、补充指标					
营业现金比率（%）	76.1	64.1	46.2	30.5	0.0
国有资本回报率（%）	17.3	14.2	9.6	6.1	3.3
EBITDA率（%）	43.9	39.1	36.7	24.9	2.0
百元收入支付的成本费用（元）	53.7	60.5	67.8	78.2	85.2
存货周转率（次）	55.3	47.0	34.5	29.2	18.9
速动比率	1.4	1.2	0.9	0.7	0.5
利润总额增长率（%）	46.8	28.9	1.9	-22.8	-39.3
营业总收入增长率（%）	16.2	7.8	3.4	-6.7	-13.4

太阳能发电业

范围：全行业

项　目	优秀值	良好值	平均值	较低值	较差值
一、盈利回报指标					
净资产收益率（%）	15.5	12.3	7.6	3.7	1.1
营业收入利润率（%）	42.2	34.7	23.4	16.5	12.0
总资产报酬率（%）	8.1	7.0	5.4	2.7	0.8
盈余现金保障倍数	7.5	4.4	2.6	1.8	0.4
二、资产运营指标					
总资产周转率（次）	0.5	0.4	0.3	0.2	0.1
应收账款周转率（次）	3.4	2.0	1.2	0.9	0.4
流动资产周转率（次）	0.8	0.6	0.4	0.3	0.1
两金占流动资产比重（%）	4.4	16.4	34.4	59.7	76.6
三、风险防控指标					
资产负债率（%）	55.3	62.1	65.9	73.9	79.3
现金流动负债比率（%）	39.4	27.2	13.8	7.1	2.6
带息负债比率（%）	18.4	42.4	78.5	87.4	93.4
已获利息倍数	3.9	2.9	2.4	1.9	1.6
四、持续发展指标					
研发经费投入强度（%）	1.7	1.1	0.7	0.4	0.2
全员劳动生产率（万元/人）	206.9	174.2	125.2	96.5	40.7
经济增加值率（%）	4.7	3.3	1.5	0.2	-1.0
国有资本保值增值率（%）	115.0	111.7	106.7	102.6	99.8
五、补充指标					
营业现金比率（%）	71.6	53.6	26.7	17.6	0.0
国有资本回报率（%）	15.4	12.3	7.6	3.7	1.1
EBITDA率（%）	47.8	38.8	25.4	18.3	4.5
百元收入支付的成本费用（元）	55.2	62.6	73.5	80.5	87.9
存货周转率（次）	66.8	49.8	24.4	19.9	11.0
速动比率	1.5	1.3	0.9	0.6	0.4
利润总额增长率（%）	81.3	37.8	8.8	-22.4	-43.2
营业总收入增长率（%）	16.8	11.4	8.6	0.1	-5.6

太阳能发电业

范围：大型企业

项　　目	优秀值	良好值	平均值	较低值	较差值
一、盈利回报指标					
净资产收益率（％）	13.4	10.2	5.5	1.6	−1.0
营业收入利润率（％）	37.9	30.4	19.1	16.8	12.2
总资产报酬率（％）	6.8	6.1	5.1	3.9	2.0
盈余现金保障倍数	8.4	6.1	4.1	2.0	0.4
二、资产运营指标					
总资产周转率（次）	0.5	0.4	0.3	0.2	0.1
应收账款周转率（次）	8.7	4.2	1.9	1.1	0.5
流动资产周转率（次）	1.1	0.7	0.5	0.3	0.2
两金占流动资产比重（％）	2.3	18.7	43.3	64.6	78.9
三、风险防控指标					
资产负债率（％）	54.4	63.7	71.3	75.6	78.5
现金流动负债比率（％）	42.6	21.8	1.2	0.0	−0.8
带息负债比率（％）	47.7	65.1	81.2	88.4	93.1
已获利息倍数	3.0	2.6	2.0	1.7	1.5
四、持续发展指标					
研发经费投入强度（％）	2.6	1.9	1.6	0.8	0.2
全员劳动生产率（万元/人）	87.0	52.4	34.6	28.6	17.0
经济增加值率（％）	2.8	2.0	0.8	−0.6	−2.5
国有资本保值增值率（％）	112.9	109.6	104.6	101.7	99.8
五、补充指标					
营业现金比率（％）	75.0	55.6	26.6	17.6	0.0
国有资本回报率（％）	13.1	10.1	5.6	3.7	1.1
EBITDA率（％）	43.4	34.5	21.0	13.9	0.1
百元收入支付的成本费用（元）	64.8	69.9	76.4	84.5	92.9
存货周转率（次）	49.0	42.1	31.7	30.2	27.9
速动比率	2.0	1.7	1.1	0.7	0.5
利润总额增长率（％）	139.5	48.8	−1.7	−11.9	−31.7
营业总收入增长率（％）	18.4	9.6	2.8	−0.4	−2.6

太阳能发电业

范围：中型企业

项　　目	优秀值	良好值	平均值	较低值	较差值
一、盈利回报指标					
净资产收益率（%）	15.6	11.2	8.9	6.2	4.4
营业收入利润率（%）	43.0	33.9	24.1	17.7	6.9
总资产报酬率（%）	8.1	6.7	5.8	3.6	1.0
盈余现金保障倍数	8.1	5.8	2.9	1.6	0.8
二、资产运营指标					
总资产周转率（次）	0.5	0.4	0.3	0.2	0.1
应收账款周转率（次）	3.8	2.6	0.8	0.7	0.4
流动资产周转率（次）	1.2	0.8	0.4	0.3	0.2
两金占流动资产比重（%）	10.3	31.9	43.0	50.2	63.0
三、风险防控指标					
资产负债率（%）	55.1	61.0	66.1	73.1	77.7
现金流动负债比率（%）	47.7	29.1	19.6	9.8	0.1
带息负债比率（%）	48.3	56.9	69.9	84.8	94.7
已获利息倍数	4.6	3.2	2.5	0.7	−2.8
四、持续发展指标					
研发经费投入强度（%）	1.3	0.9	0.8	0.4	0.1
全员劳动生产率（万元/人）	213.5	179.1	127.5	102.6	54.3
经济增加值率（%）	5.3	3.6	1.8	0.5	−0.4
国有资本保值增值率（%）	115.1	112.3	108.0	103.1	99.9
五、补充指标					
营业现金比率（%）	66.4	49.7	24.6	16.3	0.0
国有资本回报率（%）	15.2	10.9	8.7	6.0	4.2
EBITDA 率（%）	35.2	31.6	26.1	17.7	7.5
百元收入支付的成本费用（元）	57.8	70.4	76.9	78.5	81.4
存货周转率（次）	64.0	38.6	25.4	23.1	18.5
速动比率	1.8	1.3	1.0	0.7	0.5
利润总额增长率（%）	69.8	45.2	8.3	−4.5	−29.2
营业总收入增长率（%）	23.6	14.5	7.5	−0.1	−5.2

太阳能发电业

范围：小型企业

项 目	优秀值	良好值	平均值	较低值	较差值
一、盈利回报指标					
净资产收益率（％）	15.5	12.1	7.1	4.2	2.2
营业收入利润率（％）	44.0	36.0	23.9	13.9	5.4
总资产报酬率（％）	8.6	7.2	5.1	3.1	1.7
盈余现金保障倍数	8.1	4.3	2.4	1.7	0.5
二、资产运营指标					
总资产周转率（次）	0.5	0.4	0.3	0.2	0.1
应收账款周转率（次）	6.8	3.4	1.6	1.2	0.5
流动资产周转率（次）	0.8	0.6	0.4	0.3	0.2
两金占流动资产比重（％）	4.1	15.9	32.1	64.7	86.5
三、风险防控指标					
资产负债率（％）	49.3	59.8	65.2	74.2	80.2
现金流动负债比率（％）	44.0	32.5	15.3	8.6	0.0
带息负债比率（％）	20.3	40.6	69.0	82.7	91.8
已获利息倍数	3.9	3.1	2.3	1.7	1.3
四、持续发展指标					
研发经费投入强度（％）	1.1	0.7	0.4	0.2	0.1
全员劳动生产率（万元/人）	174.9	147.1	105.3	79.0	28.0
经济增加值率（％）	4.7	3.4	1.4	0.0	-1.7
国有资本保值增值率（％）	114.8	111.3	106.2	102.2	99.6
五、补充指标					
营业现金比率（％）	75.5	56.4	27.6	18.2	0.0
国有资本回报率（％）	16.3	12.5	7.1	4.3	2.4
EBITDA率（％）	36.1	32.0	25.9	18.3	3.5
百元收入支付的成本费用（元）	52.1	60.1	72.1	85.3	94.1
存货周转率（次）	66.8	48.4	20.9	17.0	9.4
速动比率	1.4	1.2	0.7	0.5	0.4
利润总额增长率（％）	84.0	40.0	17.3	-17.7	-41.0
营业总收入增长率（％）	18.1	12.8	10.1	0.0	-6.7

电力供应业

范围：全行业

项　　　目	优秀值	良好值	平均值	较低值	较差值
一、盈利回报指标					
净资产收益率（%）	8.7	5.6	2.1	0.0	-4.3
营业收入利润率（%）	6.4	4.0	1.8	0.2	-1.6
总资产报酬率（%）	7.0	4.5	2.0	0.3	-2.1
盈余现金保障倍数	7.9	4.7	3.1	0.5	-2.7
二、资产运营指标					
总资产周转率（次）	0.9	0.6	0.4	0.2	0.1
应收账款周转率（次）	36.8	20.8	12.6	5.6	1.0
流动资产周转率（次）	3.7	2.6	1.7	0.7	0.1
两金占流动资产比重（%）	6.7	16.7	29.7	39.2	57.7
三、风险防控指标					
资产负债率（%）	53.0	58.0	63.0	69.8	83.0
现金流动负债比率（%）	34.8	27.4	21.4	14.1	0.0
带息负债比率（%）	27.0	43.7	53.2	61.7	78.2
已获利息倍数	5.4	3.7	2.3	1.4	0.8
四、持续发展指标					
研发经费投入强度（%）	1.2	0.8	0.6	0.4	0.3
全员劳动生产率（万元/人）	133.7	92.5	52.1	35.8	25.0
经济增加值率（%）	3.1	0.1	-2.8	-5.0	-8.2
国有资本保值增值率（%）	106.4	104.2	101.9	99.8	95.7
五、补充指标					
营业现金比率（%）	28.9	15.1	5.1	1.3	-1.3
国有资本回报率（%）	7.6	4.8	1.9	-0.3	-4.5
EBITDA 率（%）	23.7	15.9	11.9	5.6	0.8
百元收入支付的成本费用（元）	88.3	93.1	95.6	98.5	101.7
存货周转率（次）	45.6	37.2	24.8	20.3	11.6
速动比率	0.7	0.5	0.4	0.3	0.2
利润总额增长率（%）	17.1	9.5	5.6	-4.1	-14.8
营业总收入增长率（%）	20.0	17.1	12.9	6.7	-2.0

电力供应业

范围：大型企业

项　　　目	优秀值	良好值	平均值	较低值	较差值
一、盈利回报指标					
净资产收益率（％）	5.2	3.3	1.7	-0.4	-4.6
营业收入利润率（％）	7.3	4.5	1.4	-0.1	-2.1
总资产报酬率（％）	4.2	2.6	1.6	-0.3	-3.9
盈余现金保障倍数	11.3	8.0	4.9	2.0	-0.6
二、资产运营指标					
总资产周转率（次）	1.1	0.9	0.7	0.4	0.3
应收账款周转率（次）	49.4	27.0	15.5	9.1	4.8
流动资产周转率（次）	9.0	6.3	2.8	1.2	0.1
两金占流动资产比重（％）	11.4	20.4	29.4	40.0	60.6
三、风险防控指标					
资产负债率（％）	53.0	58.0	63.0	69.8	83.0
现金流动负债比率（％）	38.3	29.5	21.7	14.5	6.0
带息负债比率（％）	29.2	43.3	53.0	61.7	78.6
已获利息倍数	4.6	2.8	1.9	1.1	0.6
四、持续发展指标					
研发经费投入强度（％）	1.2	0.9	0.6	0.4	0.3
全员劳动生产率（万元/人）	136.1	87.2	62.0	48.1	33.4
经济增加值率（％）	0.1	-1.4	-3.1	-5.0	-6.9
国有资本保值增值率（％）	107.0	104.2	100.8	99.5	97.0
五、补充指标					
营业现金比率（％）	22.5	13.9	5.9	3.3	1.6
国有资本回报率（％）	4.8	3.0	1.4	-0.8	-4.9
EBITDA率（％）	21.1	13.7	9.9	5.7	-1.6
百元收入支付的成本费用（元）	90.7	96.4	99.3	100.8	102.3
存货周转率（次）	59.9	51.5	38.9	34.8	28.4
速动比率	0.7	0.5	0.4	0.3	0.2
利润总额增长率（％）	27.8	19.6	7.2	-2.4	-12.8
营业总收入增长率（％）	25.3	21.5	18.0	15.0	10.1

电力供应业

范围：中型企业

项 目	优秀值	良好值	平均值	较低值	较差值
一、盈利回报指标					
净资产收益率（%）	10.6	7.3	5.3	2.0	-2.9
营业收入利润率（%）	10.7	8.3	6.3	3.7	1.9
总资产报酬率（%）	7.7	5.3	3.5	0.5	-2.9
盈余现金保障倍数	6.7	3.1	1.2	-1.3	-6.3
二、资产运营指标					
总资产周转率（次）	1.1	0.6	0.3	0.2	0.1
应收账款周转率（次）	19.7	14.4	6.5	3.4	0.1
流动资产周转率（次）	4.5	2.4	1.4	0.7	0.3
两金占流动资产比重（%）	1.7	14.5	33.6	39.8	47.0
三、风险防控指标					
资产负债率（%）	53.0	58.0	63.0	69.8	83.0
现金流动负债比率（%）	38.0	29.2	17.0	11.1	-0.4
带息负债比率（%）	24.3	33.2	45.9	55.9	75.4
已获利息倍数	6.2	4.2	3.0	2.0	1.2
四、持续发展指标					
研发经费投入强度（%）	1.0	0.8	0.7	0.5	0.3
全员劳动生产率（万元/人）	114.8	75.4	47.8	31.8	19.3
经济增加值率（%）	4.4	1.7	-0.6	-3.2	-4.9
国有资本保值增值率（%）	109.9	107.1	103.8	101.4	98.9
五、补充指标					
营业现金比率（%）	33.6	15.3	5.9	2.4	0.0
国有资本回报率（%）	9.2	6.3	4.7	1.3	-3.5
EBITDA率（%）	25.8	17.1	12.6	7.1	3.4
百元收入支付的成本费用（元）	87.3	91.3	94.4	98.3	106.0
存货周转率（次）	34.8	27.0	15.3	11.0	7.4
速动比率	0.9	0.7	0.6	0.5	0.4
利润总额增长率（%）	12.4	4.9	-0.3	-10.9	-21.4
营业总收入增长率（%）	19.7	16.3	12.5	7.8	0.7

电力供应业

范围：小型企业

项　　目	优秀值	良好值	平均值	较低值	较差值
一、盈利回报指标					
净资产收益率（%）	9.7	6.6	4.9	2.2	−3.1
营业收入利润率（%）	10.0	7.8	5.6	2.6	0.6
总资产报酬率（%）	7.2	4.9	3.8	1.3	−2.9
盈余现金保障倍数	6.3	2.9	0.9	−1.5	−6.2
二、资产运营指标					
总资产周转率（次）	0.8	0.5	0.4	0.2	0.1
应收账款周转率（次）	53.6	24.0	7.3	3.6	1.1
流动资产周转率（次）	4.0	2.4	1.0	0.5	0.1
两金占流动资产比重（%）	1.1	19.0	45.8	50.3	58.9
三、风险防控指标					
资产负债率（%）	53.0	58.0	63.0	69.8	83.0
现金流动负债比率（%）	26.9	19.6	10.4	2.6	−12.5
带息负债比率（%）	30.4	40.7	56.3	66.9	87.5
已获利息倍数	4.9	3.2	2.4	1.5	1.0
四、持续发展指标					
研发经费投入强度（%）	0.7	0.6	0.5	0.3	0.2
全员劳动生产率（万元/人）	97.2	75.3	42.5	30.6	22.6
经济增加值率（%）	3.5	0.8	−1.0	−5.4	−9.5
国有资本保值增值率（%）	108.7	106.1	103.9	100.6	96.0
五、补充指标					
营业现金比率（%）	30.2	17.1	4.0	−0.5	−9.4
国有资本回报率（%）	9.1	6.4	4.9	2.2	−3.0
EBITDA 率（%）	25.6	17.3	12.0	5.4	0.2
百元收入支付的成本费用（元）	84.1	90.7	94.2	99.3	109.2
存货周转率（次）	43.2	35.8	24.6	20.1	14.3
速动比率	0.8	0.6	0.5	0.4	0.3
利润总额增长率（%）	18.1	9.1	4.1	−7.3	−20.1
营业总收入增长率（%）	18.8	14.2	9.7	2.7	−4.9

热力生产和供应业

范围：全行业

项　　目	优秀值	良好值	平均值	较低值	较差值
一、盈利回报指标					
净资产收益率（％）	10.8	6.2	2.3	-0.9	-7.3
营业收入利润率（％）	11.8	6.2	0.3	-7.5	-15.5
总资产报酬率（％）	4.7	3.4	1.4	-0.9	-5.4
盈余现金保障倍数	6.2	3.7	1.8	0.1	-1.5
二、资产运营指标					
总资产周转率（次）	0.6	0.4	0.3	0.2	0.1
应收账款周转率（次）	15.6	10.2	6.5	3.6	1.7
流动资产周转率（次）	1.9	1.5	0.8	0.6	0.4
两金占流动资产比重（％）	9.0	17.2	25.1	33.9	47.3
三、风险防控指标					
资产负债率（％）	48.6	53.6	58.6	68.6	83.6
现金流动负债比率（％）	25.5	13.4	6.8	-4.9	-12.7
带息负债比率（％）	18.5	29.6	42.6	56.2	82.7
已获利息倍数	6.2	3.1	1.4	-0.4	-3.4
四、持续发展指标					
研发经费投入强度（％）	2.2	1.0	0.5	0.3	0.1
全员劳动生产率（万元/人）	69.5	50.6	28.4	13.5	3.5
经济增加值率（％）	4.7	0.5	-3.4	-6.2	-11.7
国有资本保值增值率（％）	118.6	109.6	102.3	98.5	92.1
五、补充指标					
营业现金比率（％）	33.0	22.4	6.4	0.0	-6.0
国有资本回报率（％）	9.7	5.7	2.4	-0.9	-7.2
EBITDA率（％）	18.5	11.3	4.1	-3.0	-16.7
百元收入支付的成本费用（元）	92.8	97.8	102.4	109.4	119.8
存货周转率（次）	31.8	21.7	14.8	9.8	6.4
速动比率	1.1	0.9	0.7	0.5	0.3
利润总额增长率（％）	15.4	9.0	3.3	-6.8	-14.2
营业总收入增长率（％）	17.6	12.3	4.5	-3.7	-15.1

燃气生产和供应业

范围：全行业

项 目	优秀值	良好值	平均值	较低值	较差值
一、盈利回报指标					
净资产收益率（%）	11.6	9.3	7.7	1.7	-5.3
营业收入利润率（%）	14.9	9.9	4.4	-2.8	-16.9
总资产报酬率（%）	6.0	4.8	3.1	-0.4	-4.7
盈余现金保障倍数	2.3	1.8	1.0	-0.2	-2.8
二、资产运营指标					
总资产周转率（次）	1.4	1.1	0.8	0.5	0.3
应收账款周转率（次）	31.5	22.8	14.6	8.3	4.1
流动资产周转率（次）	4.0	2.8	1.9	1.0	0.4
两金占流动资产比重（%）	5.6	11.6	18.1	28.9	42.5
三、风险防控指标					
资产负债率（%）	48.0	53.0	58.0	68.0	83.0
现金流动负债比率（%）	19.5	12.4	7.5	0.0	-6.0
带息负债比率（%）	21.5	31.4	40.8	52.9	76.5
已获利息倍数	9.2	6.0	3.2	-0.6	-3.2
四、持续发展指标					
研发经费投入强度（%）	0.7	0.6	0.5	0.3	0.2
全员劳动生产率（万元/人）	77.2	57.7	47.7	25.1	10.0
经济增加值率（%）	7.2	3.5	0.6	-7.0	-12.1
国有资本保值增值率（%）	109.6	107.2	105.6	102.0	95.6
五、补充指标					
营业现金比率（%）	10.9	5.5	2.6	1.1	0.0
国有资本回报率（%）	10.1	8.1	6.7	0.7	-6.3
EBITDA 率（%）	21.6	15.8	8.7	2.9	-3.4
百元收入支付的成本费用（元）	88.6	92.6	97.9	102.9	108.4
存货周转率（次）	38.0	29.2	19.7	13.1	8.8
速动比率	1.4	1.1	0.7	0.5	0.2
利润总额增长率（%）	7.3	-0.1	-7.6	-27.5	-40.8
营业总收入增长率（%）	33.9	25.9	16.2	5.9	-6.3

水生产与供应业

范围：全行业

项　目	优秀值	良好值	平均值	较低值	较差值
一、盈利回报指标					
净资产收益率（%）	8.3	4.9	2.5	-1.3	-8.2
营业收入利润率（%）	14.7	10.9	6.4	-2.3	-15.3
总资产报酬率（%）	4.5	2.8	1.9	-0.3	-4.4
盈余现金保障倍数	3.3	2.5	1.3	0.2	-1.6
二、资产运营指标					
总资产周转率（次）	0.5	0.4	0.3	0.2	0.1
应收账款周转率（次）	16.1	9.8	3.9	2.3	1.3
流动资产周转率（次）	1.6	1.0	0.5	0.3	0.1
两金占流动资产比重（%）	2.2	9.4	20.1	32.8	42.9
三、风险防控指标					
资产负债率（%）	48.3	53.3	58.3	68.3	83.3
现金流动负债比率（%）	28.7	16.4	7.1	-1.8	-7.8
带息负债比率（%）	23.9	33.8	46.8	64.4	76.1
已获利息倍数	6.4	3.9	2.0	0.9	-1.4
四、持续发展指标					
研发经费投入强度（%）	2.2	1.0	0.4	0.2	0.1
全员劳动生产率（万元/人）	58.1	42.6	32.9	18.1	8.2
经济增加值率（%）	2.7	-0.3	-2.7	-6.2	-9.5
国有资本保值增值率（%）	104.9	102.9	101.7	98.0	93.5
五、补充指标					
营业现金比率（%）	37.0	25.0	7.5	0.2	-4.7
国有资本回报率（%）	7.4	4.5	2.5	-1.2	-8.3
EBITDA 率（%）	36.0	27.0	15.3	4.3	-14.3
百元收入支付的成本费用（元）	78.4	87.1	94.8	101.2	109.7
存货周转率（次）	41.2	27.5	12.2	7.9	5.1
速动比率	1.4	1.1	1.0	0.7	0.4
利润总额增长率（%）	11.7	3.0	-6.5	-17.8	-25.4
营业总收入增长率（%）	20.4	13.2	6.5	-0.7	-8.3

轻工业

项　　目	优秀值	良好值	平均值	较低值	较差值
一、盈利回报指标					
净资产收益率（%）	13.5	7.3	3.7	-0.4	-8.1
营业收入利润率（%）	12.6	8.9	4.9	-0.8	-4.9
总资产报酬率（%）	7.9	4.6	2.8	0.1	-5.1
盈余现金保障倍数	2.9	1.6	0.4	-0.4	-1.9
二、资产运营指标					
总资产周转率（次）	1.2	0.9	0.5	0.3	0.1
应收账款周转率（次）	20.0	13.2	7.4	4.0	1.7
流动资产周转率（次）	2.1	1.5	0.9	0.5	0.2
两金占流动资产比重（%）	10.7	24.3	39.7	49.1	56.9
三、风险防控指标					
资产负债率（%）	48.0	53.0	58.0	68.0	83.0
现金流动负债比率（%）	21.3	12.4	7.8	0.2	-6.2
带息负债比率（%）	15.0	28.3	39.9	51.5	73.9
已获利息倍数	10.7	8.0	6.1	4.2	0.3
四、持续发展指标					
研发经费投入强度（%）	2.3	1.8	1.6	1.4	1.2
全员劳动生产率（万元/人）	57.5	41.7	33.6	17.0	5.9
经济增加值率（%）	9.2	3.4	0.3	-6.2	-10.5
国有资本保值增值率（%）	109.8	106.7	103.5	96.7	90.0
五、补充指标					
营业现金比率（%）	14.5	8.4	1.1	-1.6	-6.7
国有资本回报率（%）	13.6	8.3	5.2	-0.7	-6.6
EBITDA 率（%）	25.9	17.4	9.0	1.5	-10.0
百元收入支付的成本费用（元）	84.0	88.0	94.1	102.3	114.5
存货周转率（次）	14.2	8.2	3.8	2.2	1.1
速动比率	1.5	1.2	0.8	0.6	0.4
利润总额增长率（%）	22.6	15.8	10.2	-4.4	-17.4
营业总收入增长率（%）	24.4	15.4	8.5	-9.9	-23.6

轻工业

范围：大型企业

项 目	优秀值	良好值	平均值	较低值	较差值
一、盈利回报指标					
净资产收益率（%）	15.9	12.7	9.5	3.3	-1.3
营业收入利润率（%）	23.0	14.7	8.7	3.2	-0.8
总资产报酬率（%）	10.9	7.7	5.1	2.3	-0.5
盈余现金保障倍数	1.8	1.3	0.7	0.1	-0.5
二、资产运营指标					
总资产周转率（次）	1.1	0.9	0.6	0.5	0.3
应收账款周转率（次）	21.3	16.2	9.8	7.6	4.2
流动资产周转率（次）	2.2	1.6	1.0	0.8	0.5
两金占流动资产比重（%）	20.9	30.5	45.0	51.2	57.3
三、风险防控指标					
资产负债率（%）	48.0	53.0	58.0	67.8	83.0
现金流动负债比率（%）	30.0	21.4	14.5	9.5	0.0
带息负债比率（%）	3.8	16.5	30.4	49.5	66.3
已获利息倍数	11.7	9.0	6.3	5.0	2.4
四、持续发展指标					
研发经费投入强度（%）	3.0	2.9	2.8	2.2	1.9
全员劳动生产率（万元/人）	79.1	59.5	49.4	30.7	18.2
经济增加值率（%）	14.5	9.9	3.0	-2.0	-5.8
国有资本保值增值率（%）	112.0	109.8	106.8	100.9	93.9
五、补充指标					
营业现金比率（%）	20.7	12.3	5.7	2.3	0.0
国有资本回报率（%）	14.3	11.5	8.8	2.6	-2.0
EBITDA率（%）	29.7	22.4	12.1	4.6	-5.6
百元收入支付的成本费用（元）	72.8	81.6	88.3	93.3	98.9
存货周转率（次）	9.3	6.9	4.7	3.2	2.2
速动比率	1.6	1.1	0.9	0.6	0.5
利润总额增长率（%）	25.6	19.5	13.2	4.8	-11.5
营业总收入增长率（%）	27.5	20.7	14.8	7.1	-4.0

轻工业

范围：中型企业

项　　　目	优秀值	良好值	平均值	较低值	较差值
一、盈利回报指标					
净资产收益率（％）	13.5	8.3	5.6	0.4	−5.9
营业收入利润率（％）	15.8	10.2	6.6	0.5	−6.9
总资产报酬率（％）	9.0	6.0	3.2	0.0	−5.4
盈余现金保障倍数	3.0	2.1	0.7	−0.2	−1.2
二、资产运营指标					
总资产周转率（次）	1.3	0.9	0.5	0.3	0.2
应收账款周转率（次）	22.4	15.5	6.8	5.0	3.1
流动资产周转率（次）	2.5	1.9	1.1	0.6	0.3
两金占流动资产比重（％）	14.0	23.9	38.8	45.4	57.2
三、风险防控指标					
资产负债率（％）	48.0	53.0	58.0	68.0	83.0
现金流动负债比率（％）	20.3	12.4	5.5	−1.3	−6.7
带息负债比率（％）	21.9	31.9	41.8	56.1	74.3
已获利息倍数	8.1	6.0	3.9	2.2	0.4
四、持续发展指标					
研发经费投入强度（％）	2.4	2.1	1.9	1.7	1.6
全员劳动生产率（万元/人）	70.5	41.8	27.0	15.1	7.2
经济增加值率（％）	11.4	5.7	−0.4	−4.3	−7.4
国有资本保值增值率（％）	112.9	107.7	104.0	99.4	90.3
五、补充指标					
营业现金比率（％）	13.1	7.9	3.1	−0.2	−6.6
国有资本回报率（％）	11.7	7.2	4.9	0.2	−6.6
EBITDA 率（％）	27.1	17.3	9.9	3.3	−8.3
百元收入支付的成本费用（元）	82.2	89.7	94.5	102.2	110.0
存货周转率（次）	10.8	7.9	4.2	2.7	1.7
速动比率	1.3	1.1	0.7	0.5	0.3
利润总额增长率（％）	12.7	5.6	0.0	−13.8	−28.5
营业总收入增长率（％）	20.5	13.7	3.5	−10.3	−21.5

轻工业

范围：小型企业

项　　目	优秀值	良好值	平均值	较低值	较差值
一、盈利回报指标			·		
净资产收益率（%）	12.8	7.3	3.5	-1.8	-9.3
营业收入利润率（%）	12.8	6.3	3.0	-4.1	-11.6
总资产报酬率（%）	7.0	3.9	2.3	-1.7	-6.0
盈余现金保障倍数	3.3	1.4	0.3	-0.7	-2.4
二、资产运营指标					
总资产周转率（次）	1.2	0.8	0.5	0.2	0.1
应收账款周转率（次）	20.1	13.9	6.8	3.7	1.7
流动资产周转率（次）	1.9	1.5	0.9	0.4	0.1
两金占流动资产比重（%）	1.3	17.3	37.9	48.0	55.9
三、风险防控指标					
资产负债率（%）	48.0	53.0	58.0	68.0	83.0
现金流动负债比率（%）	15.7	8.5	3.5	-5.1	-10.8
带息负债比率（%）	11.1	22.8	35.0	46.8	69.8
已获利息倍数	6.4	3.4	1.7	-0.6	-3.5
四、持续发展指标					
研发经费投入强度（%）	1.5	1.3	1.2	0.9	0.8
全员劳动生产率（万元/人）	43.2	33.3	28.1	15.1	6.4
经济增加值率（%）	8.0	2.6	-2.8	-7.5	-12.4
国有资本保值增值率（%）	109.8	106.6	101.8	96.7	88.8
五、补充指标					
营业现金比率（%）	14.0	6.9	0.3	-2.3	-7.1
国有资本回报率（%）	10.9	6.1	2.8	-2.1	-10.0
EBITDA率（%）	21.9	14.6	5.5	0.0	-10.8
百元收入支付的成本费用（元）	83.8	91.2	96.7	104.0	117.0
存货周转率（次）	18.4	10.0	3.4	1.7	0.6
速动比率	1.5	1.2	0.7	0.5	0.4
利润总额增长率（%）	5.0	-3.1	-15.2	-24.9	-37.0
营业总收入增长率（%）	23.8	14.6	6.6	-12.3	-24.8

采盐业

范围：全行业

项　　目	优秀值	良好值	平均值	较低值	较差值
一、盈利回报指标					
净资产收益率（%）	16.2	9.3	4.6	-1.2	-12.5
营业收入利润率（%）	24.5	19.0	12.9	3.7	-6.4
总资产报酬率（%）	8.0	6.0	4.1	0.5	-1.9
盈余现金保障倍数	1.6	1.5	1.4	0.2	-1.5
二、资产运营指标					
总资产周转率（次）	0.7	0.5	0.4	0.2	0.1
应收账款周转率（次）	20.4	15.3	10.9	7.6	5.4
流动资产周转率（次）	2.2	1.6	0.8	0.6	0.3
两金占流动资产比重（%）	12.6	18.1	26.3	40.7	50.3
三、风险防控指标					
资产负债率（%）	48.0	53.0	58.0	66.5	83.0
现金流动负债比率（%）	24.5	17.5	11.5	4.6	0.1
带息负债比率（%）	22.2	31.1	40.4	50.2	69.2
已获利息倍数	8.2	6.1	4.7	2.8	-0.2
四、持续发展指标					
研发经费投入强度（%）	1.8	1.4	1.1	0.9	0.7
全员劳动生产率（万元/人）	88.0	71.5	49.2	36.0	13.4
经济增加值率（%）	8.7	4.3	-1.0	-4.8	-8.4
国有资本保值增值率（%）	114.7	108.6	103.7	100.0	92.8
五、补充指标					
营业现金比率（%）	19.9	15.6	13.3	5.3	0.0
国有资本回报率（%）	14.6	8.6	4.6	-1.2	-12.5
EBITDA 率（%）	30.1	23.2	14.7	6.9	-8.4
百元收入支付的成本费用（元）	78.6	83.9	89.5	100.7	114.1
存货周转率（次）	11.5	9.4	6.3	4.1	2.7
速动比率	1.5	1.2	0.8	0.6	0.4
利润总额增长率（%）	49.1	39.7	28.5	10.4	-4.4
营业总收入增长率（%）	35.4	26.8	13.8	5.3	-0.6

酒、饮料和精制茶制造业

范围：全行业

项 目	优秀值	良好值	平均值	较低值	较差值
一、盈利回报指标					
净资产收益率（%）	15.6	12.1	8.5	3.3	-6.7
营业收入利润率（%）	18.5	12.4	7.8	-2.6	-12.0
总资产报酬率（%）	9.0	6.4	4.4	-1.6	-5.6
盈余现金保障倍数	2.6	2.0	0.9	-0.2	-1.1
二、资产运营指标					
总资产周转率（次）	1.1	0.8	0.5	0.3	0.1
应收账款周转率（次）	31.3	18.5	10.1	5.6	2.6
流动资产周转率（次）	2.2	1.6	0.9	0.4	0.1
两金占流动资产比重（%）	19.7	33.8	41.2	51.4	63.9
三、风险防控指标					
资产负债率（%）	48.0	53.0	58.0	68.0	83.0
现金流动负债比率（%）	20.8	15.9	10.0	-2.0	-12.9
带息负债比率（%）	6.1	17.6	26.2	36.2	55.5
已获利息倍数	5.3	3.7	2.5	0.2	-1.4
四、持续发展指标					
研发经费投入强度（%）	1.6	1.5	1.4	1.3	1.2
全员劳动生产率（万元/人）	58.3	49.8	45.5	22.5	7.1
经济增加值率（%）	10.8	4.9	1.9	-5.3	-10.0
国有资本保值增值率（%）	111.8	108.9	106.5	100.4	92.4
五、补充指标					
营业现金比率（%）	14.1	8.9	6.2	0.2	-3.7
国有资本回报率（%）	15.0	12.0	8.9	3.7	-6.3
EBITDA率（%）	26.7	18.4	11.1	4.4	-0.7
百元收入支付的成本费用（元）	82.0	89.6	97.3	104.0	111.3
存货周转率（次）	8.3	4.8	2.4	1.4	0.7
速动比率	1.3	1.1	0.8	0.6	0.3
利润总额增长率（%）	32.6	24.7	17.2	1.9	-8.3
营业总收入增长率（%）	30.0	22.0	14.3	-1.6	-12.2

酒、饮料和精制茶制造业

范围：大型企业

项　目	优秀值	良好值	平均值	较低值	较差值
一、盈利回报指标					
净资产收益率（%）	28.7	24.3	17.5	10.1	4.8
营业收入利润率（%）	21.7	15.9	9.7	4.2	-6.4
总资产报酬率（%）	16.2	13.3	8.8	3.9	0.6
盈余现金保障倍数	1.5	1.1	0.7	0.0	-1.1
二、资产运营指标					
总资产周转率（次）	1.1	0.9	0.5	0.4	0.2
应收账款周转率（次）	37.0	28.2	20.0	15.5	11.0
流动资产周转率（次）	2.4	1.9	1.1	0.9	0.6
两金占流动资产比重（%）	14.7	29.1	37.2	45.6	57.9
三、风险防控指标					
资产负债率（%）	48.0	53.0	58.0	68.0	83.0
现金流动负债比率（%）	30.0	23.4	14.1	2.4	-11.5
带息负债比率（%）	0.9	11.9	22.2	31.3	48.9
已获利息倍数	16.9	13.8	9.1	6.8	2.4
四、持续发展指标					
研发经费投入强度（%）	1.6	1.5	1.4	1.3	1.2
全员劳动生产率（万元/人）	111.5	78.3	61.2	46.8	28.0
经济增加值率（%）	19.4	14.8	8.0	2.2	-1.7
国有资本保值增值率（%）	120.0	116.8	112.0	104.4	99.3
五、补充指标					
营业现金比率（%）	22.2	15.2	6.4	2.6	0.0
国有资本回报率（%）	23.0	19.2	13.4	5.9	0.6
EBITDA率（%）	36.7	22.7	15.1	9.8	6.2
百元收入支付的成本费用（元）	75.3	82.2	92.6	97.6	101.8
存货周转率（次）	6.4	4.9	2.6	1.7	1.0
速动比率	1.3	1.1	0.9	0.7	0.5
利润总额增长率（%）	31.5	24.8	18.7	3.7	-6.3
营业总收入增长率（%）	29.3	22.7	17.1	7.7	-5.0

酒、饮料和精制茶制造业

范围：中型企业

项　　目	优秀值	良好值	平均值	较低值	较差值
一、盈利回报指标					
净资产收益率（%）	16.2	11.3	6.4	0.3	-11.8
营业收入利润率（%）	16.8	11.5	7.7	-0.4	-7.9
总资产报酬率（%）	10.0	7.1	4.6	-0.9	-9.0
盈余现金保障倍数	2.4	1.9	1.0	-0.1	-0.8
二、资产运营指标					
总资产周转率（次）	1.4	1.0	0.5	0.3	0.1
应收账款周转率（次）	25.5	19.2	12.8	8.9	5.1
流动资产周转率（次）	3.1	2.2	1.2	0.7	0.4
两金占流动资产比重（%）	43.3	52.1	59.8	67.2	72.9
三、风险防控指标					
资产负债率（%）	48.0	53.0	58.0	68.0	83.0
现金流动负债比率（%）	18.3	10.8	3.3	-3.8	-16.4
带息负债比率（%）	18.2	27.9	34.8	47.3	71.6
已获利息倍数	8.2	6.8	4.7	2.9	1.4
四、持续发展指标					
研发经费投入强度（%）	1.6	1.5	1.4	1.3	1.2
全员劳动生产率（万元/人）	52.8	39.6	29.9	17.6	9.4
经济增加值率（%）	13.7	5.1	-0.6	-4.5	-8.7
国有资本保值增值率（%）	115.1	110.4	105.5	98.4	89.8
五、补充指标					
营业现金比率（%）	10.0	5.3	2.9	0.0	-5.1
国有资本回报率（%）	14.8	10.0	5.2	-1.0	-13.0
EBITDA 率（%）	21.3	15.7	9.4	4.5	1.2
百元收入支付的成本费用（元）	82.3	88.8	97.0	99.7	104.9
存货周转率（次）	8.2	5.5	2.9	1.7	0.9
速动比率	1.3	1.0	0.5	0.4	0.2
利润总额增长率（%）	20.3	13.0	6.3	-10.6	-22.0
营业总收入增长率（%）	21.9	15.3	6.5	-10.4	-22.3

酒、饮料和精制茶制造业

范围：小型企业

项　　目	优秀值	良好值	平均值	较低值	较差值
一、盈利回报指标					
净资产收益率（％）	14.5	9.5	4.9	−1.8	−7.9
营业收入利润率（％）	11.2	8.3	4.0	−1.5	−10.4
总资产报酬率（％）	7.5	4.9	2.7	−2.1	−5.2
盈余现金保障倍数	3.3	2.4	1.0	−0.4	−1.5
二、资产运营指标					
总资产周转率（次）	1.0	0.8	0.6	0.3	0.1
应收账款周转率（次）	20.9	12.5	6.5	3.7	1.8
流动资产周转率（次）	1.8	1.3	0.9	0.4	0.1
两金占流动资产比重（％）	11.2	31.5	50.3	54.9	63.7
三、风险防控指标					
资产负债率（％）	48.0	53.0	58.0	68.0	83.0
现金流动负债比率（％）	14.4	9.4	4.5	−1.8	−12.4
带息负债比率（％）	10.4	20.9	28.8	41.5	66.2
已获利息倍数	7.8	5.1	2.1	0.1	−1.8
四、持续发展指标					
研发经费投入强度（％）	1.6	1.5	1.4	1.3	1.2
全员劳动生产率（万元/人）	55.2	39.7	31.8	15.2	4.2
经济增加值率（％）	7.2	2.2	−1.2	−7.5	−12.3
国有资本保值增值率（％）	109.4	106.7	103.6	95.7	87.8
五、补充指标					
营业现金比率（％）	12.4	5.3	1.5	−1.3	−6.7
国有资本回报率（％）	12.6	8.3	4.4	−2.8	−8.4
EBITDA率（％）	23.8	17.2	10.4	2.7	−5.3
百元收入支付的成本费用（元）	85.4	91.0	98.2	111.7	129.0
存货周转率（次）	9.4	4.9	1.8	0.9	0.2
速动比率	1.3	1.0	0.6	0.4	0.2
利润总额增长率（％）	28.4	20.1	7.6	−3.9	−13.4
营业总收入增长率（％）	33.6	25.9	18.6	7.0	−0.7

白酒制造业

范围：全行业

项　　目	优秀值	良好值	平均值	较低值	较差值
一、盈利回报指标					
净资产收益率（%）	20.1	16.1	13.2	6.0	−5.4
营业收入利润率（%）	19.2	14.1	6.5	−4.7	−21.7
总资产报酬率（%）	14.7	10.6	8.5	0.0	−5.7
盈余现金保障倍数	1.1	0.8	0.3	−1.1	−3.8
二、资产运营指标					
总资产周转率（次）	1.0	0.8	0.4	0.3	0.1
应收账款周转率（次）	23.7	17.6	10.8	6.7	4.0
流动资产周转率（次）	1.4	1.1	0.7	0.5	0.3
两金占流动资产比重（%）	20.7	38.2	50.7	61.4	71.4
三、风险防控指标					
资产负债率（%）	48.0	53.0	58.0	68.0	83.0
现金流动负债比率（%）	31.9	21.6	16.3	7.5	−2.7
带息负债比率（%）	9.1	17.2	22.3	28.7	41.0
已获利息倍数	4.4	3.3	2.4	0.8	−1.6
四、持续发展指标					
研发经费投入强度（%）	2.6	2.3	2.1	1.9	1.7
全员劳动生产率（万元/人）	82.8	79.2	77.3	41.0	16.9
经济增加值率（%）	12.1	7.4	5.0	−7.4	−18.0
国有资本保值增值率（%）	118.8	115.3	112.2	106.3	96.8
五、补充指标					
营业现金比率（%）	14.0	6.3	1.9	−1.3	−7.5
国有资本回报率（%）	18.2	14.7	12.2	5.0	−6.3
EBITDA 率（%）	32.2	23.0	12.9	1.7	−11.6
百元收入支付的成本费用（元）	76.3	85.4	96.9	111.8	121.8
存货周转率（次）	2.4	1.5	0.7	0.5	0.3
速动比率	1.5	1.0	0.7	0.4	0.2
利润总额增长率（%）	46.4	32.7	23.1	6.3	−4.9
营业总收入增长率（%）	41.3	34.9	25.3	18.7	5.9

啤酒制造业

范围：全行业

项　　　目	优秀值	良好值	平均值	较低值	较差值
一、盈利回报指标					
净资产收益率（％）	15.3	11.1	8.9	4.2	−3.1
营业收入利润率（％）	17.6	11.5	6.3	−0.9	−5.7
总资产报酬率（％）	9.9	6.9	5.3	0.4	−4.2
盈余现金保障倍数	9.7	3.7	0.5	−0.2	−1.6
二、资产运营指标					
总资产周转率（次）	1.3	1.0	0.9	0.5	0.1
应收账款周转率（次）	33.3	21.1	14.8	10.8	7.2
流动资产周转率（次）	3.2	2.4	1.5	0.8	0.1
两金占流动资产比重（％）	14.6	19.9	27.1	38.3	54.4
三、风险防控指标					
资产负债率（％）	48.0	53.0	58.0	66.5	83.0
现金流动负债比率（％）	15.5	11.3	9.2	0.0	−13.5
带息负债比率（％）	0.4	11.9	20.7	33.0	56.8
已获利息倍数	12.0	10.4	8.0	5.0	1.9
四、持续发展指标					
研发经费投入强度（％）	2.0	1.4	1.1	0.7	0.4
全员劳动生产率（万元/人）	70.1	51.8	42.3	25.6	9.0
经济增加值率（％）	10.5	5.7	1.9	−5.2	−12.1
国有资本保值增值率（％）	113.1	109.0	106.9	102.9	95.7
五、补充指标					
营业现金比率（％）	4.7	3.3	2.6	1.0	0.0
国有资本回报率（％）	14.6	10.4	8.3	3.5	−3.8
EBITDA率（％）	19.1	14.6	8.1	−0.2	−16.4
百元收入支付的成本费用（元）	89.4	92.7	96.5	101.2	110.4
存货周转率（次）	7.0	5.5	4.4	3.0	2.1
速动比率	1.5	1.2	0.8	0.6	0.2
利润总额增长率（％）	24.0	19.1	14.0	−0.7	−14.1
营业总收入增长率（％）	27.4	21.0	16.1	6.6	−5.1

精制茶加工业

范围：全行业

项　目	优秀值	良好值	平均值	较低值	较差值
一、盈利回报指标					
净资产收益率（%）	20.1	16.4	12.0	5.7	-0.1
营业收入利润率（%）	21.4	14.5	6.9	-2.1	-19.7
总资产报酬率（%）	11.1	8.4	4.5	0.7	-1.7
盈余现金保障倍数	3.5	2.0	0.4	-1.0	-3.9
二、资产运营指标					
总资产周转率（次）	1.6	1.0	0.5	0.2	0.1
应收账款周转率（次）	19.1	11.1	5.2	4.5	3.0
流动资产周转率（次）	3.5	1.9	1.1	0.6	0.2
两金占流动资产比重（%）	57.0	62.5	70.5	78.3	89.3
三、风险防控指标					
资产负债率（%）	48.3	53.3	58.3	68.3	83.3
现金流动负债比率（%）	17.1	10.7	5.3	-0.6	-4.6
带息负债比率（%）	13.5	22.1	31.2	45.8	60.7
已获利息倍数	10.8	6.8	4.7	2.8	-0.8
四、持续发展指标					
研发经费投入强度（%）	1.8	1.7	1.6	1.5	1.4
全员劳动生产率（万元/人）	42.9	30.3	23.8	15.3	9.6
经济增加值率（%）	10.6	4.6	1.5	-5.3	-9.7
国有资本保值增值率（%）	116.5	110.8	107.8	102.2	98.2
五、补充指标					
营业现金比率（%）	14.3	9.3	1.6	-1.8	-8.3
国有资本回报率（%）	16.5	11.1	8.4	2.1	-3.7
EBITDA率（%）	19.0	15.4	11.5	5.0	-6.9
百元收入支付的成本费用（元）	86.2	90.4	92.9	99.5	112.4
存货周转率（次）	4.8	3.4	1.7	1.1	0.6
速动比率	1.3	1.0	0.6	0.4	0.3
利润总额增长率（%）	13.8	5.1	-2.5	-12.9	-24.7
营业总收入增长率（%）	34.4	20.1	5.3	-11.0	-22.0

纺织服装服饰业

范围：全行业

项　目	优秀值	良好值	平均值	较低值	较差值
一、盈利回报指标					
净资产收益率（%）	11.4	5.9	2.0	-2.0	-9.7
营业收入利润率（%）	7.9	5.1	0.9	-5.1	-16.8
总资产报酬率（%）	6.7	4.8	1.8	-0.6	-4.4
盈余现金保障倍数	6.7	3.0	1.2	-0.2	-1.5
二、资产运营指标					
总资产周转率（次）	1.6	1.1	0.5	0.4	0.2
应收账款周转率（次）	22.2	14.7	6.8	4.9	2.8
流动资产周转率（次）	2.2	1.6	0.7	0.4	0.2
两金占流动资产比重（%）	8.9	21.9	28.6	40.2	55.7
三、风险防控指标					
资产负债率（%）	48.0	53.0	58.0	66.5	83.0
现金流动负债比率（%）	24.3	14.9	4.0	-5.3	-11.9
带息负债比率（%）	16.6	23.5	33.8	44.0	63.9
已获利息倍数	7.8	5.0	2.6	0.5	-3.8
四、持续发展指标					
研发经费投入强度（%）	2.1	2.0	1.9	1.8	1.7
全员劳动生产率（万元/人）	36.1	27.1	13.7	8.9	5.7
经济增加值率（%）	5.6	0.7	-4.3	-7.7	-11.4
国有资本保值增值率（%）	110.9	105.0	101.3	93.9	87.6
五、补充指标					
营业现金比率（%）	12.7	7.5	0.9	-2.1	-7.9
国有资本回报率（%）	10.2	5.6	1.7	-2.3	-10.0
EBITDA率（%）	22.7	13.9	6.1	1.9	-6.3
百元收入支付的成本费用（元）	88.7	95.1	99.4	103.8	112.5
存货周转率（次）	20.0	14.1	6.0	4.8	3.0
速动比率	1.7	1.4	0.9	0.7	0.6
利润总额增长率（%）	13.2	6.1	-2.4	-17.3	-28.6
营业总收入增长率（%）	21.8	10.0	-0.9	-11.5	-18.5

皮革毛皮羽绒及其制品业

范围：全行业

项　　目	优秀值	良好值	平均值	较低值	较差值
一、盈利回报指标					
净资产收益率（%）	10.2	6.2	2.2	-2.7	-12.0
营业收入利润率（%）	12.0	5.9	2.8	-5.8	-19.3
总资产报酬率（%）	6.4	4.4	1.4	-2.3	-9.3
盈余现金保障倍数	6.3	4.0	0.7	-2.4	-8.3
二、资产运营指标					
总资产周转率（次）	1.1	0.7	0.4	0.2	0.1
应收账款周转率（次）	14.4	8.6	5.7	2.6	0.6
流动资产周转率（次）	1.4	1.2	0.9	0.5	0.1
两金占流动资产比重（%）	19.8	29.0	35.4	44.5	54.8
三、风险防控指标					
资产负债率（%）	48.0	53.0	58.0	68.0	83.0
现金流动负债比率（%）	15.9	8.8	3.2	-3.0	-13.9
带息负债比率（%）	0.1	8.5	18.0	30.5	54.9
已获利息倍数	5.3	3.6	1.1	-0.8	-4.1
四、持续发展指标					
研发经费投入强度（%）	4.1	2.9	2.4	2.1	1.6
全员劳动生产率（万元/人）	26.0	21.6	15.2	8.6	4.2
经济增加值率（%）	9.1	2.9	-0.3	-6.0	-9.8
国有资本保值增值率（%）	110.3	106.1	102.0	96.1	87.8
五、补充指标					
营业现金比率（%）	13.9	6.6	1.4	-1.6	-7.4
国有资本回报率（%）	12.1	6.9	4.1	-1.5	-10.1
EBITDA率（%）	12.0	8.1	4.4	-5.0	-23.4
百元收入支付的成本费用（元）	89.7	94.3	98.1	101.5	105.1
存货周转率（次）	10.7	5.8	2.8	1.4	0.1
速动比率	1.5	1.2	0.9	0.7	0.4
利润总额增长率（%）	-4.1	-13.1	-22.4	-33.3	-54.5
营业总收入增长率（%）	11.4	2.6	-5.2	-17.2	-25.1

家具制造业

范围：全行业

项　　目	优秀值	良好值	平均值	较低值	较差值
一、盈利回报指标					
净资产收益率（%）	11.7	7.0	3.7	-3.1	-8.6
营业收入利润率（%）	7.6	3.5	-2.8	-14.5	-37.4
总资产报酬率（%）	4.1	2.4	1.1	-1.7	-5.5
盈余现金保障倍数	7.1	3.1	1.0	-0.2	-2.8
二、资产运营指标					
总资产周转率（次）	1.2	0.8	0.3	0.2	0.1
应收账款周转率（次）	15.1	7.6	2.8	1.4	0.4
流动资产周转率（次）	1.7	1.1	0.6	0.3	0.1
两金占流动资产比重（%）	11.9	24.9	44.3	56.2	64.2
三、风险防控指标					
资产负债率（%）	48.7	53.7	58.7	68.7	85.0
现金流动负债比率（%）	9.1	5.0	1.1	-3.0	-5.7
带息负债比率（%）	4.7	14.9	23.2	48.3	65.1
已获利息倍数	5.1	3.8	1.9	0.1	-1.3
四、持续发展指标					
研发经费投入强度（%）	3.3	3.0	2.9	2.7	2.4
全员劳动生产率（万元/人）	23.2	19.9	15.0	10.2	0.8
经济增加值率（%）	12.2	3.4	-2.3	-6.2	-13.7
国有资本保值增值率（%）	109.1	105.0	102.8	95.8	88.8
五、补充指标					
营业现金比率（%）	12.1	5.3	1.8	-3.1	-12.5
国有资本回报率（%）	8.9	4.9	2.0	-3.3	-10.3
EBITDA率（%）	5.6	1.8	-1.2	-9.9	-26.8
百元收入支付的成本费用（元）	93.3	95.8	98.8	103.9	113.7
存货周转率（次）	10.7	7.1	3.7	2.8	1.1
速动比率	1.4	1.0	0.7	0.5	0.2
利润总额增长率（%）	-35.5	-56.1	-66.7	-76.7	-87.9
营业总收入增长率（%）	5.7	-2.2	-14.0	-23.1	-34.0

造纸及纸制品业

范围：全行业

项　　目	优秀值	良好值	平均值	较低值	较差值
一、盈利回报指标					
净资产收益率（%）	6.8	4.6	3.1	−2.0	−7.8
营业收入利润率（%）	6.5	4.7	2.2	−4.5	−17.5
总资产报酬率（%）	5.2	3.7	2.1	−1.0	−3.4
盈余现金保障倍数	4.8	3.6	1.8	0.6	−1.3
二、资产运营指标					
总资产周转率（次）	1.1	0.7	0.5	0.3	0.1
应收账款周转率（次）	15.5	10.6	7.4	4.6	2.7
流动资产周转率（次）	2.2	1.6	1.0	0.5	0.3
两金占流动资产比重（%）	16.5	33.5	43.3	50.5	55.9
三、风险防控指标					
资产负债率（%）	48.0	53.0	58.0	68.0	83.0
现金流动负债比率（%）	17.3	13.5	8.3	−0.4	−6.2
带息负债比率（%）	20.6	34.0	43.2	53.9	74.5
已获利息倍数	7.1	4.1	2.2	0.4	−2.5
四、持续发展指标					
研发经费投入强度（%）	2.8	2.6	2.5	2.3	2.0
全员劳动生产率（万元/人）	35.6	27.0	22.6	11.8	4.6
经济增加值率（%）	4.4	0.7	−1.9	−5.4	−9.2
国有资本保值增值率（%）	106.0	103.6	101.0	95.5	89.9
五、补充指标					
营业现金比率（%）	12.8	7.9	3.6	0.0	−6.0
国有资本回报率（%）	5.7	4.7	3.2	−1.9	−7.8
EBITDA率（%）	15.5	10.4	4.6	−1.7	−10.8
百元收入支付的成本费用（元）	93.9	96.3	99.1	107.9	115.1
存货周转率（次）	11.0	8.2	5.4	3.6	2.2
速动比率	1.7	1.3	0.8	0.5	0.3
利润总额增长率（%）	5.4	−11.0	−19.5	−32.4	−43.3
营业总收入增长率（%）	17.1	8.5	0.0	−11.2	−21.6

印刷和记录媒介复制业

范围：全行业

项　　目	优秀值	良好值	平均值	较低值	较差值
一、盈利回报指标					
净资产收益率（％）	12.5	8.9	5.6	0.9	-3.5
营业收入利润率（％）	14.6	9.2	3.8	-3.9	-16.5
总资产报酬率（％）	8.8	6.2	3.3	1.2	-1.7
盈余现金保障倍数	2.8	2.2	1.3	0.0	-0.9
二、资产运营指标					
总资产周转率（次）	1.2	0.9	0.7	0.4	0.2
应收账款周转率（次）	19.8	13.1	6.4	4.1	2.6
流动资产周转率（次）	2.1	1.6	1.2	0.6	0.2
两金占流动资产比重（％）	2.9	18.2	28.5	38.1	45.9
三、风险防控指标					
资产负债率（％）	48.0	53.0	58.0	66.5	83.0
现金流动负债比率（％）	29.0	16.2	4.1	-2.4	-6.8
带息负债比率（％）	4.3	15.5	26.7	39.3	63.7
已获利息倍数	7.6	5.4	3.2	0.3	-1.6
四、持续发展指标					
研发经费投入强度（％）	2.8	2.6	2.5	2.1	1.8
全员劳动生产率（万元/人）	31.1	23.6	19.3	12.5	8.0
经济增加值率（％）	10.6	5.8	-0.9	-6.2	-9.8
国有资本保值增值率（％）	109.7	106.9	105.2	100.6	94.8
五、补充指标					
营业现金比率（％）	14.9	8.9	3.4	0.0	-5.5
国有资本回报率（％）	11.1	8.0	5.2	0.6	-3.9
EBITDA率（％）	22.0	15.1	5.7	-0.8	-13.3
百元收入支付的成本费用（元）	82.4	88.8	96.4	104.8	114.6
存货周转率（次）	18.1	11.8	6.6	4.2	2.6
速动比率	1.6	1.3	0.9	0.6	0.4
利润总额增长率（％）	2.1	-6.6	-15.8	-25.7	-34.5
营业总收入增长率（％）	15.2	7.9	2.2	-11.0	-20.6

文教体育用品制造业

范围：全行业

项　目	优秀值	良好值	平均值	较低值	较差值
一、盈利回报指标					
净资产收益率（％）	8.9	6.2	3.9	-2.0	-8.9
营业收入利润率（％）	17.6	10.3	4.8	-2.3	-16.0
总资产报酬率（％）	7.1	4.9	2.6	-2.0	-5.6
盈余现金保障倍数	7.2	3.1	1.0	-1.1	-5.2
二、资产运营指标					
总资产周转率（次）	1.0	0.7	0.3	0.2	0.1
应收账款周转率（次）	15.9	10.0	5.5	3.3	1.9
流动资产周转率（次）	1.4	1.0	0.6	0.3	0.1
两金占流动资产比重（％）	16.3	35.2	44.9	54.0	60.1
三、风险防控指标					
资产负债率（％）	48.0	53.0	58.0	66.5	83.0
现金流动负债比率（％）	15.4	5.2	0.0	-7.2	-15.3
带息负债比率（％）	4.6	13.2	22.4	34.2	57.0
已获利息倍数	6.1	4.3	1.7	0.0	-2.5
四、持续发展指标					
研发经费投入强度（％）	2.8	2.6	2.5	2.1	1.7
全员劳动生产率（万元/人）	27.4	21.6	17.0	8.4	2.7
经济增加值率（％）	5.6	1.8	-0.7	-7.8	-13.3
国有资本保值增值率（％）	106.9	104.5	102.2	96.4	90.6
五、补充指标					
营业现金比率（％）	18.5	10.5	2.4	-1.6	-9.4
国有资本回报率（％）	8.4	5.8	3.5	-2.5	-9.3
EBITDA率（％）	23.9	15.8	6.4	0.8	-4.4
百元收入支付的成本费用（元）	82.4	90.7	96.3	103.3	115.6
存货周转率（次）	5.6	3.7	1.7	0.8	0.2
速动比率	1.5	1.1	0.7	0.5	0.2
利润总额增长率（％）	-1.5	-11.3	-24.4	-33.8	-52.0
营业总收入增长率（％）	3.9	-3.4	-14.4	-26.3	-34.5

工艺品及其他制造业

范围：全行业

项　　目	优秀值	良好值	平均值	较低值	较差值
一、盈利回报指标					
净资产收益率（%）	16.1	10.5	6.2	0.5	-4.8
营业收入利润率（%）	15.4	10.0	6.2	1.5	-4.3
总资产报酬率（%）	9.1	6.3	3.7	0.1	-4.1
盈余现金保障倍数	3.2	1.3	0.3	-0.8	-1.9
二、资产运营指标					
总资产周转率（次）	1.2	0.8	0.5	0.3	0.1
应收账款周转率（次）	12.5	8.5	4.8	3.1	1.9
流动资产周转率（次）	1.9	1.4	0.9	0.5	0.3
两金占流动资产比重（%）	9.0	21.2	39.5	48.9	67.2
三、风险防控指标					
资产负债率（%）	48.0	53.0	58.0	68.0	83.0
现金流动负债比率（%）	17.1	8.3	0.0	-8.2	-17.3
带息负债比率（%）	13.1	23.3	32.9	40.5	55.2
已获利息倍数	8.4	4.8	1.6	0.3	-2.2
四、持续发展指标					
研发经费投入强度（%）	2.8	2.5	2.2	1.9	1.5
全员劳动生产率（万元/人）	50.6	35.6	22.7	9.1	0.0
经济增加值率（%）	13.4	6.6	3.1	-2.7	-6.5
国有资本保值增值率（%）	117.5	109.7	105.3	100.6	95.7
五、补充指标					
营业现金比率（%）	13.1	5.5	1.2	-3.6	-13.0
国有资本回报率（%）	16.2	11.3	7.0	0.7	-4.0
EBITDA率（%）	21.7	14.4	8.9	3.5	-6.9
百元收入支付的成本费用（元）	90.2	94.1	96.1	101.9	113.1
存货周转率（次）	9.7	6.6	4.6	2.8	1.6
速动比率	1.5	1.3	0.9	0.7	0.4
利润总额增长率（%）	12.0	1.2	-8.5	-18.5	-27.8
营业总收入增长率（%）	8.7	2.7	-2.4	-12.4	-24.0

其他工业

范围：全行业

项　　目	优秀值	良好值	平均值	较低值	较差值
一、盈利回报指标					
净资产收益率（%）	10.4	5.3	2.5	-0.4	-6.0
营业收入利润率（%）	17.3	8.7	3.7	-0.4	-3.8
总资产报酬率（%）	7.3	3.4	1.4	-0.2	-3.3
盈余现金保障倍数	2.1	1.0	0.4	-0.8	-3.2
二、资产运营指标					
总资产周转率（次）	0.9	0.6	0.4	0.2	0.1
应收账款周转率（次）	12.1	7.7	4.5	2.7	1.5
流动资产周转率（次）	2.0	1.3	0.9	0.6	0.2
两金占流动资产比重（%）	26.7	41.4	48.9	56.2	67.8
三、风险防控指标					
资产负债率（%）	48.0	53.0	58.0	68.0	83.0
现金流动负债比率（%）	14.0	7.9	4.8	-2.0	-9.1
带息负债比率（%）	27.1	36.1	43.9	49.5	60.4
已获利息倍数	12.5	5.9	2.6	1.4	-0.1
四、持续发展指标					
研发经费投入强度（%）	10.8	5.3	2.5	1.4	0.6
全员劳动生产率（万元/人）	88.8	68.7	39.7	20.9	8.3
经济增加值率（%）	5.5	1.2	-3.6	-6.1	-8.5
国有资本保值增值率（%）	107.9	103.8	101.7	97.9	92.4
五、补充指标					
营业现金比率（%）	18.8	9.4	0.8	-2.7	-9.6
国有资本回报率（%）	8.8	4.4	2.0	-0.9	-6.5
EBITDA率（%）	27.6	17.1	7.6	2.9	-1.1
百元收入支付的成本费用（元）	86.8	92.6	97.1	101.4	105.7
存货周转率（次）	18.7	14.4	11.0	7.8	2.6
速动比率	1.2	1.0	0.8	0.7	0.6
利润总额增长率（%）	20.7	9.8	3.1	-2.0	-8.9
营业总收入增长率（%）	25.7	17.6	12.1	6.1	-0.2

其他工业

范围：大型企业

项　　目	优秀值	良好值	平均值	较低值	较差值
一、盈利回报指标					
净资产收益率（%）	9.8	5.6	2.3	-0.7	-6.5
营业收入利润率（%）	16.8	7.2	2.2	-1.3	-5.1
总资产报酬率（%）	5.3	3.0	1.3	-0.3	-3.3
盈余现金保障倍数	3.2	1.9	1.2	-0.7	-2.4
二、资产运营指标					
总资产周转率（次）	1.2	0.9	0.6	0.4	0.3
应收账款周转率（次）	13.8	10.1	6.2	4.5	3.4
流动资产周转率（次）	2.3	1.9	1.3	0.9	0.5
两金占流动资产比重（%）	24.9	30.4	37.3	42.5	52.7
三、风险防控指标					
资产负债率（%）	48.0	53.0	58.0	68.0	83.0
现金流动负债比率（%）	14.7	8.5	4.9	-2.8	-10.0
带息负债比率（%）	16.6	25.8	33.7	39.1	49.6
已获利息倍数	11.0	5.4	2.6	1.2	-1.3
四、持续发展指标					
研发经费投入强度（%）	10.7	5.4	2.8	1.7	0.2
全员劳动生产率（万元/人）	64.7	47.4	34.6	27.3	19.1
经济增加值（%）	5.0	1.7	-2.1	-4.6	-9.5
国有资本保值增值率（%）	110.2	105.7	101.4	98.4	92.4
五、补充指标					
营业现金比率（%）	11.5	7.6	1.8	0.0	-3.4
国有资本回报率（%）	8.0	4.4	1.6	-1.4	-7.2
EBITDA率（%）	19.6	10.9	5.8	1.9	-5.6
百元收入支付的成本费用（元）	93.9	96.7	99.2	102.5	106.2
存货周转率（次）	28.0	22.1	18.4	14.6	11.5
速动比率	1.2	1.0	0.9	0.8	0.6
利润总额增长率（%）	47.8	29.2	19.5	14.0	7.8
营业总收入增长率（%）	29.0	17.4	11.5	5.6	-2.8

其他工业

范围：中型企业

项　　目	优秀值	良好值	平均值	较低值	较差值
一、盈利回报指标					
净资产收益率（％）	12.2	8.8	5.4	0.6	-4.8
营业收入利润率（％）	17.0	11.2	6.6	0.8	-3.1
总资产报酬率（％）	8.1	5.3	3.1	0.5	-3.0
盈余现金保障倍数	3.0	1.8	1.2	-0.1	-2.7
二、资产运营指标					
总资产周转率（次）	1.0	0.7	0.4	0.2	0.1
应收账款周转率（次）	12.9	8.8	5.0	3.5	2.5
流动资产周转率（次）	2.1	1.5	1.0	0.6	0.2
两金占流动资产比重（％）	21.1	28.3	38.8	46.9	52.3
三、风险防控指标					
资产负债率（％）	48.0	53.0	58.0	68.0	83.0
现金流动负债比率（％）	17.8	12.8	9.4	0.5	-6.6
带息负债比率（％）	25.5	35.9	43.8	48.3	57.1
已获利息倍数	11.9	6.6	3.9	2.7	1.8
四、持续发展指标					
研发经费投入强度（％）	7.5	4.2	2.5	1.3	0.1
全员劳动生产率（万元/人）	98.6	81.7	62.4	33.0	13.5
经济增加值率（％）	7.3	3.6	-0.4	-5.1	-8.2
国有资本保值增值率（％）	112.3	108.2	103.9	100.1	93.6
五、补充指标					
营业现金比率（％）	23.9	12.3	6.3	0.5	-3.4
国有资本回报率（％）	11.1	8.2	5.3	0.4	-4.9
EBITDA 率（％）	21.7	15.5	10.0	3.6	-4.1
百元收入支付的成本费用（元）	86.6	89.9	93.6	99.7	103.7
存货周转率（次）	19.1	12.6	9.1	5.8	3.6
速动比率	1.1	0.9	0.8	0.7	0.5
利润总额增长率（％）	16.1	9.5	2.9	-3.6	-10.7
营业总收入增长率（％）	29.7	23.3	17.6	13.0	4.2

其他工业

范围：小型企业

项　　目	优秀值	良好值	平均值	较低值	较差值
一、盈利回报指标					
净资产收益率（%）	9.1	5.7	2.9	-1.0	-6.1
营业收入利润率（%）	12.0	6.6	2.5	-2.3	-5.5
总资产报酬率（%）	7.9	3.6	1.5	-0.6	-3.4
盈余现金保障倍数	2.2	0.9	0.3	-1.0	-3.5
二、资产运营指标					
总资产周转率（次）	1.0	0.6	0.3	0.2	0.1
应收账款周转率（次）	9.6	6.0	3.8	2.0	0.7
流动资产周转率（次）	1.8	1.2	0.7	0.3	0.1
两金占流动资产比重（%）	19.6	34.6	49.8	58.3	74.9
三、风险防控指标					
资产负债率（%）	48.0	53.0	58.0	68.0	83.0
现金流动负债比率（%）	12.1	7.7	3.8	-3.1	-12.2
带息负债比率（%）	33.7	42.8	49.7	55.0	65.3
已获利息倍数	9.1	4.2	1.6	0.0	-1.1
四、持续发展指标					
研发经费投入强度（%）	5.3	2.6	1.3	0.7	0.1
全员劳动生产率（万元/人）	86.8	67.3	47.8	24.1	8.3
经济增加值率（%）	3.3	0.3	-4.1	-6.2	-8.5
国有资本保值增值率（%）	108.6	105.1	101.9	97.7	91.1
五、补充指标					
营业现金比率（%）	23.2	11.6	0.1	-5.0	-15.1
国有资本回报率（%）	8.0	5.0	2.6	-1.0	-6.4
EBITDA率（%）	18.2	10.4	5.0	0.2	-6.5
百元收入支付的成本费用（元）	87.6	91.8	96.3	102.4	106.4
存货周转率（次）	12.3	8.2	4.9	2.7	1.3
速动比率	1.1	0.9	0.8	0.6	0.4
利润总额增长率（%）	20.2	8.9	2.3	-5.5	-13.8
营业总收入增长率（%）	27.1	21.0	14.9	10.5	2.0

建筑业

范围：全行业

项　　目	优秀值	良好值	平均值	较低值	较差值
一、盈利回报指标					
净资产收益率（%）	12.3	6.6	3.6	0.6	-1.5
营业收入利润率（%）	9.7	5.3	3.1	0.4	-1.4
总资产报酬率（%）	4.4	2.7	1.9	0.6	-0.3
盈余现金保障倍数	2.6	1.2	0.5	-2.0	-5.0
二、资产运营指标					
总资产周转率（次）	1.0	0.6	0.4	0.2	0.1
应收账款周转率（次）	7.9	5.0	3.4	1.7	0.5
流动资产周转率（次）	1.2	0.8	0.6	0.3	0.1
两金占流动资产比重（%）	24.7	33.0	37.3	49.2	57.2
三、风险防控指标					
资产负债率（%）	65.7	70.5	74.0	83.3	89.5
现金流动负债比率（%）	10.6	4.8	1.7	-3.6	-7.9
带息负债比率（%）	18.2	26.6	33.8	40.2	52.7
已获利息倍数	5.8	3.8	2.6	1.1	0.1
四、持续发展指标					
研发经费投入强度（%）	2.0	1.3	1.0	0.7	0.5
全员劳动生产率（万元/人）	64.3	47.6	33.7	20.2	11.1
经济增加值率（%）	7.6	2.2	-1.5	-4.7	-6.8
国有资本保值增值率（%）	115.4	109.9	103.0	98.1	92.0
五、补充指标					
营业现金比率（%）	11.2	4.9	0.7	-2.8	-9.6
国有资本回报率（%）	12.0	6.4	3.5	0.5	-1.7
EBITDA率（%）	11.3	7.3	4.7	2.3	0.7
百元收入支付的成本费用（元）	92.3	95.7	97.4	99.6	101.8
存货周转率（次）	8.1	5.8	3.5	1.9	0.9
速动比率	1.3	1.1	0.9	0.8	0.6
利润总额增长率（%）	6.1	-0.6	-4.1	-12.7	-23.2
营业总收入增长率（%）	18.0	11.0	6.3	-4.8	-14.0

建筑业

范围：大型企业

项　　　目	优秀值	良好值	平均值	较低值	较差值
一、盈利回报指标					
净资产收益率（%）	14.6	9.9	6.2	2.7	0.3
营业收入利润率（%）	6.9	4.6	3.1	1.2	-0.1
总资产报酬率（%）	4.5	3.4	2.6	0.9	-0.2
盈余现金保障倍数	3.5	1.7	0.7	-2.1	-4.6
二、资产运营指标					
总资产周转率（次）	1.3	1.0	0.7	0.4	0.1
应收账款周转率（次）	7.1	5.1	4.1	2.4	1.2
流动资产周转率（次）	1.5	1.2	0.9	0.4	0.1
两金占流动资产比重（%）	25.0	29.7	35.2	43.8	52.3
三、风险防控指标					
资产负债率（%）	65.6	71.0	74.6	84.5	91.1
现金流动负债比率（%）	7.0	3.7	1.6	-2.8	-6.8
带息负债比率（%）	12.9	18.5	26.7	33.4	46.3
已获利息倍数	6.4	4.6	3.5	2.1	1.2
四、持续发展指标					
研发经费投入强度（%）	3.8	3.0	1.8	1.6	1.4
全员劳动生产率（万元/人）	72.2	53.1	35.3	25.4	18.8
经济增加值率（%）	10.3	5.9	1.3	-2.0	-4.7
国有资本保值增值率（%）	117.7	111.2	105.9	100.6	95.2
五、补充指标					
营业现金比率（%）	9.0	5.2	1.3	-1.1	-5.8
国有资本回报率（%）	13.2	9.2	6.0	2.5	0.1
EBITDA 率（%）	8.3	5.8	4.6	2.6	1.3
百元收入支付的成本费用（元）	95.2	96.3	97.4	99.8	102.3
存货周转率（次）	9.8	7.6	6.1	4.9	3.8
速动比率	1.3	1.1	0.9	0.8	0.7
利润总额增长率（%）	10.7	5.7	2.1	-6.8	-16.3
营业总收入增长率（%）	21.0	13.4	6.3	-4.3	-12.6

建筑业

项　　目	优秀值	良好值	平均值	较低值	较差值
一、盈利回报指标					
净资产收益率（%）	14.0	8.6	3.5	0.5	-3.9
营业收入利润率（%）	8.0	4.9	3.0	0.8	-0.7
总资产报酬率（%）	4.6	3.0	1.5	0.1	-2.3
盈余现金保障倍数	2.9	1.4	0.6	-2.5	-5.5
二、资产运营指标					
总资产周转率（次）	1.1	0.8	0.5	0.2	0.1
应收账款周转率（次）	8.2	4.9	2.5	1.5	0.8
流动资产周转率（次）	1.5	1.0	0.6	0.4	0.2
两金占流动资产比重（%）	18.0	31.4	41.3	52.0	59.1
三、风险防控指标					
资产负债率（%）	56.1	62.1	66.1	78.6	86.9
现金流动负债比率（%）	8.6	4.3	2.1	-4.0	-8.1
带息负债比率（%）	20.0	26.2	35.6	41.6	53.3
已获利息倍数	5.2	4.0	2.3	1.1	-0.2
四、持续发展指标					
研发经费投入强度（%）	1.4	1.2	1.1	0.9	0.8
全员劳动生产率（万元/人）	69.2	50.7	31.5	21.3	14.5
经济增加值率（%）	7.7	2.8	-3.4	-5.7	-7.2
国有资本保值增值率（%）	111.2	104.9	101.6	99.2	94.6
五、补充指标					
营业现金比率（%）	12.1	5.3	0.8	-2.8	-9.6
国有资本回报率（%）	13.2	8.3	3.2	0.3	-4.2
EBITDA率（%）	12.3	7.8	4.5	2.2	0.7
百元收入支付的成本费用（元）	91.4	95.4	97.5	100.1	102.3
存货周转率（次）	10.5	8.2	4.7	2.3	0.7
速动比率	1.3	1.0	0.9	0.8	0.6
利润总额增长率（%）	15.3	5.2	-3.1	-11.5	-22.6
营业总收入增长率（%）	19.4	12.0	6.9	-5.3	-16.3

建筑业

范围：小型企业

项　　目	优秀值	良好值	平均值	较低值	较差值
一、盈利回报指标					
净资产收益率（%）	13.4	7.4	2.0	-1.2	-7.5
营业收入利润率（%）	12.0	6.5	3.5	-0.1	-2.8
总资产报酬率（%）	6.1	3.3	1.0	-0.4	-3.1
盈余现金保障倍数	2.6	1.3	0.3	-1.4	-4.9
二、资产运营指标					
总资产周转率（次）	1.1	0.6	0.3	0.2	0.1
应收账款周转率（次）	10.0	5.9	2.4	1.4	0.7
流动资产周转率（次）	1.3	0.8	0.4	0.3	0.1
两金占流动资产比重（%）	8.3	20.7	38.3	51.4	60.2
三、风险防控指标					
资产负债率（%）	36.8	44.0	52.1	69.7	82.4
现金流动负债比率（%）	9.1	4.4	2.0	-4.3	-11.5
带息负债比率（%）	21.3	32.3	39.5	48.1	64.8
已获利息倍数	6.3	3.2	1.6	0.5	-1.2
四、持续发展指标					
研发经费投入强度（%）	1.2	1.0	0.9	0.6	0.4
全员劳动生产率（万元/人）	61.1	42.7	28.8	16.4	8.2
经济增加值率（%）	7.7	0.8	-4.2	-6.4	-8.3
国有资本保值增值率（%）	112.5	105.5	101.9	97.2	92.6
五、补充指标					
营业现金比率（%）	12.0	4.2	0.2	-4.0	-12.2
国有资本回报率（%）	11.4	6.2	1.6	-1.6	-7.9
EBITDA率（%）	11.0	7.6	5.1	1.0	-1.7
百元收入支付的成本费用（元）	86.5	93.0	96.4	98.7	100.8
存货周转率（次）	10.1	7.2	2.8	1.5	0.7
速动比率	1.1	1.0	0.8	0.6	0.4
利润总额增长率（%）	1.9	-10.2	-17.9	-29.9	-43.2
营业总收入增长率（%）	16.7	9.6	1.4	-8.7	-19.6

房屋和土木工程建筑业

范围：全行业

项　　目	优秀值	良好值	平均值	较低值	较差值
一、盈利回报指标					
净资产收益率（%）	13.1	7.4	4.4	0.0	-3.8
营业收入利润率（%）	9.4	4.9	2.5	-0.2	-2.0
总资产报酬率（%）	3.8	3.0	2.1	0.4	-1.5
盈余现金保障倍数	2.6	1.2	0.5	-1.2	-3.6
二、资产运营指标					
总资产周转率（次）	1.1	0.9	0.6	0.4	0.1
应收账款周转率（次）	9.0	5.7	3.7	2.1	1.0
流动资产周转率（次）	1.4	0.9	0.7	0.3	0.1
两金占流动资产比重（%）	14.8	28.4	37.0	45.8	56.8
三、风险防控指标					
资产负债率（%）	66.4	71.4	75.7	85.6	92.2
现金流动负债比率（%）	8.4	4.3	1.4	-2.7	-7.5
带息负债比率（%）	19.0	24.9	28.7	41.5	52.6
已获利息倍数	6.2	4.0	2.8	1.1	0.0
四、持续发展指标					
研发经费投入强度（%）	1.1	0.8	0.7	0.5	0.4
全员劳动生产率（万元/人）	72.2	52.3	35.0	21.2	12.1
经济增加值率（%）	8.6	3.3	-0.7	-5.0	-7.9
国有资本保值增值率（%）	114.5	110.1	104.3	99.2	95.9
五、补充指标					
营业现金比率（%）	11.3	4.9	0.7	-2.6	-9.0
国有资本回报率（%）	11.8	6.8	4.2	0.0	-4.0
EBITDA率（%）	8.5	6.4	4.2	1.7	0.1
百元收入支付的成本费用（元）	92.4	95.7	97.5	99.8	102.6
存货周转率（次）	11.6	7.8	5.3	3.3	1.2
速动比率	1.3	1.0	0.9	0.7	0.6
利润总额增长率（%）	9.8	1.7	-3.1	-21.1	-37.8
营业总收入增长率（%）	19.5	12.0	6.5	-4.1	-15.8

房屋和土木工程建筑业

范围：大型企业

项　　目	优秀值	良好值	平均值	较低值	较差值
一、盈利回报指标					
净资产收益率（％）	15.0	10.0	6.9	1.9	-1.5
营业收入利润率（％）	4.9	3.8	2.4	0.6	-0.6
总资产报酬率（％）	4.1	3.5	2.8	1.2	0.1
盈余现金保障倍数	4.9	2.1	0.6	-1.4	-3.7
二、资产运营指标					
总资产周转率（次）	1.3	1.0	0.7	0.4	0.2
应收账款周转率（次）	8.5	5.9	4.3	2.6	1.4
流动资产周转率（次）	1.7	1.2	0.9	0.5	0.2
两金占流动资产比重（％）	19.8	30.2	36.8	45.2	54.1
三、风险防控指标					
资产负债率（％）	68.2	73.7	80.1	88.0	93.3
现金流动负债比率（％）	7.5	3.9	1.2	-2.4	-6.3
带息负债比率（％）	16.6	20.8	25.7	33.7	49.1
已获利息倍数	7.1	4.9	3.7	2.2	1.2
四、持续发展指标					
研发经费投入强度（％）	2.4	1.5	1.0	0.8	0.6
全员劳动生产率（万元/人）	75.7	55.9	37.5	26.6	19.4
经济增加值率（％）	9.0	6.2	1.8	-2.3	-5.4
国有资本保值增值率（％）	116.9	112.2	106.7	101.3	97.6
五、补充指标					
营业现金比率（％）	9.4	5.6	1.3	-1.0	-5.4
国有资本回报率（％）	14.8	9.8	6.8	1.7	-1.7
EBITDA率（％）	7.7	5.6	4.1	2.2	0.9
百元收入支付的成本费用（元）	95.1	96.3	97.5	99.6	101.9
存货周转率（次）	12.0	9.0	7.5	6.2	5.0
速动比率	1.1	1.0	0.9	0.8	0.7
利润总额增长率（％）	16.3	8.4	2.7	-14.7	-33.9
营业总收入增长率（％）	20.7	13.3	6.3	-4.2	-15.5

房屋和土木工程建筑业

范围：中型企业

项　　目	优秀值	良好值	平均值	较低值	较差值
一、盈利回报指标					
净资产收益率（％）	15.2	9.2	2.9	1.7	0.0
营业收入利润率（％）	8.6	4.9	3.0	0.9	-0.5
总资产报酬率（％）	4.0	2.6	1.3	0.1	-1.0
盈余现金保障倍数	4.3	2.1	0.9	-1.7	-5.2
二、资产运营指标					
总资产周转率（次）	1.0	0.7	0.3	0.2	0.1
应收账款周转率（次）	8.9	5.1	2.1	1.0	0.3
流动资产周转率（次）	1.4	1.0	0.5	0.4	0.2
两金占流动资产比重（％）	14.0	31.3	41.0	54.3	63.2
三、风险防控指标					
资产负债率（％）	58.6	64.9	68.2	81.1	89.7
现金流动负债比率（％）	9.7	4.7	2.0	-3.1	-7.8
带息负债比率（％）	21.9	30.6	40.8	46.4	57.2
已获利息倍数	4.6	3.1	2.0	0.8	-0.3
四、持续发展指标					
研发经费投入强度（％）	0.8	0.5	0.4	0.3	0.2
全员劳动生产率（万元/人）	76.8	56.1	33.5	21.7	13.8
经济增加值率（％）	8.8	3.1	-2.7	-5.4	-10.0
国有资本保值增值率（％）	109.4	104.1	101.3	97.0	92.8
五、补充指标					
营业现金比率（％）	12.8	5.2	0.6	-2.9	-9.7
国有资本回报率（％）	14.9	9.0	2.7	1.5	-0.3
EBITDA率（％）	12.6	7.3	4.2	2.0	0.5
百元收入支付的成本费用（元）	91.1	95.4	97.6	100.3	102.5
存货周转率（次）	13.6	9.9	4.4	2.5	1.2
速动比率	1.2	1.1	0.9	0.7	0.6
利润总额增长率（％）	12.2	2.5	-4.9	-15.5	-36.0
营业总收入增长率（％）	20.0	15.1	8.6	-3.9	-16.2

房屋和土木工程建筑业

范围：小型企业

项　　目	优秀值	良好值	平均值	较低值	较差值
一、盈利回报指标					
净资产收益率（%）	12.5	5.4	1.5	−1.9	−8.5
营业收入利润率（%）	11.4	5.7	2.4	−1.2	−3.7
总资产报酬率（%）	4.0	2.0	0.8	−0.9	−4.2
盈余现金保障倍数	3.1	1.5	0.4	−2.4	−4.6
二、资产运营指标					
总资产周转率（次）	0.9	0.5	0.3	0.2	0.1
应收账款周转率（次）	10.0	5.9	1.7	1.0	0.4
流动资产周转率（次）	1.2	0.7	0.4	0.2	0.1
两金占流动资产比重（%）	1.0	20.1	38.8	51.3	63.6
三、风险防控指标					
资产负债率（%）	36.5	44.9	52.4	69.0	80.1
现金流动负债比率（%）	10.0	4.8	1.4	−3.7	−10.8
带息负债比率（%）	27.2	34.1	39.9	48.3	64.4
已获利息倍数	6.5	3.4	1.5	0.4	−0.7
四、持续发展指标					
研发经费投入强度（%）	0.6	0.5	0.4	0.3	0.2
全员劳动生产率（万元/人）	67.7	47.0	31.1	16.9	7.5
经济增加值率（%）	6.2	−0.4	−3.8	−5.5	−6.9
国有资本保值增值率（%）	114.3	105.8	101.5	97.0	91.8
五、补充指标					
营业现金比率（%）	12.5	3.9	−0.7	−5.0	−13.3
国有资本回报率（%）	11.1	5.1	1.2	−2.2	−8.8
EBITDA 率（%）	10.7	6.4	4.0	0.4	−2.7
百元收入支付的成本费用（元）	88.1	93.8	96.8	98.9	100.8
存货周转率（次）	10.1	6.9	2.0	1.0	0.3
速动比率	1.5	1.2	0.9	0.7	0.5
利润总额增长率（%）	3.5	−4.4	−14.8	−32.5	−44.3
营业总收入增长率（%）	17.8	12.0	3.4	−4.5	−15.9

房屋建筑业

范围：全行业

项　　目	优秀值	良好值	平均值	较低值	较差值
一、盈利回报指标					
净资产收益率（%）	11.1	6.7	4.1	0.0	-2.7
营业收入利润率（%）	5.9	3.6	2.1	-0.8	-3.3
总资产报酬率（%）	3.6	2.7	2.0	0.8	0.1
盈余现金保障倍数	3.4	1.6	0.6	-0.6	-3.0
二、资产运营指标					
总资产周转率（次）	1.0	0.7	0.4	0.2	0.1
应收账款周转率（次）	10.2	5.8	3.4	1.8	0.6
流动资产周转率（次）	1.2	0.9	0.6	0.3	0.1
两金占流动资产比重（%）	19.0	35.6	44.2	53.2	61.4
三、风险防控指标					
资产负债率（%）	57.9	63.9	68.9	80.8	88.8
现金流动负债比率（%）	7.7	3.5	1.4	-1.3	-5.5
带息负债比率（%）	2.5	13.0	24.9	36.3	49.9
已获利息倍数	6.0	3.8	2.7	0.7	-0.7
四、持续发展指标					
研发经费投入强度（%）	1.0	0.9	0.8	0.6	0.4
全员劳动生产率（万元/人）	72.0	50.4	31.5	18.6	10.1
经济增加值率（%）	8.3	2.2	-0.9	-4.8	-7.4
国有资本保值增值率（%）	112.3	108.0	103.8	98.3	94.6
五、补充指标					
营业现金比率（%）	9.8	3.9	0.0	-3.0	-8.9
国有资本回报率（%）	10.1	6.2	4.0	-0.1	-2.8
EBITDA率（%）	8.8	5.4	3.7	1.4	-0.1
百元收入支付的成本费用（元）	92.2	95.9	97.8	99.9	103.5
存货周转率（次）	8.4	5.4	2.7	1.2	0.3
速动比率	1.2	1.0	0.9	0.7	0.5
利润总额增长率（%）	10.5	0.1	-6.2	-20.0	-38.1
营业总收入增长率（%）	24.1	15.9	7.6	-2.7	-11.3

房屋建筑业

范围：大型企业

项　　目	优秀值	良好值	平均值	较低值	较差值
一、盈利回报指标					
净资产收益率（%）	13.8	9.3	7.0	1.6	-1.9
营业收入利润率（%）	4.1	3.1	2.2	1.3	0.6
总资产报酬率（%）	3.9	3.1	2.3	1.2	0.4
盈余现金保障倍数	3.8	1.6	0.5	-1.6	-3.5
二、资产运营指标					
总资产周转率（次）	1.4	1.2	0.8	0.4	0.1
应收账款周转率（次）	8.3	5.8	4.2	2.6	1.6
流动资产周转率（次）	1.7	1.4	1.0	0.5	0.1
两金占流动资产比重（%）	32.4	41.3	45.9	51.0	60.8
三、风险防控指标					
资产负债率（%）	68.7	73.3	79.0	87.7	93.4
现金流动负债比率（%）	6.9	3.7	1.4	-0.5	-4.1
带息负债比率（%）	1.1	11.3	23.7	31.8	47.3
已获利息倍数	6.6	4.8	3.6	1.8	0.5
四、持续发展指标					
研发经费投入强度（%）	1.1	1.0	0.9	0.6	0.4
全员劳动生产率（万元/人）	67.2	49.9	36.6	25.8	18.6
经济增加值率（%）	11.6	6.5	2.3	-2.1	-5.1
国有资本保值增值率（%）	115.2	110.9	106.8	102.8	98.6
五、补充指标					
营业现金比率（%）	7.6	4.5	0.1	-1.7	-5.0
国有资本回报率（%）	13.0	9.2	7.2	1.8	-1.7
EBITDA率（%）	6.2	4.7	4.0	2.1	0.8
百元收入支付的成本费用（元）	91.7	95.6	97.6	99.3	100.4
存货周转率（次）	10.8	8.3	6.4	4.8	3.7
速动比率	1.1	1.0	0.9	0.8	0.7
利润总额增长率（%）	22.3	11.7	5.2	-13.1	-29.0
营业总收入增长率（%）	25.9	16.2	8.1	-2.1	-9.7

房屋建筑业

范围：中型企业

项　　目	优秀值	良好值	平均值	较低值	较差值
一、盈利回报指标					
净资产收益率（%）	14.3	8.9	2.8	-0.1	-4.1
营业收入利润率（%）	6.2	3.3	1.6	-0.5	-1.9
总资产报酬率（%）	3.7	2.3	1.2	-0.5	-3.6
盈余现金保障倍数	4.5	2.4	1.0	-1.2	-4.1
二、资产运营指标					
总资产周转率（次）	1.2	0.8	0.4	0.2	0.1
应收账款周转率（次）	8.6	5.8	2.3	1.4	0.5
流动资产周转率（次）	1.3	0.9	0.4	0.2	0.1
两金占流动资产比重（%）	15.3	31.6	45.0	53.6	61.9
三、风险防控指标					
资产负债率（%）	58.3	63.0	69.8	82.5	90.9
现金流动负债比率（%）	7.5	3.2	1.0	-3.6	-7.6
带息负债比率（%）	14.0	19.2	27.0	37.9	49.4
已获利息倍数	6.7	3.8	1.9	0.9	-0.4
四、持续发展指标					
研发经费投入强度（%）	0.9	0.8	0.7	0.5	0.4
全员劳动生产率（万元/人）	85.2	57.6	34.1	22.0	14.0
经济增加值率（%）	9.7	3.6	-2.5	-4.8	-7.2
国有资本保值增值率（%）	112.3	107.1	102.6	98.2	95.1
五、补充指标					
营业现金比率（%）	11.4	4.6	0.3	-3.0	-9.5
国有资本回报率（%）	13.9	8.5	2.4	0.0	-4.5
EBITDA率（%）	8.4	5.5	3.2	1.2	-0.1
百元收入支付的成本费用（元）	93.1	95.8	98.3	100.6	103.0
存货周转率（次）	10.6	7.4	2.7	1.8	0.4
速动比率	1.1	1.0	0.8	0.7	0.5
利润总额增长率（%）	14.1	3.5	-5.4	-22.7	-40.2
营业总收入增长率（%）	20.7	14.7	7.7	-8.5	-23.7

房屋建筑业

范围：小型企业

项　　　目	优秀值	良好值	平均值	较低值	较差值
一、盈利回报指标					
净资产收益率（％）	11.0	5.1	1.4	0.3	-1.3
营业收入利润率（％）	8.0	3.6	1.4	-2.1	-4.5
总资产报酬率（％）	3.2	1.8	0.6	0.0	-0.4
盈余现金保障倍数	2.8	1.2	0.4	-1.1	-3.6
二、资产运营指标					
总资产周转率（次）	0.9	0.5	0.3	0.2	0.1
应收账款周转率（次）	12.9	6.7	2.1	1.4	0.7
流动资产周转率（次）	1.1	0.6	0.3	0.2	0.1
两金占流动资产比重（％）	0.4	23.0	41.0	54.8	64.1
三、风险防控指标					
资产负债率（％）	36.5	44.4	51.5	67.9	78.8
现金流动负债比率（％）	9.6	4.6	2.0	-2.3	-9.0
带息负债比率（％）	9.3	19.1	29.9	41.7	58.6
已获利息倍数	5.3	3.2	1.3	0.0	-1.8
四、持续发展指标					
研发经费投入强度（％）	0.9	0.7	0.6	0.4	0.3
全员劳动生产率（万元/人）	69.8	48.4	26.4	14.2	6.1
经济增加值率（％）	6.0	-0.1	-4.2	-5.6	-8.4
国有资本保值增值率（％）	110.0	105.1	101.3	97.0	93.3
五、补充指标					
营业现金比率（％）	11.4	3.7	-0.3	-3.8	-10.6
国有资本回报率（％）	10.0	4.8	1.1	0.0	-1.6
EBITDA率（％）	9.3	5.3	3.0	0.0	-5.9
百元收入支付的成本费用（元）	89.2	95.3	98.4	100.0	101.0
存货周转率（次）	10.2	5.1	0.8	0.4	0.1
速动比率	1.2	1.0	0.9	0.6	0.4
利润总额增长率（％）	10.0	-9.6	-19.6	-34.2	-44.9
营业总收入增长率（％）	19.9	10.1	2.1	-7.3	-19.5

土木工程建筑业

范围：全行业

项　　目	优秀值	良好值	平均值	较低值	较差值
一、盈利回报指标					
净资产收益率（％）	13.8	7.7	4.6	1.7	−0.3
营业收入利润率（％）	10.3	5.9	3.6	1.3	−0.3
总资产报酬率（％）	4.3	3.0	2.2	0.9	0.0
盈余现金保障倍数	4.7	2.1	0.8	−1.8	−3.9
二、资产运营指标					
总资产周转率（次）	0.9	0.6	0.4	0.2	0.1
应收账款周转率（次）	8.8	5.6	3.9	1.9	0.6
流动资产周转率（次）	1.1	0.9	0.7	0.3	0.1
两金占流动资产比重（％）	15.7	25.2	31.7	41.3	49.1
三、风险防控指标					
资产负债率（％）	65.0	70.7	78.6	86.9	92.4
现金流动负债比率（％）	10.7	5.2	2.4	−2.7	−10.1
带息负债比率（％）	16.9	24.4	31.1	42.8	56.8
已获利息倍数	5.1	4.2	2.9	1.5	0.6
四、持续发展指标					
研发经费投入强度（％）	0.9	0.8	0.7	0.5	0.4
全员劳动生产率（万元/人）	72.3	52.7	37.7	23.1	13.4
经济增加值率（％）	8.8	3.0	−0.6	−3.1	−4.8
国有资本保值增值率（％）	113.8	107.6	104.4	100.0	96.7
五、补充指标					
营业现金比率（％）	12.3	5.6	1.5	−2.1	−9.0
国有资本回报率（％）	12.5	7.1	4.4	1.5	−0.5
EBITDA率（％）	11.2	8.2	5.1	2.7	1.1
百元收入支付的成本费用（元）	92.5	95.6	97.3	99.6	102.2
存货周转率（次）	11.9	7.9	5.8	4.0	2.2
速动比率	1.3	1.1	0.9	0.7	0.6
利润总额增长率（％）	22.1	13.6	5.3	−13.5	−31.3
营业总收入增长率（％）	17.0	12.4	5.6	−10.1	−24.9

建筑安装业

范围：全行业

项　　目	优秀值	良好值	平均值	较低值	较差值
一、盈利回报指标					
净资产收益率（％）	13.5	8.8	4.0	0.1	−5.4
营业收入利润率（％）	9.1	6.1	2.6	0.5	−1.0
总资产报酬率（％）	4.8	3.0	1.9	0.0	−2.2
盈余现金保障倍数	2.2	1.1	0.5	−1.2	−3.5
二、资产运营指标					
总资产周转率（次）	1.2	0.8	0.5	0.2	0.1
应收账款周转率（次）	7.1	4.5	3.2	1.4	0.3
流动资产周转率（次）	1.4	0.9	0.7	0.3	0.1
两金占流动资产比重（％）	18.0	30.7	37.3	49.1	57.0
三、风险防控指标					
资产负债率（％）	63.5	69.0	75.7	85.0	91.3
现金流动负债比率（％）	10.8	5.4	2.0	−2.9	−7.7
带息负债比率（％）	4.4	15.8	29.8	37.7	52.9
已获利息倍数	5.7	3.7	2.4	1.1	−0.3
四、持续发展指标					
研发经费投入强度（％）	1.4	1.3	1.2	1.0	0.8
全员劳动生产率（万元/人）	56.4	42.1	30.5	18.8	11.1
经济增加值率（％）	8.6	2.8	−1.7	−5.6	−8.2
国有资本保值增值率（％）	112.5	107.4	103.1	99.0	95.2
五、补充指标					
营业现金比率（％）	11.3	5.3	0.9	−2.7	−9.8
国有资本回报率（％）	11.7	7.7	3.5	0.1	−5.8
EBITDA率（％）	12.8	7.8	4.3	2.0	0.5
百元收入支付的成本费用（元）	91.7	95.1	97.4	99.6	101.7
存货周转率（次）	10.4	8.4	5.4	3.4	2.1
速动比率	1.3	1.1	0.9	0.8	0.6
利润总额增长率（％）	15.1	3.6	−2.9	−19.2	−34.2
营业总收入增长率（％）	21.3	11.6	6.0	−7.2	−16.1

建筑安装业

范围：大型企业

项　目	优秀值	良好值	平均值	较低值	较差值
一、盈利回报指标					
净资产收益率（%）	14.5	10.5	5.8	1.9	-0.7
营业收入利润率（%）	4.5	3.6	2.6	0.7	-0.6
总资产报酬率（%）	3.8	3.1	2.4	0.9	-0.1
盈余现金保障倍数	4.5	2.0	0.6	-1.7	-3.9
二、资产运营指标					
总资产周转率（次）	1.2	1.0	0.7	0.5	0.3
应收账款周转率（次）	7.3	5.0	3.9	2.2	1.1
流动资产周转率（次）	1.5	1.2	0.9	0.6	0.4
两金占流动资产比重（%）	21.1	30.0	37.2	44.3	53.0
三、风险防控指标					
资产负债率（%）	66.4	71.9	79.0	87.5	93.2
现金流动负债比率（%）	6.9	5.0	2.1	-2.7	-5.9
带息负债比率（%）	3.9	13.7	28.4	36.6	52.4
已获利息倍数	6.1	3.9	2.8	1.9	0.6
四、持续发展指标					
研发经费投入强度（%）	1.7	1.6	1.5	1.2	0.9
全员劳动生产率（万元/人）	58.2	43.3	32.5	23.0	16.7
经济增加值率（%）	7.8	4.4	1.0	-2.1	-5.9
国有资本保值增值率（%）	116.2	111.0	105.3	101.9	98.2
五、补充指标					
营业现金比率（%）	7.2	4.0	1.3	-1.5	-6.8
国有资本回报率（%）	14.1	10.1	5.4	1.5	-1.1
EBITDA率（%）	7.7	5.4	4.3	2.5	1.4
百元收入支付的成本费用（元）	95.1	96.2	97.4	99.1	101.1
存货周转率（次）	11.7	9.8	8.1	6.4	5.2
速动比率	1.2	1.1	0.9	0.8	0.7
利润总额增长率（%）	17.7	8.0	2.3	-13.2	-27.2
营业总收入增长率（%）	23.3	12.9	6.2	-5.9	-15.5

建筑安装业

范围：中型企业

项　　目	优秀值	良好值	平均值	较低值	较差值
一、盈利回报指标					
净资产收益率（％）	14.5	9.1	4.4	1.2	−5.0
营业收入利润率（％）	8.3	5.2	2.4	0.4	−0.9
总资产报酬率（％）	5.5	3.5	1.6	0.2	−1.5
盈余现金保障倍数	3.8	1.5	0.4	−1.8	−4.3
二、资产运营指标					
总资产周转率（次）	1.2	0.9	0.6	0.3	0.1
应收账款周转率（次）	7.6	4.5	2.5	1.4	0.7
流动资产周转率（次）	1.4	1.1	0.7	0.4	0.2
两金占流动资产比重（％）	21.7	32.0	38.8	49.5	57.1
三、风险防控指标					
资产负债率（％）	57.6	63.6	68.6	80.6	88.6
现金流动负债比率（％）	10.1	4.6	1.8	−3.8	−8.5
带息负债比率（％）	9.1	19.8	35.7	43.8	59.4
已获利息倍数	5.4	4.1	2.8	1.4	−0.1
四、持续发展指标					
研发经费投入强度（％）	1.2	1.1	1.0	0.8	0.7
全员劳动生产率（万元/人）	58.0	44.2	29.4	20.6	14.7
经济增加值率（％）	9.8	5.1	−1.3	−4.2	−6.8
国有资本保值增值率（％）	109.3	105.8	103.1	100.0	95.1
五、补充指标					
营业现金比率（％）	11.9	5.8	0.5	−2.5	−8.3
国有资本回报率（％）	12.6	8.0	3.9	0.7	−5.5
EBITDA率（％）	11.2	6.9	4.1	1.9	0.4
百元收入支付的成本费用（元）	91.5	95.2	97.6	99.8	101.3
存货周转率（次）	12.6	9.7	5.3	2.9	1.3
速动比率	1.3	1.2	0.9	0.8	0.6
利润总额增长率（％）	25.1	9.5	−0.1	−12.3	−30.7
营业总收入增长率（％）	17.6	10.3	5.7	−10.2	−20.8

建筑安装业

范围：小型企业

项 目	优秀值	良好值	平均值	较低值	较差值
一、盈利回报指标					
净资产收益率（%）	13.5	8.1	2.4	-1.0	-7.5
营业收入利润率（%）	12.1	8.5	3.9	0.2	-2.2
总资产报酬率（%）	6.6	4.2	1.5	-0.1	-3.1
盈余现金保障倍数	3.1	1.8	0.7	-1.4	-4.2
二、资产运营指标					
总资产周转率（次）	1.2	0.8	0.3	0.2	0.1
应收账款周转率（次）	10.2	6.0	2.0	1.2	0.6
流动资产周转率（次）	1.3	0.9	0.4	0.2	0.1
两金占流动资产比重（%）	7.7	24.4	36.9	51.3	60.9
三、风险防控指标					
资产负债率（%）	37.9	45.8	53.7	71.1	83.3
现金流动负债比率（%）	13.8	8.0	2.7	-2.2	-10.4
带息负债比率（%）	5.7	19.1	28.3	34.1	45.4
已获利息倍数	5.4	3.2	2.0	0.7	-1.9
四、持续发展指标					
研发经费投入强度（%）	1.1	0.9	0.8	0.7	0.6
全员劳动生产率（万元/人）	55.6	39.7	26.7	16.1	9.1
经济增加值率（%）	10.8	3.4	-3.0	-6.2	-8.3
国有资本保值增值率（%）	106.8	104.0	101.1	97.7	93.4
五、补充指标					
营业现金比率（%）	12.5	5.6	1.2	-3.3	-12.1
国有资本回报率（%）	14.5	6.9	2.0	-1.4	-8.0
EBITDA率（%）	15.5	9.3	5.6	2.1	-0.2
百元收入支付的成本费用（元）	88.1	92.9	96.3	100.1	102.8
存货周转率（次）	10.2	7.7	3.9	2.0	0.7
速动比率	1.5	1.2	1.0	0.9	0.6
利润总额增长率（%）	6.7	-3.5	-13.0	-27.4	-42.1
营业总收入增长率（%）	21.1	11.7	5.5	-4.1	-12.8

建筑装饰业

范围：全行业

项　　目	优秀值	良好值	平均值	较低值	较差值
一、盈利回报指标					
净资产收益率（％）	14.3	7.3	2.3	0.1	−1.4
营业收入利润率（％）	13.9	7.6	4.3	1.6	−0.3
总资产报酬率（％）	5.1	2.7	1.0	0.1	−0.5
盈余现金保障倍数	1.7	1.1	0.8	−0.8	−3.7
二、资产运营指标					
总资产周转率（次）	1.0	0.6	0.3	0.2	0.1
应收账款周转率（次）	7.2	5.1	2.0	1.0	0.4
流动资产周转率（次）	1.4	1.0	0.4	0.3	0.1
两金占流动资产比重（％）	9.8	26.1	39.2	52.7	61.6
三、风险防控指标					
资产负债率（％）	38.2	45.8	52.2	69.2	79.1
现金流动负债比率（％）	10.5	5.9	3.5	−1.9	−9.4
带息负债比率（％）	16.6	30.0	46.8	55.9	73.4
已获利息倍数	5.3	3.7	1.9	0.6	−0.3
四、持续发展指标					
研发经费投入强度（％）	1.0	0.9	0.8	0.6	0.5
全员劳动生产率（万元/人）	58.2	42.2	33.9	18.7	8.5
经济增加值率（％）	9.1	1.9	−3.7	−6.4	−8.4
国有资本保值增值率（％）	110.8	104.7	101.5	96.7	91.5
五、补充指标					
营业现金比率（％）	10.2	5.1	2.5	−2.1	−11.0
国有资本回报率（％）	13.1	6.8	1.8	−0.3	−1.9
EBITDA率（％）	15.4	9.2	6.0	1.4	−1.7
百元收入支付的成本费用（元）	89.6	93.8	96.1	98.0	99.7
存货周转率（次）	6.4	3.3	1.7	0.7	0.1
速动比率	1.5	1.2	0.9	0.8	0.5
利润总额增长率（％）	6.4	−3.9	−14.0	−25.1	−46.7
营业总收入增长率（％）	21.1	11.4	3.0	−5.9	−14.6

交通运输仓储及邮政业

范围：全行业

项　　目	优秀值	良好值	平均值	较低值	较差值
一、盈利回报指标					
净资产收益率（％）	11.4	5.6	1.6	-2.4	-10.0
营业收入利润率（％）	13.5	6.8	3.3	-1.9	-9.0
总资产报酬率（％）	5.7	2.9	1.4	-1.5	-3.9
盈余现金保障倍数	4.0	2.3	1.4	-0.3	-1.7
二、资产运营指标					
总资产周转率（次）	1.1	0.6	0.3	0.2	0.1
应收账款周转率（次）	14.9	11.0	7.8	4.7	2.6
流动资产周转率（次）	2.3	1.4	0.7	0.3	0.1
两金占流动资产比重（％）	2.3	13.3	29.8	41.9	56.2
三、风险防控指标					
资产负债率（％）	51.0	56.0	61.0	71.0	86.0
现金流动负债比率（％）	23.7	13.6	5.7	-6.2	-14.1
带息负债比率（％）	36.3	46.9	57.8	68.2	88.3
已获利息倍数	5.4	2.6	1.2	-0.1	-1.5
四、持续发展指标					
研发经费投入强度（％）	0.7	0.5	0.4	0.3	0.2
全员劳动生产率（万元/人）	51.5	36.9	28.8	14.7	5.3
经济增加值率（％）	6.8	1.2	-3.5	-6.0	-8.5
国有资本保值增值率（％）	105.3	103.0	100.7	95.3	88.2
五、补充指标					
营业现金比率（％）	28.7	14.9	1.7	-1.6	-8.1
国有资本回报率（％）	9.7	4.7	1.3	-2.8	-10.3
EBITDA率（％）	16.0	11.7	7.4	3.6	-0.1
百元收入支付的成本费用（元）	81.4	90.3	96.7	105.9	116.8
存货周转率（次）	13.5	9.3	3.5	2.1	0.7
速动比率	1.3	1.0	0.7	0.5	0.4
利润总额增长率（％）	2.4	-4.2	-14.1	-26.6	-35.0
营业总收入增长率（％）	15.5	9.3	-0.1	-8.7	-19.0

交通运输仓储及邮政业

范围：大型企业

项　　目	优秀值	良好值	平均值	较低值	较差值
一、盈利回报指标					
净资产收益率（%）	8.8	4.8	1.7	-2.2	-9.9
营业收入利润率（%）	19.8	12.8	9.0	2.2	-5.0
总资产报酬率（%）	6.0	3.3	1.6	-0.4	-2.7
盈余现金保障倍数	4.3	2.6	1.3	-0.1	-1.3
二、资产运营指标					
总资产周转率（次）	0.7	0.4	0.3	0.2	0.1
应收账款周转率（次）	24.6	17.5	11.6	7.9	5.0
流动资产周转率（次）	2.6	1.7	0.7	0.3	0.1
两金占流动资产比重（%）	8.5	17.2	30.3	40.3	59.6
三、风险防控指标					
资产负债率（%）	51.0	56.0	61.0	71.0	86.0
现金流动负债比率（%）	25.2	17.3	5.5	-5.4	-14.9
带息负债比率（%）	37.8	47.1	55.9	67.4	84.5
已获利息倍数	6.2	3.6	1.2	0.4	-0.6
四、持续发展指标					
研发经费投入强度（%）	1.1	0.7	0.5	0.3	0.2
全员劳动生产率（万元/人）	65.4	52.3	32.6	19.1	10.1
经济增加值率（%）	5.1	1.1	-3.2	-5.6	-7.2
国有资本保值增值率（%）	105.0	102.9	101.5	95.0	89.7
五、补充指标					
营业现金比率（%）	44.7	27.8	7.4	-0.8	-6.3
国有资本回报率（%）	8.2	4.3	1.1	-2.8	-10.4
EBITDA率（%）	26.3	20.3	15.8	8.7	4.0
百元收入支付的成本费用（元）	79.2	88.3	94.6	103.7	115.3
存货周转率（次）	26.1	18.3	12.7	9.7	5.9
速动比率	1.3	1.0	0.7	0.5	0.4
利润总额增长率（%）	9.3	2.5	-7.7	-35.6	-61.0
营业总收入增长率（%）	20.8	11.4	-0.7	-10.7	-17.3

交通运输仓储及邮政业

范围：中型企业

项 目	优秀值	良好值	平均值	较低值	较差值
一、盈利回报指标					
净资产收益率（％）	9.3	5.1	1.4	−2.4	−8.4
营业收入利润率（％）	12.6	6.0	2.6	−3.3	−14.9
总资产报酬率（％）	5.6	3.2	1.2	−1.7	−7.0
盈余现金保障倍数	5.9	3.6	2.0	0.3	−1.0
二、资产运营指标					
总资产周转率（次）	0.8	0.5	0.3	0.2	0.1
应收账款周转率（次）	23.1	16.5	8.7	6.3	4.4
流动资产周转率（次）	2.5	1.6	0.7	0.4	0.1
两金占流动资产比重（％）	5.7	21.3	44.7	55.0	63.8
三、风险防控指标					
资产负债率（％）	51.1	56.1	61.1	71.1	86.1
现金流动负债比率（％）	28.8	19.8	6.9	−5.0	−12.9
带息负债比率（％）	32.7	42.8	58.1	66.1	81.7
已获利息倍数	6.2	2.9	1.1	−0.3	−1.6
四、持续发展指标					
研发经费投入强度（％）	0.6	0.5	0.4	0.3	0.2
全员劳动生产率（万元/人）	56.7	37.2	22.4	13.0	6.8
经济增加值率（％）	7.3	1.6	−3.6	−6.4	−9.0
国有资本保值增值率（％）	107.5	104.3	100.5	94.7	87.9
五、补充指标					
营业现金比率（％）	38.1	21.9	4.1	0.0	−7.7
国有资本回报率（％）	9.1	4.8	1.2	−2.6	−8.6
EBITDA率（％）	14.4	8.6	5.1	1.1	−1.6
百元收入支付的成本费用（元）	81.1	89.5	98.2	108.2	119.8
存货周转率（次）	24.7	13.0	7.0	5.0	1.3
速动比率	1.3	1.0	0.8	0.5	0.4
利润总额增长率（％）	8.4	−1.1	−15.5	−21.2	−32.4
营业总收入增长率（％）	24.8	12.2	3.0	−8.4	−17.7

交通运输仓储及邮政业

范围：小型企业

项　　目	优秀值	良好值	平均值	较低值	较差值
一、盈利回报指标					
净资产收益率（%）	11.7	5.9	1.7	−2.1	−9.1
营业收入利润率（%）	12.0	6.0	1.8	−3.9	−10.9
总资产报酬率（%）	6.1	3.3	1.5	−1.5	−5.9
盈余现金保障倍数	5.3	2.7	1.3	−0.2	−2.0
二、资产运营指标					
总资产周转率（次）	1.1	0.7	0.3	0.2	0.1
应收账款周转率（次）	12.9	9.8	7.7	4.9	3.1
流动资产周转率（次）	2.4	1.5	0.8	0.4	0.1
两金占流动资产比重（%）	1.1	11.9	28.1	37.6	49.0
三、风险防控指标					
资产负债率（%）	51.0	56.0	61.0	71.0	86.0
现金流动负债比率（%）	22.7	13.5	6.7	−3.2	−10.3
带息负债比率（%）	38.7	50.1	63.3	72.1	89.2
已获利息倍数	5.2	2.6	1.2	0.1	−1.4
四、持续发展指标					
研发经费投入强度（%）	0.9	0.5	0.4	0.3	0.2
全员劳动生产率（万元/人）	49.2	36.6	26.4	13.9	5.5
经济增加值率（%）	7.7	1.6	−3.5	−6.0	−8.2
国有资本保值增值率（%）	105.4	102.5	100.8	94.4	87.2
五、补充指标					
营业现金比率（%）	25.7	13.5	1.7	−1.4	−7.6
国有资本回报率（%）	10.1	5.1	1.4	−2.7	−9.4
EBITDA率（%）	15.2	11.3	7.2	4.0	1.8
百元收入支付的成本费用（元）	88.3	96.0	100.0	109.9	117.3
存货周转率（次）	11.5	6.2	2.0	1.5	0.6
速动比率	1.4	1.0	0.7	0.5	0.3
利润总额增长率（%）	9.6	−4.9	−12.5	−25.5	−37.0
营业总收入增长率（%）	13.2	8.5	1.8	−8.4	−17.2

铁路运输业

范围：全行业

项　　目	优秀值	良好值	平均值	较低值	较差值
一、盈利回报指标					
净资产收益率（%）	9.8	4.9	2.4	-0.7	-5.3
营业收入利润率（%）	10.7	3.4	-3.9	-11.7	-16.9
总资产报酬率（%）	4.3	1.8	0.6	-0.4	-1.6
盈余现金保障倍数	4.6	3.4	2.1	0.8	-0.5
二、资产运营指标					
总资产周转率（次）	0.5	0.4	0.3	0.2	0.1
应收账款周转率（次）	17.6	12.3	7.8	4.8	2.8
流动资产周转率（次）	2.0	1.3	0.5	0.4	0.2
两金占流动资产比重（%）	20.3	28.0	39.5	48.5	66.0
三、风险防控指标					
资产负债率（%）	51.0	56.0	61.0	71.0	86.0
现金流动负债比率（%）	19.6	9.4	2.1	-4.4	-16.2
带息负债比率（%）	21.5	32.2	45.5	62.0	80.8
已获利息倍数	4.7	2.0	0.5	-0.8	-2.1
四、持续发展指标					
研发经费投入强度（%）	0.9	0.5	0.4	0.3	0.2
全员劳动生产率（万元/人）	68.6	55.5	44.6	29.1	18.8
经济增加值率（%）	1.7	-2.3	-4.6	-6.5	-9.2
国有资本保值增值率（%）	107.6	103.7	101.7	98.5	94.0
五、补充指标					
营业现金比率（%）	23.1	14.8	2.4	-1.7	-9.5
国有资本回报率（%）	7.0	2.7	0.5	-2.3	-7.2
EBITDA率（%）	18.8	6.9	-2.3	-7.7	-18.2
百元收入支付的成本费用（元）	83.7	92.0	99.2	107.3	118.3
存货周转率（次）	41.6	35.7	32.7	24.0	14.7
速动比率	1.1	0.9	0.7	0.6	0.3
利润总额增长率（%）	7.2	1.3	-2.8	-7.7	-15.7
营业总收入增长率（%）	14.3	10.4	7.5	3.8	-3.4

道路运输业

范围：全行业

项　　目	优秀值	良好值	平均值	较低值	较差值
一、盈利回报指标					
净资产收益率（％）	9.7	4.7	1.6	－3.6	－9.6
营业收入利润率（％）	15.1	7.2	3.2	－5.9	－14.9
总资产报酬率（％）	4.7	2.5	1.4	－1.8	－4.4
盈余现金保障倍数	3.6	2.9	1.7	0.3	－1.0
二、资产运营指标					
总资产周转率（次）	1.2	0.6	0.3	0.2	0.1
应收账款周转率（次）	23.6	16.2	7.8	4.3	1.9
流动资产周转率（次）	2.5	1.8	0.7	0.4	0.2
两金占流动资产比重（％）	0.1	10.0	22.7	29.6	43.0
三、风险防控指标					
资产负债率（％）	51.0	56.0	61.0	71.0	86.0
现金流动负债比率（％）	23.4	13.3	5.6	－2.2	－7.4
带息负债比率（％）	50.0	61.4	74.2	81.6	95.8
已获利息倍数	5.3	2.9	1.3	－0.4	－1.5
四、持续发展指标					
研发经费投入强度（％）	0.9	0.5	0.4	0.3	0.2
全员劳动生产率（万元/人）	45.7	31.3	23.9	11.5	3.2
经济增加值率（％）	5.7	0.5	－3.2	－6.2	－10.4
国有资本保值增值率（％）	106.7	104.2	100.5	94.3	87.4
五、补充指标					
营业现金比率（％）	25.4	10.9	3.4	－0.8	－8.9
国有资本回报率（％）	8.5	4.2	1.5	－3.7	－9.7
EBITDA率（％）	17.4	12.4	7.5	0.4	－8.0
百元收入支付的成本费用（元）	91.4	94.8	98.1	111.2	119.9
存货周转率（次）	29.7	23.6	14.5	11.2	7.6
速动比率	1.4	1.2	0.8	0.6	0.4
利润总额增长率（％）	2.1	－4.5	－14.4	－24.5	－31.2
营业总收入增长率（％）	16.1	4.5	－2.2	－15.0	－25.4

道路运输业

范围：大型企业

项　　目	优秀值	良好值	平均值	较低值	较差值
一、盈利回报指标					
净资产收益率（%）	5.6	4.4	2.5	-1.4	-9.2
营业收入利润率（%）	23.6	12.0	5.9	-2.8	-10.5
总资产报酬率（%）	5.3	3.6	2.2	0.1	-1.9
盈余现金保障倍数	4.8	3.7	2.0	0.1	-1.9
二、资产运营指标					
总资产周转率（次）	0.7	0.4	0.3	0.2	0.1
应收账款周转率（次）	36.1	23.5	12.4	7.9	4.9
流动资产周转率（次）	2.7	1.9	0.6	0.4	0.1
两金占流动资产比重（%）	0.5	10.3	20.1	26.2	37.9
三、风险防控指标					
资产负债率（%）	51.0	56.0	61.0	71.0	86.0
现金流动负债比率（%）	19.9	15.7	9.3	5.0	-3.5
带息负债比率（%）	53.2	62.8	76.9	82.5	93.2
已获利息倍数	5.2	3.0	1.3	0.4	-0.2
四、持续发展指标					
研发经费投入强度（%）	1.0	0.6	0.5	0.3	0.2
全员劳动生产率（万元/人）	79.4	63.1	39.3	21.3	9.3
经济增加值率（%）	3.4	0.6	-2.3	-4.5	-6.9
国有资本保值增值率（%）	103.5	102.7	101.7	96.8	91.5
五、补充指标					
营业现金比率（%）	58.0	38.3	8.7	3.5	0.0
国有资本回报率（%）	4.2	3.2	1.6	-2.4	-10.2
EBITDA 率（%）	23.6	17.9	12.3	5.9	-1.3
百元收入支付的成本费用（元）	91.0	96.7	100.0	108.7	115.8
存货周转率（次）	29.7	24.0	17.0	14.1	11.0
速动比率	1.3	1.1	0.9	0.6	0.5
利润总额增长率（%）	8.9	3.0	-5.9	-9.5	-16.5
营业总收入增长率（%）	8.1	2.4	-2.3	-10.3	-15.6

道路运输业

范围：中型企业

项　　目	优秀值	良好值	平均值	较低值	较差值
一、盈利回报指标					
净资产收益率（%）	10.2	6.2	2.9	−2.9	−8.3
营业收入利润率（%）	16.9	10.3	6.0	−2.0	−14.1
总资产报酬率（%）	6.6	4.1	2.5	−0.4	−2.4
盈余现金保障倍数	4.3	3.0	1.0	−0.4	−1.6
二、资产运营指标					
总资产周转率（次）	0.8	0.5	0.3	0.2	0.1
应收账款周转率（次）	30.0	17.5	8.3	4.6	2.1
流动资产周转率（次）	2.5	1.9	0.8	0.5	0.2
两金占流动资产比重（%）	0.3	7.4	18.1	23.0	32.5
三、风险防控指标					
资产负债率（%）	51.0	56.0	61.0	71.0	86.0
现金流动负债比率（%）	31.3	17.6	10.3	−0.1	−7.6
带息负债比率（%）	50.0	60.7	70.2	81.8	94.3
已获利息倍数	6.4	3.1	1.2	−0.1	−1.0
四、持续发展指标					
研发经费投入强度（%）	0.8	0.5	0.4	0.3	0.2
全员劳动生产率（万元/人）	57.8	39.2	29.6	14.7	4.8
经济增加值率（%）	4.4	0.6	−3.0	−6.7	−9.8
国有资本保值增值率（%）	107.1	104.8	101.3	94.9	88.4
五、补充指标					
营业现金比率（%）	45.9	19.1	1.9	−0.6	−5.5
国有资本回报率（%）	9.7	5.9	2.5	−3.3	−8.7
EBITDA率（%）	21.6	17.6	12.1	4.9	0.1
百元收入支付的成本费用（元）	86.9	90.1	93.4	104.2	115.3
存货周转率（次）	31.2	25.0	15.6	11.2	7.9
速动比率	1.4	1.1	0.8	0.6	0.4
利润总额增长率（%）	1.2	−12.1	−23.6	−27.6	−35.6
营业总收入增长率（%）	13.4	2.4	−4.2	−14.7	−21.7

道路运输业

项　　目	优秀值	良好值	平均值	较低值	较差值
一、盈利回报指标					
净资产收益率（%）	10.6	5.3	1.3	−4.1	−10.8
营业收入利润率（%）	10.7	4.8	−0.6	−6.6	−18.2
总资产报酬率（%）	5.0	2.6	1.2	−1.9	−5.0
盈余现金保障倍数	3.6	2.1	1.3	0.0	−1.3
二、资产运营指标					
总资产周转率（次）	1.1	0.6	0.3	0.2	0.1
应收账款周转率（次）	19.8	13.7	6.6	5.0	3.5
流动资产周转率（次）	2.7	1.9	0.7	0.4	0.2
两金占流动资产比重（%）	0.6	15.1	37.0	46.0	57.4
三、风险防控指标					
资产负债率（%）	51.0	56.0	61.0	71.0	86.0
现金流动负债比率（%）	22.8	11.6	5.4	0.2	−4.7
带息负债比率（%）	40.7	52.0	61.9	69.8	85.1
已获利息倍数	6.2	3.0	1.0	−0.3	−2.1
四、持续发展指标					
研发经费投入强度（%）	0.9	0.6	0.5	0.3	0.2
全员劳动生产率（万元/人）	40.0	28.8	23.1	10.9	2.7
经济增加值率（%）	7.3	1.9	−3.7	−6.7	−12.0
国有资本保值增值率（%）	106.8	104.3	100.5	93.7	85.3
五、补充指标					
营业现金比率（%）	20.6	9.3	0.6	−2.7	−9.1
国有资本回报率（%）	9.3	4.7	1.3	−4.1	−10.8
EBITDA 率（%）	11.8	6.3	1.0	−4.6	−15.5
百元收入支付的成本费用（元）	91.6	95.1	98.2	108.5	119.3
存货周转率（次）	29.8	21.7	14.2	11.3	7.7
速动比率	1.4	1.1	0.7	0.5	0.4
利润总额增长率（%）	4.6	−10.3	−20.9	−28.9	−39.1
营业总收入增长率（%）	22.0	11.4	−0.4	−15.6	−25.8

高速公路

范围：全行业

项　　　目	优秀值	良好值	平均值	较低值	较差值
一、盈利回报指标					
净资产收益率（％）	9.0	4.7	1.6	-4.6	-8.7
营业收入利润率（％）	26.1	15.3	3.9	-17.3	-34.6
总资产报酬率（％）	5.0	3.5	1.4	-1.6	-7.2
盈余现金保障倍数	5.0	3.3	2.0	0.5	-1.0
二、资产运营指标					
总资产周转率（次）	0.5	0.4	0.3	0.2	0.1
应收账款周转率（次）	40.3	28.6	11.8	7.6	4.8
流动资产周转率（次）	2.8	1.7	1.0	0.5	0.1
两金占流动资产比重（％）	1.7	11.8	26.9	35.7	52.9
三、风险防控指标					
资产负债率（％）	51.0	56.0	61.0	71.0	86.0
现金流动负债比率（％）	27.0	20.3	10.1	3.4	-1.2
带息负债比率（％）	30.6	49.7	68.2	83.1	101.0
已获利息倍数	5.6	3.0	1.1	0.0	-1.5
四、持续发展指标					
研发经费投入强度（％）	1.1	0.7	0.6	0.4	0.2
全员劳动生产率（万元/人）	98.5	72.2	50.0	18.9	-1.9
经济增加值率（％）	6.7	0.8	-3.0	-7.7	-16.8
国有资本保值增值率（％）	107.1	104.3	100.7	94.7	90.6
五、补充指标					
营业现金比率（％）	69.1	44.5	7.7	3.1	0.0
国有资本回报率（％）	8.1	4.6	1.4	-4.8	-8.9
EBITDA 率（％）	20.8	11.7	5.6	0.0	-5.3
百元收入支付的成本费用（元）	80.3	86.6	95.5	100.3	109.5
存货周转率（次）	61.7	43.6	16.5	12.5	7.5
速动比率	1.3	1.1	0.9	0.6	0.2
利润总额增长率（％）	12.0	-0.2	-12.5	-19.0	-23.4
营业总收入增长率（％）	19.4	8.9	-2.5	-10.8	-17.3

城市公共交通业

范围：全行业

项　　目	优秀值	良好值	平均值	较低值	较差值
一、盈利回报指标					
净资产收益率（％）	6.3	3.5	0.6	−5.5	−11.6
营业收入利润率（％）	7.9	2.8	0.1	−21.9	−64.6
总资产报酬率（％）	3.0	2.0	0.5	−3.9	−10.0
盈余现金保障倍数	4.5	2.2	0.4	−1.2	−2.6
二、资产运营指标					
总资产周转率（次）	0.5	0.4	0.3	0.2	0.1
应收账款周转率（次）	16.7	12.4	8.5	5.5	3.5
流动资产周转率（次）	1.3	0.9	0.4	0.2	0.1
两金占流动资产比重（％）	10.2	20.4	35.7	38.1	42.7
三、风险防控指标					
资产负债率（％）	51.0	56.0	61.0	71.0	86.0
现金流动负债比率（％）	15.0	8.1	3.0	−4.4	−14.5
带息负债比率（％）	37.5	50.0	60.8	69.6	86.5
已获利息倍数	4.7	2.6	1.5	−1.3	−5.1
四、持续发展指标					
研发经费投入强度（％）	0.9	0.5	0.4	0.3	0.2
全员劳动生产率（万元/人）	23.3	16.5	10.6	6.3	3.4
经济增加值率（％）	2.1	−2.0	−4.6	−9.8	−15.5
国有资本保值增值率（％）	104.9	101.9	99.7	92.3	84.5
五、补充指标					
营业现金比率（％）	27.7	12.0	0.0	−4.8	−14.0
国有资本回报率（％）	4.8	2.4	−0.1	−6.3	−12.3
EBITDA 率（％）	27.2	19.9	14.4	4.4	−2.3
百元收入支付的成本费用（元）	86.5	93.6	101.6	112.8	134.7
存货周转率（次）	35.4	22.8	15.2	10.7	7.7
速动比率	1.1	0.9	0.7	0.5	0.3
利润总额增长率（％）	2.4	−5.1	−9.0	−25.6	−57.8
营业总收入增长率（％）	0.9	−0.8	−2.6	−9.5	−20.7

公共电汽车客运业

范围：全行业

项　　目	优秀值	良好值	平均值	较低值	较差值
一、盈利回报指标					
净资产收益率（%）	5.0	1.4	−0.9	−11.0	−21.4
营业收入利润率（%）	−22.2	−42.6	−53.2	−75.6	−119.2
总资产报酬率（%）	3.4	1.5	−0.7	−6.5	−12.1
盈余现金保障倍数	11.4	6.0	2.3	1.3	−0.6
二、资产运营指标					
总资产周转率（次）	0.6	0.4	0.3	0.2	0.1
应收账款周转率（次）	14.8	10.7	6.7	3.9	1.2
流动资产周转率（次）	1.3	1.0	0.4	0.2	0.1
两金占流动资产比重（%）	0.5	4.6	10.8	19.0	27.1
三、风险防控指标					
资产负债率（%）	53.6	58.6	63.6	73.6	88.6
现金流动负债比率（%）	16.0	7.1	2.4	−9.1	−23.8
带息负债比率（%）	22.3	33.8	46.8	59.7	80.3
已获利息倍数	1.0	0.3	−0.7	−5.8	−10.2
四、持续发展指标					
研发经费投入强度（%）	0.6	0.5	0.4	0.3	0.2
全员劳动生产率（万元/人）	15.4	13.3	11.1	7.7	5.4
经济增加值率（%）	−2.3	−5.0	−6.5	−15.2	−23.2
国有资本保值增值率（%）	107.0	103.0	99.2	87.0	63.3
五、补充指标					
营业现金比率（%）	27.8	11.7	3.4	−4.2	−19.0
国有资本回报率（%）	4.9	2.0	−0.4	−10.5	−20.9
EBITDA 率（%）	−19.3	−41.2	−52.5	−58.1	−69.2
百元收入支付的成本费用（元）	101.7	127.5	140.8	151.7	172.8
存货周转率（次）	107.4	77.8	35.5	23.5	0.1
速动比率	1.0	0.8	0.6	0.4	0.2
利润总额增长率（%）	−19.0	−38.8	−49.0	−60.9	−83.6
营业总收入增长率（%）	2.3	−9.6	−15.8	−24.7	−38.0

城市轨道交通业

范围：全行业

项　目	优秀值	良好值	平均值	较低值	较差值
一、盈利回报指标					
净资产收益率（%）	5.3	2.1	0.4	−2.0	−6.4
营业收入利润率（%）	20.2	14.1	6.4	−2.7	−20.4
总资产报酬率（%）	1.7	0.8	0.3	−0.1	−0.8
盈余现金保障倍数	6.0	2.4	0.6	−1.0	−4.0
二、资产运营指标					
总资产周转率（次）	0.6	0.4	0.3	0.2	0.1
应收账款周转率（次）	12.5	8.4	4.7	2.1	0.3
流动资产周转率（次）	4.5	1.7	0.3	0.2	0.1
两金占流动资产比重（%）	13.2	23.2	38.1	43.3	53.5
三、风险防控指标					
资产负债率（%）	51.0	56.0	61.0	71.0	86.0
现金流动负债比率（%）	10.8	5.2	2.2	−4.0	−10.6
带息负债比率（%）	48.6	57.8	67.8	75.8	83.2
已获利息倍数	6.9	3.5	1.8	0.5	−1.6
四、持续发展指标					
研发经费投入强度（%）	0.6	0.5	0.4	0.3	0.2
全员劳动生产率（万元/人）	55.9	44.7	38.9	22.0	10.7
经济增加值率（%）	−0.4	−3.0	−4.4	−7.1	−12.4
国有资本保值增值率（%）	107.5	102.6	100.1	98.6	95.8
五、补充指标					
营业现金比率（%）	42.9	20.5	1.6	−10.9	−35.1
国有资本回报率（%）	4.8	1.6	−0.1	−2.4	−6.9
EBITDA率（%）	31.5	24.4	18.9	9.3	0.6
百元收入支付的成本费用（元）	83.0	89.9	98.9	105.9	111.6
存货周转率（次）	50.2	31.0	3.6	3.1	2.1
速动比率	1.3	1.1	0.9	0.7	0.5
利润总额增长率（%）	4.7	2.5	0.2	−13.5	−23.4
营业总收入增长率（%）	5.7	3.6	2.4	−8.3	−21.6

水上运输业

范围：全行业

项　　目	优秀值	良好值	平均值	较低值	较差值
一、盈利回报指标					
净资产收益率（%）	14.3	8.8	4.1	0.6	-4.0
营业收入利润率（%）	22.6	18.9	14.0	6.4	0.4
总资产报酬率（%）	9.5	6.1	3.1	1.0	-3.0
盈余现金保障倍数	3.1	1.9	1.3	-0.3	-3.5
二、资产运营指标					
总资产周转率（次）	1.2	0.7	0.4	0.2	0.1
应收账款周转率（次）	17.7	14.5	12.1	8.0	5.2
流动资产周转率（次）	2.7	1.8	1.2	0.7	0.3
两金占流动资产比重（%）	11.6	18.1	23.3	32.3	45.4
三、风险防控指标					
资产负债率（%）	51.0	56.0	61.0	71.0	86.0
现金流动负债比率（%）	25.1	17.1	9.4	-0.7	-7.5
带息负债比率（%）	35.2	50.5	58.4	69.1	89.8
已获利息倍数	9.0	7.3	5.5	3.6	1.0
四、持续发展指标					
研发经费投入强度（%）	0.6	0.5	0.4	0.3	0.1
全员劳动生产率（万元/人）	86.9	61.4	48.3	26.2	9.7
经济增加值率（%）	4.0	0.5	-2.1	-5.4	-9.9
国有资本保值增值率（%）	110.4	106.8	102.6	95.5	88.2
五、补充指标					
营业现金比率（%）	32.9	21.1	5.4	0.0	-3.9
国有资本回报率（%）	12.4	7.7	3.6	0.1	-4.5
EBITDA率（%）	24.0	20.0	15.8	8.1	3.0
百元收入支付的成本费用（元）	76.9	87.1	95.5	99.8	104.8
存货周转率（次）	33.9	23.3	17.8	12.7	9.3
速动比率	1.4	1.2	1.0	0.6	0.4
利润总额增长率（%）	19.7	10.9	3.4	-2.0	-12.3
营业总收入增长率（%）	14.7	12.1	10.1	1.8	-3.8

水上运输业

范围：大型企业

项　　目	优秀值	良好值	平均值	较低值	较差值
一、盈利回报指标					
净资产收益率（%）	12.3	7.4	3.1	-0.6	-7.9
营业收入利润率（%）	21.9	18.3	15.3	10.2	1.4
总资产报酬率（%）	8.2	6.1	3.0	0.5	-4.4
盈余现金保障倍数	3.4	2.6	2.1	0.4	-3.0
二、资产运营指标					
总资产周转率（次）	0.6	0.5	0.4	0.2	0.1
应收账款周转率（次）	14.9	12.7	10.8	7.3	4.6
流动资产周转率（次）	2.2	1.7	1.1	0.5	0.1
两金占流动资产比重（%）	10.8	16.5	19.5	22.9	29.6
三、风险防控指标					
资产负债率（%）	51.0	56.0	61.0	71.0	86.0
现金流动负债比率（%）	24.5	14.4	8.7	-3.0	-13.3
带息负债比率（%）	30.4	44.2	56.4	66.7	83.2
已获利息倍数	7.0	5.7	3.8	2.6	1.0
四、持续发展指标					
研发经费投入强度（%）	1.1	0.9	0.8	0.6	0.4
全员劳动生产率（万元/人）	81.5	70.0	52.7	44.5	28.7
经济增加值率（%）	3.3	1.1	-1.7	-4.6	-10.0
国有资本保值增值率（%）	109.6	107.0	103.1	95.7	90.8
五、补充指标					
营业现金比率（%）	35.3	26.8	14.1	5.6	-0.1
国有资本回报率（%）	9.6	6.8	2.7	-1.1	-8.3
EBITDA率（%）	27.2	24.1	21.4	16.4	11.2
百元收入支付的成本费用（元）	85.7	92.9	99.1	102.1	107.6
存货周转率（次）	42.5	30.7	20.3	17.3	11.5
速动比率	1.3	1.2	1.1	0.8	0.5
利润总额增长率（%）	17.5	6.3	-0.7	-8.5	-22.3
营业总收入增长率（%）	12.8	9.6	7.9	2.7	-3.8

水上运输业

范围：中型企业

项　　目	优秀值	良好值	平均值	较低值	较差值
一、盈利回报指标					
净资产收益率（%）	16.7	10.6	4.7	1.3	-3.2
营业收入利润率（%）	19.2	15.3	10.6	5.8	0.1
总资产报酬率（%）	9.2	6.8	3.2	1.1	-3.0
盈余现金保障倍数	3.6	2.3	1.5	0.0	-2.9
二、资产运营指标					
总资产周转率（次）	1.0	0.6	0.3	0.2	0.1
应收账款周转率（次）	16.5	14.2	10.7	7.1	4.7
流动资产周转率（次）	3.5	2.5	1.4	0.9	0.5
两金占流动资产比重（%）	12.0	20.0	31.9	40.8	58.1
三、风险防控指标					
资产负债率（%）	51.0	56.0	61.0	71.0	86.0
现金流动负债比率（%）	41.2	27.5	11.8	-0.7	-9.1
带息负债比率（%）	42.7	51.1	61.4	73.6	94.4
已获利息倍数	9.2	7.4	5.5	3.8	0.7
四、持续发展指标					
研发经费投入强度（%）	0.8	0.7	0.6	0.4	0.3
全员劳动生产率（万元/人）	98.4	74.4	52.2	29.6	12.4
经济增加值率（%）	4.7	1.1	-1.9	-5.0	-9.3
国有资本保值增值率（%）	113.5	107.9	102.0	97.4	93.6
五、补充指标					
营业现金比率（%）	39.6	29.5	14.3	3.7	-3.4
国有资本回报率（%）	14.0	8.7	3.7	0.3	-4.2
EBITDA率（%）	19.0	15.8	12.3	6.0	1.0
百元收入支付的成本费用（元）	79.6	88.0	95.3	104.3	110.3
存货周转率（次）	45.7	31.1	23.3	16.5	11.9
速动比率	1.2	1.0	0.9	0.7	0.4
利润总额增长率（%）	14.7	6.3	0.8	-7.6	-18.1
营业总收入增长率（%）	23.8	17.3	12.2	3.8	-2.9

水上运输业

范围：小型企业

项　　目	优秀值	良好值	平均值	较低值	较差值
一、盈利回报指标					
净资产收益率（％）	16.5	9.4	3.7	0.5	−5.8
营业收入利润率（％）	15.9	10.9	6.1	−1.1	−7.4
总资产报酬率（％）	9.6	5.9	2.8	0.5	−3.8
盈余现金保障倍数	3.4	2.0	1.2	−0.5	−3.9
二、资产运营指标					
总资产周转率（次）	1.0	0.6	0.4	0.2	0.1
应收账款周转率（次）	19.6	15.8	12.9	8.9	5.2
流动资产周转率（次）	2.8	1.8	1.1	0.5	0.1
两金占流动资产比重（％）	9.7	22.1	40.7	50.4	69.1
三、风险防控指标					
资产负债率（％）	51.0	56.0	61.0	71.0	86.0
现金流动负债比率（％）	21.0	13.7	9.0	−0.9	−7.5
带息负债比率（％）	35.8	49.4	58.7	72.2	98.3
已获利息倍数	8.0	6.7	5.6	2.2	−0.1
四、持续发展指标					
研发经费投入强度（％）	0.6	0.5	0.4	0.3	0.2
全员劳动生产率（万元/人）	67.4	48.0	35.0	19.4	8.9
经济增加值率（％）	4.2	−0.1	−2.3	−7.0	−12.2
国有资本保值增值率（％）	112.4	107.8	102.0	95.5	86.4
五、补充指标					
营业现金比率（％）	30.5	18.7	5.0	0.0	−5.3
国有资本回报率（％）	14.2	8.1	3.2	−0.1	−6.4
EBITDA率（％）	19.0	14.7	10.2	3.1	−1.7
百元收入支付的成本费用（元）	73.3	85.0	96.5	100.2	103.8
存货周转率（次）	35.8	21.8	14.6	9.8	2.3
速动比率	1.3	1.0	0.8	0.5	0.4
利润总额增长率（％）	22.9	13.1	8.0	−0.1	−10.9
营业总收入增长率（％）	24.6	17.4	12.5	2.2	−4.6

港口业

项　　目	优秀值	良好值	平均值	较低值	较差值
一、盈利回报指标					
净资产收益率（％）	17.1	9.5	5.0	0.0	−6.1
营业收入利润率（％）	20.7	15.1	8.3	−0.7	−7.2
总资产报酬率（％）	9.6	6.1	4.3	0.6	−3.5
盈余现金保障倍数	3.2	2.5	1.4	0.5	−0.6
二、资产运营指标					
总资产周转率（次）	1.2	0.7	0.3	0.2	0.1
应收账款周转率（次）	19.3	15.2	9.1	6.3	4.5
流动资产周转率（次）	2.5	1.8	0.8	0.5	0.2
两金占流动资产比重（％）	10.0	16.3	22.2	32.6	49.7
三、风险防控指标					
资产负债率（％）	51.0	56.0	61.0	69.5	86.0
现金流动负债比率（％）	22.7	16.2	8.8	2.6	−7.0
带息负债比率（％）	35.0	44.2	56.0	67.5	89.9
已获利息倍数	6.3	4.8	2.6	0.5	−1.6
四、持续发展指标					
研发经费投入强度（％）	0.9	0.5	0.4	0.3	0.2
全员劳动生产率（万元/人）	74.6	53.5	42.7	24.6	12.5
经济增加值率（％）	10.1	3.6	−1.9	−5.6	−8.1
国有资本保值增值率（％）	111.9	106.1	103.2	96.9	90.8
五、补充指标					
营业现金比率（％）	40.3	27.9	9.7	2.5	−2.3
国有资本回报率（％）	15.2	9.0	4.5	−0.2	−6.6
EBITDA率（％）	20.8	14.4	7.1	1.7	−4.8
百元收入支付的成本费用（元）	69.9	81.8	95.1	102.3	110.8
存货周转率（次）	29.5	18.0	7.6	6.7	4.9
速动比率	1.4	1.0	0.8	0.5	0.4
利润总额增长率（％）	18.3	10.7	1.1	−7.6	−23.4
营业总收入增长率（％）	17.4	12.1	5.8	−1.0	−14.2

航空运输业

范围：全行业

项　　目	优秀值	良好值	平均值	较低值	较差值
一、盈利回报指标					
净资产收益率（％）	1.7	−9.8	−15.6	−22.6	−36.2
营业收入利润率（％）	−6.8	−30.7	−43.0	−57.1	−84.5
总资产报酬率（％）	1.3	−2.1	−6.1	−10.6	−18.2
盈余现金保障倍数	2.0	1.1	0.4	−1.0	−3.4
二、资产运营指标					
总资产周转率（次）	0.8	0.6	0.3	0.2	0.1
应收账款周转率（次）	12.4	7.2	4.6	1.9	0.1
流动资产周转率（次）	2.4	1.6	0.7	0.4	0.1
两金占流动资产比重（％）	4.0	10.0	19.0	36.9	53.2
三、风险防控指标					
资产负债率（％）	54.0	59.0	64.0	74.0	89.0
现金流动负债比率（％）	19.1	4.4	−3.3	−12.4	−28.4
带息负债比率（％）	44.4	53.5	64.6	72.4	87.4
已获利息倍数	10.5	1.2	−3.6	−6.1	−8.5
四、持续发展指标					
研发经费投入强度（％）	0.6	0.5	0.4	0.3	0.2
全员劳动生产率（万元/人）	36.6	27.8	14.6	10.2	1.8
经济增加值率（％）	1.8	−5.8	−11.6	−14.3	−18.8
国有资本保值增值率（％）	94.4	87.2	82.3	74.6	64.7
五、补充指标					
营业现金比率（％）	19.2	10.4	−2.2	−7.6	−18.0
国有资本回报率（％）	0.2	−10.9	−16.6	−22.7	−34.4
EBITDA率（％）	19.2	8.7	−2.1	−10.6	−27.0
百元收入支付的成本费用（元）	109.8	119.5	127.9	142.6	166.9
存货周转率（次）	30.9	25.2	20.8	16.7	8.5
速动比率	0.9	0.6	0.4	0.3	0.2
利润总额增长率（％）	5.0	−6.3	−23.3	−28.3	−36.3
营业总收入增长率（％）	15.2	5.4	−9.2	−17.0	−24.1

机场

范围：全行业

项　　目	优秀值	良好值	平均值	较低值	较差值
一、盈利回报指标					
净资产收益率（％）	1.3	−2.9	−5.2	−11.0	−14.9
营业收入利润率（％）	−28.1	−54.7	−68.3	−90.5	−133.6
总资产报酬率（％）	3.2	−0.5	−2.4	−6.4	−9.7
盈余现金保障倍数	7.8	2.9	0.4	−1.8	−6.1
二、资产运营指标					
总资产周转率（次）	0.5	0.4	0.3	0.2	0.1
应收账款周转率（次）	7.3	6.0	4.2	3.4	2.7
流动资产周转率（次）	1.0	0.7	0.3	0.2	0.1
两金占流动资产比重（％）	4.8	9.3	13.9	22.3	38.6
三、风险防控指标					
资产负债率（％）	51.0	56.0	61.0	71.0	86.0
现金流动负债比率（％）	17.2	8.7	3.8	−10.3	−24.0
带息负债比率（％）	18.5	39.6	50.9	60.5	79.0
已获利息倍数	0.2	−2.0	−3.1	−7.3	−12.4
四、持续发展指标					
研发经费投入强度（％）	2.1	1.2	0.8	0.5	0.4
全员劳动生产率（万元/人）	21.3	17.0	13.4	9.3	6.6
经济增加值率（％）	−0.8	−6.5	−9.4	−12.7	−15.5
国有资本保值增值率（％）	103.0	98.8	96.2	90.2	85.4
五、补充指标					
营业现金比率（％）	25.5	13.2	0.0	−11.1	−32.7
国有资本回报率（％）	1.0	−3.2	−5.5	−11.2	−15.2
EBITDA 率（％）	−10.6	−17.4	−22.9	−29.0	−40.9
百元收入支付的成本费用（元）	113.7	134.8	145.7	155.3	173.9
存货周转率（次）	38.5	34.1	29.3	22.4	8.9
速动比率	1.2	1.0	0.6	0.4	0.2
利润总额增长率（％）	−11.9	−39.2	−53.3	−63.3	−75.5
营业总收入增长率（％）	−11.9	−19.4	−24.5	−33.1	−44.2

机场

范围：大型企业

项　　目	优秀值	良好值	平均值	较低值	较差值
一、盈利回报指标					
净资产收益率（％）	0.0	−3.8	−6.2	−10.9	−14.0
营业收入利润率（％）	−25.8	−52.9	−66.9	−81.2	−108.9
总资产报酬率（％）	1.6	−1.0	−2.4	−5.4	−8.3
盈余现金保障倍数	7.5	3.1	0.8	−1.0	−3.8
二、资产运营指标					
总资产周转率（次）	0.5	0.4	0.3	0.2	0.1
应收账款周转率（次）	7.5	6.0	4.8	4.0	3.4
流动资产周转率（次）	1.1	0.8	0.3	0.2	0.1
两金占流动资产比重（％）	7.0	10.8	15.8	22.6	35.8
三、风险防控指标					
资产负债率（％）	50.7	56.0	61.0	69.4	85.8
现金流动负债比率（％）	15.2	8.6	2.8	−8.4	−15.9
带息负债比率（％）	24.3	41.7	50.7	60.9	67.9
已获利息倍数	−0.4	−1.6	−2.4	−5.7	−7.8
四、持续发展指标					
研发经费投入强度（％）	4.4	3.2	2.7	1.7	1.1
全员劳动生产率（万元/人）	26.6	22.2	15.5	11.7	4.2
经济增加值率（％）	−5.9	−7.7	−9.3	−11.8	−15.1
国有资本保值增值率（％）	102.1	98.0	95.9	91.7	88.3
五、补充指标					
营业现金比率（％）	10.5	5.9	−1.1	−10.5	−28.6
国有资本回报率（％）	−0.3	−3.6	−5.7	−9.7	−12.4
EBITDA 率（％）	7.5	2.1	−3.5	−14.2	−24.2
百元收入支付的成本费用（元）	121.3	138.6	147.6	158.6	180.1
存货周转率（次）	45.4	40.1	37.3	35.0	30.6
速动比率	1.2	1.0	0.7	0.6	0.5
利润总额增长率（％）	3.6	−23.2	−37.0	−47.5	−54.5
营业总收入增长率（％）	−7.8	−18.1	−23.5	−30.7	−37.8

机场

范围：中型企业

项　目	优秀值	良好值	平均值	较低值	较差值
一、盈利回报指标					
净资产收益率（％）	-0.2	-3.7	-6.2	-10.7	-13.7
营业收入利润率（％）	-20.8	-57.5	-76.5	-102.9	-154.2
总资产报酬率（％）	0.6	-1.7	-3.3	-6.1	-8.8
盈余现金保障倍数	7.1	4.2	0.6	-1.0	-4.2
二、资产运营指标					
总资产周转率（次）	0.5	0.4	0.3	0.2	0.1
应收账款周转率（次）	6.6	5.4	3.5	3.0	2.4
流动资产周转率（次）	1.1	0.8	0.3	0.2	0.1
两金占流动资产比重（％）	8.1	10.8	14.8	21.0	33.0
三、风险防控指标					
资产负债率（％）	50.6	56.3	61.0	71.0	85.6
现金流动负债比率（％）	17.5	13.0	9.5	-4.0	-15.2
带息负债比率（％）	22.8	40.0	49.3	59.1	73.3
已获利息倍数	-1.7	-3.5	-4.5	-8.6	-11.4
四、持续发展指标					
研发经费投入强度（％）	2.5	1.7	1.3	1.0	0.6
全员劳动生产率（万元/人）	17.0	14.8	11.4	7.4	4.7
经济增加值率（％）	-2.2	-7.0	-10.6	-12.8	-14.8
国有资本保值增值率（％）	99.9	97.0	95.4	88.6	83.1
五、补充指标					
营业现金比率（％）	35.5	14.1	0.0	-15.4	-45.2
国有资本回报率（％）	-1.0	-4.0	-6.2	-10.6	-13.6
EBITDA率（％）	-13.4	-19.0	-23.9	-30.2	-42.3
百元收入支付的成本费用（元）	117.7	136.4	146.0	153.6	168.2
存货周转率（次）	41.9	39.2	35.3	32.8	29.5
速动比率	0.9	0.8	0.6	0.4	0.2
利润总额增长率（％）	4.5	-34.4	-54.4	-63.4	-73.6
营业总收入增长率（％）	-19.9	-24.8	-31.6	-37.8	-44.0

机场

范围：小型企业

项　　目	优秀值	良好值	平均值	较低值	较差值
一、盈利回报指标					
净资产收益率（%）	0.9	−2.3	−4.8	−8.5	−12.3
营业收入利润率（%）	−22.4	−55.4	−72.4	−91.1	−127.5
总资产报酬率（%）	0.7	−0.8	−2.8	−6.0	−9.4
盈余现金保障倍数	4.7	1.9	−0.3	−2.5	−6.0
二、资产运营指标					
总资产周转率（次）	0.5	0.4	0.3	0.2	0.1
应收账款周转率（次）	8.4	6.1	4.4	3.7	2.7
流动资产周转率（次）	0.9	0.7	0.3	0.2	0.1
两金占流动资产比重（%）	3.6	6.9	11.8	17.4	28.3
三、风险防控指标					
资产负债率（%）	51.0	55.8	61.0	71.3	85.4
现金流动负债比率（%）	10.4	6.3	2.8	−8.6	−21.5
带息负债比率（%）	26.8	42.1	52.7	60.6	75.9
已获利息倍数	0.5	−1.9	−3.3	−9.8	−14.6
四、持续发展指标					
研发经费投入强度（%）	1.0	0.7	0.6	0.4	0.3
全员劳动生产率（万元/人）	21.9	16.2	13.3	9.3	6.6
经济增加值率（%）	1.8	−2.8	−9.6	−12.0	−15.0
国有资本保值增值率（%）	102.9	100.1	97.2	90.7	84.3
五、补充指标					
营业现金比率（%）	20.9	12.6	0.1	−11.0	−32.4
国有资本回报率（%）	1.1	−2.0	−4.6	−9.0	−12.0
EBITDA率（%）	−21.1	−54.7	−72.0	−77.0	−86.8
百元收入支付的成本费用（元）	101.2	107.4	113.8	133.4	171.4
存货周转率（次）	32.3	28.8	24.8	17.1	2.1
速动比率	1.0	0.8	0.5	0.4	0.3
利润总额增长率（%）	−49.2	−62.7	−71.0	−81.1	−100.8
营业总收入增长率（%）	−20.2	−27.0	−33.5	−39.6	−51.1

仓储业

范围：全行业

项　　目	优秀值	良好值	平均值	较低值	较差值
一、盈利回报指标					
净资产收益率（％）	7.9	4.5	2.7	−1.5	−7.3
营业收入利润率（％）	9.7	4.8	2.3	−1.6	−8.0
总资产报酬率（％）	3.9	2.9	1.8	−0.1	−2.7
盈余现金保障倍数	6.2	4.2	1.2	−2.0	−8.4
二、资产运营指标					
总资产周转率（次）	0.7	0.5	0.3	0.2	0.1
应收账款周转率（次）	24.3	15.5	9.6	6.1	3.8
流动资产周转率（次）	1.9	1.2	0.5	0.3	0.2
两金占流动资产比重（％）	14.3	30.8	53.3	57.8	64.9
三、风险防控指标					
资产负债率（％）	52.7	57.7	62.7	72.7	87.7
现金流动负债比率（％）	26.3	11.3	1.3	−7.9	−25.7
带息负债比率（％）	37.8	51.1	61.1	69.3	85.3
已获利息倍数	3.7	2.2	1.4	0.5	−1.1
四、持续发展指标					
研发经费投入强度（％）	0.6	0.5	0.4	0.3	0.2
全员劳动生产率（万元／人）	47.8	36.9	31.0	16.7	7.2
经济增加值率（％）	3.2	−0.8	−2.8	−5.8	−7.8
国有资本保值增值率（％）	108.0	104.4	101.8	98.1	91.4
五、补充指标					
营业现金比率（％）	32.0	18.3	2.5	−1.0	−7.6
国有资本回报率（％）	7.8	4.4	2.6	−1.7	−7.3
EBITDA 率（％）	31.7	16.5	6.5	2.6	0.1
百元收入支付的成本费用（元）	99.7	103.1	105.4	111.8	120.0
存货周转率（次）	7.7	3.4	0.8	0.4	0.1
速动比率	1.1	0.8	0.5	0.3	0.2
利润总额增长率（％）	4.7	−4.1	−14.4	−26.6	−34.8
营业总收入增长率（％）	9.1	5.3	0.0	−13.5	−26.0

仓储业

范围：大型企业

项 目	优秀值	良好值	平均值	较低值	较差值
一、盈利回报指标					
净资产收益率（%）	7.5	4.6	2.0	−1.5	−8.2
营业收入利润率（%）	12.2	9.3	5.2	0.5	−5.2
总资产报酬率（%）	4.6	3.0	1.8	0.0	−3.5
盈余现金保障倍数	13.0	5.2	1.1	−2.9	−10.7
二、资产运营指标					
总资产周转率（次）	0.8	0.6	0.3	0.2	0.1
应收账款周转率（次）	26.5	16.3	10.3	8.1	5.3
流动资产周转率（次）	2.4	1.7	0.8	0.6	0.3
两金占流动资产比重（%）	20.5	36.4	56.4	59.3	63.0
三、风险防控指标					
资产负债率（%）	51.2	56.2	61.2	71.2	86.2
现金流动负债比率（%）	22.5	13.8	0.9	−10.3	−31.9
带息负债比率（%）	33.9	46.5	60.7	68.2	82.7
已获利息倍数	7.0	3.5	1.7	0.3	−2.7
四、持续发展指标					
研发经费投入强度（%）	0.8	0.5	0.4	0.3	0.2
全员劳动生产率（万元/人）	60.6	49.5	38.5	27.8	20.7
经济增加值率（%）	5.8	1.5	−2.9	−5.4	−7.9
国有资本保值增值率（%）	106.5	103.6	101.1	98.7	93.9
五、补充指标					
营业现金比率（%）	42.4	27.7	5.7	0.0	−6.9
国有资本回报率（%）	7.0	4.6	2.3	−1.1	−7.9
EBITDA率（%）	31.6	17.8	6.9	2.9	0.2
百元收入支付的成本费用（元）	95.0	98.8	100.7	107.8	114.8
存货周转率（次）	6.2	3.2	1.7	1.0	0.6
速动比率	1.1	0.8	0.5	0.4	0.2
利润总额增长率（%）	2.3	−6.3	−15.5	−27.5	−35.6
营业总收入增长率（%）	13.7	5.9	−2.7	−17.4	−27.3

仓储业

范围：中型企业

项　　目	优秀值	良好值	平均值	较低值	较差值
一、盈利回报指标					
净资产收益率（%）	8.9	5.2	3.3	-0.6	-6.9
营业收入利润率（%）	11.2	5.9	3.0	-2.1	-9.2
总资产报酬率（%）	4.0	3.1	1.7	-0.5	-4.7
盈余现金保障倍数	11.0	6.8	1.3	-1.6	-7.3
二、资产运营指标					
总资产周转率（次）	0.7	0.5	0.4	0.2	0.1
应收账款周转率（次）	27.6	16.7	10.3	6.9	4.6
流动资产周转率（次）	1.9	1.0	0.4	0.2	0.1
两金占流动资产比重（%）	15.1	36.5	58.1	64.4	69.6
三、风险防控指标					
资产负债率（%）	54.0	59.0	64.0	74.0	89.0
现金流动负债比率（%）	35.4	19.6	2.4	-8.1	-22.5
带息负债比率（%）	37.2	52.1	61.9	70.6	84.5
已获利息倍数	5.0	2.6	1.3	-0.2	-3.1
四、持续发展指标					
研发经费投入强度（%）	0.6	0.5	0.4	0.3	0.2
全员劳动生产率（万元/人）	53.8	41.1	34.5	21.0	12.0
经济增加值率（%）	4.5	-0.1	-2.8	-5.5	-7.3
国有资本保值增值率（%）	107.5	104.1	101.8	97.4	93.4
五、补充指标					
营业现金比率（%）	37.9	24.3	4.0	0.0	-7.6
国有资本回报率（%）	8.7	5.0	3.0	-0.9	-7.2
EBITDA 率（%）	29.0	16.6	5.5	3.7	1.4
百元收入支付的成本费用（元）	98.8	101.2	104.3	110.4	118.9
存货周转率（次）	2.7	1.6	0.7	0.6	0.4
速动比率	1.0	0.8	0.4	0.3	0.2
利润总额增长率（%）	11.1	2.2	-8.4	-19.1	-32.8
营业总收入增长率（%）	15.9	9.1	-1.1	-13.6	-24.8

仓储业

范围：小型企业

项 目	优秀值	良好值	平均值	较低值	较差值
一、盈利回报指标					
净资产收益率（%）	8.0	5.0	2.8	−1.7	−9.9
营业收入利润率（%）	8.6	4.2	2.0	−1.5	−6.4
总资产报酬率（%）	3.9	3.1	1.9	−0.4	−4.9
盈余现金保障倍数	7.0	4.8	1.5	−1.7	−7.1
二、资产运营指标					
总资产周转率（次）	0.8	0.5	0.3	0.2	0.1
应收账款周转率（次）	24.4	15.7	9.5	5.8	3.3
流动资产周转率（次）	1.7	1.0	0.5	0.3	0.1
两金占流动资产比重（%）	15.7	32.8	52.6	59.8	67.8
三、风险防控指标					
资产负债率（%）	54.0	59.0	64.0	74.0	89.0
现金流动负债比率（%）	26.3	11.0	3.1	−6.8	−21.0
带息负债比率（%）	39.5	49.8	59.4	71.3	80.1
已获利息倍数	3.4	2.4	1.4	0.4	−1.6
四、持续发展指标					
研发经费投入强度（%）	0.8	0.5	0.4	0.3	0.2
全员劳动生产率（万元/人）	46.6	37.1	29.4	17.8	7.3
经济增加值率（%）	3.3	−0.3	−2.7	−5.5	−7.5
国有资本保值增值率（%）	108.4	105.8	101.9	98.6	92.3
五、补充指标					
营业现金比率（%）	30.2	17.6	2.2	−1.0	−7.2
国有资本回报率（%）	7.7	4.7	2.5	−2.3	−10.2
EBITDA 率（%）	31.2	15.2	5.4	3.0	0.6
百元收入支付的成本费用（元）	100.2	103.4	106.7	113.2	121.7
存货周转率（次）	4.5	2.5	0.7	0.4	0.2
速动比率	1.1	0.8	0.5	0.3	0.2
利润总额增长率（%）	3.1	−3.5	−13.3	−24.8	−32.4
营业总收入增长率（%）	8.8	4.8	0.7	−7.8	−24.1

信息技术服务业

范围：全行业

项　　目	优秀值	良好值	平均值	较低值	较差值
一、盈利回报指标					
净资产收益率（%）	14.9	11.1	8.9	3.2	-5.3
营业收入利润率（%）	18.9	12.3	7.1	0.6	-7.3
总资产报酬率（%）	9.2	6.1	4.3	0.6	-6.4
盈余现金保障倍数	2.7	1.8	0.6	-0.9	-2.9
二、资产运营指标					
总资产周转率（次）	1.3	0.8	0.4	0.1	-0.1
应收账款周转率（次）	12.3	8.4	6.4	3.4	1.4
流动资产周转率（次）	1.6	1.3	0.9	0.4	0.1
两金占流动资产比重（%）	6.9	22.4	30.9	39.7	56.2
三、风险防控指标					
资产负债率（%）	51.0	56.0	61.0	71.0	86.0
现金流动负债比率（%）	25.3	14.5	8.8	-10.0	-31.5
带息负债比率（%）	16.4	30.3	37.4	45.8	62.2
已获利息倍数	7.8	6.6	4.9	0.6	-2.6
四、持续发展指标					
研发经费投入强度（%）	7.1	4.7	3.4	2.6	1.5
全员劳动生产率（万元/人）	58.3	47.5	41.9	23.4	11.1
经济增加值率（%）	14.2	7.7	2.4	-3.8	-8.0
国有资本保值增值率（%）	112.7	109.5	107.2	102.7	94.7
五、补充指标					
营业现金比率（%）	19.2	10.6	3.6	-3.0	-15.9
国有资本回报率（%）	14.0	10.7	8.8	3.1	-5.4
EBITDA率（%）	24.0	15.8	8.8	1.2	-5.5
百元收入支付的成本费用（元）	85.3	90.9	93.9	98.1	103.5
存货周转率（次）	20.6	14.2	8.1	3.3	0.1
速动比率	1.6	1.3	0.9	0.8	0.6
利润总额增长率（%）	11.8	7.2	0.4	-4.4	-8.6
营业总收入增长率（%）	17.4	10.6	7.1	-0.2	-5.1

信息技术服务业

范围：大型企业

项　　　目	优秀值	良好值	平均值	较低值	较差值
一、盈利回报指标					
净资产收益率（%）	16.7	13.3	9.6	4.5	-5.3
营业收入利润率（%）	19.8	14.7	9.7	2.1	-3.0
总资产报酬率（%）	9.5	7.5	5.5	1.8	-5.3
盈余现金保障倍数	3.1	2.1	0.9	-0.3	-2.0
二、资产运营指标					
总资产周转率（次）	1.1	0.9	0.6	0.5	0.4
应收账款周转率（次）	18.4	11.7	8.3	4.5	2.0
流动资产周转率（次）	2.5	1.6	1.1	0.5	0.1
两金占流动资产比重（%）	18.9	25.5	29.1	37.8	53.7
三、风险防控指标					
资产负债率（%）	51.0	56.0	61.0	71.0	86.0
现金流动负债比率（%）	27.1	16.2	10.6	-1.8	-20.5
带息负债比率（%）	19.2	28.0	36.4	45.3	62.5
已获利息倍数	10.6	9.4	8.2	4.1	0.3
四、持续发展指标					
研发经费投入强度（%）	8.7	6.4	4.1	3.0	1.0
全员劳动生产率（万元/人）	71.5	56.8	49.2	34.0	23.9
经济增加值率（%）	11.3	7.8	4.8	0.0	-5.4
国有资本保值增值率（%）	114.4	111.5	107.8	104.0	96.6
五、补充指标					
营业现金比率（%）	32.9	21.2	5.8	1.4	-1.6
国有资本回报率（%）	15.7	12.8	9.6	4.5	-5.3
EBITDA率（%）	31.5	23.1	11.4	4.3	-0.4
百元收入支付的成本费用（元）	83.8	88.6	92.1	98.2	102.6
存货周转率（次）	20.5	15.7	8.4	3.4	0.1
速动比率	1.6	1.3	0.9	0.6	0.5
利润总额增长率（%）	15.1	10.7	4.7	1.2	-2.2
营业总收入增长率（%）	17.5	12.0	9.1	2.2	-2.5

信息技术服务业

范围：中型企业

项　　目	优秀值	良好值	平均值	较低值	较差值
一、盈利回报指标					
净资产收益率（％）	15.8	12.9	8.8	3.4	－5.5
营业收入利润率（％）	15.6	11.4	5.1	0.4	－8.6
总资产报酬率（％）	9.5	5.6	3.6	－0.3	－7.9
盈余现金保障倍数	2.7	1.8	0.5	－1.0	－2.3
二、资产运营指标					
总资产周转率（次）	1.4	1.1	0.7	0.4	0.2
应收账款周转率（次）	10.3	6.8	3.9	2.0	0.8
流动资产周转率（次）	1.6	1.4	1.1	0.6	0.2
两金占流动资产比重（％）	7.1	21.0	39.7	49.0	60.1
三、风险防控指标					
资产负债率（％）	51.0	56.0	61.0	70.8	86.0
现金流动负债比率（％）	30.8	15.9	2.5	－11.4	－23.3
带息负债比率（％）	23.5	35.2	45.5	53.6	69.2
已获利息倍数	11.1	9.7	7.6	4.0	1.7
四、持续发展指标					
研发经费投入强度（％）	10.5	7.3	4.2	2.2	0.8
全员劳动生产率（万元/人）	67.0	52.9	37.9	26.4	18.8
经济增加值率（％）	12.3	7.8	2.3	－1.6	－7.3
国有资本保值增值率（％）	112.5	109.3	106.1	100.2	94.5
五、补充指标					
营业现金比率（％）	17.4	11.1	1.8	－2.0	－9.4
国有资本回报率（％）	13.5	11.0	7.4	2.0	－6.8
EBITDA率（％）	21.4	14.4	6.7	1.8	－2.1
百元收入支付的成本费用（元）	86.5	91.9	96.1	100.5	105.1
存货周转率（次）	40.0	20.8	8.7	6.2	4.3
速动比率	1.3	1.2	1.0	0.8	0.5
利润总额增长率（％）	14.1	7.0	2.7	－3.5	－7.6
营业总收入增长率（％）	16.0	11.9	5.8	－1.0	－7.5

信息技术服务业

范围：小型企业

项　　目	优秀值	良好值	平均值	较低值	较差值
一、盈利回报指标					
净资产收益率（%）	11.9	8.2	4.6	-0.8	-11.2
营业收入利润率（%）	17.8	10.4	3.6	-2.2	-12.6
总资产报酬率（%）	8.8	5.9	2.5	-1.4	-9.0
盈余现金保障倍数	2.9	1.5	0.7	-1.5	-4.0
二、资产运营指标					
总资产周转率（次）	1.3	0.9	0.3	0.2	0.1
应收账款周转率（次）	10.3	6.8	3.5	2.2	1.3
流动资产周转率（次）	1.6	1.2	0.6	0.3	0.1
两金占流动资产比重（%）	0.5	16.8	34.5	44.2	50.8
三、风险防控指标					
资产负债率（%）	51.0	56.0	61.0	71.0	86.0
现金流动负债比率（%）	37.2	17.9	5.0	-13.2	-25.3
带息负债比率（%）	36.4	47.3	55.5	62.5	76.2
已获利息倍数	7.3	5.5	3.9	1.2	-2.1
四、持续发展指标					
研发经费投入强度（%）	6.5	4.0	2.7	2.2	1.8
全员劳动生产率（万元/人）	56.7	43.2	34.8	20.1	10.2
经济增加值率（%）	9.1	4.6	-0.3	-5.3	-10.1
国有资本保值增值率（%）	107.5	105.7	103.4	97.4	89.1
五、补充指标					
营业现金比率（%）	17.4	8.8	1.2	-5.8	-19.3
国有资本回报率（%）	14.9	7.6	3.8	-1.5	-11.9
EBITDA率（%）	22.4	14.4	5.3	-1.2	-13.8
百元收入支付的成本费用（元）	86.2	92.3	96.2	100.6	106.0
存货周转率（次）	28.0	19.8	7.5	5.0	3.2
速动比率	1.7	1.3	1.1	0.8	0.5
利润总额增长率（%）	13.3	4.9	-0.3	-7.6	-12.5
营业总收入增长率（%）	21.4	13.3	8.1	0.7	-4.2

电信业

范围：全行业

项　　目	优秀值	良好值	平均值	较低值	较差值
一、盈利回报指标					
净资产收益率（%）	16.4	11.7	7.1	3.2	0.4
营业收入利润率（%）	11.9	7.6	3.5	-2.9	-15.2
总资产报酬率（%）	8.0	5.6	3.2	0.5	-1.6
盈余现金保障倍数	3.4	1.6	0.6	-0.6	-2.9
二、资产运营指标					
总资产周转率（次）	1.1	0.9	0.5	0.3	0.1
应收账款周转率（次）	16.9	11.1	8.2	4.9	2.7
流动资产周转率（次）	1.8	1.5	1.2	0.6	0.2
两金占流动资产比重（%）	7.6	20.7	27.4	35.7	49.0
三、风险防控指标					
资产负债率（%）	51.0	56.0	61.0	71.0	86.0
现金流动负债比率（%）	32.8	17.6	9.7	-5.1	-24.6
带息负债比率（%）	17.0	27.4	37.4	44.5	58.2
已获利息倍数	13.1	11.7	9.7	6.5	2.7
四、持续发展指标					
研发经费投入强度（%）	4.8	3.5	2.7	2.1	1.6
全员劳动生产率（万元/人）	76.9	59.1	50.0	32.6	20.9
经济增加值率（%）	9.4	5.6	3.6	-2.0	-5.7
国有资本保值增值率（%）	114.1	109.5	106.0	102.6	99.3
五、补充指标					
营业现金比率（%）	21.4	11.3	1.3	-1.5	-7.1
国有资本回报率（%）	16.0	11.3	6.7	2.9	0.1
EBITDA率（%）	36.8	25.0	18.9	9.2	2.8
百元收入支付的成本费用（元）	86.6	91.1	93.5	99.0	104.2
存货周转率（次）	43.1	36.2	28.8	22.2	16.3
速动比率	1.6	1.3	0.8	0.7	0.5
利润总额增长率（%）	9.9	8.4	6.4	3.4	-0.8
营业总收入增长率（%）	11.4	9.8	7.4	0.7	-5.6

软件和信息技术服务业

范围：全行业

项　目	优秀值	良好值	平均值	较低值	较差值
一、盈利回报指标					
净资产收益率（%）	20.7	12.2	6.3	2.6	-4.6
营业收入利润率（%）	20.3	13.0	7.4	1.8	-7.2
总资产报酬率（%）	10.6	6.7	3.5	0.3	-3.6
盈余现金保障倍数	2.4	1.7	0.7	-0.9	-2.2
二、资产运营指标					
总资产周转率（次）	1.3	0.9	0.5	0.2	0.0
应收账款周转率（次）	10.6	5.7	3.0	1.6	0.6
流动资产周转率（次）	1.6	1.3	0.8	0.4	0.1
两金占流动资产比重（%）	4.2	17.1	36.4	44.4	54.6
三、风险防控指标					
资产负债率（%）	51.0	56.0	61.0	71.0	86.0
现金流动负债比率（%）	26.2	15.4	5.0	-5.3	-20.4
带息负债比率（%）	15.1	26.4	37.4	47.4	66.8
已获利息倍数	7.8	6.2	4.4	0.4	-3.6
四、持续发展指标					
研发经费投入强度（%）	14.6	8.8	5.9	2.8	0.8
全员劳动生产率（万元/人）	57.0	44.2	37.1	21.5	11.1
经济增加值率（%）	14.6	6.9	1.8	-4.4	-8.6
国有资本保值增值率（%）	114.7	109.4	105.4	100.8	92.8
五、补充指标					
营业现金比率（%）	18.6	10.5	3.9	-3.3	-17.2
国有资本回报率（%）	16.9	11.3	5.4	1.7	-5.5
EBITDA率（%）	26.8	19.0	10.9	3.2	-4.1
百元收入支付的成本费用（元）	84.0	89.8	93.8	101.2	106.1
存货周转率（次）	22.3	11.6	5.2	2.2	0.2
速动比率	1.5	1.2	1.0	0.8	0.5
利润总额增长率（%）	6.3	3.4	-1.0	-6.6	-10.7
营业总收入增长率（%）	18.5	11.7	6.6	3.5	-1.9

批发和零售业

范围：全行业

项　　目	优秀值	良好值	平均值	较低值	较差值
一、盈利回报指标					
净资产收益率（％）	16.4	10.7	6.1	0.1	-6.5
营业收入利润率（％）	6.7	3.4	1.4	-0.6	-4.4
总资产报酬率（％）	7.1	4.7	3.4	0.1	-4.5
盈余现金保障倍数	3.1	1.6	0.8	-1.1	-3.2
二、资产运营指标					
总资产周转率（次）	2.9	2.0	1.5	0.9	0.4
应收账款周转率（次）	13.6	11.4	9.1	4.9	2.2
流动资产周转率（次）	4.2	2.8	2.0	1.5	0.6
两金占流动资产比重（％）	20.0	30.4	39.4	54.3	66.3
三、风险防控指标					
资产负债率（％）	53.7	58.7	63.7	74.6	89.6
现金流动负债比率（％）	16.3	7.6	3.2	-5.5	-13.3
带息负债比率（％）	27.5	36.8	41.6	48.4	61.5
已获利息倍数	8.2	4.7	2.9	1.1	-0.1
四、持续发展指标					
研发经费投入强度（％）	1.8	1.4	1.3	1.0	0.6
全员劳动生产率（万元/人）	66.0	47.0	37.2	19.3	7.3
经济增加值率（％）	8.3	4.2	-0.2	-5.1	-8.4
国有资本保值增值率（％）	113.2	108.5	104.7	97.7	91.7
五、补充指标					
营业现金比率（％）	9.5	4.3	0.6	-1.7	-6.2
国有资本回报率（％）	14.6	9.8	5.7	0.0	-6.8
EBITDA率（％）	8.9	4.8	2.1	0.2	-2.5
百元收入支付的成本费用（元）	96.3	97.6	98.8	101.2	105.7
存货周转率（次）	14.4	11.2	9.0	3.8	0.3
速动比率	1.3	1.0	0.9	0.8	0.6
利润总额增长率（％）	3.9	-2.1	-11.1	-24.7	-33.8
营业总收入增长率（％）	18.3	10.7	6.7	-9.1	-22.3

批发和零售业

范围：大型企业

项 目	优秀值	良好值	平均值	较低值	较差值
一、盈利回报指标					
净资产收益率（%）	17.1	10.5	7.0	2.9	-5.1
营业收入利润率（%）	4.1	3.1	1.6	-0.2	-3.2
总资产报酬率（%）	8.0	5.4	3.8	1.0	-4.5
盈余现金保障倍数	3.5	1.7	0.8	-1.0	-2.3
二、资产运营指标					
总资产周转率（次）	3.4	2.4	1.7	1.1	0.7
应收账款周转率（次）	25.4	17.0	10.0	6.2	3.6
流动资产周转率（次）	5.1	3.4	2.3	1.5	0.9
两金占流动资产比重（%）	20.1	31.6	40.0	52.5	63.0
三、风险防控指标					
资产负债率（%）	54.0	59.0	64.0	74.0	89.0
现金流动负债比率（%）	20.0	10.1	5.0	-1.5	-6.5
带息负债比率（%）	19.0	27.9	35.8	44.6	61.6
已获利息倍数	5.9	4.6	3.5	2.2	1.4
四、持续发展指标					
研发经费投入强度（%）	1.8	1.4	1.3	1.0	0.8
全员劳动生产率（万元/人）	97.2	68.5	40.1	23.3	12.1
经济增加值率（%）	9.3	4.3	0.0	-3.8	-6.9
国有资本保值增值率（%）	118.4	110.3	106.0	101.4	95.2
五、补充指标					
营业现金比率（%）	7.4	3.7	1.0	0.0	-1.9
国有资本回报率（%）	14.9	9.2	6.2	2.1	-5.9
EBITDA 率（%）	7.4	4.3	2.7	0.4	-1.9
百元收入支付的成本费用（元）	96.9	98.1	98.8	100.3	101.7
存货周转率（次）	17.6	14.4	11.7	8.2	5.8
速动比率	1.3	1.0	0.9	0.7	0.6
利润总额增长率（%）	5.9	1.2	-5.8	-17.3	-25.0
营业总收入增长率（%）	26.0	18.0	8.0	-2.6	-19.3

批发和零售业

范围：中型企业

项　　目	优秀值	良好值	平均值	较低值	较差值
一、盈利回报指标					
净资产收益率（％）	13.9	9.6	7.4	1.2	-2.9
营业收入利润率（％）	4.2	2.9	1.0	-0.3	-2.8
总资产报酬率（％）	6.9	4.9	3.2	0.2	-2.8
盈余现金保障倍数	3.2	1.8	1.1	-1.0	-3.5
二、资产运营指标					
总资产周转率（次）	3.5	2.3	1.4	0.9	0.5
应收账款周转率（次）	20.1	16.4	10.9	6.3	3.3
流动资产周转率（次）	4.7	3.2	2.4	1.4	0.8
两金占流动资产比重（％）	9.9	22.4	41.2	55.7	65.3
三、风险防控指标					
资产负债率（％）	53.7	58.7	63.7	73.7	88.7
现金流动负债比率（％）	13.3	6.1	2.3	-6.2	-13.4
带息负债比率（％）	19.5	28.5	41.8	48.9	62.6
已获利息倍数	6.8	4.0	2.4	0.9	-1.3
四、持续发展指标					
研发经费投入强度（％）	2.2	1.8	1.7	1.5	1.4
全员劳动生产率（万元/人）	73.4	51.7	37.3	21.7	11.3
经济增加值率（％）	10.5	5.4	0.2	-4.4	-7.5
国有资本保值增值率（％）	112.9	109.1	105.9	99.9	93.5
五、补充指标					
营业现金比率（％）	8.3	4.3	0.8	-0.9	-4.2
国有资本回报率（％）	12.0	8.3	6.4	0.3	-3.9
EBITDA率（％）	6.1	3.6	1.2	-0.5	-3.8
百元收入支付的成本费用（元）	96.6	97.9	99.2	100.6	103.2
存货周转率（次）	15.4	13.0	10.9	6.1	2.9
速动比率	1.2	1.1	1.0	0.8	0.6
利润总额增长率（％）	7.0	0.0	-7.7	-20.9	-29.7
营业总收入增长率（％）	23.8	18.3	12.9	-3.6	-15.9

批发和零售业

范围：小型企业

项　　目	优秀值	良好值	平均值	较低值	较差值
一、盈利回报指标					
净资产收益率（%）	14.5	9.2	5.4	0.0	-7.7
营业收入利润率（%）	6.3	3.4	1.5	-0.9	-5.2
总资产报酬率（%）	6.7	4.5	3.1	-0.5	-4.2
盈余现金保障倍数	1.6	0.7	0.2	-1.9	-4.9
二、资产运营指标					
总资产周转率（次）	3.1	1.8	1.1	0.5	0.1
应收账款周转率（次）	12.9	10.1	8.7	5.4	3.1
流动资产周转率（次）	4.0	2.4	1.4	0.6	0.1
两金占流动资产比重（%）	1.4	12.4	28.8	48.8	62.2
三、风险防控指标					
资产负债率（%）	53.7	58.7	63.7	73.7	88.7
现金流动负债比率（%）	10.9	3.9	0.4	-5.8	-13.2
带息负债比率（%）	28.4	37.9	43.9	50.6	63.5
已获利息倍数	6.1	3.3	1.8	0.5	-2.1
四、持续发展指标					
研发经费投入强度（%）	1.1	0.7	0.6	0.4	0.3
全员劳动生产率（万元/人）	61.0	42.8	31.7	16.5	6.3
经济增加值（%）	9.8	3.1	-1.7	-6.7	-10.0
国有资本保值增值率（%）	115.0	107.7	103.9	95.9	88.5
五、补充指标					
营业现金比率（%）	9.8	4.2	0.1	-2.5	-7.6
国有资本回报率（%）	12.2	7.6	4.3	-0.2	-8.8
EBITDA率（%）	9.1	4.9	2.3	0.1	-2.8
百元收入支付的成本费用（元）	96.0	97.5	98.6	101.4	105.9
存货周转率（次）	12.4	9.6	8.1	3.9	1.1
速动比率	1.2	1.1	0.9	0.7	0.5
利润总额增长率（%）	75.4	40.6	-11.6	-40.1	-60.4
营业总收入增长率（%）	41.0	20.3	4.3	-14.4	-26.9

商业贸易

范围：全行业

项　　目	优秀值	良好值	平均值	较低值	较差值
一、盈利回报指标					
净资产收益率（%）	19.3	14.0	7.4	0.3	-4.4
营业收入利润率（%）	6.0	4.9	3.4	-1.0	-7.1
总资产报酬率（%）	6.9	5.7	3.8	-0.6	-3.9
盈余现金保障倍数	2.1	1.1	0.7	-0.5	-2.6
二、资产运营指标					
总资产周转率（次）	2.1	1.7	1.1	0.5	0.1
应收账款周转率（次）	18.3	9.8	5.4	2.2	0.1
流动资产周转率（次）	2.6	2.2	1.6	0.7	0.1
两金占流动资产比重（%）	23.5	33.8	40.7	57.0	67.9
三、风险防控指标					
资产负债率（%）	53.5	58.5	63.5	73.5	88.5
现金流动负债比率（%）	16.7	8.0	3.3	-5.9	-14.8
带息负债比率（%）	12.2	19.8	23.7	36.3	60.7
已获利息倍数	6.9	5.5	3.4	1.2	-0.3
四、持续发展指标					
研发经费投入强度（%）	1.7	1.4	1.3	1.1	0.9
全员劳动生产率（万元/人）	47.4	34.7	28.1	15.6	7.2
经济增加值（%）	13.4	6.3	0.7	-5.2	-9.1
国有资本保值增值率（%）	115.7	112.0	106.4	97.7	91.9
五、补充指标					
营业现金比率（%）	10.0	5.0	1.6	-1.2	-6.7
国有资本回报率（%）	17.2	12.3	6.6	0.0	-5.2
EBITDA率（%）	13.0	8.2	5.0	0.3	-3.0
百元收入支付的成本费用（元）	85.5	93.1	97.0	101.2	107.2
存货周转率（次）	21.9	14.6	8.3	4.6	2.1
速动比率	1.6	1.2	0.9	0.7	0.5
利润总额增长率（%）	5.5	-0.3	-7.3	-21.2	-30.4
营业总收入增长率（%）	22.4	14.5	4.1	-5.1	-11.3

商业贸易

项　　目	优秀值	良好值	平均值	较低值	较差值
一、盈利回报指标					
净资产收益率（%）	19.4	15.1	8.6	0.3	−5.7
营业收入利润率（%）	5.7	4.8	3.5	−0.9	−5.2
总资产报酬率（%）	9.4	6.7	4.3	−0.2	−6.3
盈余现金保障倍数	1.7	0.9	0.5	−0.2	−1.3
二、资产运营指标					
总资产周转率（次）	2.2	1.8	1.1	0.7	0.3
应收账款周转率（次）	22.7	17.3	9.1	3.9	0.5
流动资产周转率（次）	3.2	2.6	1.7	1.1	0.6
两金占流动资产比重（%）	32.9	41.9	48.7	62.8	72.3
三、风险防控指标					
资产负债率（%）	54.0	59.0	64.0	74.0	89.0
现金流动负债比率（%）	18.2	10.1	3.4	−2.1	−12.9
带息负债比率（%）	19.0	26.2	29.9	44.3	65.3
已获利息倍数	9.8	6.1	3.5	2.1	0.3
四、持续发展指标					
研发经费投入强度（%）	1.7	1.3	1.1	1.0	0.9
全员劳动生产率（万元/人）	68.5	47.6	28.9	17.4	9.7
经济增加值率（%）	12.7	6.2	1.2	−3.8	−7.1
国有资本保值增值率（%）	117.4	112.6	107.7	99.1	93.4
五、补充指标					
营业现金比率（%）	8.8	5.0	1.6	0.1	−0.8
国有资本回报率（%）	16.8	13.1	7.5	0.0	−6.8
EBITDA率（%）	11.9	7.9	5.1	1.1	−2.6
百元收入支付的成本费用（元）	92.5	95.5	97.2	100.9	103.3
存货周转率（次）	22.0	15.6	8.5	6.4	4.9
速动比率	1.4	1.1	0.9	0.7	0.5
利润总额增长率（%）	4.7	−1.7	−7.1	−16.5	−27.8
营业总收入增长率（%）	18.9	10.6	3.5	−5.6	−11.7

商业贸易

项　　目	优秀值	良好值	平均值	较低值	较差值
一、盈利回报指标					
净资产收益率（%）	20.6	15.7	8.7	0.8	−6.1
营业收入利润率（%）	5.1	3.9	2.1	−1.3	−5.3
总资产报酬率（%）	6.8	5.4	3.3	0.2	−5.4
盈余现金保障倍数	3.6	1.8	0.8	−0.5	−2.2
二、资产运营指标					
总资产周转率（次）	2.0	1.7	1.2	0.7	0.3
应收账款周转率（次）	19.0	13.2	4.4	2.7	1.7
流动资产周转率（次）	2.5	2.1	1.5	0.9	0.5
两金占流动资产比重（%）	15.8	30.9	46.5	61.1	70.8
三、风险防控指标					
资产负债率（%）	54.0	59.0	64.0	74.0	89.0
现金流动负债比率（%）	18.0	9.7	2.9	−5.2	−11.8
带息负债比率（%）	8.6	15.8	19.5	41.5	58.0
已获利息倍数	7.2	4.9	2.8	1.2	−0.1
四、持续发展指标					
研发经费投入强度（%）	1.7	1.3	1.1	1.0	0.9
全员劳动生产率（万元/人）	52.6	38.7	27.8	17.8	11.1
经济增加值率（%）	14.1	8.4	1.5	−3.6	−7.0
国有资本保值增值率（%）	118.5	113.7	106.8	98.2	92.5
五、补充指标					
营业现金比率（%）	9.7	5.5	1.1	−1.0	−4.9
国有资本回报率（%）	18.3	14.1	7.7	0.5	−7.1
EBITDA率（%）	11.3	7.3	4.1	0.9	−3.4
百元收入支付的成本费用（元）	95.0	95.5	95.8	99.8	103.1
存货周转率（次）	24.3	17.0	10.0	6.2	3.6
速动比率	1.5	1.2	1.0	0.8	0.6
利润总额增长率（%）	7.8	−5.3	−12.0	−28.8	−40.0
营业总收入增长率（%）	25.0	14.9	5.1	−4.1	−10.3

商业贸易

范围：小型企业

项　　目	优秀值	良好值	平均值	较低值	较差值
一、盈利回报指标					
净资产收益率（%）	17.9	11.4	5.5	0.0	-6.8
营业收入利润率（%）	6.0	4.5	2.3	-2.7	-11.2
总资产报酬率（%）	7.3	5.2	3.2	-0.1	-4.3
盈余现金保障倍数	2.0	1.1	0.6	-0.8	-3.4
二、资产运营指标					
总资产周转率（次）	2.1	1.7	1.1	0.5	0.2
应收账款周转率（次）	22.6	12.3	5.7	3.0	1.2
流动资产周转率（次）	2.6	2.2	1.6	0.9	0.5
两金占流动资产比重（%）	8.7	20.3	37.8	53.4	63.8
三、风险防控指标					
资产负债率（%）	51.0	56.0	61.0	71.0	86.0
现金流动负债比率（%）	18.1	9.8	5.0	-5.0	-13.8
带息负债比率（%）	12.2	18.8	22.2	38.2	58.6
已获利息倍数	4.6	3.6	2.2	1.0	-1.2
四、持续发展指标					
研发经费投入强度（%）	1.7	1.4	1.3	1.1	0.9
全员劳动生产率（万元/人）	42.9	32.3	26.9	14.4	6.0
经济增加值率（%）	12.4	4.8	-1.7	-7.5	-12.4
国有资本保值增值率（%）	112.3	108.8	103.6	96.1	88.9
五、补充指标					
营业现金比率（%）	9.9	4.8	1.0	-2.3	-8.7
国有资本回报率（%）	17.1	9.5	4.4	0.0	-7.9
EBITDA率（%）	9.1	5.3	3.3	-0.2	-7.1
百元收入支付的成本费用（元）	92.5	97.0	99.2	104.9	111.2
存货周转率（次）	22.1	13.2	7.1	3.5	1.1
速动比率	1.7	1.3	1.0	0.7	0.5
利润总额增长率（%）	11.9	4.7	-3.5	-18.3	-32.0
营业总收入增长率（%）	20.3	12.5	3.4	-5.9	-12.2

食品、饮料及烟草制品批发与零售

范围：全行业

项　　目	优秀值	良好值	平均值	较低值	较差值
一、盈利回报指标					
净资产收益率（％）	16.2	10.7	6.5	1.4	-2.7
营业收入利润率（％）	11.2	6.5	4.0	-2.6	-10.7
总资产报酬率（％）	6.6	5.7	4.4	1.1	-1.8
盈余现金保障倍数	2.3	1.4	0.9	-0.2	-1.4
二、资产运营指标					
总资产周转率（次）	2.0	1.6	1.0	0.5	0.1
应收账款周转率（次）	21.0	16.2	11.0	5.5	1.9
流动资产周转率（次）	2.5	2.1	1.5	0.7	0.2
两金占流动资产比重（％）	13.4	20.6	24.3	42.5	57.6
三、风险防控指标					
资产负债率（％）	51.0	56.0	61.0	71.0	86.0
现金流动负债比率（％）	16.5	6.1	0.7	-7.0	-15.0
带息负债比率（％）	32.1	43.0	50.1	54.3	62.3
已获利息倍数	5.6	4.4	3.2	1.1	-0.6
四、持续发展指标					
研发经费投入强度（％）	1.8	1.4	1.3	1.1	0.9
全员劳动生产率（万元/人）	44.3	34.0	28.7	15.3	6.4
经济增加值率（％）	9.0	2.6	-0.8	-5.6	-8.9
国有资本保值增值率（％）	113.7	108.0	105.0	98.0	90.9
五、补充指标					
营业现金比率（％）	10.8	4.7	0.0	-2.9	-8.6
国有资本回报率（％）	13.5	8.7	5.0	0.0	-4.2
EBITDA率（％）	14.5	9.0	6.2	1.4	-3.0
百元收入支付的成本费用（元）	92.8	96.2	99.7	107.0	117.1
存货周转率（次）	14.0	8.4	4.8	2.4	0.7
速动比率	1.0	0.9	0.8	0.6	0.5
利润总额增长率（％）	9.6	-2.8	-9.2	-14.2	-20.0
营业总收入增长率（％）	18.0	12.7	8.2	3.7	-2.3

纺织、服装及日用品批发与零售

范围：全行业

项　　目	优秀值	良好值	平均值	较低值	较差值
一、盈利回报指标					
净资产收益率（%）	10.2	6.2	4.1	0.0	-4.2
营业收入利润率（%）	8.0	3.6	0.9	-2.8	-6.7
总资产报酬率（%）	5.6	3.7	2.4	-0.7	-2.9
盈余现金保障倍数	3.3	2.0	1.1	-0.3	-3.0
二、资产运营指标					
总资产周转率（次）	2.8	2.0	1.6	0.7	0.1
应收账款周转率（次）	19.0	14.9	10.6	5.5	2.1
流动资产周转率（次）	3.3	2.9	2.3	1.1	0.3
两金占流动资产比重（%）	11.5	22.9	34.4	45.1	53.5
三、风险防控指标					
资产负债率（%）	51.0	56.0	61.0	71.0	86.0
现金流动负债比率（%）	12.9	9.0	3.2	-0.2	-5.5
带息负债比率（%）	34.9	39.8	45.1	51.0	62.3
已获利息倍数	5.8	3.9	2.2	1.0	0.1
四、持续发展指标					
研发经费投入强度（%）	1.7	1.4	1.3	1.1	0.9
全员劳动生产率（万元/人）	59.2	43.5	35.4	18.0	6.5
经济增加值率（%）	6.6	1.5	-1.2	-4.5	-6.6
国有资本保值增值率（%）	110.2	105.6	103.2	97.7	93.8
五、补充指标					
营业现金比率（%）	7.1	3.2	0.6	-2.6	-8.7
国有资本回报率（%）	9.6	6.1	4.3	0.0	-3.9
EBITDA率（%）	11.2	5.9	2.5	0.9	-0.5
百元收入支付的成本费用（元）	96.5	98.7	99.8	102.6	108.2
存货周转率（次）	13.5	11.6	10.0	6.0	3.4
速动比率	1.1	1.0	0.9	0.6	0.4
利润总额增长率（%）	-0.7	-14.4	-21.5	-26.0	-30.3
营业总收入增长率（%）	7.6	2.7	-0.1	-3.5	-7.4

文化、体育用品及器材批发与零售

范围：全行业

项　　　目	优秀值	良好值	平均值	较低值	较差值
一、盈利回报指标					
净资产收益率（%）	15.7	9.9	6.7	-0.2	-6.1
营业收入利润率（%）	12.4	7.4	4.6	-5.7	-13.4
总资产报酬率（%）	10.2	6.1	3.9	-0.8	-3.9
盈余现金保障倍数	2.6	1.9	1.2	0.1	-2.1
二、资产运营指标					
总资产周转率（次）	1.5	1.2	1.0	0.4	0.1
应收账款周转率（次）	17.5	14.7	10.6	5.3	1.7
流动资产周转率（次）	3.1	1.7	1.0	0.3	-0.1
两金占流动资产比重（%）	12.3	21.2	34.1	45.8	57.7
三、风险防控指标					
资产负债率（%）	51.0	56.0	61.0	71.0	86.0
现金流动负债比率（%）	15.2	8.6	5.2	-3.0	-9.9
带息负债比率（%）	12.8	18.0	22.0	25.8	33.1
已获利息倍数	9.3	8.1	7.0	4.0	0.1
四、持续发展指标					
研发经费投入强度（%）	1.9	1.6	1.5	1.3	1.1
全员劳动生产率（万元/人）	39.4	32.4	28.9	16.0	7.4
经济增加值率（%）	11.8	4.0	0.0	-6.5	-10.9
国有资本保值增值率（%）	112.8	108.8	105.3	99.2	92.3
五、补充指标					
营业现金比率（%）	14.1	7.0	3.4	-0.1	-6.7
国有资本回报率（%）	15.7	9.7	6.7	-0.2	-6.1
EBITDA率（%）	15.1	10.8	5.3	0.0	-7.6
百元收入支付的成本费用（元）	89.6	93.3	95.2	99.3	107.3
存货周转率（次）	13.9	7.9	4.8	2.7	1.4
速动比率	1.6	1.2	0.9	0.7	0.4
利润总额增长率（%）	-3.5	-13.7	-19.1	-22.5	-28.8
营业总收入增长率（%）	5.7	0.3	-6.0	-9.7	-16.9

医药及医疗器材批发与零售

范围：全行业

项　　目	优秀值	良好值	平均值	较低值	较差值
一、盈利回报指标					
净资产收益率（%）	25.2	17.7	11.3	4.5	-1.5
营业收入利润率（%）	4.5	3.4	1.7	0.0	-1.4
总资产报酬率（%）	7.6	6.3	4.7	1.0	-3.1
盈余现金保障倍数	4.3	2.0	0.7	-0.6	-3.3
二、资产运营指标					
总资产周转率（次）	2.2	1.9	1.4	1.1	0.6
应收账款周转率（次）	15.0	8.2	3.6	2.0	0.9
流动资产周转率（次）	2.5	2.2	1.6	1.2	0.7
两金占流动资产比重（%）	52.9	57.2	60.3	70.3	77.0
三、风险防控指标					
资产负债率（%）	54.0	59.0	64.0	74.0	89.0
现金流动负债比率（%）	15.7	9.1	2.7	-5.0	-13.6
带息负债比率（%）	17.3	22.8	26.9	33.2	39.5
已获利息倍数	11.2	6.2	3.5	1.9	0.8
四、持续发展指标					
研发经费投入强度（%）	1.9	1.6	1.5	1.3	1.1
全员劳动生产率（万元/人）	51.0	40.0	34.3	20.0	10.6
经济增加值率（%）	14.6	9.2	3.2	-1.7	-5.6
国有资本保值增值率（%）	119.6	113.4	110.1	102.3	96.7
五、补充指标					
营业现金比率（%）	9.1	5.2	1.0	-0.7	-4.1
国有资本回报率（%）	24.2	16.7	10.4	3.5	-2.5
EBITDA 率（%）	6.0	4.5	3.3	1.5	0.4
百元收入支付的成本费用（元）	95.5	96.8	98.2	99.2	99.9
存货周转率（次）	21.6	16.1	10.7	6.9	4.4
速动比率	1.5	1.2	1.0	0.8	0.6
利润总额增长率（%）	11.6	7.8	3.0	-2.1	-11.3
营业总收入增长率（%）	17.8	11.5	7.7	0.0	-6.7

综合零售

范围：全行业

项　　目	优秀值	良好值	平均值	较低值	较差值
一、盈利回报指标					
净资产收益率（%）	13.2	7.5	4.6	-3.1	-8.7
营业收入利润率（%）	8.3	4.1	1.9	-1.7	-8.9
总资产报酬率（%）	7.2	4.5	2.9	-2.6	-6.2
盈余现金保障倍数	2.0	1.3	0.8	-0.2	-1.2
二、资产运营指标					
总资产周转率（次）	1.6	1.4	1.0	0.5	0.1
应收账款周转率（次）	27.9	21.1	13.4	7.8	4.2
流动资产周转率（次）	2.7	2.4	1.8	0.8	0.1
两金占流动资产比重（%）	9.4	18.3	28.6	41.5	57.7
三、风险防控指标					
资产负债率（%）	51.0	56.0	61.0	71.0	86.0
现金流动负债比率（%）	21.6	13.1	4.4	-5.5	-14.8
带息负债比率（%）	4.2	9.6	15.1	19.5	27.7
已获利息倍数	7.7	4.4	2.6	-0.8	-3.1
四、持续发展指标					
研发经费投入强度（%）	1.9	1.6	1.5	1.3	1.1
全员劳动生产率（万元/人）	39.4	25.7	18.7	9.2	2.9
经济增加值率（%）	12.5	4.3	-0.7	-5.9	-10.4
国有资本保值增值率（%）	112.4	107.6	102.0	96.5	88.4
五、补充指标					
营业现金比率（%）	12.7	5.5	0.1	-3.8	-11.2
国有资本回报率（%）	11.1	6.2	3.7	-3.9	-9.6
EBITDA 率（%）	14.4	7.4	3.6	-0.2	-5.7
百元收入支付的成本费用（元）	93.6	96.9	98.6	101.3	106.7
存货周转率（次）	14.4	10.6	6.7	3.5	1.4
速动比率	1.2	1.0	0.6	0.4	0.3
利润总额增长率（%）	-5.6	-22.2	-30.8	-35.6	-40.0
营业总收入增长率（%）	2.5	-1.8	-8.2	-12.8	-15.9

物资贸易

范围：全行业

项　　目	优秀值	良好值	平均值	较低值	较差值
一、盈利回报指标					
净资产收益率（%）	15.2	10.6	5.9	0.0	-11.5
营业收入利润率（%）	7.6	3.2	0.9	-1.2	-2.7
总资产报酬率（%）	7.0	4.7	3.5	-0.4	-8.0
盈余现金保障倍数	3.9	2.4	0.9	-1.1	-4.1
二、资产运营指标					
总资产周转率（次）	4.0	2.7	1.8	0.9	0.2
应收账款周转率（次）	25.6	19.4	14.1	7.8	3.6
流动资产周转率（次）	5.9	4.0	3.0	1.6	0.6
两金占流动资产比重（%）	7.5	18.9	34.0	44.8	55.8
三、风险防控指标					
资产负债率（%）	53.7	58.7	63.7	73.7	88.7
现金流动负债比率（%）	18.6	8.8	3.7	-6.4	-15.3
带息负债比率（%）	22.1	29.2	32.9	42.7	61.8
已获利息倍数	7.9	4.6	2.7	0.8	-1.1
四、持续发展指标					
研发经费投入强度（%）	1.8	1.4	1.3	1.2	1.1
全员劳动生产率（万元/人）	86.8	60.6	46.4	23.4	8.1
经济增加值率（%）	10.0	3.6	-1.2	-6.5	-10.5
国有资本保值增值率（%）	114.2	108.0	103.7	95.7	88.6
五、补充指标					
营业现金比率（%）	8.4	3.5	0.5	-1.6	-5.5
国有资本回报率（%）	13.6	9.6	5.6	-0.4	-11.8
EBITDA率（%）	9.8	5.2	2.0	0.1	-1.2
百元收入支付的成本费用（元）	95.2	98.1	99.6	100.9	103.5
存货周转率（次）	33.3	21.3	12.0	5.6	1.3
速动比率	1.4	1.1	0.8	0.7	0.4
利润总额增长率（%）	11.5	1.9	-12.6	-26.8	-36.2
营业总收入增长率（%）	30.4	21.5	12.7	4.6	-7.0

物资贸易

范围：大型企业

项　　目	优秀值	良好值	平均值	较低值	较差值
一、盈利回报指标					
净资产收益率（%）	19.4	13.7	7.2	0.6	-8.9
营业收入利润率（%）	5.3	2.4	0.9	-0.1	-2.0
总资产报酬率（%）	7.2	5.0	3.8	0.3	-6.4
盈余现金保障倍数	5.3	3.3	1.1	-0.4	-2.5
二、资产运营指标					
总资产周转率（次）	4.4	3.2	2.0	1.2	0.6
应收账款周转率（次）	31.1	20.9	14.7	7.7	3.0
流动资产周转率（次）	7.6	5.3	3.1	1.8	0.9
两金占流动资产比重（%）	19.1	28.2	39.7	47.3	56.1
三、风险防控指标					
资产负债率（%）	53.7	58.7	63.7	73.7	88.7
现金流动负债比率（%）	24.4	14.6	6.3	-1.8	-13.1
带息负债比率（%）	21.0	28.9	33.0	40.1	53.9
已获利息倍数	6.6	5.0	3.5	1.6	0.3
四、持续发展指标					
研发经费投入强度（%）	1.8	1.4	1.3	1.2	1.1
全员劳动生产率（万元/人）	122.7	90.0	52.6	35.9	24.8
经济增加值率（%）	10.4	5.4	-0.5	-4.5	-7.2
国有资本保值增值率（%）	116.1	111.0	105.2	97.6	92.4
五、补充指标					
营业现金比率（%）	5.5	2.8	0.7	-0.2	-2.0
国有资本回报率（%）	16.6	11.7	6.2	0.4	-10.0
EBITDA率（%）	7.8	4.2	2.3	0.3	-1.1
百元收入支付的成本费用（元）	96.2	98.3	99.3	100.1	101.6
存货周转率（次）	40.1	28.2	19.4	14.0	10.4
速动比率	1.2	1.1	0.8	0.6	0.4
利润总额增长率（%）	6.5	-1.3	-13.0	-30.7	-42.5
营业总收入增长率（%）	36.5	27.2	14.1	6.1	0.5

物资贸易

范围：中型企业

项　　　目	优秀值	良好值	平均值	较低值	较差值
一、盈利回报指标					
净资产收益率（%）	17.7	13.0	6.6	0.6	−9.3
营业收入利润率（%）	6.0	2.8	0.7	−0.3	−1.6
总资产报酬率（%）	7.6	5.3	3.3	−0.2	−7.0
盈余现金保障倍数	5.0	2.4	1.1	−1.1	−5.3
二、资产运营指标					
总资产周转率（次）	4.9	3.7	2.3	1.3	0.6
应收账款周转率（次）	33.6	23.8	13.1	8.3	5.1
流动资产周转率（次）	6.4	4.8	3.3	2.0	1.1
两金占流动资产比重（%）	4.4	17.4	36.8	48.0	57.0
三、风险防控指标					
资产负债率（%）	53.7	58.7	63.7	73.7	88.7
现金流动负债比率（%）	20.5	9.6	3.0	−8.4	−17.2
带息负债比率（%）	15.5	22.5	26.2	38.0	51.8
已获利息倍数	6.8	4.4	2.3	1.0	−0.4
四、持续发展指标					
研发经费投入强度（%）	1.8	1.4	1.3	1.2	1.1
全员劳动生产率（万元/人）	100.3	69.0	48.7	26.3	11.3
经济增加值率（%）	12.6	6.2	−0.7	−4.9	−7.8
国有资本保值增值率（%）	116.7	109.9	104.5	96.8	90.3
五、补充指标					
营业现金比率（%）	6.9	3.2	0.5	−0.8	−3.5
国有资本回报率（%）	15.3	11.2	5.8	0.3	−10.1
EBITDA率（%）	6.4	3.6	1.1	−0.2	−2.8
百元收入支付的成本费用（元）	96.0	98.2	99.3	100.4	102.3
存货周转率（次）	34.3	22.7	12.4	6.2	2.0
速动比率	1.4	1.2	0.9	0.8	0.6
利润总额增长率（%）	15.9	6.2	−3.9	−15.3	−22.8
营业总收入增长率（%）	33.0	24.6	12.1	4.7	−6.1

物资贸易

项　　目	优秀值	良好值	平均值	较低值	较差值
一、盈利回报指标					
净资产收益率（%）	17.6	9.6	4.3	-1.3	-12.1
营业收入利润率（%）	8.8	3.6	0.9	-0.7	-2.9
总资产报酬率（%）	6.1	3.9	2.5	-1.4	-9.1
盈余现金保障倍数	2.8	1.6	0.2	-2.0	-5.6
二、资产运营指标					
总资产周转率（次）	4.3	3.0	1.7	0.9	0.4
应收账款周转率（次）	22.0	14.6	10.0	5.8	3.0
流动资产周转率（次）	5.0	3.4	2.0	1.1	0.4
两金占流动资产比重（%）	0.6	13.1	31.7	44.6	57.2
三、风险防控指标					
资产负债率（%）	54.0	59.0	64.0	74.0	89.0
现金流动负债比率（%）	15.5	6.0	0.0	-8.7	-16.6
带息负债比率（%）	22.1	29.5	33.3	44.6	66.5
已获利息倍数	5.6	3.3	1.7	0.3	-2.2
四、持续发展指标					
研发经费投入强度（%）	1.8	1.4	1.3	1.2	1.1
全员劳动生产率（万元/人）	77.7	55.0	36.1	18.6	6.9
经济增加值率（%）	12.3	5.3	-1.4	-6.0	-9.1
国有资本保值增值率（%）	113.0	108.1	102.9	95.6	87.6
五、补充指标					
营业现金比率（%）	9.4	3.8	0.1	-2.1	-6.4
国有资本回报率（%）	15.6	9.0	3.6	-2.0	-12.7
EBITDA率（%）	10.1	4.9	2.0	0.1	-1.5
百元收入支付的成本费用（元）	93.9	97.6	99.6	101.2	104.5
存货周转率（次）	55.9	30.4	11.5	7.5	4.8
速动比率	1.6	1.3	0.9	0.7	0.5
利润总额增长率（%）	10.9	2.6	-9.8	-25.6	-36.2
营业总收入增长率（%）	25.9	18.3	9.8	-1.1	-10.1

矿产品、建材及化工产品批发

范围：全行业

项　　　目	优秀值	良好值	平均值	较低值	较差值
一、盈利回报指标					
净资产收益率（%）	18.4	11.5	6.9	1.2	−5.4
营业收入利润率（%）	3.0	2.1	0.8	−0.4	−2.5
总资产报酬率（%）	5.9	4.8	3.4	−0.2	−7.3
盈余现金保障倍数	5.3	2.6	1.2	−1.2	−5.9
二、资产运营指标					
总资产周转率（次）	5.6	3.8	2.1	0.9	0.1
应收账款周转率（次）	21.7	16.7	12.3	5.9	1.7
流动资产周转率（次）	8.1	5.1	3.6	1.7	0.5
两金占流动资产比重（%）	4.0	16.4	35.1	46.1	59.3
三、风险防控指标					
资产负债率（%）	53.7	58.7	63.7	73.7	88.7
现金流动负债比率（%）	18.1	10.1	5.5	−3.2	−10.4
带息负债比率（%）	4.1	15.1	31.7	39.6	55.1
已获利息倍数	10.0	5.5	2.7	1.0	−0.9
四、持续发展指标					
研发经费投入强度（%）	2.3	1.6	1.3	1.0	0.7
全员劳动生产率（万元/人）	117.1	84.7	49.8	28.6	14.4
经济增加值率（%）	11.9	4.4	−1.0	−5.3	−8.2
国有资本保值增值率（%）	115.3	109.0	104.3	98.6	93.0
五、补充指标					
营业现金比率（%）	5.7	2.5	0.9	−0.5	−3.2
国有资本回报率（%）	17.1	10.3	5.6	0.2	−6.6
EBITDA 率（%）	7.3	3.7	1.8	0.7	0.0
百元收入支付的成本费用（元）	97.5	98.7	99.6	101.8	106.1
存货周转率（次）	34.0	23.9	18.6	9.2	2.8
速动比率	1.4	1.2	0.9	0.7	0.5
利润总额增长率（%）	3.7	−6.2	−11.3	−22.3	−29.6
营业总收入增长率（%）	18.5	12.1	6.6	−6.3	−31.4

机械设备、五金及电子产品批发

范围：全行业

项　　目	优秀值	良好值	平均值	较低值	较差值
一、盈利回报指标					
净资产收益率（%）	18.4	9.8	5.4	-0.5	-12.0
营业收入利润率（%）	5.9	4.0	1.2	-0.4	-3.6
总资产报酬率（%）	6.4	4.9	3.6	-1.5	-6.4
盈余现金保障倍数	3.6	2.7	1.3	-1.2	-4.9
二、资产运营指标					
总资产周转率（次）	2.8	2.3	1.7	0.7	0.1
应收账款周转率（次）	18.7	13.2	6.5	3.4	1.3
流动资产周转率（次）	4.2	3.4	2.2	1.0	0.3
两金占流动资产比重（%）	22.9	33.6	39.8	49.1	62.7
三、风险防控指标					
资产负债率（%）	54.0	59.0	64.0	74.0	89.0
现金流动负债比率（%）	15.0	8.2	3.0	-8.6	-18.4
带息负债比率（%）	8.9	19.5	30.4	38.2	53.4
已获利息倍数	10.0	6.0	3.2	0.6	-3.4
四、持续发展指标					
研发经费投入强度（%）	3.9	1.9	1.0	0.6	0.3
全员劳动生产率（万元/人）	68.6	46.7	34.6	16.8	4.9
经济增加值率（%）	13.5	5.1	0.2	-5.9	-10.0
国有资本保值增值率（%）	116.9	109.5	103.9	94.4	87.4
五、补充指标					
营业现金比率（%）	8.3	3.7	1.3	-1.8	-7.7
国有资本回报率（%）	15.8	8.8	4.4	-1.5	-13.0
EBITDA 率（%）	11.3	5.8	1.9	0.5	-0.8
百元收入支付的成本费用（元）	93.5	96.9	98.7	100.6	104.2
存货周转率（次）	21.0	17.3	11.9	7.5	4.6
速动比率	1.4	1.2	0.9	0.7	0.4
利润总额增长率（%）	7.5	-2.4	-7.5	-22.9	-35.0
营业总收入增长率（%）	5.4	-0.9	-5.0	-22.6	-34.4

汽车、摩托车、燃料及零配件专门零售

范围：全行业

项　　目	优秀值	良好值	平均值	较低值	较差值
一、盈利回报指标					
净资产收益率（％）	22.5	15.6	8.8	0.1	−9.8
营业收入利润率（％）	6.3	4.0	2.6	0.5	−2.1
总资产报酬率（％）	11.9	6.7	4.1	−1.2	−6.8
盈余现金保障倍数	4.4	2.2	0.9	−0.7	−3.9
二、资产运营指标					
总资产周转率（次）	3.8	3.1	2.1	0.9	0.2
应收账款周转率（次）	32.0	28.4	23.1	18.9	10.7
流动资产周转率（次）	5.3	4.4	3.0	1.5	0.5
两金占流动资产比重（％）	9.9	18.3	30.9	45.2	54.7
三、风险防控指标					
资产负债率（％）	51.1	56.1	61.1	71.1	86.1
现金流动负债比率（％）	35.1	19.2	1.2	−10.1	−18.5
带息负债比率（％）	2.6	14.0	26.2	39.1	52.0
已获利息倍数	8.6	5.7	3.8	0.4	−3.3
四、持续发展指标					
研发经费投入强度（％）	1.5	1.2	1.1	1.0	0.9
全员劳动生产率（万元/人）	44.0	31.6	24.5	13.2	5.6
经济增加值率（％）	15.3	7.6	1.1	−5.4	−10.8
国有资本保值增值率（％）	116.4	109.9	103.9	94.4	85.5
五、补充指标					
营业现金比率（％）	11.3	6.6	1.4	−1.0	−5.5
国有资本回报率（％）	21.1	14.2	7.4	0.1	−11.2
EBITDA 率（％）	8.0	5.4	3.6	0.9	−1.4
百元收入支付的成本费用（元）	94.5	96.3	97.6	100.2	103.2
存货周转率（次）	30.1	19.7	12.4	6.6	2.8
速动比率	1.4	1.0	0.7	0.5	0.3
利润总额增长率（％）	1.5	−3.9	−7.5	−25.4	−37.2
营业总收入增长率（％）	14.0	8.3	−0.3	−17.4	−29.6

粮食业

范围：全行业

项　　目	优秀值	良好值	平均值	较低值	较差值
一、盈利回报指标					
净资产收益率（%）	8.5	4.8	2.2	−1.5	−8.4
营业收入利润率（%）	3.5	2.4	0.9	−5.8	−19.0
总资产报酬率（%）	3.9	2.4	1.5	−1.5	−7.3
盈余现金保障倍数	6.9	5.1	2.4	−0.7	−5.9
二、资产运营指标					
总资产周转率（次）	1.4	1.0	0.4	0.2	0.1
应收账款周转率（次）	25.7	17.8	11.3	7.5	4.6
流动资产周转率（次）	1.9	1.1	0.6	0.3	0.1
两金占流动资产比重（%）	7.6	32.4	45.2	55.8	76.4
三、风险防控指标					
资产负债率（%）	54.0	59.0	64.0	74.0	89.0
现金流动负债比率（%）	13.7	6.5	1.4	−7.6	−13.9
带息负债比率（%）	24.8	36.8	44.1	58.8	68.7
已获利息倍数	3.5	2.3	1.4	0.5	−0.7
四、持续发展指标					
研发经费投入强度（%）	1.7	1.3	1.1	1.0	0.9
全员劳动生产率（万元/人）	40.2	32.1	26.9	14.1	5.5
经济增加值率（%）	2.2	−0.9	−2.9	−6.2	−8.3
国有资本保值增值率（%）	107.1	104.6	101.3	96.3	90.2
五、补充指标					
营业现金比率（%）	22.1	10.2	2.2	−1.3	−8.0
国有资本回报率（%）	8.2	4.5	1.9	−1.7	−8.7
EBITDA率（%）	9.3	5.8	2.1	0.2	−3.5
百元收入支付的成本费用（元）	104.6	106.0	108.1	114.5	126.9
存货周转率（次）	4.0	2.2	1.1	0.5	0.1
速动比率	1.3	0.9	0.7	0.4	0.2
利润总额增长率（%）	2.2	−13.1	−22.0	−32.6	−40.9
营业总收入增长率（%）	15.4	9.0	−0.6	−7.2	−16.8

粮食业

范围：大型企业

项　　目	优秀值	良好值	平均值	较低值	较差值
一、盈利回报指标					
净资产收益率（%）	8.9	6.2	2.5	-0.3	-5.8
营业收入利润率（%）	5.2	4.0	2.2	-2.8	-12.5
总资产报酬率（%）	4.3	3.0	1.8	-0.1	-3.8
盈余现金保障倍数	8.0	5.7	2.2	-2.4	-11.3
二、资产运营指标					
总资产周转率（次）	1.7	0.9	0.5	0.3	0.1
应收账款周转率（次）	27.5	20.1	13.6	12.0	10.0
流动资产周转率（次）	2.1	1.4	0.8	0.4	0.1
两金占流动资产比重（%）	20.6	37.9	49.7	60.3	81.0
三、风险防控指标					
资产负债率（%）	54.0	59.0	64.0	74.0	89.0
现金流动负债比率（%）	16.6	8.2	2.5	-10.5	-19.1
带息负债比率（%）	26.9	43.6	53.4	64.9	72.8
已获利息倍数	4.3	3.0	1.6	0.6	-1.4
四、持续发展指标					
研发经费投入强度（%）	1.7	1.3	1.1	1.0	0.9
全员劳动生产率（万元/人）	62.7	48.3	35.9	22.4	13.4
经济增加值率（%）	4.4	1.8	-1.6	-4.4	-6.9
国有资本保值增值率（%）	108.4	104.9	102.2	97.6	93.2
五、补充指标					
营业现金比率（%）	24.6	11.1	4.1	-1.2	-7.6
国有资本回报率（%）	8.7	6.0	2.3	-0.5	-6.0
EBITDA率（%）	8.9	6.5	3.2	0.8	-2.4
百元收入支付的成本费用（元）	100.5	101.7	103.4	110.2	117.7
存货周转率（次）	7.0	4.5	2.4	1.8	0.5
速动比率	1.2	0.9	0.6	0.5	0.1
利润总额增长率（%）	1.1	-10.2	-18.7	-31.9	-40.7
营业总收入增长率（%）	11.8	5.6	-3.6	-11.7	-21.2

粮食业

范围：中型企业

项　　目	优秀值	良好值	平均值	较低值	较差值
一、盈利回报指标					
净资产收益率（％）	10.4	5.6	2.3	-1.6	-9.2
营业收入利润率（％）	3.8	1.7	0.4	-2.7	-6.5
总资产报酬率（％）	4.1	3.0	1.6	-1.6	-7.6
盈余现金保障倍数	6.3	5.0	3.0	-2.0	-10.2
二、资产运营指标					
总资产周转率（次）	1.9	1.1	0.6	0.3	0.1
应收账款周转率（次）	39.6	30.9	24.2	19.9	11.6
流动资产周转率（次）	2.4	1.5	0.9	0.4	0.1
两金占流动资产比重（％）	12.4	30.0	44.3	56.4	80.0
三、风险防控指标					
资产负债率（％）	54.0	59.0	64.0	74.0	89.0
现金流动负债比率（％）	16.6	7.6	1.6	-7.3	-16.4
带息负债比率（％）	33.7	49.1	58.3	68.2	74.7
已获利息倍数	4.0	2.3	1.3	0.3	-1.4
四、持续发展指标					
研发经费投入强度（％）	1.7	1.3	1.1	1.0	0.9
全员劳动生产率（万元/人）	40.4	34.0	26.4	17.1	10.9
经济增加值率（％）	4.1	0.8	-2.1	-4.8	-7.4
国有资本保值增值率（％）	109.1	106.1	101.5	96.1	91.4
五、补充指标					
营业现金比率（％）	22.9	14.1	1.0	-1.7	-7.0
国有资本回报率（％）	9.7	5.2	1.6	-2.3	-9.9
EBITDA率（％）	7.5	4.8	2.0	0.1	-3.4
百元收入支付的成本费用（元）	102.4	103.9	105.7	109.9	118.0
存货周转率（次）	4.2	2.5	1.6	0.7	0.1
速动比率	1.2	0.8	0.6	0.4	0.2
利润总额增长率（％）	5.1	-5.8	-14.3	-21.6	-34.3
营业总收入增长率（％）	15.6	6.9	-1.2	-10.0	-17.6

粮食业

范围：小型企业

项　　目	优秀值	良好值	平均值	较低值	较差值
一、盈利回报指标					
净资产收益率（%）	7.8	4.7	1.6	−3.0	−12.0
营业收入利润率（%）	2.2	1.7	1.0	−7.1	−22.6
总资产报酬率（%）	4.4	2.9	1.3	−2.5	−9.9
盈余现金保障倍数	6.8	5.2	2.8	−0.7	−7.1
二、资产运营指标					
总资产周转率（次）	1.5	0.9	0.4	0.2	0.1
应收账款周转率（次）	23.3	14.9	9.1	5.9	3.7
流动资产周转率（次）	2.0	1.1	0.5	0.3	0.1
两金占流动资产比重（%）	24.8	46.3	63.8	73.5	80.1
三、风险防控指标					
资产负债率（%）	53.6	58.6	63.6	73.6	88.6
现金流动负债比率（%）	13.5	6.6	1.0	−7.1	−12.5
带息负债比率（%）	22.5	35.9	43.4	60.5	71.9
已获利息倍数	3.4	2.3	1.6	0.5	−1.7
四、持续发展指标					
研发经费投入强度（%）	1.7	1.3	1.1	1.0	0.9
全员劳动生产率（万元/人）	41.5	32.8	26.9	14.4	6.0
经济增加值率（%）	1.3	−0.9	−3.5	−6.0	−7.8
国有资本保值增值率（%）	106.4	104.0	100.8	95.8	87.9
五、补充指标					
营业现金比率（%）	21.5	10.3	2.1	−1.2	−7.6
国有资本回报率（%）	7.7	4.6	1.6	−3.1	−12.1
EBITDA 率（%）	9.9	6.5	2.6	0.9	−0.7
百元收入支付的成本费用（元）	100.0	105.2	113.0	118.6	129.2
存货周转率（次）	2.6	1.4	0.8	0.4	0.1
速动比率	1.3	0.9	0.7	0.5	0.2
利润总额增长率（%）	1.3	−13.8	−22.7	−31.8	−40.8
营业总收入增长率（%）	18.3	9.2	−0.4	−10.1	−19.6

粮油批发与零售

范围：全行业

项　　目	优秀值	良好值	平均值	较低值	较差值
一、盈利回报指标					
净资产收益率（％）	9.4	5.4	3.4	-0.6	-6.8
营业收入利润率（％）	3.2	1.7	0.4	-2.2	-7.2
总资产报酬率（％）	4.7	3.4	2.7	-0.7	-5.7
盈余现金保障倍数	3.0	1.7	1.0	-0.5	-3.4
二、资产运营指标					
总资产周转率（次）	2.2	1.5	1.1	0.5	0.2
应收账款周转率（次）	23.6	17.7	10.6	6.0	2.2
流动资产周转率（次）	3.2	2.1	1.5	0.7	0.1
两金占流动资产比重（％）	19.1	34.9	43.1	53.3	67.5
三、风险防控指标					
资产负债率（％）	54.0	59.0	64.0	74.0	89.0
现金流动负债比率（％）	9.2	3.7	0.9	-7.0	-12.3
带息负债比率（％）	30.0	36.0	44.1	50.4	58.4
已获利息倍数	2.9	2.0	1.5	0.4	-0.3
四、持续发展指标					
研发经费投入强度（％）	1.9	1.6	1.5	1.3	1.1
全员劳动生产率（万元/人）	48.3	33.6	26.1	12.4	3.2
经济增加值率（％）	3.3	0.2	-1.8	-5.3	-7.7
国有资本保值增值率（％）	108.2	104.6	102.1	96.8	92.4
五、补充指标					
营业现金比率（％）	12.0	6.2	0.0	-1.9	-5.6
国有资本回报率（％）	8.6	4.8	2.9	-0.6	-7.3
EBITDA 率（％）	6.4	3.2	0.9	0.0	-1.6
百元收入支付的成本费用（元）	98.6	99.4	100.7	103.2	108.0
存货周转率（次）	8.4	6.7	5.6	3.2	1.6
速动比率	1.1	0.9	0.7	0.5	0.3
利润总额增长率（％）	-0.4	-12.4	-18.5	-20.6	-24.4
营业总收入增长率（％）	15.2	7.3	3.2	-1.3	-9.8

粮油仓储

范围：全行业

项　　目	优秀值	良好值	平均值	较低值	较差值
一、盈利回报指标					
净资产收益率（%）	4.3	2.7	1.3	−1.5	−4.0
营业收入利润率（%）	2.3	1.5	0.4	−3.1	−8.9
总资产报酬率（%）	2.7	2.1	1.2	−0.1	−1.9
盈余现金保障倍数	4.9	3.3	2.1	−1.0	−3.0
二、资产运营指标					
总资产周转率（次）	0.6	0.5	0.3	0.2	0.1
应收账款周转率（次）	22.0	16.0	11.6	5.7	1.9
流动资产周转率（次）	1.1	0.8	0.3	0.2	0.1
两金占流动资产比重（%）	37.0	57.7	68.4	75.4	81.1
三、风险防控指标					
资产负债率（%）	54.0	59.0	64.0	74.0	89.0
现金流动负债比率（%）	10.8	5.7	3.1	−2.4	−6.0
带息负债比率（%）	26.0	37.1	46.2	54.3	65.3
已获利息倍数	2.4	1.7	1.2	0.9	0.5
四、持续发展指标					
研发经费投入强度（%）	1.9	1.6	1.5	1.3	1.1
全员劳动生产率（万元/人）	39.0	32.4	24.2	15.6	6.7
经济增加值率（%）	−0.3	−1.8	−3.5	−5.9	−7.6
国有资本保值增值率（%）	106.3	103.2	100.5	96.6	93.9
五、补充指标					
营业现金比率（%）	26.5	13.9	0.5	−2.8	−9.3
国有资本回报率（%）	4.0	2.4	1.0	−1.9	−4.3
EBITDA 率（%）	6.5	4.0	2.0	0.5	−2.3
百元收入支付的成本费用（元）	106.9	114.0	117.6	121.9	130.2
存货周转率（次）	2.3	1.2	0.6	0.3	0.1
速动比率	1.0	0.7	0.5	0.3	0.2
利润总额增长率（%）	−3.7	−16.0	−22.4	−26.6	−35.0
营业总收入增长率（%）	14.4	3.7	−1.8	−7.0	−17.2

住宿和餐饮业

范围：全行业

项　　目	优秀值	良好值	平均值	较低值	较差值
一、盈利回报指标					
净资产收益率（%）	6.0	1.0	− 1.6	− 8.2	− 15.2
营业收入利润率（%）	− 0.2	− 6.6	− 12.7	− 26.4	− 43.5
总资产报酬率（%）	2.5	0.5	− 1.0	− 5.6	− 9.8
盈余现金保障倍数	2.7	1.7	0.4	− 1.5	− 3.9
二、资产运营指标					
总资产周转率（次）	1.1	0.6	0.3	0.2	0.1
应收账款周转率（次）	35.7	21.8	9.4	6.4	3.9
流动资产周转率（次）	2.3	1.8	0.9	0.5	0.2
两金占流动资产比重（%）	0.8	10.7	25.5	31.9	36.7
三、风险防控指标					
资产负债率（%）	51.0	56.0	61.0	71.0	86.0
现金流动负债比率（%）	15.4	6.0	0.5	− 5.5	− 13.6
带息负债比率（%）	11.6	23.0	37.0	46.9	66.2
已获利息倍数	2.3	0.9	0.1	− 3.2	− 7.1
四、持续发展指标					
研发经费投入强度（%）	0.6	0.5	0.4	0.3	0.1
全员劳动生产率（万元/人）	16.3	11.9	8.9	4.1	1.0
经济增加值率（%）	4.7	− 1.7	− 6.4	− 10.9	− 17.0
国有资本保值增值率（%）	105.4	101.5	99.2	92.6	87.6
五、补充指标					
营业现金比率（%）	14.1	6.5	2.4	− 4.9	− 19.3
国有资本回报率（%）	5.1	1.5	− 0.3	− 6.9	− 13.9
EBITDA 率（%）	19.1	9.3	3.1	− 6.9	− 15.3
百元收入支付的成本费用（元）	95.1	101.3	110.5	118.2	133.2
存货周转率（次）	30.2	19.0	9.2	7.0	5.6
速动比率	1.2	1.0	0.7	0.4	0.2
利润总额增长率（%）	− 14.2	− 35.4	− 47.6	− 60.0	− 70.7
营业总收入增长率（%）	15.7	4.5	− 9.6	− 20.8	− 30.5

住宿和餐饮业

范围：大型企业

项　　目	优秀值	良好值	平均值	较低值	较差值
一、盈利回报指标					
净资产收益率（％）	4.3	0.7	-1.3	-6.3	-9.7
营业收入利润率（％）	1.1	-6.1	-12.9	-22.9	-33.6
总资产报酬率（％）	3.3	0.8	-0.5	-2.4	-4.0
盈余现金保障倍数	5.8	2.4	0.6	-0.4	-2.4
二、资产运营指标					
总资产周转率（次）	0.8	0.5	0.3	0.2	0.1
应收账款周转率（次）	43.3	30.8	15.0	10.8	7.7
流动资产周转率（次）	2.0	1.6	1.0	0.6	0.3
两金占流动资产比重（％）	2.8	11.0	23.3	28.6	32.1
三、风险防控指标					
资产负债率（％）	51.0	56.0	61.0	71.0	86.0
现金流动负债比率（％）	17.3	7.0	1.3	-6.7	-12.1
带息负债比率（％）	17.5	27.8	42.0	50.1	66.0
已获利息倍数	5.9	3.9	2.2	-1.0	-7.3
四、持续发展指标					
研发经费投入强度（％）	0.6	0.5	0.4	0.3	0.2
全员劳动生产率（万元/人）	18.3	15.3	10.8	7.1	4.6
经济增加值率（％）	1.1	-3.2	-6.4	-11.7	-16.2
国有资本保值增值率（％）	107.9	102.1	98.9	92.8	88.6
五、补充指标					
营业现金比率（％）	7.3	6.2	5.2	-4.7	-11.4
国有资本回报率（％）	5.2	1.6	-0.4	-5.4	-8.8
EBITDA率（％）	21.0	12.9	2.3	-6.8	-17.3
百元收入支付的成本费用（元）	102.0	109.3	113.2	122.3	132.3
存货周转率（次）	35.0	22.1	12.7	11.2	9.1
速动比率	1.4	1.0	0.7	0.5	0.3
利润总额增长率（％）	-6.4	-22.8	-31.2	-40.0	-49.7
营业总收入增长率（％）	5.7	-3.1	-11.8	-19.8	-27.4

住宿和餐饮业

范围：中型企业

项　　目	优秀值	良好值	平均值	较低值	较差值
一、盈利回报指标					
净资产收益率（％）	3.7	0.2	− 2.1	− 7.8	− 13.8
营业收入利润率（％）	− 0.9	− 10.2	− 15.7	− 24.9	− 42.7
总资产报酬率（％）	2.8	0.6	− 1.4	− 3.3	− 5.4
盈余现金保障倍数	2.6	1.5	0.4	− 1.5	− 3.1
二、资产运营指标					
总资产周转率（次）	0.8	0.5	0.3	0.2	0.1
应收账款周转率（次）	31.2	22.0	11.4	7.4	4.5
流动资产周转率（次）	2.1	1.5	0.4	0.3	0.1
两金占流动资产比重（％）	3.0	13.8	30.1	34.6	43.3
三、风险防控指标					
资产负债率（％）	51.0	56.0	61.0	71.0	86.0
现金流动负债比率（％）	20.2	9.0	1.3	− 5.5	− 13.4
带息负债比率（％）	9.5	22.5	32.9	43.5	64.0
已获利息倍数	3.1	0.8	− 0.6	− 3.8	− 8.4
四、持续发展指标					
研发经费投入强度（％）	0.6	0.5	0.4	0.3	0.2
全员劳动生产率（万元/人）	15.6	12.3	8.2	4.5	2.1
经济增加值（％）	3.6	− 1.5	− 6.7	− 10.9	− 16.3
国有资本保值增值率（％）	104.8	100.6	98.5	91.7	86.4
五、补充指标					
营业现金比率（％）	7.1	5.1	2.2	− 5.7	− 20.9
国有资本回报率（％）	4.6	1.2	− 1.1	− 6.8	− 12.8
EBITDA率（％）	16.5	9.1	2.8	− 8.7	− 16.4
百元收入支付的成本费用（元）	99.1	108.1	115.5	122.5	135.9
存货周转率（次）	22.4	16.5	10.1	8.4	7.2
速动比率	1.5	1.1	0.6	0.4	0.3
利润总额增长率（％）	− 28.0	− 52.0	− 64.4	− 73.8	− 84.5
营业总收入增长率（％）	6.9	− 2.6	− 13.3	− 23.2	− 32.5

住宿和餐饮业

范围：小型企业

项　　目	优秀值	良好值	平均值	较低值	较差值
一、盈利回报指标					
净资产收益率（%）	5.1	0.8	−1.4	−8.4	−15.9
营业收入利润率（%）	3.2	−5.0	−11.9	−26.6	−45.4
总资产报酬率（%）	2.2	0.4	−0.9	−6.2	−11.6
盈余现金保障倍数	3.0	2.1	0.7	−1.8	−3.7
二、资产运营指标					
总资产周转率（次）	1.2	0.6	0.3	0.2	0.1
应收账款周转率（次）	23.6	16.4	8.6	6.2	3.8
流动资产周转率（次）	2.5	1.7	0.5	0.3	0.2
两金占流动资产比重（%）	0.8	9.9	23.7	36.3	47.6
三、风险防控指标					
资产负债率（%）	51.0	56.0	61.0	71.0	86.0
现金流动负债比率（%）	13.6	4.9	0.3	−5.4	−14.1
带息负债比率（%）	14.5	25.8	35.2	48.4	73.9
已获利息倍数	1.4	0.1	−0.6	−4.7	−10.0
四、持续发展指标					
研发经费投入强度（%）	0.6	0.5	0.4	0.3	0.1
全员劳动生产率（万元/人）	16.0	11.4	8.5	4.0	0.9
经济增加值率（%）	6.2	−0.9	−6.3	−11.3	−17.6
国有资本保值增值率（%）	105.5	102.2	100.0	93.3	87.4
五、补充指标					
营业现金比率（%）	13.5	6.5	1.3	−6.2	−20.9
国有资本回报率（%）	5.3	1.6	−0.3	−7.2	−14.8
EBITDA 率（%）	19.4	10.0	3.2	−8.5	−16.3
百元收入支付的成本费用（元）	99.3	104.0	108.4	117.2	134.3
存货周转率（次）	31.6	19.4	7.7	6.3	5.3
速动比率	1.3	0.9	0.6	0.4	0.2
利润总额增长率（%）	−21.1	−44.5	−56.5	−70.3	−80.1
营业总收入增长率（%）	17.5	4.7	−8.0	−21.3	−30.2

住宿业

项　　目	优秀值	良好值	平均值	较低值	较差值
一、盈利回报指标					
净资产收益率（％）	5.6	1.5	－1.9	－6.7	－13.0
营业收入利润率（％）	2.7	－8.1	－15.0	－31.4	－47.9
总资产报酬率（％）	3.2	0.9	－1.2	－5.4	－9.4
盈余现金保障倍数	2.8	1.8	0.4	－0.9	－2.4
二、资产运营指标					
总资产周转率（次）	0.8	0.5	0.3	0.2	0.1
应收账款周转率（次）	33.4	20.2	9.0	4.5	1.6
流动资产周转率（次）	2.1	1.6	0.8	0.5	0.2
两金占流动资产比重（％）	0.9	10.7	25.5	32.2	36.6
三、风险防控指标					
资产负债率（％）	51.0	56.0	61.0	71.0	86.0
现金流动负债比率（％）	16.3	7.2	1.2	－5.6	－16.1
带息负债比率（％）	15.8	26.6	40.5	50.8	70.7
已获利息倍数	2.1	0.6	－0.6	－3.3	－7.3
四、持续发展指标					
研发经费投入强度（％）	0.9	0.7	0.5	0.4	0.3
全员劳动生产率（万元/人）	16.8	12.3	8.9	4.0	0.8
经济增加值率（％）	6.1	－0.7	－6.5	－10.3	－16.2
国有资本保值增值率（％）	104.9	100.6	98.4	92.0	87.2
五、补充指标					
营业现金比率（％）	14.4	7.7	4.3	－4.1	－20.4
国有资本回报率（％）	5.1	2.0	－1.4	－6.2	－12.5
EBITDA率（％）	23.9	15.0	4.0	－9.5	－32.4
百元收入支付的成本费用（元）	95.0	101.9	112.3	138.5	159.6
存货周转率（次）	26.8	15.5	8.0	6.3	5.1
速动比率	1.4	1.0	0.7	0.4	0.2
利润总额增长率（％）	－13.8	－37.8	－50.1	－59.7	－70.3
营业总收入增长率（％）	13.5	0.6	－10.3	－22.2	－30.1

住宿业

范围：大型企业

项　　目	优秀值	良好值	平均值	较低值	较差值
一、盈利回报指标					
净资产收益率（%）	3.6	0.9	−2.2	−4.6	−9.2
营业收入利润率（%）	−2.7	−10.5	−16.9	−26.1	−37.9
总资产报酬率（%）	1.9	0.6	−1.5	−2.8	−5.4
盈余现金保障倍数	2.5	1.7	0.3	−1.1	−3.8
二、资产运营指标					
总资产周转率（次）	0.9	0.6	0.3	0.2	0.1
应收账款周转率（次）	37.6	23.2	12.2	8.1	5.4
流动资产周转率（次）	2.0	1.6	0.9	0.6	0.2
两金占流动资产比重（%）	2.8	11.7	24.9	28.1	34.2
三、风险防控指标					
资产负债率（%）	51.3	56.3	61.3	71.3	86.3
现金流动负债比率（%）	19.7	12.4	3.7	−6.0	−12.4
带息负债比率（%）	16.5	27.1	43.0	52.1	69.7
已获利息倍数	2.7	1.4	−0.4	−2.5	−6.5
四、持续发展指标					
研发经费投入强度（%）	0.9	0.7	0.5	0.4	0.3
全员劳动生产率（万元/人）	17.3	14.8	11.1	7.2	4.7
经济增加值率（%）	1.4	−2.2	−6.7	−11.9	−15.8
国有资本保值增值率（%）	109.2	103.0	99.8	93.8	89.0
五、补充指标					
营业现金比率（%）	12.6	7.2	4.4	−1.5	−12.9
国有资本回报率（%）	2.3	0.5	−2.2	−4.6	−9.2
EBITDA率（%）	17.0	10.9	2.1	−8.0	−16.5
百元收入支付的成本费用（元）	99.6	105.8	115.2	123.0	134.2
存货周转率（次）	30.8	19.6	11.5	8.2	5.9
速动比率	1.5	1.2	0.8	0.6	0.3
利润总额增长率（%）	−11.8	−24.9	−31.7	−41.9	−61.7
营业总收入增长率（%）	5.8	−4.7	−12.7	−24.5	−34.0

住宿业

范围：中型企业

项　目	优秀值	良好值	平均值	较低值	较差值
一、盈利回报指标					
净资产收益率（%）	5.6	1.2	−2.2	−8.1	−13.8
营业收入利润率（%）	−0.8	−9.6	−16.7	−26.2	−44.7
总资产报酬率（%）	3.1	0.8	−1.4	−5.5	−10.5
盈余现金保障倍数	3.3	2.2	0.7	−1.3	−2.9
二、资产运营指标					
总资产周转率（次）	0.8	0.5	0.3	0.2	0.1
应收账款周转率（次）	32.1	21.9	11.1	7.2	4.6
流动资产周转率（次）	2.1	1.6	0.9	0.5	0.2
两金占流动资产比重（%）	3.0	12.3	26.3	31.7	38.3
三、风险防控指标					
资产负债率（%）	51.0	56.0	61.0	71.0	86.0
现金流动负债比率（%）	18.7	8.5	1.8	−6.0	−14.6
带息负债比率（%）	11.9	23.6	37.6	48.9	70.8
已获利息倍数	2.1	0.8	−0.6	−5.2	−8.3
四、持续发展指标					
研发经费投入强度（%）	0.9	0.7	0.5	0.4	0.3
全员劳动生产率（万元/人）	15.6	12.7	8.3	4.6	2.1
经济增加值率（%）	5.6	−1.1	−6.8	−11.0	−15.6
国有资本保值增值率（%）	106.6	103.0	98.2	93.6	88.8
五、补充指标					
营业现金比率（%）	14.2	7.7	2.9	−4.8	−19.8
国有资本回报率（%）	6.5	2.1	−1.2	−7.2	−12.9
EBITDA率（%）	19.7	12.9	3.1	−8.1	−15.6
百元收入支付的成本费用（元）	99.2	105.8	115.9	124.5	138.0
存货周转率（次）	20.2	16.1	9.9	8.4	7.5
速动比率	1.4	1.0	0.6	0.4	0.3
利润总额增长率（%）	−29.4	−56.6	−70.6	−79.3	−90.1
营业总收入增长率（%）	5.6	−1.9	−12.7	−18.9	−23.0

住宿业

范围：小型企业

项　　　目	优秀值	良好值	平均值	较低值	较差值
一、盈利回报指标					
净资产收益率（%）	5.7	1.7	−1.7	−7.8	−14.1
营业收入利润率（%）	4.1	−5.5	−13.8	−30.0	−49.1
总资产报酬率（%）	2.9	0.9	−0.9	−5.6	−9.4
盈余现金保障倍数	2.9	2.0	0.6	−0.8	−2.1
二、资产运营指标					
总资产周转率（次）	0.8	0.5	0.3	0.2	0.1
应收账款周转率（次）	27.4	16.6	7.9	3.5	0.5
流动资产周转率（次）	2.1	1.5	0.6	0.3	0.2
两金占流动资产比重（%）	0.6	10.1	24.4	34.0	41.8
三、风险防控指标					
资产负债率（%）	51.0	56.0	61.0	71.0	86.0
现金流动负债比率（%）	18.5	7.6	1.0	−4.8	−14.6
带息负债比率（%）	0.2	10.5	26.0	38.0	61.2
已获利息倍数	2.2	0.5	−0.6	−3.4	−7.8
四、持续发展指标					
研发经费投入强度（%）	0.9	0.7	0.5	0.4	0.3
全员劳动生产率（万元/人）	16.6	11.7	8.6	3.9	0.7
经济增加值率（%）	7.1	0.4	−6.5	−10.4	−16.0
国有资本保值增值率（%）	105.2	101.2	98.3	91.3	86.6
五、补充指标					
营业现金比率（%）	16.2	8.2	4.0	−5.0	−22.6
国有资本回报率（%）	6.6	2.6	−0.8	−6.9	−13.2
EBITDA 率（%）	23.2	14.5	4.4	−5.4	−11.9
百元收入支付的成本费用（元）	97.7	103.4	109.2	118.9	137.9
存货周转率（次）	25.4	16.6	6.4	5.5	4.8
速动比率	1.3	1.0	0.7	0.5	0.2
利润总额增长率（%）	−19.9	−43.6	−55.7	−69.1	−78.0
营业总收入增长率（%）	12.2	1.0	−10.0	−20.5	−28.4

餐饮业

范围：全行业

项　　目	优秀值	良好值	平均值	较低值	较差值
一、盈利回报指标					
净资产收益率（%）	11.8	5.5	1.3	−5.6	−10.2
营业收入利润率（%）	5.3	1.0	−5.4	−18.3	−26.9
总资产报酬率（%）	4.6	2.5	0.5	−4.6	−9.3
盈余现金保障倍数	2.1	1.4	0.2	−1.4	−4.6
二、资产运营指标					
总资产周转率（次）	2.0	1.4	0.8	0.5	0.3
应收账款周转率（次）	36.9	24.3	7.5	6.5	5.9
流动资产周转率（次）	4.0	2.8	1.1	0.8	0.6
两金占流动资产比重（%）	5.7	14.5	25.5	33.0	44.1
三、风险防控指标					
资产负债率（%）	51.0	56.0	61.0	71.0	86.0
现金流动负债比率（%）	13.8	6.1	0.0	−5.7	−13.7
带息负债比率（%）	6.5	15.9	25.5	37.8	61.7
已获利息倍数	3.5	1.4	0.3	−3.5	−8.0
四、持续发展指标					
研发经费投入强度（%）	2.0	1.4	0.8	0.6	0.3
全员劳动生产率（万元/人）	14.2	10.6	7.8	4.0	1.5
经济增加值率（%）	3.5	−0.7	−5.2	−12.2	−17.7
国有资本保值增值率（%）	108.5	104.2	100.4	94.5	86.9
五、补充指标					
营业现金比率（%）	8.7	3.9	0.0	−4.3	−12.6
国有资本回报率（%）	11.1	4.7	1.0	−5.8	−10.4
EBITDA 率（%）	12.1	5.0	1.4	−8.3	−16.9
百元收入支付的成本费用（元）	95.2	99.1	104.2	110.1	121.6
存货周转率（次）	33.2	21.2	9.8	6.3	3.4
速动比率	1.3	1.0	0.7	0.5	0.3
利润总额增长率（%）	−5.4	−24.1	−33.7	−43.4	−56.5
营业总收入增长率（%）	23.8	12.0	−5.6	−18.7	−31.2

房地产业

范围：全行业

项　　目	优秀值	良好值	平均值	较低值	较差值
一、盈利回报指标					
净资产收益率（%）	11.6	5.6	2.6	-1.7	-5.9
营业收入利润率（%）	23.3	14.5	9.0	-2.3	-12.0
总资产报酬率（%）	6.2	3.5	1.6	-0.8	-4.4
盈余现金保障倍数	2.6	1.7	0.4	-2.3	-5.7
二、资产运营指标					
总资产周转率（次）	0.5	0.4	0.3	0.2	0.1
应收账款周转率（次）	22.3	13.4	6.0	3.0	1.0
流动资产周转率（次）	0.6	0.4	0.3	0.2	0.1
两金占流动资产比重（%）	27.4	42.0	49.5	60.4	67.8
三、风险防控指标					
资产负债率（%）	48.6	58.6	68.6	78.6	88.6
现金流动负债比率（%）	13.6	5.0	0.6	-7.9	-16.9
带息负债比率（%）	20.5	31.4	41.0	50.2	68.1
已获利息倍数	4.4	3.2	1.9	-0.1	-2.2
四、持续发展指标					
研发经费投入强度（%）	0.8	0.6	0.5	0.3	0.1
全员劳动生产率（万元/人）	60.2	44.7	21.4	10.7	3.6
经济增加值率（%）	6.0	-0.6	-3.9	-7.4	-9.8
国有资本保值增值率（%）	109.4	104.8	101.7	97.0	91.0
五、补充指标					
营业现金比率（%）	23.2	9.1	1.4	-5.6	-19.1
国有资本回报率（%）	11.2	5.2	2.1	-1.9	-6.4
EBITDA率（%）	46.3	25.8	15.3	0.2	-11.5
百元收入支付的成本费用（元）	73.7	85.4	91.5	104.8	113.9
存货周转率（次）	2.1	1.0	0.3	0.2	0.1
速动比率	1.2	0.9	0.7	0.4	0.2
利润总额增长率（%）	-13.8	-32.6	-42.3	-48.4	-56.4
营业总收入增长率（%）	2.5	-4.2	-9.4	-17.5	-25.9

房地产业

范围：大型企业

项　　目	优秀值	良好值	平均值	较低值	较差值
一、盈利回报指标					
净资产收益率（%）	20.1	10.6	3.8	-0.6	-6.3
营业收入利润率（%）	25.1	16.1	11.4	2.4	-3.7
总资产报酬率（%）	7.2	3.9	2.2	-0.2	-4.4
盈余现金保障倍数	2.7	1.7	0.3	-2.2	-5.5
二、资产运营指标					
总资产周转率（次）	0.5	0.4	0.3	0.2	0.1
应收账款周转率（次）	24.4	15.4	7.2	4.5	2.5
流动资产周转率（次）	0.6	0.4	0.3	0.2	0.1
两金占流动资产比重（%）	35.4	47.8	54.5	66.1	73.9
三、风险防控指标					
资产负债率（%）	49.0	59.0	69.0	79.0	89.0
现金流动负债比率（%）	14.1	5.9	1.1	-6.5	-15.1
带息负债比率（%）	17.8	28.0	37.2	44.4	58.5
已获利息倍数	10.5	5.8	2.6	0.9	-0.3
四、持续发展指标					
研发经费投入强度（%）	0.8	0.6	0.5	0.3	0.1
全员劳动生产率（万元/人）	114.4	84.2	45.5	23.2	8.4
经济增加值（%）	10.8	2.3	-2.9	-6.5	-9.7
国有资本保值增值率（%）	111.9	107.0	102.9	98.0	93.0
五、补充指标					
营业现金比率（%）	20.8	7.2	0.1	-6.1	-18.1
国有资本回报率（%）	19.5	9.9	3.2	-0.8	-6.9
EBITDA率（%）	41.3	24.5	15.7	4.1	-8.0
百元收入支付的成本费用（元）	74.9	84.4	89.9	102.2	110.8
存货周转率（次）	1.2	0.6	0.3	0.2	0.1
速动比率	1.2	0.9	0.7	0.4	0.2
利润总额增长率（%）	-9.4	-27.5	-36.9	-42.6	-47.5
营业总收入增长率（%）	5.4	-0.7	-9.0	-17.0	-28.3

房地产业

范围：中型企业

项　　目	优秀值	良好值	平均值	较低值	较差值
一、盈利回报指标					
净资产收益率（%）	13.6	6.3	2.2	−1.5	−5.3
营业收入利润率（%）	22.1	12.7	7.9	−2.7	−15.9
总资产报酬率（%）	4.2	2.6	1.5	−0.7	−4.5
盈余现金保障倍数	3.0	1.6	0.4	−2.5	−5.9
二、资产运营指标					
总资产周转率（次）	0.5	0.4	0.3	0.2	0.1
应收账款周转率（次）	25.3	16.9	6.9	3.9	1.6
流动资产周转率（次）	0.6	0.4	0.3	0.2	0.1
两金占流动资产比重（%）	26.7	39.3	46.2	58.3	66.3
三、风险防控指标					
资产负债率（%）	48.6	58.6	68.6	78.6	88.6
现金流动负债比率（%）	13.6	5.0	0.5	−7.8	−15.9
带息负债比率（%）	21.9	29.5	40.8	51.0	70.7
已获利息倍数	9.3	4.3	1.8	0.1	−0.9
四、持续发展指标					
研发经费投入强度（%）	0.8	0.6	0.5	0.3	0.1
全员劳动生产率（万元/人）	110.7	78.6	35.3	17.1	4.9
经济增加值率（%）	6.2	0.4	−3.9	−6.7	−9.8
国有资本保值增值率（%）	111.8	105.8	101.4	97.9	92.1
五、补充指标					
营业现金比率（%）	24.9	10.0	2.4	−6.2	−22.9
国有资本回报率（%）	13.2	5.9	1.8	−1.7	−5.7
EBITDA率（%）	40.7	24.3	10.7	0.2	−10.5
百元收入支付的成本费用（元）	73.0	85.1	92.8	104.6	112.4
存货周转率（次）	1.0	0.7	0.3	0.2	0.1
速动比率	1.2	1.0	0.7	0.4	0.2
利润总额增长率（%）	−12.6	−29.8	−41.0	−50.5	−60.5
营业总收入增长率（%）	6.5	−3.7	−8.9	−15.7	−20.2

房地产业

范围：小型企业

项　　目	优秀值	良好值	平均值	较低值	较差值
一、盈利回报指标					
净资产收益率（%）	10.7	4.9	1.9	-2.2	-10.2
营业收入利润率（%）	20.2	13.7	7.2	-2.8	-15.2
总资产报酬率（%）	4.6	2.3	1.1	-1.2	-5.5
盈余现金保障倍数	2.6	0.9	-0.2	-2.4	-6.4
二、资产运营指标					
总资产周转率（次）	0.5	0.4	0.3	0.2	0.1
应收账款周转率（次）	18.4	8.9	3.2	2.0	1.1
流动资产周转率（次）	0.7	0.5	0.3	0.2	0.1
两金占流动资产比重（%）	2.2	27.7	47.9	57.1	64.4
三、风险防控指标					
资产负债率（%）	48.6	58.6	68.6	78.6	88.6
现金流动负债比率（%）	14.4	5.8	0.7	-7.0	-15.8
带息负债比率（%）	24.0	36.4	47.0	55.6	72.3
已获利息倍数	5.9	2.8	1.2	-0.4	-2.0
四、持续发展指标					
研发经费投入强度（%）	0.8	0.6	0.5	0.3	0.1
全员劳动生产率（万元/人）	62.2	41.8	19.3	9.8	3.5
经济增加值（%）	5.9	-0.8	-4.3	-6.2	-9.2
国有资本保值增值率（%）	109.9	104.3	100.7	97.2	90.3
五、补充指标					
营业现金比率（%）	22.9	9.3	1.3	-4.9	-16.8
国有资本回报率（%）	10.4	4.6	1.6	-2.5	-10.5
EBITDA率（%）	46.6	24.6	13.3	0.0	-17.5
百元收入支付的成本费用（元）	74.4	86.2	92.7	107.6	117.6
存货周转率（次）	2.0	0.9	0.3	0.2	0.1
速动比率	1.2	0.9	0.6	0.4	0.2
利润总额增长率（%）	-16.1	-35.9	-46.2	-53.4	-61.2
营业总收入增长率（%）	4.9	-6.4	-12.2	-19.8	-26.8

房地产开发经营业

范围：全行业

项　　目	优秀值	良好值	平均值	较低值	较差值
一、盈利回报指标					
净资产收益率（%）	9.6	5.7	3.1	-1.8	-5.1
营业收入利润率（%）	19.9	14.4	9.5	-1.6	-11.3
总资产报酬率（%）	3.5	2.8	1.8	-0.7	-2.3
盈余现金保障倍数	2.7	1.8	0.4	-1.9	-6.2
二、资产运营指标					
总资产周转率（次）	0.5	0.4	0.3	0.2	0.1
应收账款周转率（次）	27.1	12.7	4.8	3.3	1.7
流动资产周转率（次）	0.5	0.4	0.3	0.2	0.1
两金占流动资产比重（%）	34.6	42.7	51.4	61.8	71.8
三、风险防控指标					
资产负债率（%）	47.6	57.6	67.6	77.6	87.6
现金流动负债比率（%）	11.5	6.3	1.0	-7.5	-17.1
带息负债比率（%）	22.8	32.2	41.4	55.2	81.9
已获利息倍数	4.8	3.6	2.0	-0.4	-2.3
四、持续发展指标					
研发经费投入强度（%）	0.8	0.5	0.4	0.2	0.1
全员劳动生产率（万元/人）	99.2	74.6	37.6	15.8	1.3
经济增加值率（%）	4.3	-0.4	-2.9	-6.8	-9.4
国有资本保值增值率（%）	109.2	105.3	102.3	96.8	90.8
五、补充指标					
营业现金比率（%）	23.4	8.9	1.4	-7.6	-25.0
国有资本回报率（%）	9.0	5.1	2.5	-2.2	-5.7
EBITDA 率（%）	40.8	24.5	13.7	0.0	-19.9
百元收入支付的成本费用（元）	73.2	84.3	90.7	103.9	113.1
存货周转率（次）	1.1	0.6	0.3	0.2	0.1
速动比率	1.3	1.0	0.6	0.4	0.2
利润总额增长率（%）	-21.1	-39.3	-48.6	-61.1	-69.5
营业总收入增长率（%）	3.8	-4.5	-14.9	-27.0	-35.1

房地产开发经营业

范围：大型企业

项 目	优秀值	良好值	平均值	较低值	较差值
一、盈利回报指标					
净资产收益率（％）	15.6	9.1	4.5	0.3	−5.3
营业收入利润率（％）	22.0	17.4	11.5	0.9	−6.1
总资产报酬率（％）	5.5	3.4	2.4	−0.4	−2.7
盈余现金保障倍数	3.1	2.0	0.3	−1.1	−3.9
二、资产运营指标					
总资产周转率（次）	0.5	0.4	0.3	0.2	0.1
应收账款周转率（次）	32.3	19.4	7.1	4.9	1.9
流动资产周转率（次）	0.5	0.4	0.3	0.2	0.1
两金占流动资产比重（％）	40.1	50.7	56.2	66.4	73.2
三、风险防控指标					
资产负债率（％）	49.0	59.0	69.0	79.0	89.0
现金流动负债比率（％）	12.6	6.2	0.7	−6.4	−15.8
带息负债比率（％）	15.8	24.7	36.3	48.2	71.3
已获利息倍数	6.5	4.6	2.6	0.7	−0.6
四、持续发展指标					
研发经费投入强度（％）	0.8	0.5	0.4	0.2	0.1
全员劳动生产率（万元/人）	160.0	130.5	88.9	44.1	14.2
经济增加值率（％）	8.3	1.6	−1.8	−5.9	−8.6
国有资本保值增值率（％）	114.2	108.7	103.6	98.4	92.3
五、补充指标					
营业现金比率（％）	24.0	9.3	−0.4	−10.2	−29.3
国有资本回报率（％）	14.9	8.3	3.8	−0.5	−6.1
EBITDA率（％）	36.7	22.1	14.2	2.7	−9.4
百元收入支付的成本费用（元）	73.1	82.4	89.4	102.1	116.0
存货周转率（次）	1.4	0.7	0.3	0.2	0.1
速动比率	1.1	0.9	0.7	0.5	0.3
利润总额增长率（％）	−23.2	−34.1	−42.9	−55.1	−68.3
营业总收入增长率（％）	0.5	−7.8	−12.0	−22.5	−35.9

房地产开发经营业

范围：中型企业

项 目	优秀值	良好值	平均值	较低值	较差值
一、盈利回报指标					
净资产收益率（％）	13.7	6.5	2.8	−1.5	−5.1
营业收入利润率（％）	24.1	15.8	8.3	−3.8	−11.8
总资产报酬率（％）	4.9	2.8	1.7	−0.8	−3.5
盈余现金保障倍数	2.4	1.6	0.4	−2.0	−6.8
二、资产运营指标					
总资产周转率（次）	0.5	0.4	0.3	0.2	0.1
应收账款周转率（次）	32.9	20.0	6.7	5.2	2.2
流动资产周转率（次）	0.5	0.4	0.3	0.2	0.1
两金占流动资产比重（％）	31.2	42.0	47.6	60.3	70.2
三、风险防控指标					
资产负债率（％）	46.3	56.3	66.3	76.3	86.3
现金流动负债比率（％）	12.2	6.1	0.9	−9.2	−17.3
带息负债比率（％）	22.9	33.3	41.8	55.9	83.2
已获利息倍数	4.8	3.0	1.9	0.3	−0.8
四、持续发展指标					
研发经费投入强度（％）	0.8	0.5	0.4	0.2	0.1
全员劳动生产率（万元/人）	129.6	91.1	48.4	21.1	2.8
经济增加值率（％）	6.3	0.3	−3.2	−6.4	−8.8
国有资本保值增值率（％）	112.1	105.9	101.9	97.1	91.5
五、补充指标					
营业现金比率（％）	24.9	9.9	2.2	−7.8	−27.1
国有资本回报率（％）	13.2	6.0	2.3	−2.0	−5.6
EBITDA率（％）	38.1	24.8	11.0	0.0	−13.5
百元收入支付的成本费用（元）	72.8	84.3	92.2	107.2	117.2
存货周转率（次）	0.9	0.5	0.3	0.2	0.1
速动比率	1.2	0.9	0.6	0.4	0.2
利润总额增长率（％）	−17.2	−35.4	−46.0	−55.5	−67.0
营业总收入增长率（％）	0.6	−6.3	−16.6	−27.8	−36.0

房地产开发经营业

范围：小型企业

项 目	优秀值	良好值	平均值	较低值	较差值
一、盈利回报指标					
净资产收益率（％）	8.3	4.6	2.4	−1.8	−9.0
营业收入利润率（％）	28.2	20.2	8.3	−13.5	−55.8
总资产报酬率（％）	2.9	2.2	1.2	−0.8	−4.4
盈余现金保障倍数	2.8	2.1	1.0	−1.4	−6.1
二、资产运营指标					
总资产周转率（次）	0.5	0.4	0.3	0.2	0.1
应收账款周转率（次）	23.6	9.8	2.7	1.9	1.1
流动资产周转率（次）	0.5	0.4	0.3	0.2	0.1
两金占流动资产比重（％）	30.8	40.9	51.2	63.5	71.8
三、风险防控指标					
资产负债率（％）	48.2	58.2	68.2	78.2	88.2
现金流动负债比率（％）	9.8	6.6	1.9	−6.5	−17.0
带息负债比率（％）	13.9	26.4	37.4	52.0	80.3
已获利息倍数	5.4	2.6	1.2	−0.5	−2.3
四、持续发展指标					
研发经费投入强度（％）	0.9	0.6	0.5	0.3	0.2
全员劳动生产率（万元/人）	68.4	53.2	30.3	12.6	0.8
经济增加值（％）	2.7	−1.4	−3.5	−6.5	−9.1
国有资本保值增值率（％）	109.6	104.4	101.3	97.3	90.0
五、补充指标					
营业现金比率（％）	22.9	10.7	4.4	−3.9	−20.0
国有资本回报率（％）	5.8	4.2	2.0	−2.1	−9.4
EBITDA率（％）	39.0	25.1	14.5	−0.2	−13.8
百元收入支付的成本费用（元）	73.5	83.3	91.2	106.6	116.9
存货周转率（次）	1.0	0.5	0.3	0.2	0.1
速动比率	1.3	1.0	0.5	0.4	0.2
利润总额增长率（％）	−23.2	−41.8	−55.3	−64.4	−78.6
营业总收入增长率（％）	1.7	−7.1	−17.2	−28.1	−38.5

物业管理业

范围：全行业

项 目	优秀值	良好值	平均值	较低值	较差值
一、盈利回报指标					
净资产收益率（%）	14.7	9.3	4.9	0.6	-5.2
营业收入利润率（%）	18.2	10.9	6.0	-1.7	-8.9
总资产报酬率（%）	10.1	6.0	2.5	-0.3	-2.7
盈余现金保障倍数	1.8	1.2	0.2	-1.0	-3.0
二、资产运营指标					
总资产周转率（次）	2.0	1.3	0.6	0.4	0.3
应收账款周转率（次）	38.8	20.8	7.8	6.0	4.1
流动资产周转率（次）	2.3	1.7	0.8	0.7	0.4
两金占流动资产比重（%）	2.1	10.5	23.1	34.5	46.8
三、风险防控指标					
资产负债率（%）	46.0	56.0	66.0	76.0	86.0
现金流动负债比率（%）	31.5	15.1	5.0	-4.6	-16.1
带息负债比率（%）	14.8	24.9	37.4	50.8	76.9
已获利息倍数	7.1	5.1	2.4	0.5	-1.4
四、持续发展指标					
研发经费投入强度（%）	1.2	0.9	0.8	0.6	0.5
全员劳动生产率（万元/人）	26.3	18.8	13.5	7.9	4.1
经济增加值率（%）	7.4	2.6	-2.3	-5.5	-7.6
国有资本保值增值率（%）	112.2	107.8	103.1	99.0	91.5
五、补充指标					
营业现金比率（%）	13.3	5.9	0.8	-4.3	-14.1
国有资本回报率（%）	12.5	7.8	4.1	0.0	-6.0
EBITDA率（%）	26.5	15.0	6.7	0.5	-9.3
百元收入支付的成本费用（元）	81.1	90.2	94.8	103.5	112.9
存货周转率（次）	20.4	11.4	1.8	1.4	0.8
速动比率	1.4	1.1	0.8	0.6	0.5
利润总额增长率（%）	9.4	-0.6	-10.1	-18.3	-28.0
营业总收入增长率（%）	19.8	15.7	9.4	4.2	-1.7

社会服务业

范围：全行业

项　　目	优秀值	良好值	平均值	较低值	较差值
一、盈利回报指标					
净资产收益率（％）	12.6	6.6	2.2	−0.9	−6.9
营业收入利润率（％）	18.3	12.7	7.2	−4.8	−12.7
总资产报酬率（％）	7.2	4.7	1.5	−1.0	−5.7
盈余现金保障倍数	2.7	1.8	0.5	−0.7	−2.9
二、资产运营指标					
总资产周转率（次）	1.0	0.7	0.3	0.2	0.1
应收账款周转率（次）	26.7	14.1	4.0	2.0	0.7
流动资产周转率（次）	1.5	1.1	0.5	0.2	0.1
两金占流动资产比重（％）	0.8	16.2	37.5	43.9	52.0
三、风险防控指标					
资产负债率（％）	51.0	56.0	61.0	71.0	86.0
现金流动负债比率（％）	27.3	10.6	1.7	−8.6	−17.9
带息负债比率（％）	20.4	36.9	50.4	57.2	70.3
已获利息倍数	8.4	4.3	1.8	−0.2	−2.6
四、持续发展指标					
研发经费投入强度（％）	7.8	4.7	3.2	1.9	0.8
全员劳动生产率（万元／人）	54.2	38.1	28.9	14.6	5.0
经济增加值率（％）	8.9	1.9	−3.4	−5.7	−7.7
国有资本保值增值率（％）	109.8	105.9	101.9	97.9	90.7
五、补充指标					
营业现金比率（％）	21.6	10.3	2.2	−3.3	−14.1
国有资本回报率（％）	12.1	6.5	2.7	−0.7	−6.5
EBITDA率（％）	46.9	25.1	9.8	0.9	−5.2
百元收入支付的成本费用（元）	74.8	88.3	96.6	105.8	117.3
存货周转率（次）	21.6	13.0	3.1	1.7	0.8
速动比率	1.4	1.2	1.1	0.9	0.6
利润总额增长率（％）	10.7	−3.4	−10.6	−19.0	−24.6
营业总收入增长率（％）	13.3	8.7	1.8	−5.9	−11.1

社会服务业

范围：大型企业

项　　目	优秀值	良好值	平均值	较低值	较差值
一、盈利回报指标					
净资产收益率（%）	14.1	8.6	3.2	0.0	-6.1
营业收入利润率（%）	20.2	12.4	6.0	-2.7	-13.6
总资产报酬率（%）	6.8	5.3	3.0	0.6	-3.3
盈余现金保障倍数	2.9	1.5	0.5	-1.0	-2.3
二、资产运营指标					
总资产周转率（次）	0.9	0.6	0.3	0.2	0.1
应收账款周转率（次）	13.9	10.0	4.1	2.0	0.5
流动资产周转率（次）	1.4	1.1	0.5	0.3	0.1
两金占流动资产比重（%）	7.3	20.2	36.2	42.7	50.3
三、风险防控指标					
资产负债率（%）	51.0	56.0	61.0	71.0	86.0
现金流动负债比率（%）	22.1	12.0	1.8	-7.0	-17.8
带息负债比率（%）	21.2	40.3	54.1	64.4	73.9
已获利息倍数	6.9	4.8	2.4	1.0	0.1
四、持续发展指标					
研发经费投入强度（%）	7.8	4.7	3.2	1.9	0.8
全员劳动生产率（万元/人）	81.3	59.1	38.5	20.7	8.9
经济增加值率（%）	10.4	5.1	-2.0	-4.5	-6.2
国有资本保值增值率（%）	113.6	109.3	103.1	99.2	94.4
五、补充指标					
营业现金比率（%）	18.9	10.4	2.7	-1.2	-8.8
国有资本回报率（%）	13.5	8.4	3.0	-0.1	-6.2
EBITDA率（%）	43.7	21.5	8.7	2.8	-3.2
百元收入支付的成本费用（元）	79.7	90.3	96.7	103.3	107.7
存货周转率（次）	27.5	15.9	4.9	2.8	1.5
速动比率	1.4	1.3	1.1	0.9	0.6
利润总额增长率（%）	6.6	3.5	0.5	-11.2	-19.0
营业总收入增长率（%）	15.8	10.0	3.4	-5.7	-15.2

社会服务业

范围：中型企业

项　　　目	优秀值	良好值	平均值	较低值	较差值
一、盈利回报指标					
净资产收益率（％）	13.8	8.3	2.6	-0.9	-7.8
营业收入利润率（％）	17.3	13.0	6.5	-4.0	-12.0
总资产报酬率（％）	7.2	4.9	1.5	-1.2	-6.5
盈余现金保障倍数	3.0	1.6	0.4	-0.8	-2.4
二、资产运营指标					
总资产周转率（次）	0.9	0.7	0.3	0.2	0.1
应收账款周转率（次）	29.3	13.9	4.1	2.2	0.9
流动资产周转率（次）	1.5	1.1	0.5	0.3	0.1
两金占流动资产比重（％）	1.2	16.7	40.0	47.7	56.8
三、风险防控指标					
资产负债率（％）	51.0	56.0	61.0	71.0	86.0
现金流动负债比率（％）	26.6	12.6	1.5	-7.4	-16.1
带息负债比率（％）	18.5	36.9	53.3	59.2	70.6
已获利息倍数	7.9	5.4	1.7	0.4	-1.5
四、持续发展指标					
研发经费投入强度（％）	7.8	4.7	3.2	1.9	0.8
全员劳动生产率（万元/人）	62.8	45.3	26.5	15.7	8.5
经济增加值率（％）	9.9	4.3	-2.8	-5.1	-6.7
国有资本保值增值率（％）	111.4	107.0	102.4	97.2	92.7
五、补充指标					
营业现金比率（％）	20.5	10.9	1.5	-2.8	-11.0
国有资本回报率（％）	13.1	7.9	2.2	-1.3	-8.1
EBITDA率（％）	43.3	23.5	9.8	3.1	-1.4
百元收入支付的成本费用（元）	78.8	89.7	96.8	106.5	114.3
存货周转率（次）	23.4	13.2	3.8	2.9	1.2
速动比率	1.4	1.2	1.1	0.9	0.6
利润总额增长率（％）	1.3	-1.8	-5.7	-17.3	-25.0
营业总收入增长率（％）	15.1	10.0	2.4	-6.4	-12.3

社会服务业

项　　目	优秀值	良好值	平均值	较低值	较差值
一、盈利回报指标					
净资产收益率（%）	13.7	7.4	2.1	−1.0	−7.0
营业收入利润率（%）	16.9	13.1	7.3	0.4	−4.3
总资产报酬率（%）	8.0	4.0	1.2	−1.4	−6.3
盈余现金保障倍数	2.6	1.2	0.5	−0.7	−3.0
二、资产运营指标					
总资产周转率（次）	1.0	0.7	0.3	0.2	0.1
应收账款周转率（次）	25.5	13.1	4.0	2.3	1.2
流动资产周转率（次）	1.5	1.1	0.5	0.3	0.1
两金占流动资产比重（%）	0.1	15.5	38.6	45.6	53.2
三、风险防控指标					
资产负债率（%）	51.0	56.0	61.0	71.0	86.0
现金流动负债比率（%）	30.4	11.7	2.0	−5.2	−17.2
带息负债比率（%）	21.3	37.3	47.6	54.9	69.0
已获利息倍数	7.6	3.8	1.4	−0.3	−3.5
四、持续发展指标					
研发经费投入强度（%）	7.8	4.7	3.2	1.9	0.8
全员劳动生产率（万元/人）	52.2	36.8	23.1	12.2	4.9
经济增加值率（%）	8.7	1.7	−3.9	−5.4	−7.4
国有资本保值增值率（%）	107.2	103.9	101.4	96.8	91.0
五、补充指标					
营业现金比率（%）	21.0	10.0	1.8	−4.0	−15.3
国有资本回报率（%）	12.2	6.3	1.8	−1.3	−7.4
EBITDA率（%）	45.0	25.6	9.0	0.9	−7.6
百元收入支付的成本费用（元）	75.3	87.6	96.4	111.5	121.9
存货周转率（次）	21.5	11.7	2.8	1.9	0.7
速动比率	1.3	1.2	1.0	0.9	0.5
利润总额增长率（%）	9.0	−4.3	−11.1	−19.2	−24.5
营业总收入增长率（%）	14.0	8.0	1.8	−3.9	−8.1

投资公司

范围：全行业

项 目	优秀值	良好值	平均值	较低值	较差值
一、盈利回报指标					
净资产收益率（%）	7.4	4.3	1.4	−1.9	−8.4
营业收入利润率（%）	14.0	9.5	5.6	−0.9	−9.6
总资产报酬率（%）	3.2	2.3	1.0	−2.0	−7.8
盈余现金保障倍数	5.2	2.1	0.5	−1.4	−4.9
二、资产运营指标					
总资产周转率（次）	0.5	0.4	0.3	0.2	0.1
应收账款周转率（次）	8.6	5.3	2.6	1.2	0.3
流动资产周转率（次）	0.9	0.5	0.3	0.2	0.1
两金占流动资产比重（%）	12.4	26.4	45.5	52.1	65.0
三、风险防控指标					
资产负债率（%）	51.0	56.0	61.0	71.0	86.0
现金流动负债比率（%）	19.4	11.2	2.0	−7.4	−18.4
带息负债比率（%）	33.5	47.5	58.0	71.4	90.2
已获利息倍数	5.4	3.0	1.7	0.0	−1.2
四、持续发展指标					
研发经费投入强度（%）	1.8	1.3	1.1	0.6	0.4
全员劳动生产率（万元/人）	103.4	71.6	47.6	21.4	4.0
经济增加值率（%）	2.3	−1.4	−3.5	−6.5	−10.7
国有资本保值增值率（%）	105.8	103.1	100.8	96.9	92.8
五、补充指标					
营业现金比率（%）	31.5	11.4	1.0	−6.3	−20.5
国有资本回报率（%）	7.3	4.0	1.3	−2.0	−8.5
EBITDA 率（%）	20.3	13.3	8.2	0.2	−9.4
百元收入支付的成本费用（元）	77.4	89.1	97.8	106.9	115.4
存货周转率（次）	6.4	2.9	0.3	0.2	0.1
速动比率	1.5	1.2	0.9	0.6	0.4
利润总额增长率（%）	5.5	−12.7	−22.1	−31.5	−42.2
营业总收入增长率（%）	13.5	5.2	0.1	−11.2	−19.5

信息咨询服务业

范围：全行业

项　　　目	优秀值	良好值	平均值	较低值	较差值
一、盈利回报指标					
净资产收益率（%）	21.7	10.9	3.6	−0.2	−7.5
营业收入利润率（%）	31.5	23.1	13.1	5.8	−0.6
总资产报酬率（%）	12.7	6.0	2.5	0.0	−3.4
盈余现金保障倍数	2.3	1.5	0.6	−0.6	−3.0
二、资产运营指标					
总资产周转率（次）	1.2	0.8	0.4	0.3	0.1
应收账款周转率（次）	22.9	10.6	3.5	1.8	0.6
流动资产周转率（次）	1.8	1.1	0.6	0.5	0.2
两金占流动资产比重（%）	3.4	13.7	29.2	35.8	40.2
三、风险防控指标					
资产负债率（%）	51.0	56.0	61.0	69.5	86.0
现金流动负债比率（%）	30.6	19.2	2.1	−12.5	−24.6
带息负债比率（%）	12.5	29.6	41.6	53.9	77.9
已获利息倍数	4.6	3.9	2.7	0.6	−2.2
四、持续发展指标					
研发经费投入强度（%）	10.5	6.9	5.1	4.0	2.6
全员劳动生产率（万元/人）	54.0	41.5	32.4	16.7	6.2
经济增加值率（%）	14.3	4.7	−2.5	−6.5	−11.3
国有资本保值增值率（%）	113.3	106.2	102.6	100.6	98.6
五、补充指标					
营业现金比率（%）	30.6	15.4	6.6	−0.2	−13.5
国有资本回报率（%）	19.3	10.0	3.6	−0.2	−7.5
EBITDA率（%）	34.5	26.4	14.2	3.0	−7.0
百元收入支付的成本费用（元）	60.6	74.1	86.5	95.2	101.0
存货周转率（次）	19.6	12.1	5.1	2.6	0.8
速动比率	1.4	1.1	0.9	0.6	0.4
利润总额增长率（%）	23.3	11.2	−3.6	−23.1	−36.2
营业总收入增长率（%）	29.2	19.2	7.4	−2.3	−15.1

人力资源服务业

范围：全行业

项　　目	优秀值	良好值	平均值	较低值	较差值
一、盈利回报指标					
净资产收益率（%）	18.4	11.8	7.1	0.1	-8.5
营业收入利润率（%）	7.9	4.5	2.8	1.2	0.0
总资产报酬率（%）	10.8	6.8	4.7	0.0	-3.7
盈余现金保障倍数	2.0	1.3	0.3	-1.2	-4.0
二、资产运营指标					
总资产周转率（次）	5.4	3.1	1.3	0.6	0.1
应收账款周转率（次）	24.4	19.0	15.7	7.0	1.3
流动资产周转率（次）	5.9	3.5	1.8	0.8	0.1
两金占流动资产比重（%）	2.0	6.2	12.5	16.9	25.5
三、风险防控指标					
资产负债率（%）	51.0	56.0	61.0	71.0	86.0
现金流动负债比率（%）	18.7	11.1	4.6	-2.8	-17.3
带息负债比率（%）	0.5	5.1	10.8	23.0	46.8
已获利息倍数	8.3	7.5	6.6	1.2	-2.4
四、持续发展指标					
研发经费投入强度（%）	0.6	0.5	0.4	0.3	0.2
全员劳动生产率（万元/人）	50.2	34.9	19.3	10.7	5.0
经济增加值率（%）	18.5	9.7	-0.5	-6.9	-13.0
国有资本保值增值率（%）	115.6	111.2	106.2	97.0	88.6
五、补充指标					
营业现金比率（%）	7.1	3.2	0.0	-2.0	-6.0
国有资本回报率（%）	16.3	10.6	6.6	0.0	-9.0
EBITDA率（%）	17.1	8.5	3.8	0.2	-3.0
百元收入支付的成本费用（元）	93.1	96.6	98.4	99.8	101.6
存货周转率（次）	53.2	34.8	7.1	2.9	0.1
速动比率	1.3	1.2	1.1	1.0	0.9
利润总额增长率（%）	9.8	5.2	0.0	-9.0	-15.6
营业总收入增长率（%）	23.9	18.3	9.7	5.9	-0.7

大旅游

范围：全行业

项　　目	优秀值	良好值	平均值	较低值	较差值
一、盈利回报指标					
净资产收益率（%）	3.5	1.1	−1.6	−6.9	−14.4
营业收入利润率（%）	−3.1	−13.3	−18.5	−30.3	−53.2
总资产报酬率（%）	1.7	0.9	−0.3	−5.0	−10.2
盈余现金保障倍数	3.2	1.6	0.8	−0.4	−2.3
二、资产运营指标					
总资产周转率（次）	1.1	0.6	0.3	0.2	0.1
应收账款周转率（次）	14.1	11.3	8.5	4.8	1.2
流动资产周转率（次）	3.0	1.4	0.7	0.4	0.2
两金占流动资产比重（%）	1.6	12.0	27.6	33.3	44.4
三、风险防控指标					
资产负债率（%）	51.0	56.0	61.0	71.0	86.0
现金流动负债比率（%）	12.7	7.1	2.1	−8.0	−20.5
带息负债比率（%）	23.0	35.0	41.8	45.1	51.6
已获利息倍数	1.6	0.8	0.3	−3.9	−10.3
四、持续发展指标					
研发经费投入强度（%）	0.6	0.5	0.4	0.3	0.2
全员劳动生产率（万元/人）	15.6	11.3	8.4	3.0	−0.6
经济增加值率（%）	4.2	−2.5	−5.9	−10.7	−16.0
国有资本保值增值率（%）	113.1	103.6	98.7	92.6	87.9
五、补充指标					
营业现金比率（%）	10.3	6.1	2.2	−6.4	−23.0
国有资本回报率（%）	2.8	1.1	−1.3	−6.7	−14.1
EBITDA 率（%）	7.7	4.5	2.2	−7.1	−14.1
百元收入支付的成本费用（元）	103.4	110.4	113.9	121.5	136.2
存货周转率（次）	14.0	9.8	6.8	5.3	4.2
速动比率	1.1	1.0	0.9	0.7	0.3
利润总额增长率（%）	−25.4	−53.1	−67.3	−81.3	−92.2
营业总收入增长率（%）	12.4	−4.9	−13.7	−19.8	−23.9

大旅游

范围：大型企业

项　目	优秀值	良好值	平均值	较低值	较差值
一、盈利回报指标					
净资产收益率（%）	3.2	−0.2	−3.2	−8.2	−12.6
营业收入利润率（%）	−8.5	−18.8	−24.1	−33.0	−50.3
总资产报酬率（%）	4.0	1.2	−0.5	−3.7	−6.3
盈余现金保障倍数	2.5	1.3	0.5	−0.9	−2.7
二、资产运营指标					
总资产周转率（次）	0.5	0.4	0.3	0.2	0.1
应收账款周转率（次）	18.4	15.6	13.0	10.1	7.0
流动资产周转率（次）	1.9	1.3	0.8	0.5	0.3
两金占流动资产比重（%）	5.6	14.4	27.6	28.8	31.2
三、风险防控指标					
资产负债率（%）	51.0	56.0	61.0	71.0	86.0
现金流动负债比率（%）	18.7	10.8	6.3	−4.2	−15.1
带息负债比率（%）	22.1	33.5	39.4	46.2	50.7
已获利息倍数	3.1	1.6	0.9	−2.1	−5.0
四、持续发展指标					
研发经费投入强度（%）	0.6	0.5	0.4	0.3	0.2
全员劳动生产率（万元/人）	17.4	14.4	9.9	5.8	3.0
经济增加值率（%）	2.1	−2.6	−6.0	−9.9	−15.3
国有资本保值增值率（%）	106.9	100.9	97.7	91.4	87.2
五、补充指标					
营业现金比率（%）	13.4	7.1	3.4	−2.9	−15.3
国有资本回报率（%）	1.5	0.4	−1.4	−7.0	−10.7
EBITDA 率（%）	7.2	4.1	1.7	−10.3	−18.3
百元收入支付的成本费用（元）	101.4	113.3	119.4	126.4	140.1
存货周转率（次）	20.8	16.9	11.6	10.9	10.3
速动比率	1.2	1.1	1.0	0.8	0.3
利润总额增长率（%）	−26.8	−38.0	−43.8	−57.9	−79.0
营业总收入增长率（%）	3.1	−8.9	−15.2	−23.1	−28.4

大旅游

范围：中型企业

项　目	优秀值	良好值	平均值	较低值	较差值
一、盈利回报指标					
净资产收益率（％）	2.3	−0.8	−2.6	−9.1	−16.3
营业收入利润率（％）	−4.9	−14.9	−20.0	−30.7	−51.5
总资产报酬率（％）	2.9	0.9	−0.6	−4.5	−7.2
盈余现金保障倍数	3.4	2.2	0.8	−0.6	−1.6
二、资产运营指标					
总资产周转率（次）	0.6	0.5	0.3	0.2	0.1
应收账款周转率（次）	27.2	20.1	11.4	7.4	4.8
流动资产周转率（次）	1.9	1.4	0.7	0.4	0.1
两金占流动资产比重（％）	2.0	12.4	27.9	34.6	47.5
三、风险防控指标					
资产负债率（％）	51.0	56.0	61.0	71.0	86.0
现金流动负债比率（％）	15.8	6.2	0.9	−8.1	−19.2
带息负债比率（％）	31.1	37.4	44.1	50.5	59.8
已获利息倍数	1.9	0.5	−0.2	−3.4	−8.1
四、持续发展指标					
研发经费投入强度（％）	0.6	0.5	0.4	0.3	0.2
全员劳动生产率（万元/人）	15.4	11.5	7.6	3.2	0.2
经济增加值率（％）	0.5	−3.7	−6.6	−12.3	−18.5
国有资本保值增值率（％）	104.3	101.6	97.8	93.0	86.3
五、补充指标					
营业现金比率（％）	7.3	4.5	0.3	−7.9	−23.7
国有资本回报率（％）	1.8	−0.1	−1.9	−8.4	−15.6
EBITDA率（％）	11.9	5.6	2.3	−7.4	−14.6
百元收入支付的成本费用（元）	105.6	112.0	115.3	123.9	140.4
存货周转率（次）	18.0	13.6	8.9	8.1	7.1
速动比率	1.1	1.0	0.9	0.7	0.3
利润总额增长率（％）	−44.4	−69.9	−83.0	−96.6	−107.8
营业总收入增长率（％）	6.1	−6.8	−13.7	−19.3	−30.1

大旅游

范围：小型企业

项　　目	优秀值	良好值	平均值	较低值	较差值
一、盈利回报指标					
净资产收益率（％）	3.5	1.3	−1.5	−9.2	−17.9
营业收入利润率（％）	−1.9	−9.8	−14.6	−27.7	−53.2
总资产报酬率（％）	1.6	1.0	0.1	−5.3	−11.2
盈余现金保障倍数	3.2	2.2	0.7	−0.4	−1.5
二、资产运营指标					
总资产周转率（次）	1.0	0.5	0.3	0.2	0.1
应收账款周转率（次）	20.8	13.8	4.5	3.9	3.5
流动资产周转率（次）	1.9	1.3	0.6	0.3	0.1
两金占流动资产比重（％）	17.3	22.2	26.5	33.7	43.9
三、风险防控指标					
资产负债率（％）	51.0	56.0	61.0	71.0	86.0
现金流动负债比率（％）	12.9	7.4	3.2	−6.3	−21.4
带息负债比率（％）	24.6	30.8	37.4	42.7	52.9
已获利息倍数	2.1	1.1	0.4	−3.4	−9.6
四、持续发展指标					
研发经费投入强度（％）	0.6	0.5	0.4	0.3	0.2
全员劳动生产率（万元/人）	15.8	11.2	8.9	3.1	−0.7
经济增加值率（％）	3.2	−2.4	−5.3	−12.2	−17.3
国有资本保值增值率（％）	107.1	103.7	98.7	92.1	86.4
五、补充指标					
营业现金比率（％）	8.9	5.5	2.2	−6.2	−22.7
国有资本回报率（％）	2.9	1.3	−1.1	−8.8	−17.5
EBITDA 率（％）	9.8	5.6	2.2	−7.0	−19.3
百元收入支付的成本费用（元）	105.4	107.5	109.9	119.4	137.8
存货周转率（次）	11.0	7.1	5.1	3.0	0.7
速动比率	1.2	1.0	0.9	0.7	0.3
利润总额增长率（％）	−16.5	−42.8	−59.5	−73.4	−84.3
营业总收入增长率（％）	9.4	−6.4	−14.8	−19.7	−28.1

科研设计企业

范围：全行业

项　　目	优秀值	良好值	平均值	较低值	较差值
一、盈利回报指标					
净资产收益率（%）	17.8	11.5	8.2	2.8	-7.8
营业收入利润率（%）	18.1	12.6	6.8	2.0	-6.3
总资产报酬率（%）	10.6	6.5	4.2	1.6	-2.5
盈余现金保障倍数	2.1	1.4	0.8	-0.3	-2.3
二、资产运营指标					
总资产周转率（次）	1.2	0.9	0.6	0.4	0.2
应收账款周转率（次）	11.2	7.3	4.2	2.5	1.4
流动资产周转率（次）	1.5	1.2	0.8	0.5	0.3
两金占流动资产比重（%）	3.6	15.5	26.1	33.7	46.0
三、风险防控指标					
资产负债率（%）	46.9	56.0	61.0	69.5	86.0
现金流动负债比率（%）	23.0	12.5	5.8	-4.3	-14.2
带息负债比率（%）	0.4	9.1	17.0	26.7	45.5
已获利息倍数	11.6	9.0	6.3	3.5	-1.1
四、持续发展指标					
研发经费投入强度（%）	7.9	5.4	4.2	2.0	0.6
全员劳动生产率（万元/人）	60.1	47.5	39.5	24.5	14.6
经济增加值率（%）	9.7	6.2	3.8	-5.2	-12.6
国有资本保值增值率（%）	117.8	112.1	107.3	102.2	95.3
五、补充指标					
营业现金比率（%）	17.1	8.7	3.3	-2.4	-13.3
国有资本回报率（%）	17.5	12.0	9.1	3.6	-6.9
EBITDA率（%）	22.7	15.6	8.9	4.3	-1.1
百元收入支付的成本费用（元）	83.0	88.4	93.6	98.2	101.3
存货周转率（次）	25.6	17.6	6.6	5.1	3.3
速动比率	1.5	1.3	1.1	1.0	0.9
利润总额增长率（%）	6.8	3.8	1.9	-1.4	-6.8
营业总收入增长率（%）	13.2	10.1	7.6	3.2	-5.3

工程管理服务业

范围：全行业

项　　目	优秀值	良好值	平均值	较低值	较差值
一、盈利回报指标					
净资产收益率（%）	15.0	10.4	7.2	3.6	0.8
营业收入利润率（%）	25.3	16.1	8.1	3.7	0.5
总资产报酬率（%）	12.5	8.2	3.4	1.5	0.1
盈余现金保障倍数	2.8	1.2	0.4	−0.8	−2.1
二、资产运营指标					
总资产周转率（次）	1.2	1.0	0.5	0.4	0.2
应收账款周转率（次）	11.4	7.4	3.7	2.1	1.0
流动资产周转率（次）	1.4	1.1	0.7	0.5	0.3
两金占流动资产比重（%）	17.9	25.2	29.6	39.5	46.1
三、风险防控指标					
资产负债率（%）	51.0	56.0	61.0	71.0	86.0
现金流动负债比率（%）	15.4	6.2	1.5	−6.7	−16.7
带息负债比率（%）	8.5	16.0	27.3	36.8	55.4
已获利息倍数	8.0	6.3	3.8	1.4	−1.6
四、持续发展指标					
研发经费投入强度（%）	8.6	4.8	2.9	2.2	1.1
全员劳动生产率（万元/人）	63.9	48.7	40.9	25.4	14.6
经济增加值率（%）	16.6	9.2	−0.1	−3.4	−5.5
国有资本保值增值率（%）	112.5	108.6	105.6	102.2	99.0
五、补充指标					
营业现金比率（%）	19.2	8.5	1.6	−4.9	−17.5
国有资本回报率（%）	13.7	9.7	6.9	3.9	1.5
EBITDA率（%）	32.7	21.9	9.5	5.8	2.7
百元收入支付的成本费用（元）	74.6	82.9	91.6	96.0	100.0
存货周转率（次）	18.9	13.3	4.9	4.2	2.7
速动比率	1.5	1.3	1.1	1.0	0.8
利润总额增长率（%）	9.1	6.7	3.0	−6.6	−13.1
营业总收入增长率（%）	14.9	10.7	5.9	−3.0	−10.1

地质勘查业

范围：全行业

项　　目	优秀值	良好值	平均值	较低值	较差值
一、盈利回报指标					
净资产收益率（%）	15.1	10.2	5.7	2.3	-1.6
营业收入利润率（%）	12.8	9.2	4.4	1.3	-4.2
总资产报酬率（%）	6.5	4.7	2.1	0.2	-2.4
盈余现金保障倍数	4.0	1.7	0.4	-1.6	-4.1
二、资产运营指标					
总资产周转率（次）	0.9	0.7	0.4	0.2	0.1
应收账款周转率（次）	7.0	5.6	3.6	1.7	0.4
流动资产周转率（次）	1.3	0.9	0.6	0.3	0.1
两金占流动资产比重（%）	2.5	19.6	29.9	36.2	48.4
三、风险防控指标					
资产负债率（%）	51.0	56.0	61.0	69.8	86.0
现金流动负债比率（%）	14.5	7.4	2.6	-9.3	-17.2
带息负债比率（%）	13.2	20.8	32.2	40.3	55.9
已获利息倍数	9.1	7.3	5.2	3.2	1.1
四、持续发展指标					
研发经费投入强度（%）	4.1	2.2	1.1	0.8	0.6
全员劳动生产率（万元/人）	41.1	32.9	28.1	19.9	14.5
经济增加值率（%）	8.9	4.0	-0.6	-4.4	-9.8
国有资本保值增值率（%）	113.0	108.0	104.0	102.1	98.3
五、补充指标					
营业现金比率（%）	14.4	7.4	0.5	-4.6	-14.5
国有资本回报率（%）	12.0	9.4	5.5	2.1	-1.7
EBITDA率（%）	24.6	16.4	7.3	3.0	-4.2
百元收入支付的成本费用（元）	82.6	90.3	96.4	99.4	103.3
存货周转率（次）	21.7	13.8	5.8	3.3	1.7
速动比率	1.1	1.0	0.9	0.8	0.6
利润总额增长率（%）	4.7	-3.1	-7.3	-12.2	-21.7
营业总收入增长率（%）	14.9	6.8	1.8	-3.8	-14.6

公共设施管理业

范围：全行业

项　　目	优秀值	良好值	平均值	较低值	较差值
一、盈利回报指标					
净资产收益率（％）	8.0	3.2	0.7	−3.4	−11.4
营业收入利润率（％）	14.4	6.9	2.6	−5.5	−16.9
总资产报酬率（％）	4.1	2.0	0.5	−2.3	−7.7
盈余现金保障倍数	3.3	2.4	0.9	−0.5	−2.7
二、资产运营指标					
总资产周转率（次）	0.5	0.4	0.3	0.2	0.1
应收账款周转率（次）	8.6	5.9	1.7	0.9	0.4
流动资产周转率（次）	1.0	0.6	0.4	0.2	0.1
两金占流动资产比重（％）	6.3	29.3	49.7	56.6	69.9
三、风险防控指标					
资产负债率（％）	52.9	57.9	62.9	72.9	87.9
现金流动负债比率（％）	16.5	8.1	2.5	−5.4	−16.3
带息负债比率（％）	10.7	29.9	52.2	60.4	76.2
已获利息倍数	4.8	3.2	1.4	0.0	−2.6
四、持续发展指标					
研发经费投入强度（％）	1.7	1.0	0.7	0.4	0.1
全员劳动生产率（万元/人）	51.2	34.6	16.0	8.8	3.9
经济增加值率（％）	3.1	−2.0	−4.7	−5.6	−7.0
国有资本保值增值率（％）	105.7	103.6	100.5	97.3	91.4
五、补充指标					
营业现金比率（％）	16.8	7.3	1.6	−2.2	−9.6
国有资本回报率（％）	6.9	2.8	0.6	−3.5	−11.5
EBITDA 率（％）	21.8	13.9	4.3	−5.1	−23.3
百元收入支付的成本费用（元）	80.3	88.7	97.8	106.1	117.9
存货周转率（次）	25.3	12.1	1.7	1.1	0.1
速动比率	1.6	1.3	1.1	0.9	0.6
利润总额增长率（％）	5.8	0.7	−6.9	−14.6	−24.5
营业总收入增长率（％）	21.0	9.7	1.8	−7.0	−15.1

汽车维修与维护服务业

范围：全行业

项　　目	优秀值	良好值	平均值	较低值	较差值
一、盈利回报指标					
净资产收益率（%）	12.7	6.6	2.2	-1.9	-9.7
营业收入利润率（%）	10.8	6.0	-1.2	-8.8	-21.2
总资产报酬率（%）	7.5	4.4	0.8	-3.4	-7.2
盈余现金保障倍数	1.4	1.0	0.4	-0.3	-1.4
二、资产运营指标					
总资产周转率（次）	1.5	1.1	0.6	0.3	0.1
应收账款周转率（次）	33.1	19.6	6.2	3.7	2.0
流动资产周转率（次）	2.5	1.8	0.8	0.4	0.1
两金占流动资产比重（%）	15.0	20.3	25.5	46.4	60.3
三、风险防控指标					
资产负债率（%）	51.0	56.0	61.0	71.0	86.0
现金流动负债比率（%）	8.4	3.3	0.6	-4.5	-14.4
带息负债比率（%）	12.4	23.8	32.1	44.6	68.9
已获利息倍数	6.7	4.4	1.6	-0.9	-4.9
四、持续发展指标					
研发经费投入强度（%）	1.5	1.0	0.7	0.5	0.4
全员劳动生产率（万元/人）	19.1	14.8	11.9	6.7	3.3
经济增加值率（%）	12.9	5.4	-3.7	-8.6	-14.2
国有资本保值增值率（%）	112.7	107.9	101.3	95.1	90.8
五、补充指标					
营业现金比率（%）	12.8	5.5	0.3	-2.8	-8.7
国有资本回报率（%）	11.6	6.3	1.9	-2.1	-9.9
EBITDA率（%）	18.4	8.2	0.3	-2.0	-5.7
百元收入支付的成本费用（元）	92.7	96.0	99.9	105.6	116.6
存货周转率（次）	18.8	12.1	8.0	4.4	1.9
速动比率	1.4	1.0	0.6	0.5	0.4
利润总额增长率（%）	-3.6	-16.5	-27.3	-37.2	-48.7
营业总收入增长率（%）	19.3	7.8	-9.4	-20.9	-41.8

文化、体育和娱乐业

范围：全行业

项　　目	优秀值	良好值	平均值	较低值	较差值
一、盈利回报指标					
净资产收益率（%）	13.7	6.2	2.3	-5.3	-12.3
营业收入利润率（%）	13.2	4.8	-0.5	-14.9	-42.6
总资产报酬率（%）	6.7	3.5	1.8	-4.1	-9.1
盈余现金保障倍数	2.6	1.6	0.3	-0.7	-1.6
二、资产运营指标					
总资产周转率（次）	0.9	0.5	0.3	0.2	0.1
应收账款周转率（次）	29.7	15.5	4.4	3.7	3.2
流动资产周转率（次）	1.6	1.2	0.5	0.4	0.2
两金占流动资产比重（%）	6.0	15.1	26.1	34.5	50.8
三、风险防控指标					
资产负债率（%）	51.0	56.0	61.0	71.0	86.0
现金流动负债比率（%）	18.3	10.5	1.7	-10.2	-19.2
带息负债比率（%）	19.8	30.8	42.4	55.3	80.4
已获利息倍数	4.9	2.7	1.4	-3.4	-9.2
四、持续发展指标					
研发经费投入强度（%）	1.5	1.2	1.1	1.0	0.9
全员劳动生产率（万元/人）	29.2	21.3	17.3	6.9	0.0
经济增加值（%）	11.0	2.7	-3.2	-9.1	-15.6
国有资本保值增值率（%）	108.7	105.3	101.4	92.2	85.4
五、补充指标					
营业现金比率（%）	21.7	9.8	0.0	-5.9	-17.3
国有资本回报率（%）	12.1	5.6	2.2	-5.4	-12.4
EBITDA率（%）	21.2	8.9	1.0	-6.7	-21.9
百元收入支付的成本费用（元）	92.3	100.1	111.8	117.5	128.6
存货周转率（次）	19.7	10.3	3.5	2.7	1.7
速动比率	1.5	1.3	1.0	0.6	0.3
利润总额增长率（%）	4.2	-6.2	-22.0	-33.1	-40.5
营业总收入增长率（%）	18.8	3.4	-5.9	-15.2	-26.6

出版业

项　　　目	优秀值	良好值	平均值	较低值	较差值
一、盈利回报指标					
净资产收益率（%）	20.2	14.6	8.2	1.2	-6.1
营业收入利润率（%）	22.4	16.5	10.8	-1.3	-15.0
总资产报酬率（%）	12.1	7.5	4.3	0.4	-6.1
盈余现金保障倍数	3.3	1.9	0.7	-0.3	-2.3
二、资产运营指标					
总资产周转率（次）	1.7	1.1	0.6	0.4	0.3
应收账款周转率（次）	33.9	18.6	6.0	5.4	4.9
流动资产周转率（次）	1.8	1.3	0.8	0.5	0.3
两金占流动资产比重（%）	13.1	22.1	27.9	35.3	49.7
三、风险防控指标					
资产负债率（%）	51.0	56.0	61.0	69.5	86.0
现金流动负债比率（%）	26.2	17.2	4.3	-4.2	-20.2
带息负债比率（%）	5.9	16.6	26.5	34.9	51.1
已获利息倍数	11.1	9.0	7.6	4.3	0.5
四、持续发展指标					
研发经费投入强度（%）	1.3	1.0	0.9	0.7	0.6
全员劳动生产率（万元/人）	53.7	43.9	33.9	20.3	11.2
经济增加值率（%）	14.6	8.8	1.4	-4.4	-8.2
国有资本保值增值率（%）	115.8	111.6	106.6	99.2	93.8
五、补充指标					
营业现金比率（%）	28.2	18.9	5.0	0.0	-4.3
国有资本回报率（%）	19.0	13.4	7.0	1.0	-7.3
EBITDA率（%）	25.7	16.9	10.8	1.2	-9.7
百元收入支付的成本费用（元）	77.9	87.0	92.6	100.4	107.6
存货周转率（次）	19.7	9.9	4.6	3.0	1.8
速动比率	1.5	1.3	1.1	0.8	0.4
利润总额增长率（%）	21.5	11.6	0.3	-7.2	-16.0
营业总收入增长率（%）	22.6	12.1	1.9	-8.3	-17.7

广播电影电视业

范围：全行业

项　　目	优秀值	良好值	平均值	较低值	较差值
一、盈利回报指标					
净资产收益率（%）	7.5	3.2	0.8	− 6.2	− 15.1
营业收入利润率（%）	9.2	− 4.1	− 11.3	− 28.2	− 61.0
总资产报酬率（%）	4.3	1.2	− 0.5	− 5.0	− 9.7
盈余现金保障倍数	5.5	1.8	− 0.1	− 1.9	− 5.5
二、资产运营指标					
总资产周转率（次）	0.6	0.4	0.3	0.2	0.1
应收账款周转率（次）	24.9	16.6	4.2	3.0	2.1
流动资产周转率（次）	2.3	1.3	0.6	0.4	0.2
两金占流动资产比重（%）	3.8	10.9	17.3	25.3	40.9
三、风险防控指标					
资产负债率（%）	51.0	56.0	61.0	71.0	86.0
现金流动负债比率（%）	16.9	10.0	4.2	− 5.3	− 14.3
带息负债比率（%）	17.7	25.9	36.9	46.5	65.1
已获利息倍数	1.6	0.4	− 0.6	− 3.8	− 7.1
四、持续发展指标					
研发经费投入强度（%）	1.5	1.2	1.1	0.9	0.8
全员劳动生产率（万元/人）	16.0	12.2	10.3	7.4	2.0
经济增加值率（%）	5.0	0.5	− 5.8	− 10.9	− 17.9
国有资本保值增值率（%）	104.8	102.6	99.9	92.6	86.1
五、补充指标					
营业现金比率（%）	14.5	8.4	0.0	− 3.9	− 11.6
国有资本回报率（%）	6.2	2.5	0.4	− 6.6	− 15.4
EBITDA 率（%）	14.4	1.9	− 4.6	− 9.8	− 19.3
百元收入支付的成本费用（元）	92.9	101.4	108.7	121.2	145.6
存货周转率（次）	24.6	17.5	13.5	10.3	4.2
速动比率	1.5	1.2	0.8	0.5	0.2
利润总额增长率（%）	− 12.9	− 48.7	− 67.1	− 85.0	− 97.9
营业总收入增长率（%）	− 2.7	− 14.3	− 20.3	− 34.6	− 50.4

文化艺术业

范围：全行业

项　　目	优秀值	良好值	平均值	较低值	较差值
一、盈利回报指标					
净资产收益率（%）	10.8	4.6	0.5	−3.9	−11.0
营业收入利润率（%）	13.5	6.1	−3.8	−19.0	−48.6
总资产报酬率（%）	5.1	2.0	0.2	−3.9	−9.5
盈余现金保障倍数	8.8	3.2	0.3	−2.6	−8.3
二、资产运营指标					
总资产周转率（次）	0.9	0.5	0.3	0.2	0.1
应收账款周转率（次）	36.4	18.5	5.6	3.7	2.5
流动资产周转率（次）	1.3	1.0	0.5	0.3	0.1
两金占流动资产比重（%）	4.5	13.1	20.0	25.9	37.3
三、风险防控指标					
资产负债率（%）	51.0	56.0	61.0	71.0	86.0
现金流动负债比率（%）	19.9	9.8	0.8	−9.1	−20.6
带息负债比率（%）	18.6	29.6	42.6	51.4	68.6
已获利息倍数	5.2	2.2	0.5	−2.8	−8.3
四、持续发展指标					
研发经费投入强度（%）	1.5	1.2	1.1	1.0	0.9
全员劳动生产率（万元/人）	23.2	17.1	13.0	6.0	0.0
经济增加值率（%）	8.3	0.9	−5.3	−8.8	−15.5
国有资本保值增值率（%）	104.2	102.4	100.1	94.6	89.9
五、补充指标					
营业现金比率（%）	19.6	8.9	−0.5	−8.5	−24.1
国有资本回报率（%）	12.3	4.4	0.3	−4.2	−11.3
EBITDA 率（%）	17.1	5.4	−2.2	−11.2	−28.7
百元收入支付的成本费用（元）	91.5	102.2	118.2	126.7	143.2
存货周转率（次）	17.5	8.6	2.3	1.8	0.8
速动比率	1.5	1.2	1.0	0.7	0.6
利润总额增长率（%）	11.0	−2.6	−23.1	−31.8	−37.6
营业总收入增长率（%）	23.3	2.4	−11.5	−30.5	−43.1

农林牧渔业

范围：全行业

项　　目	优秀值	良好值	平均值	较低值	较差值
一、盈利回报指标					
净资产收益率（％）	9.7	4.6	1.2	-3.0	-8.8
营业收入利润率（％）	13.0	6.9	1.7	-3.5	-13.1
总资产报酬率（％）	4.4	3.1	1.1	-2.2	-8.5
盈余现金保障倍数	4.6	2.5	0.6	-1.6	-3.8
二、资产运营指标					
总资产周转率（次）	0.8	0.5	0.3	0.2	0.1
应收账款周转率（次）	15.8	11.4	4.9	2.7	1.2
流动资产周转率（次）	1.5	1.2	0.6	0.3	0.1
两金占流动资产比重（％）	12.1	30.6	40.2	47.8	62.5
三、风险防控指标					
资产负债率（％）	51.0	56.0	61.0	71.0	86.0
现金流动负债比率（％）	9.0	4.5	1.0	-6.5	-11.5
带息负债比率（％）	19.4	29.3	41.5	53.5	76.7
已获利息倍数	4.7	2.7	1.4	-1.1	-5.2
四、持续发展指标					
研发经费投入强度（％）	1.7	1.3	1.1	0.6	0.3
全员劳动生产率（万元/人）	39.7	26.2	13.0	6.1	1.6
经济增加值率（％）	4.2	-0.8	-3.8	-8.3	-12.6
国有资本保值增值率（％）	107.6	104.0	100.3	94.0	88.0
五、补充指标					
营业现金比率（％）	17.5	6.7	0.7	-4.6	-15.0
国有资本回报率（％）	8.7	4.4	1.0	-3.1	-9.0
EBITDA率（％）	23.5	15.2	3.3	-3.2	-15.9
百元收入支付的成本费用（元）	85.8	93.8	99.5	116.5	139.7
存货周转率（次）	13.7	6.6	2.8	1.7	0.9
速动比率	1.4	1.2	0.8	0.6	0.4
利润总额增长率（％）	69.1	32.0	-15.1	-44.7	-67.7
营业总收入增长率（％）	23.5	14.1	7.1	-2.1	-12.4

农林牧渔业

范围：大型企业

项 目	优秀值	良好值	平均值	较低值	较差值
一、盈利回报指标					
净资产收益率（%）	11.7	7.1	3.1	−0.5	−7.5
营业收入利润率（%）	11.2	5.3	2.3	−2.3	−10.2
总资产报酬率（%）	7.2	4.5	2.5	−0.5	−6.4
盈余现金保障倍数	4.8	2.1	0.6	−1.4	−3.6
二、资产运营指标					
总资产周转率（次）	1.5	1.0	0.5	0.3	0.1
应收账款周转率（次）	24.3	16.0	8.4	5.2	3.1
流动资产周转率（次）	2.3	1.6	1.0	0.5	0.1
两金占流动资产比重（%）	27.0	33.7	41.1	50.5	57.8
三、风险防控指标					
资产负债率（%）	53.3	58.3	63.3	73.3	88.3
现金流动负债比率（%）	19.3	9.1	3.1	−6.8	−14.3
带息负债比率（%）	25.7	36.1	47.2	58.8	81.4
已获利息倍数	5.4	3.0	1.8	0.7	−0.3
四、持续发展指标					
研发经费投入强度（%）	1.8	1.4	1.3	0.7	0.4
全员劳动生产率（万元/人）	76.4	51.9	25.8	14.5	7.1
经济增加值率（%）	5.6	2.6	−1.9	−5.1	−9.9
国有资本保值增值率（%）	113.2	108.5	102.5	98.8	91.6
五、补充指标					
营业现金比率（%）	12.9	7.4	1.0	−1.8	−7.3
国有资本回报率（%）	11.3	6.7	2.8	−0.8	−7.9
EBITDA率（%）	27.5	14.1	4.7	−0.2	−9.5
百元收入支付的成本费用（元）	89.5	94.0	99.3	104.8	112.2
存货周转率（次）	9.6	7.6	5.1	4.1	2.7
速动比率	1.3	1.0	0.8	0.6	0.5
利润总额增长率（%）	15.0	8.2	1.4	−15.5	−29.3
营业总收入增长率（%）	21.4	14.5	5.6	−6.3	−16.2

农林牧渔业

范围：中型企业

项　　目	优秀值	良好值	平均值	较低值	较差值
一、盈利回报指标					
净资产收益率（%）	12.9	6.8	2.2	−1.3	−7.1
营业收入利润率（%）	17.6	7.9	2.5	−5.9	−13.6
总资产报酬率（%）	5.8	3.5	1.2	−1.4	−6.5
盈余现金保障倍数	3.0	1.8	0.5	−0.7	−2.6
二、资产运营指标					
总资产周转率（次）	0.8	0.5	0.3	0.2	0.1
应收账款周转率（次）	25.3	17.9	6.8	4.0	2.2
流动资产周转率（次）	1.7	1.1	0.6	0.3	0.1
两金占流动资产比重（%）	13.2	33.4	47.9	55.6	66.6
三、风险防控指标					
资产负债率（%）	51.0	56.0	61.0	71.0	86.0
现金流动负债比率（%）	17.4	9.8	2.6	−2.1	−11.2
带息负债比率（%）	15.8	24.3	34.6	48.4	75.3
已获利息倍数	6.2	3.5	1.5	−0.2	−3.3
四、持续发展指标					
研发经费投入强度（%）	1.0	0.8	0.7	0.5	0.3
全员劳动生产率（万元/人）	43.4	29.1	15.6	8.6	4.0
经济增加值率（%）	6.8	2.1	−3.4	−6.6	−10.8
国有资本保值增值率（%）	111.8	107.3	102.2	97.0	90.5
五、补充指标					
营业现金比率（%）	18.9	8.7	0.1	−4.9	−14.6
国有资本回报率（%）	11.3	6.4	1.8	−1.4	−7.6
EBITDA 率（%）	26.6	16.4	4.4	0.5	−7.3
百元收入支付的成本费用（元）	84.1	93.8	98.8	105.8	118.0
存货周转率（次）	14.7	7.3	2.7	1.4	0.5
速动比率	1.3	1.1	0.8	0.6	0.5
利润总额增长率（%）	13.0	5.3	−6.2	−24.5	−39.0
营业总收入增长率（%）	25.4	17.5	7.7	−1.1	−7.9

农林牧渔业

范围：小型企业

项 目	优秀值	良好值	平均值	较低值	较差值
一、盈利回报指标					
净资产收益率（%）	7.9	3.1	0.6	-3.5	-9.0
营业收入利润率（%）	9.6	3.1	-0.9	-7.8	-21.2
总资产报酬率（%）	3.7	2.1	0.5	-2.4	-6.8
盈余现金保障倍数	4.6	1.9	0.3	-2.0	-4.5
二、资产运营指标					
总资产周转率（次）	0.8	0.5	0.3	0.2	0.1
应收账款周转率（次）	16.9	10.5	2.8	1.8	0.7
流动资产周转率（次）	1.4	0.7	0.4	0.2	0.1
两金占流动资产比重（%）	1.6	14.8	32.6	39.0	51.5
三、风险防控指标					
资产负债率（%）	51.0	56.0	61.0	71.0	86.0
现金流动负债比率（%）	10.4	4.4	0.4	-5.5	-12.2
带息负债比率（%）	13.8	24.9	35.7	48.8	74.3
已获利息倍数	3.9	2.7	1.0	-2.9	-8.4
四、持续发展指标					
研发经费投入强度（%）	0.6	0.5	0.4	0.3	0.2
全员劳动生产率（万元/人）	32.2	22.6	12.0	5.4	1.0
经济增加值率（%）	4.4	-1.2	-4.8	-7.9	-12.6
国有资本保值增值率（%）	105.9	102.8	100.1	93.9	85.9
五、补充指标					
营业现金比率（%）	18.8	6.4	0.0	-5.7	-16.7
国有资本回报率（%）	7.5	2.9	0.5	-3.6	-9.2
EBITDA率（%）	13.3	5.3	0.6	-6.0	-18.9
百元收入支付的成本费用（元）	86.7	95.1	100.8	111.9	119.5
存货周转率（次）	13.2	6.3	1.8	1.2	0.7
速动比率	1.7	1.3	0.8	0.6	0.4
利润总额增长率（%）	1.4	-23.0	-36.7	-47.4	-60.8
营业总收入增长率（%）	25.3	17.4	5.6	-5.8	-13.3

农业

项　　目	优秀值	良好值	平均值	较低值	较差值
一、盈利回报指标					
净资产收益率（％）	8.4	3.9	0.8	−3.2	−9.3
营业收入利润率（％）	13.4	6.1	2.3	−4.1	−16.5
总资产报酬率（％）	4.1	1.9	0.7	−2.1	−5.3
盈余现金保障倍数	3.1	2.1	0.7	−1.3	−3.2
二、资产运营指标					
总资产周转率（次）	0.6	0.4	0.3	0.2	0.1
应收账款周转率（次）	18.8	11.1	4.6	2.0	0.3
流动资产周转率（次）	1.2	0.8	0.4	0.2	0.1
两金占流动资产比重（％）	14.7	29.9	38.8	45.5	58.4
三、风险防控指标					
资产负债率（％）	51.0	56.0	61.0	71.0	86.0
现金流动负债比率（％）	14.5	8.1	2.6	−6.7	−13.0
带息负债比率（％）	14.9	24.7	38.6	51.0	75.2
已获利息倍数	4.8	3.3	1.5	−1.5	−4.8
四、持续发展指标					
研发经费投入强度（％）	1.7	1.1	0.9	0.6	0.5
全员劳动生产率（万元/人）	36.8	23.4	11.8	5.1	0.7
经济增加值率（％）	4.1	−1.2	−4.3	−8.6	−13.9
国有资本保值增值率（％）	105.4	101.8	100.0	93.1	85.3
五、补充指标					
营业现金比率（％）	18.4	7.0	0.4	−5.7	−17.6
国有资本回报率（％）	7.3	3.4	0.7	−3.1	−9.4
EBITDA率（％）	34.4	18.4	5.0	−0.9	−12.2
百元收入支付的成本费用（元）	88.9	94.8	100.0	109.6	121.2
存货周转率（次）	10.8	6.5	2.8	1.6	0.9
速动比率	1.7	1.2	0.8	0.6	0.5
利润总额增长率（％）	5.9	−1.7	−9.2	−26.1	−37.3
营业总收入增长率（％）	20.0	12.7	7.2	−11.4	−25.9

农业

范围：大型企业

项　　目	优秀值	良好值	平均值	较低值	较差值
一、盈利回报指标					
净资产收益率（％）	15.8	8.4	3.0	−0.4	−7.0
营业收入利润率（％）	17.0	9.0	3.4	−2.9	−7.6
总资产报酬率（％）	7.7	5.6	2.5	−0.1	−4.2
盈余现金保障倍数	4.2	2.6	0.8	−0.6	−2.9
二、资产运营指标					
总资产周转率（次）	1.1	0.6	0.3	0.2	0.1
应收账款周转率（次）	27.7	18.7	9.5	7.1	4.1
流动资产周转率（次）	1.7	1.2	0.8	0.5	0.1
两金占流动资产比重（％）	29.8	33.9	40.0	49.4	55.7
三、风险防控指标					
资产负债率（％）	53.0	58.0	63.0	73.0	88.0
现金流动负债比率（％）	18.8	13.4	7.8	−4.2	−12.6
带息负债比率（％）	17.8	31.5	41.1	66.1	85.2
已获利息倍数	5.3	3.6	2.0	0.2	−2.4
四、持续发展指标					
研发经费投入强度（％）	1.7	1.1	0.9	0.6	0.5
全员劳动生产率（万元/人）	57.1	41.1	17.1	8.6	2.9
经济增加值率（％）	8.3	3.9	−1.9	−5.3	−7.7
国有资本保值增值率（％）	108.5	104.9	102.4	98.6	91.3
五、补充指标					
营业现金比率（％）	19.2	7.9	1.0	−0.8	−4.3
国有资本回报率（％）	14.5	8.4	2.9	−0.5	−7.1
EBITDA率（％）	26.0	17.7	5.4	0.2	−5.1
百元收入支付的成本费用（元）	87.4	92.4	99.8	107.7	114.5
存货周转率（次）	7.6	5.8	3.4	2.8	1.7
速动比率	1.3	1.1	0.8	0.6	0.4
利润总额增长率（％）	31.7	25.6	16.5	−2.6	−16.9
营业总收入增长率（％）	28.4	21.9	18.0	6.3	−3.7

农业

范围：中型企业

项　　目	优秀值	良好值	平均值	较低值	较差值
一、盈利回报指标					
净资产收益率（%）	13.8	7.4	1.9	−1.6	−8.3
营业收入利润率（%）	19.2	8.9	3.5	−4.4	−11.1
总资产报酬率（%）	5.4	3.7	1.1	−1.0	−4.1
盈余现金保障倍数	2.9	2.1	0.8	−1.0	−2.4
二、资产运营指标					
总资产周转率（次）	0.7	0.4	0.3	0.2	0.1
应收账款周转率（次）	31.7	17.1	4.8	3.0	1.5
流动资产周转率（次）	1.6	1.2	0.5	0.3	0.1
两金占流动资产比重（%）	6.7	20.6	41.5	49.0	54.5
三、风险防控指标					
资产负债率（%）	51.0	56.0	61.0	71.0	86.0
现金流动负债比率（%）	19.4	12.4	3.2	−4.5	−9.7
带息负债比率（%）	14.0	24.6	40.6	52.3	74.9
已获利息倍数	6.4	3.9	1.7	−0.1	−3.3
四、持续发展指标					
研发经费投入强度（%）	0.9	0.7	0.6	0.5	0.4
全员劳动生产率（万元/人）	43.2	28.0	14.3	7.8	3.5
经济增加值率（%）	8.6	3.7	−3.5	−6.4	−9.8
国有资本保值增值率（%）	109.2	104.3	100.9	93.7	87.8
五、补充指标					
营业现金比率（%）	20.8	11.0	1.3	−5.3	−17.9
国有资本回报率（%）	12.7	7.0	1.6	−1.9	−8.6
EBITDA率（%）	32.7	19.2	6.3	0.6	−5.9
百元收入支付的成本费用（元）	82.9	92.7	98.5	107.2	118.4
存货周转率（次）	7.4	5.4	2.3	1.4	0.8
速动比率	1.3	1.1	0.8	0.6	0.5
利润总额增长率（%）	19.4	11.6	0.0	−16.3	−27.2
营业总收入增长率（%）	24.2	16.7	9.3	0.8	−5.4

农业

范围：小型企业

项　　目	优秀值	良好值	平均值	较低值	较差值
一、盈利回报指标					
净资产收益率（%）	7.3	2.7	0.4	-3.4	-9.9
营业收入利润率（%）	12.1	3.6	-0.8	-8.9	-24.5
总资产报酬率（%）	3.5	1.6	0.3	-2.1	-5.1
盈余现金保障倍数	3.9	2.6	0.6	-0.8	-2.4
二、资产运营指标					
总资产周转率（次）	0.5	0.4	0.3	0.2	0.1
应收账款周转率（次）	16.0	9.1	3.1	2.4	1.7
流动资产周转率（次）	1.2	0.8	0.4	0.2	0.1
两金占流动资产比重（%）	4.7	21.6	32.6	42.5	61.7
三、风险防控指标					
资产负债率（%）	51.0	56.0	61.0	71.0	86.0
现金流动负债比率（%）	13.4	6.3	0.2	-7.2	-15.4
带息负债比率（%）	13.9	25.1	36.6	48.6	71.9
已获利息倍数	6.0	3.1	1.0	-0.8	-3.9
四、持续发展指标					
研发经费投入强度（%）	0.9	0.7	0.6	0.5	0.4
全员劳动生产率（万元/人）	31.9	22.6	11.7	4.9	0.4
经济增加值率（%）	3.5	-1.5	-4.8	-8.6	-13.9
国有资本保值增值率（%）	104.0	101.5	99.7	92.9	85.3
五、补充指标					
营业现金比率（%）	20.0	7.1	0.0	-5.8	-17.0
国有资本回报率（%）	7.1	2.6	0.3	-3.4	-10.0
EBITDA率（%）	36.8	16.9	0.8	-8.8	-27.3
百元收入支付的成本费用（元）	83.1	94.0	101.5	113.1	120.9
存货周转率（次）	11.4	6.0	1.8	1.2	0.7
速动比率	1.7	1.2	1.0	0.7	0.5
利润总额增长率（%）	-2.1	-21.9	-33.9	-51.7	-63.6
营业总收入增长率（%）	26.4	18.6	6.7	-13.6	-27.8

林业

范围：全行业

项　　　目	优秀值	良好值	平均值	较低值	较差值
一、盈利回报指标					
净资产收益率（％）	6.0	3.2	1.1	-1.9	-7.8
营业收入利润率（％）	18.6	9.2	3.3	-8.9	-17.0
总资产报酬率（％）	3.3	2.1	0.6	-0.6	-2.8
盈余现金保障倍数	2.7	1.8	0.6	-1.4	-3.6
二、资产运营指标					
总资产周转率（次）	0.5	0.4	0.3	0.2	0.1
应收账款周转率（次）	16.6	8.0	2.6	1.5	0.8
流动资产周转率（次）	1.7	0.9	0.4	0.2	0.1
两金占流动资产比重（％）	7.4	19.3	37.2	50.9	60.4
三、风险防控指标					
资产负债率（％）	51.0	56.0	61.0	71.0	86.0
现金流动负债比率（％）	12.4	7.9	1.8	-4.9	-9.3
带息负债比率（％）	16.3	26.4	37.7	48.2	68.5
已获利息倍数	5.2	3.3	1.5	-0.5	-3.7
四、持续发展指标					
研发经费投入强度（％）	1.1	0.9	0.8	0.7	0.6
全员劳动生产率（万元/人）	30.3	19.8	9.8	5.4	2.5
经济增加值率（％）	0.2	-2.6	-4.4	-7.4	-10.7
国有资本保值增值率（％）	104.4	102.3	100.4	95.3	87.3
五、补充指标					
营业现金比率（％）	18.6	6.3	0.0	-4.5	-13.3
国有资本回报率（％）	5.1	2.7	0.9	-2.1	-8.0
EBITDA 率（％）	30.6	17.1	6.3	-1.8	-17.5
百元收入支付的成本费用（元）	84.2	93.6	99.3	110.7	120.3
存货周转率（次）	5.7	3.7	0.7	0.4	0.2
速动比率	1.7	1.3	0.9	0.7	0.5
利润总额增长率（％）	11.5	1.8	-10.7	-26.7	-37.5
营业总收入增长率（％）	22.8	14.0	6.3	-7.7	-18.7

畜牧业

范围：全行业

项 目	优秀值	良好值	平均值	较低值	较差值
一、盈利回报指标					
净资产收益率（%）	9.7	5.4	3.2	-4.1	-11.6
营业收入利润率（%）	12.1	7.3	2.1	-5.3	-19.8
总资产报酬率（%）	4.9	3.1	2.2	-2.7	-6.1
盈余现金保障倍数	3.1	2.3	1.0	-0.5	-2.5
二、资产运营指标					
总资产周转率（次）	0.7	0.5	0.3	0.2	0.1
应收账款周转率（次）	22.7	13.1	8.2	4.0	1.2
流动资产周转率（次）	1.8	1.4	0.8	0.4	0.1
两金占流动资产比重（%）	26.8	38.7	44.8	53.4	70.0
三、风险防控指标					
资产负债率（%）	51.0	56.0	61.0	71.0	86.0
现金流动负债比率（%）	17.7	9.6	3.4	-4.4	-9.7
带息负债比率（%）	9.0	19.3	30.5	45.8	62.2
已获利息倍数	4.8	3.6	1.9	-1.3	-5.0
四、持续发展指标					
研发经费投入强度（%）	2.4	1.3	0.8	0.5	0.1
全员劳动生产率（万元/人）	38.1	27.0	19.9	8.5	1.0
经济增加值率（%）	8.0	1.7	-2.1	-9.1	-14.6
国有资本保值增值率（%）	106.1	104.1	102.3	97.8	88.9
五、补充指标					
营业现金比率（%）	16.6	6.4	1.2	-3.4	-12.3
国有资本回报率（%）	8.9	5.0	2.9	-4.4	-11.9
EBITDA 率（%）	26.9	12.7	3.8	-6.5	-26.5
百元收入支付的成本费用（元）	88.1	93.1	98.4	106.9	122.5
存货周转率（次）	5.6	4.6	2.9	1.3	0.3
速动比率	1.6	1.1	0.6	0.5	0.2
利润总额增长率（%）	-8.5	-23.9	-32.5	-46.1	-55.2
营业总收入增长率（%）	22.9	15.4	8.1	-7.7	-18.3

渔业

范围：全行业

项 目	优秀值	良好值	平均值	较低值	较差值
一、盈利回报指标					
净资产收益率（%）	7.9	3.6	0.9	-3.5	-11.2
营业收入利润率（%）	17.8	9.6	2.5	-4.6	-13.7
总资产报酬率（%）	6.9	2.8	0.6	-1.7	-6.0
盈余现金保障倍数	1.4	0.9	0.1	-0.9	-3.0
二、资产运营指标					
总资产周转率（次）	0.5	0.4	0.3	0.2	0.1
应收账款周转率（次）	18.9	13.4	10.1	5.8	3.0
流动资产周转率（次）	1.1	0.8	0.5	0.3	0.1
两金占流动资产比重（%）	14.6	23.5	28.5	40.8	64.8
三、风险防控指标					
资产负债率（%）	51.0	56.0	61.0	71.0	86.0
现金流动负债比率（%）	11.6	4.9	1.4	-4.5	-13.4
带息负债比率（%）	27.1	38.7	47.4	61.2	88.1
已获利息倍数	4.3	2.4	1.1	-0.7	-3.0
四、持续发展指标					
研发经费投入强度（%）	1.1	0.9	0.8	0.6	0.5
全员劳动生产率（万元/人）	32.9	23.7	17.3	9.0	3.5
经济增加值率（%）	3.8	0.1	-4.7	-8.4	-15.5
国有资本保值增值率（%）	105.7	103.2	100.3	95.5	89.5
五、补充指标					
营业现金比率（%）	20.3	10.2	0.0	-5.9	-17.4
国有资本回报率（%）	8.3	3.4	0.8	-3.5	-11.3
EBITDA率（%）	45.5	28.4	13.2	3.3	-14.7
百元收入支付的成本费用（元）	85.1	94.8	102.4	112.3	118.8
存货周转率（次）	8.8	4.3	1.9	0.8	0.1
速动比率	1.5	1.2	0.9	0.6	0.3
利润总额增长率（%）	7.2	-1.5	-11.1	-23.7	-32.6
营业总收入增长率（%）	23.2	13.7	6.5	-6.2	-18.7

企业绩效评价国际标准值（2022）

石油石化工业

范围：全行业

项　　　目	优秀值	良好值	平均值	较低值	较差值
一、盈利回报指标					
净资产收益率（%）	18.4	11.5	5.7	-0.9	-21.3
总资产报酬率（%）	11.4	7.6	4.4	1.2	-12.0
销售（营业）利润率（%）	30.1	11.4	4.0	1.0	-24.0
盈余现金保障倍数	2.9	1.9	1.3	0.8	-1.6
成本费用利润率（%）	21.3	6.9	2.4	-1.8	-29.7
资本收益率（%）	37.3	16.6	6.1	-3.2	-28.6
二、资产运营指标					
总资产周转率（次）	1.4	0.8	0.5	0.3	0.1
应收账款周转率（次）	16.5	10.1	7.4	4.9	1.6
流动资产周转率（次）	4.9	3.1	2.1	1.3	0.6
资产现金回收率（%）	14.3	9.6	6.3	2.4	-7.3
三、风险防控指标					
资产负债率（%）	40.8	52.3	62.6	73.2	98.4
已获利息倍数	15.2	6.2	2.9	0.7	-10.5
速动比率	1.6	1.2	0.9	0.6	0.2
现金流动负债比率（%）	85.0	46.6	22.7	6.7	-23.0
带息负债比率（%）	31.2	46.2	58.8	72.0	93.0
四、持续发展指标					
销售（营业）增长率（%）	68.4	45.1	20.3	3.0	-26.9
资本保值增值率（%）	122.5	109.9	103.5	96.5	72.5
销售（营业）利润增长率（%）	155.3	50.8	8.0	-18.8	-150.8
总资产增长率（%）	21.2	11.2	4.3	-1.9	-17.7
技术投入比率（%）	2.6	0.9	0.4	0.2	0.0

黑色金属冶炼

范围：全行业

项 目	优秀值	良好值	平均值	较低值	较差值
一、盈利回报指标					
净资产收益率（%）	24.9	17.4	11.2	6.5	-3.1
总资产报酬率（%）	18.8	11.6	7.7	4.7	-1.6
销售（营业）利润率（%）	14.2	10.3	6.8	4.0	-2.0
盈余现金保障倍数	1.3	0.8	0.4	-0.3	-2.5
成本费用利润率（%）	16.3	10.8	6.7	3.2	-3.7
资本收益率（%）	49.2	36.6	21.2	10.3	-7.3
二、资产运营指标					
总资产周转率（次）	1.6	1.2	1.0	0.7	0.4
应收账款周转率（次）	17.8	10.5	6.5	4.8	2.7
流动资产周转率（次）	3.2	2.4	1.9	1.5	0.8
资产现金回收率（%）	12.1	6.4	2.3	-2.1	-14.4
三、风险防控指标					
资产负债率（%）	34.6	45.6	53.6	64.2	89.2
已获利息倍数	26.7	15.6	9.2	3.6	-1.8
速动比率	1.5	1.1	0.8	0.6	0.3
现金流动负债比率（%）	40.2	19.1	6.5	-5.3	-40.3
带息负债比率（%）	32.2	44.9	58.0	70.1	85.3
四、持续发展指标					
销售（营业）增长率（%）	60.7	43.7	31.9	21.2	-8.0
资本保值增值率（%）	126.0	117.5	111.0	105.5	94.1
销售（营业）利润增长率（%）	267.0	142.3	61.7	19.2	-61.9
总资产增长率（%）	23.8	15.9	10.3	4.6	-8.0
技术投入比率（%）	2.4	1.0	0.3	0.1	0.0

有色金属业

范围：全行业

项　　目	优秀值	良好值	平均值	较低值	较差值
一、盈利回报指标					
净资产收益率（％）	21.5	14.5	9.7	3.9	−20.7
总资产报酬率（％）	16.2	11.2	7.2	3.7	−9.0
销售（营业）利润率（％）	26.6	13.5	7.7	3.6	−8.4
盈余现金保障倍数	1.9	1.3	1.0	0.3	−2.2
成本费用利润率（％）	33.0	13.3	6.4	2.0	−16.4
资本收益率（％）	42.1	23.9	12.0	3.6	−18.1
二、资产运营指标					
总资产周转率（次）	1.3	0.9	0.6	0.5	0.2
应收账款周转率（次）	22.7	14.6	8.5	5.6	2.9
流动资产周转率（次）	3.2	2.4	1.9	1.5	0.6
资产现金回收率（％）	16.1	10.3	6.4	0.9	−12.6
三、风险防控指标					
资产负债率（％）	29.7	41.0	51.9	60.5	82.7
已获利息倍数	23.6	12.8	6.7	2.7	−7.5
速动比率	1.8	1.2	0.9	0.6	0.3
现金流动负债比率（％）	112.8	43.9	19.7	2.0	−27.8
带息负债比率（％）	27.9	46.1	60.0	71.9	86.6
四、持续发展指标					
销售（营业）增长率（％）	57.9	39.0	27.2	13.1	−18.1
资本保值增值率（％）	127.9	117.5	109.6	103.3	81.8
销售（营业）利润增长率（％）	159.2	87.5	36.5	2.4	−73.5
总资产增长率（％）	23.5	16.0	8.7	2.0	−16.5
技术投入比率（％）	3.4	2.0	0.8	0.3	0.1

煤炭工业

范围：全行业

项　　目	优秀值	良好值	平均值	较低值	较差值
一、盈利回报指标					
净资产收益率（%）	26.3	18.5	12.8	3.7	−22.0
总资产报酬率（%）	16.0	11.2	7.5	3.8	−11.0
销售（营业）利润率（%）	27.6	18.6	10.4	2.6	−8.3
盈余现金保障倍数	3.0	1.8	1.4	1.0	−1.0
成本费用利润率（%）	35.1	19.8	5.8	1.5	−22.5
资本收益率（%）	45.1	32.0	16.6	0.7	−23.6
二、资产运营指标					
总资产周转率（次）	1.4	0.8	0.6	0.5	0.2
应收账款周转率（次）	25.4	15.1	11.3	8.2	4.5
流动资产周转率（次）	3.9	2.9	2.1	1.7	0.7
资产现金回收率（%）	23.7	16.0	12.1	4.0	−6.1
三、风险防控指标					
资产负债率（%）	37.6	50.9	62.8	75.6	97.9
已获利息倍数	13.5	8.6	4.7	1.6	−12.0
速动比率	1.8	1.3	0.7	0.5	0.1
现金流动负债比率（%）	97.8	52.6	33.3	13.2	−19.1
带息负债比率（%）	29.5	42.3	51.6	65.7	84.3
四、持续发展指标					
销售（营业）增长率（%）	71.5	50.5	27.4	14.9	−24.1
资本保值增值率（%）	125.8	116.7	108.9	101.3	82.6
销售（营业）利润增长率（%）	212.7	98.1	65.4	7.9	−122.4
总资产增长率（%）	20.1	9.7	4.8	−1.8	−14.7
技术投入比率（%）	1.3	0.8	0.4	0.1	0.0

电力生产业

项　　目	优秀值	良好值	平均值	较低值	较差值
一、盈利回报指标					
净资产收益率（%）	14.9	9.4	6.2	1.2	-24.3
总资产报酬率（%）	8.4	5.9	4.1	1.9	-7.3
销售（营业）利润率（%）	26.1	18.3	10.6	3.9	-12.6
盈余现金保障倍数	3.1	2.1	1.5	0.9	-0.4
成本费用利润率（%）	26.8	16.1	7.2	1.2	-29.9
资本收益率（%）	37.0	17.9	9.8	1.3	-34.0
二、资产运营指标					
总资产周转率（次）	0.6	0.4	0.3	0.2	0.1
应收账款周转率（次）	10.3	7.1	5.0	3.4	1.0
流动资产周转率（次）	3.1	2.3	1.7	1.1	0.4
资产现金回收率（%）	9.7	6.9	4.8	2.7	-3.1
三、风险防控指标					
资产负债率（%）	48.4	58.5	67.4	74.4	96.2
已获利息倍数	7.5	4.4	2.8	1.5	-5.7
速动比率	1.5	1.1	0.8	0.6	0.3
现金流动负债比率（%）	56.7	37.8	23.0	10.5	-10.6
带息负债比率（%）	40.8	56.4	69.2	80.4	90.3
四、持续发展指标					
销售（营业）增长率（%）	30.5	17.0	10.2	4.6	-20.1
资本保值增值率（%）	115.9	108.5	103.8	99.0	70.3
销售（营业）利润增长率（%）	33.1	11.4	-4.0	-30.8	-193.2
总资产增长率（%）	15.0	9.0	4.3	-1.2	-17.5
技术投入比率（%）	0.9	0.6	0.3	0.1	0.0

电力供应业

范围：全行业

项　　目	优秀值	良好值	平均值	较低值	较差值
一、盈利回报指标					
净资产收益率（％）	16.4	9.7	6.5	1.9	−20.9
总资产报酬率（％）	8.8	5.8	3.9	1.6	−7.6
销售（营业）利润率（％）	19.1	13.0	8.2	2.7	−9.7
盈余现金保障倍数	3.2	2.2	1.5	0.9	−0.9
成本费用利润率（％）	19.7	13.3	5.6	1.2	−23.5
资本收益率（％）	37.0	22.3	11.0	2.6	−39.5
二、资产运营指标					
总资产周转率（次）	0.8	0.6	0.4	0.3	0.1
应收账款周转率（次）	10.7	8.1	6.0	4.2	1.6
流动资产周转率（次）	3.9	2.9	2.3	1.6	0.5
资产现金回收率（％）	11.6	7.4	4.9	3.0	−3.3
三、风险防控指标					
资产负债率（％）	51.5	58.7	68.3	76.3	98.3
已获利息倍数	7.7	4.8	3.3	1.7	−15.3
速动比率	1.3	1.0	0.7	0.6	0.3
现金流动负债比率（％）	55.9	34.5	22.4	10.5	−11.2
带息负债比率（％）	29.0	45.9	56.3	68.3	86.5
四、持续发展指标					
销售（营业）增长率（％）	22.3	14.4	9.4	4.1	−23.1
资本保值增值率（％）	113.1	107.8	103.6	99.6	72.6
销售（营业）利润增长率（％）	41.8	13.0	−2.2	−24.5	−214.0
总资产增长率（％）	12.4	8.6	4.9	0.4	−14.1
技术投入比率（％）	0.8	0.4	0.3	0.2	0.0

通信业

范围：全行业

项　　目	优秀值	良好值	平均值	较低值	较差值
一、盈利回报指标					
净资产收益率（%）	19.1	12.5	7.2	1.4	−26.5
总资产报酬率（%）	10.8	7.3	4.9	2.1	−13.0
销售（营业）利润率（%）	22.2	15.2	9.9	3.8	−19.5
盈余现金保障倍数	3.6	2.7	2.1	1.5	−0.1
成本费用利润率（%）	21.9	13.9	7.3	0.3	−40.9
资本收益率（%）	37.4	19.1	8.7	0.2	−34.5
二、资产运营指标					
总资产周转率（次）	0.7	0.6	0.4	0.3	0.1
应收账款周转率（次）	10.6	7.4	5.3	3.5	1.4
流动资产周转率（次）	3.0	2.3	1.8	1.3	0.5
资产现金回收率（%）	17.7	13.5	9.6	5.8	−3.8
三、风险防控指标					
资产负债率（%）	46.6	57.2	67.3	76.2	97.5
已获利息倍数	12.3	6.0	3.5	1.4	−8.7
速动比率	1.5	1.1	0.8	0.6	0.3
现金流动负债比率（%）	80.3	54.4	40.1	18.6	−9.1
带息负债比率（%）	34.7	49.3	61.1	69.5	84.8
四、持续发展指标					
销售（营业）增长率（%）	13.9	7.1	3.2	−0.9	−16.7
资本保值增值率（%）	117.6	108.0	102.3	97.7	70.2
销售（营业）利润增长率（%）	30.6	13.1	2.5	−5.7	−118.9
总资产增长率（%）	12.5	5.6	2.4	−2.3	−16.5
技术投入比率（%）	4.4	3.2	1.6	0.6	0.2

商贸业

范围：全行业

项　　目	优秀值	良好值	平均值	较低值	较差值
一、盈利回报指标					
净资产收益率（％）	20.9	13.5	8.2	2.1	-23.9
总资产报酬率（％）	11.9	8.1	5.4	2.2	-14.3
销售（营业）利润率（％）	9.2	5.9	3.6	1.4	-11.3
盈余现金保障倍数	2.4	1.7	1.2	0.6	-2.1
成本费用利润率（％）	9.6	5.6	3.2	1.0	-11.9
资本收益率（％）	45.3	30.8	12.8	2.5	-50.3
二、资产运营指标					
总资产周转率（次）	2.0	1.5	1.2	0.9	0.4
应收账款周转率（次）	33.5	22.3	14.7	8.8	3.3
流动资产周转率（次）	4.3	3.3	2.5	1.8	0.7
资产现金回收率（％）	13.3	8.6	5.1	0.6	-16.5
三、风险防控指标					
资产负债率（％）	43.7	55.5	64.5	74.4	97.0
已获利息倍数	20.3	11.2	5.6	2.0	-11.0
速动比率	1.3	0.9	0.7	0.4	0.2
现金流动负债比率（％）	43.0	25.2	14.2	1.9	-39.8
带息负债比率（％）	28.7	43.5	53.8	66.0	83.0
四、持续发展指标					
销售（营业）增长率（％）	27.8	16.2	7.0	0.1	-17.1
资本保值增值率（％）	122.0	110.8	105.4	99.7	66.1
销售（营业）利润增长率（％）	78.2	35.4	11.9	-12.5	-99.1
总资产增长率（％）	17.1	7.3	2.0	-3.4	-14.9
技术投入比率（％）	1.2	0.4	0.2	0.1	0.0

航空航天

范围：全行业

项　　目	优秀值	良好值	平均值	较低值	较差值
一、盈利回报指标					
净资产收益率（％）	15.4	9.9	5.6	1.0	−25.2
总资产报酬率（％）	9.1	5.3	3.5	1.1	−11.9
销售（营业）利润率（％）	14.3	8.4	5.3	2.1	−21.5
盈余现金保障倍数	2.5	1.6	1.1	0.4	−2.4
成本费用利润率（％）	15.4	8.3	4.8	0.5	−28.0
资本收益率（％）	38.8	16.9	7.2	−0.3	−39.3
二、资产运营指标					
总资产周转率（次）	0.8	0.6	0.5	0.4	0.2
应收账款周转率（次）	9.7	6.7	4.6	2.8	0.9
流动资产周转率（次）	1.5	1.1	0.9	0.6	0.4
资产现金回收率（％）	9.6	6.1	3.3	−1.0	−15.0
三、风险防控指标					
资产负债率（％）	33.6	48.7	61.6	72.7	96.3
已获利息倍数	24.4	11.2	6.2	1.5	−7.9
速动比率	1.8	1.4	1.1	0.9	0.4
现金流动负债比率（％）	34.9	21.3	9.7	−3.6	−36.3
带息负债比率（％）	20.6	32.4	44.7	55.5	82.0
四、持续发展指标					
销售（营业）增长率（％）	21.5	12.4	4.3	−5.1	−21.9
资本保值增值率（％）	120.1	112.6	106.5	100.9	77.6
销售（营业）利润增长率（％）	56.8	13.1	2.4	−24.8	−115.4
总资产增长率（％）	16.5	8.3	2.7	−3.7	−17.3
技术投入比率（％）	6.3	4.3	2.6	1.5	0.3

船舶工业

范围：全行业

项　　目	优秀值	良好值	平均值	较低值	较差值
一、盈利回报指标					
净资产收益率（％）	10.4	5.1	2.1	-8.7	-24.8
总资产报酬率（％）	6.1	3.0	0.7	-3.6	-14.1
销售（营业）利润率（％）	7.9	3.3	-0.9	-7.1	-35.1
盈余现金保障倍数	3.4	2.2	0.9	0.1	-2.7
成本费用利润率（％）	11.1	4.5	0.5	-10.2	-40.1
资本收益率（％）	29.5	9.2	0.9	-17.3	-53.2
二、资产运营指标					
总资产周转率（次）	0.8	0.6	0.4	0.3	0.1
应收账款周转率（次）	11.8	7.8	4.3	3.3	1.0
流动资产周转率（次）	1.6	1.1	1.0	0.5	0.2
资产现金回收率（％）	10.3	5.2	1.4	-1.5	-10.3
三、风险防控指标					
资产负债率（％）	45.8	57.6	69.8	85.0	99.0
已获利息倍数	14.4	4.2	1.7	-4.5	-40.7
速动比率	1.8	1.2	1.0	0.6	0.1
现金流动负债比率（％）	35.6	14.3	3.7	-2.2	-28.2
带息负债比率（％）	16.6	31.5	41.8	54.6	81.2
四、持续发展指标					
销售（营业）增长率（％）	20.5	7.5	0.9	-15.8	-48.1
资本保值增值率（％）	111.6	107.6	102.5	96.4	69.5
销售（营业）利润增长率（％）	57.4	14.0	-37.5	-79.5	-243.7
总资产增长率（％）	15.7	10.3	4.5	1.1	-15.2
技术投入比率（％）	3.7	1.3	0.6	0.5	0.0

航空运输业

范围：全行业

项　　目	优秀值	良好值	平均值	较低值	较差值
一、盈利回报指标					
净资产收益率（%）	7.9	-4.7	-18.2	-31.6	-56.6
总资产报酬率（%）	3.8	-1.6	-6.0	-11.3	-36.2
销售（营业）利润率（%）	2.7	-9.3	-20.9	-41.6	-63.7
盈余现金保障倍数	4.2	3.3	2.2	0.7	-6.2
成本费用利润率（%）	4.7	-8.2	-18.4	-31.9	-76.2
资本收益率（%）	6.9	-22.0	-48.2	-67.7	-93.7
二、资产运营指标					
总资产周转率（次）	0.5	0.4	0.3	0.2	0.1
应收账款周转率（次）	26.8	17.9	11.1	8.0	2.6
流动资产周转率（次）	2.6	1.9	1.3	1.0	0.5
资产现金回收率（%）	8.0	4.9	1.8	-2.4	-13.1
三、风险防控指标					
资产负债率（%）	71.3	77.9	88.3	98.4	108.9
已获利息倍数	1.8	-0.6	-3.2	-5.9	-11.7
速动比率	1.2	0.9	0.7	0.4	0.1
现金流动负债比率（%）	36.1	16.0	4.1	-6.0	-30.1
带息负债比率（%）	51.0	58.1	64.3	74.7	84.5
四、持续发展指标					
销售（营业）增长率（%）	43.2	28.2	9.4	-11.6	-40.8
资本保值增值率（%）	121.8	107.3	93.8	72.0	28.6
销售（营业）利润增长率（%）	153.0	34.7	5.4	-61.1	-136.7
总资产增长率（%）	14.5	7.6	2.1	-3.3	-23.0
技术投入比率（%）	1.7	0.6	0.4	0.2	0.1

水上运输业

范围：全行业

项　目	优秀值	良好值	平均值	较低值	较差值
一、盈利回报指标					
净资产收益率（％）	35.9	20.2	11.4	3.7	−21.6
总资产报酬率（％）	22.4	12.2	7.1	3.0	−6.4
销售（营业）利润率（％）	35.6	17.9	11.0	4.0	−18.9
盈余现金保障倍数	2.2	1.6	1.3	1.0	0.0
成本费用利润率（％）	45.3	22.1	11.5	2.8	−35.0
资本收益率（％）	51.9	34.3	16.3	3.0	−28.6
二、资产运营指标					
总资产周转率（次）	1.0	0.6	0.4	0.3	0.2
应收账款周转率（次）	21.5	13.7	8.6	6.2	2.8
流动资产周转率（次）	3.7	2.9	2.2	1.4	0.7
资产现金回收率（％）	21.4	13.1	9.1	5.1	−2.8
三、风险防控指标					
资产负债率（％）	35.6	44.2	54.8	64.2	100.0
已获利息倍数	21.0	11.1	5.4	2.4	−5.7
速动比率	1.8	1.4	1.1	0.8	0.3
现金流动负债比率（％）	126.7	72.7	44.8	21.3	−13.6
带息负债比率（％）	45.7	64.5	75.4	84.5	95.1
四、持续发展指标					
销售（营业）增长率（％）	63.4	33.9	18.3	5.3	−28.2
资本保值增值率（％）	134.3	120.6	110.2	101.8	66.0
销售（营业）利润增长率（％）	237.6	140.0	50.7	3.4	−115.9
总资产增长率（％）	29.6	15.7	5.7	−2.4	−24.0
技术投入比率（％）	1.1	0.2	0.1	0.0	0.0

建筑业

项　　目	优秀值	良好值	平均值	较低值	较差值
一、盈利回报指标					
净资产收益率（%）	13.6	9.3	5.8	1.8	-26.1
总资产报酬率（%）	8.0	5.5	3.6	1.7	-7.0
销售（营业）利润率（%）	9.4	6.1	4.0	1.9	-11.6
盈余现金保障倍数	2.2	1.3	0.6	-0.3	-5.0
成本费用利润率（%）	9.6	6.0	3.7	1.3	-16.7
资本收益率（%）	36.8	23.0	11.2	1.8	-56.8
二、资产运营指标					
总资产周转率（次）	1.2	0.9	0.7	0.5	0.2
应收账款周转率（次）	7.8	5.3	3.3	2.3	1.0
流动资产周转率（次）	1.9	1.5	1.2	0.8	0.4
资产现金回收率（%）	7.8	4.4	1.6	-1.5	-11.3
三、风险防控指标					
资产负债率（%）	44.5	55.4	64.2	74.8	94.4
已获利息倍数	19.3	10.0	4.1	1.6	-7.7
速动比率	1.8	1.4	1.1	0.9	0.6
现金流动负债比率（%）	20.2	9.7	3.7	-3.5	-30.1
带息负债比率（%）	15.2	26.1	38.8	52.7	74.7
四、持续发展指标					
销售（营业）增长率（%）	24.6	11.5	3.9	-4.9	-30.0
资本保值增值率（%）	114.9	108.5	104.8	100.5	70.7
销售（营业）利润增长率（%）	45.2	13.8	-4.8	-32.8	-150.2
总资产增长率（%）	14.9	8.3	3.2	-2.7	-16.2
技术投入比率（%）	3.3	1.1	0.5	0.2	0.0

汽车工业

范围：全行业

项　　目	优秀值	良好值	平均值	较低值	较差值
一、盈利回报指标					
净资产收益率（%）	13.2	8.8	5.6	1.8	-21.7
总资产报酬率（%）	8.7	6.1	4.1	1.9	-6.9
销售（营业）利润率（%）	9.4	6.1	3.7	1.4	-10.3
盈余现金保障倍数	2.3	1.4	1.0	0.5	-2.1
成本费用利润率（%）	10.8	6.6	3.8	1.3	-11.2
资本收益率（%）	34.5	21.5	10.7	2.3	-30.5
二、资产运营指标					
总资产周转率（次）	1.2	1.0	0.8	0.6	0.4
应收账款周转率（次）	9.1	6.3	5.2	4.0	2.2
流动资产周转率（次）	2.5	2.0	1.6	1.2	0.6
资产现金回收率（%）	9.0	6.3	3.7	0.9	-7.0
三、风险防控指标					
资产负债率（%）	35.2	46.1	56.1	67.0	84.3
已获利息倍数	22.6	12.1	5.5	1.9	-6.7
速动比率	1.6	1.2	0.9	0.7	0.4
现金流动负债比率（%）	30.2	18.1	10.3	2.4	-17.9
带息负债比率（%）	30.3	42.7	52.9	62.7	77.2
四、持续发展指标					
销售（营业）增长率（%）	29.0	19.2	11.4	5.1	-11.3
资本保值增值率（%）	117.4	109.7	105.6	101.2	83.4
销售（营业）利润增长率（%）	87.8	35.4	7.5	-23.4	-148.2
总资产增长率（%）	15.1	8.7	5.1	0.7	-10.0
技术投入比率（%）	4.3	3.3	2.1	1.1	0.2

化学工业

范围：全行业

项　　目	优秀值	良好值	平均值	较低值	较差值
一、盈利回报指标					
净资产收益率（%）	19.6	14.9	10.1	6.1	−11.5
总资产报酬率（%）	15.6	10.9	7.7	4.8	−3.9
销售（营业）利润率（%）	17.1	12.2	8.6	5.2	−3.0
盈余现金保障倍数	1.5	1.1	0.8	0.3	−1.2
成本费用利润率（%）	20.9	13.7	9.1	5.0	−8.0
资本收益率（%）	46.8	35.4	21.7	11.1	−13.4
二、资产运营指标					
总资产周转率（次）	1.2	0.9	0.8	0.6	0.3
应收账款周转率（次）	11.1	7.8	5.8	4.2	2.6
流动资产周转率（次）	2.6	2.0	1.6	1.3	0.7
资产现金回收率（%）	11.6	7.9	5.0	1.7	−8.4
三、风险防控指标					
资产负债率（%）	27.4	38.2	47.7	57.8	78.5
已获利息倍数	32.5	21.6	12.4	5.8	−1.7
速动比率	2.0	1.4	1.1	0.8	0.5
现金流动负债比率（%）	49.6	30.1	17.3	5.3	−21.1
带息负债比率（%）	28.9	44.7	56.6	65.8	80.5
四、持续发展指标					
销售（营业）增长率（%）	43.0	31.1	20.9	11.5	−7.0
资本保值增值率（%）	122.6	114.7	108.9	104.4	88.0
销售（营业）利润增长率（%）	109.0	47.4	16.7	−7.4	−75.6
总资产增长率（%）	20.9	14.7	10.0	4.2	−8.9
技术投入比率（%）	3.8	3.0	1.9	0.7	0.1

机电设备制造业

范围：全行业

项　　目	优秀值	良好值	平均值	较低值	较差值
一、盈利回报指标					
净资产收益率（%）	15.5	10.6	7.0	3.5	-17.0
总资产报酬率（%）	10.8	7.6	5.2	2.8	-5.9
销售（营业）利润率（%）	13.0	9.0	5.9	3.1	-7.9
盈余现金保障倍数	1.6	1.1	0.7	0.2	-2.8
成本费用利润率（%）	15.6	10.1	6.4	2.8	-12.2
资本收益率（%）	41.6	24.1	13.7	5.2	-21.5
二、资产运营指标					
总资产周转率（次）	1.1	0.8	0.7	0.6	0.3
应收账款周转率（次）	6.7	5.1	3.9	2.9	1.5
流动资产周转率（次）	1.9	1.5	1.2	0.9	0.5
资产现金回收率（%）	9.0	5.9	3.1	-0.2	-10.1
三、风险防控指标					
资产负债率（%）	30.6	41.2	50.1	60.7	80.6
已获利息倍数	31.3	19.2	10.9	3.6	-7.6
速动比率	2.0	1.5	1.1	0.9	0.5
现金流动负债比率（%）	33.1	18.0	8.6	-0.5	-25.7
带息负债比率（%）	20.1	34.2	45.8	56.6	74.2
四、持续发展指标					
销售（营业）增长率（%）	33.0	22.2	14.2	5.8	-15.2
资本保值增值率（%）	118.6	110.9	106.4	102.5	86.1
销售（营业）利润增长率（%）	63.6	29.8	8.6	-18.4	-152.9
总资产增长率（%）	17.3	12.0	7.6	2.6	-9.5
技术投入比率（%）	5.2	3.8	2.8	1.5	0.3

通信设备制造业

范围：全行业

项　　目	优秀值	良好值	平均值	较低值	较差值
一、盈利回报指标					
净资产收益率（%）	18.8	13.3	8.0	3.0	−22.0
总资产报酬率（%）	13.4	8.7	5.6	2.5	−9.3
销售（营业）利润率（%）	15.6	9.4	5.0	1.8	−14.4
盈余现金保障倍数	1.7	1.1	0.7	0.2	−3.1
成本费用利润率（%）	20.5	11.1	5.8	2.2	−15.9
资本收益率（%）	44.2	24.7	13.2	3.7	−20.4
二、资产运营指标					
总资产周转率（次）	1.2	0.9	0.7	0.6	0.3
应收账款周转率（次）	8.1	6.0	4.8	3.6	1.9
流动资产周转率（次）	2.1	1.6	1.3	1.0	0.5
资产现金回收率（%）	12.5	7.5	3.5	−0.8	−12.5
三、风险防控指标					
资产负债率（%）	28.0	38.8	48.3	58.9	79.4
已获利息倍数	30.4	21.3	12.6	3.7	−17.0
速动比率	2.4	1.6	1.2	0.9	0.6
现金流动负债比率（%）	47.1	23.4	9.6	−1.9	−33.4
带息负债比率（%）	17.8	32.4	44.8	56.8	75.7
四、持续发展指标					
销售（营业）增长率（%）	36.7	24.2	13.6	3.7	−20.2
资本保值增值率（%）	123.2	114.8	108.1	102.3	83.1
销售（营业）利润增长率（%）	92.8	45.3	14.6	−17.2	−168.5
总资产增长率（%）	23.0	15.2	9.3	2.6	−12.1
技术投入比率（%）	9.5	5.9	4.0	2.3	0.3

建材工业

范围：全行业

项　　目	优秀值	良好值	平均值	较低值	较差值
一、盈利回报指标					
净资产收益率（％）	14.7	9.9	6.6	2.9	－16.7
总资产报酬率（％）	11.1	7.5	5.2	2.7	－6.3
销售（营业）利润率（％）	17.1	11.9	7.4	3.0	－17.9
盈余现金保障倍数	2.0	1.5	1.2	0.7	－2.5
成本费用利润率（％）	20.4	12.5	7.6	2.4	－19.8
资本收益率（％）	37.6	23.0	12.2	3.7	－27.0
二、资产运营指标					
总资产周转率（次）	0.9	0.7	0.6	0.4	0.2
应收账款周转率（次）	15.7	8.4	5.3	3.5	1.5
流动资产周转率（次）	2.7	2.1	1.6	1.1	0.6
资产现金回收率（％）	11.7	8.0	5.0	2.2	－7.4
三、风险防控指标					
资产负债率（％）	29.1	40.5	48.9	59.3	83.8
已获利息倍数	26.6	13.2	5.5	2.2	－4.1
速动比率	1.8	1.2	0.9	0.6	0.2
现金流动负债比率（％）	64.2	34.1	17.3	5.8	－17.3
带息负债比率（％）	25.0	43.2	54.7	65.3	81.3
四、持续发展指标					
销售（营业）增长率（％）	26.4	15.1	8.9	－0.9	－23.4
资本保值增值率（％）	115.7	108.9	104.5	100.2	85.1
销售（营业）利润增长率（％）	41.3	9.9	－7.2	－28.0	－85.9
总资产增长率（％）	13.6	7.2	3.0	－1.4	－12.7
技术投入比率（％）	2.3	1.2	0.6	0.2	0.0

医药工业

范围：全行业

项　　目	优秀值	良好值	平均值	较低值	较差值
一、盈利回报指标					
净资产收益率（％）	16.8	10.7	5.9	-1.6	-33.8
总资产报酬率（％）	12.3	8.2	4.9	-0.2	-30.4
销售（营业）利润率（％）	21.0	13.7	7.5	-0.7	-67.6
盈余现金保障倍数	1.8	1.3	1.0	0.7	-0.5
成本费用利润率（％）	24.9	14.7	7.1	-3.7	-44.5
资本收益率（％）	39.0	20.6	8.6	-3.9	-33.2
二、资产运营指标					
总资产周转率（次）	0.8	0.6	0.5	0.4	0.1
应收账款周转率（次）	8.3	5.9	4.7	3.6	1.8
流动资产周转率（次）	1.7	1.4	1.1	0.7	0.3
资产现金回收率（％）	12.2	8.1	4.5	0.5	-20.4
三、风险防控指标					
资产负债率（％）	22.7	32.4	42.5	54.4	91.1
已获利息倍数	28.1	17.8	6.3	0.3	-23.8
速动比率	2.4	1.8	1.5	1.0	0.5
现金流动负债比率（％）	61.6	35.7	18.6	1.7	-82.8
带息负债比率（％）	18.7	38.4	51.5	64.4	81.9
四、持续发展指标					
销售（营业）增长率（％）	29.8	16.2	9.3	2.2	-21.5
资本保值增值率（％）	121.7	112.6	106.0	100.2	67.8
销售（营业）利润增长率（％）	38.5	16.3	0.1	-24.6	-113.9
总资产增长率（％）	20.8	13.3	5.8	-0.3	-18.4
技术投入比率（％）	13.9	8.0	4.9	2.7	0.3

附录二：

企业绩效评价指标计算公式

一、盈利回报指标

1. 净资产收益率（%）＝净利润/平均所有者权益×100%

    平均所有者权益＝（年初所有者权益合计＋年末所有者权益合计）/2

2. 营业收入利润率（%）＝营业利润/营业总收入×100%

3. 总资产报酬率（%）＝息税前利润/平均资产总额×100%

    平均资产总额＝（年初资产总额＋年末资产总额）/2

4. 盈余现金保障倍数＝经营活动产生的现金流量净额/净利润

二、资产运营指标

1. 总资产周转率（次）＝营业总收入/平均资产总额

2. 应收账款周转率（次）＝营业总收入/平均应收账款余额

    平均应收账款余额＝（年初应收账款余额＋年末应收账款余额）/2

    应收账款余额＝应收账款＋应收账款坏账准备

3. 流动资产周转率（次）＝营业总收入/平均流动资产总额

    平均流动资产总额＝（年初流动资产＋年末流动资产）/2

4. 两金占流动资产比重（%）＝（应收账款＋存货）/流动资产×100%

三、风险防控指标

1. 资产负债率（%）＝负债总额/资产总额×100%

2. 现金流动负债比率（%）＝经营活动产生的现金流量净额/年末流动负债×100%

3. 带息负债比率（%）＝年末带息负债总额/负债总额×100%

4. 已获利息倍数＝息税前利润/财务费用下的利息费用

四、持续发展指标

1. 研发经费投入强度（%）＝本年研发（R&D）经费投入合计/营业总收入×100%

2. 全员劳动生产率（万元/人）＝劳动生产总值/本年平均从业人员人数

    劳动生产总值＝劳动者报酬＋固定资产折旧＋生产税净额＋营业盈余

3. 经济增加值率（%）＝经济增加值/调整后资本×100%

    经济增加值＝税后净营业利润－调整后资本×平均资本成本率

税后净营业利润 = 净利润 + (利息支出 + 研究开发费用调整项) × (1 − 25%)

调整后资本 = 平均所有者权益 + 平均带息负债 − 平均在建工程

平均资本成本率 = 债权资本成本率 × 平均带息负债/(平均带息负债 +

平均所有者权益) × (1 − 25%) + 股权资本成本率 ×

平均所有者权益/(平均带息负债 + 平均所有者权益)

债权资本成本率 = 利息支出总额/平均带息负债

4. 国有资本保值增值率（%）= 扣除客观因素后的年末国有资本及权益/年初国有资本及权益总额 × 100%

$$\begin{array}{l}\text{扣除客观因素后的}\\ \text{年末国有资本及权益}\end{array} = \begin{array}{l}\text{年末国有资本}\\ \text{及权益总额}\end{array} - \begin{array}{l}\text{本年国有资本及}\\ \text{权益客观增加额}\end{array} + \begin{array}{l}\text{本年国有资本及}\\ \text{权益客观减少额}\end{array}$$

五、补充指标

1. 营业现金比率（%）= 经营活动产生的现金流量净额/营业总收入 × 100%

2. 国有资本回报率（%）= 归属于母公司所有者的净利润/平均归属于母公司所有者权益 × 100%

平均归属于母公司所有者权益 = (年初归属于母公司所有者权益合计 +

年末归属于母公司所有者权益合计)/2

3. EBITDA 率（%）= (净利润 + 所得税 + 利息支出 + 固定资产折旧 + 无形资产摊销)/营业总收入 × 100%

4. 百元收入支付的成本费用（元）= 成本费用总额/营业总收入 × 100

成本费用总额 = 营业成本 + 税金及附加 + 销售费用 + 管理费用 + 研发费用 + 财务费用

5. 存货周转率（次）= 营业成本/平均存货余额

平均存货余额 = (年初存货余额 + 年末存货余额)/2

存货余额 = 存货 + 存货跌价准备

6. 速动比率 = 速动资产/流动负债

速动资产 = 流动资产 − 存货

7. 利润总额增长率（%）= 本年利润总额增长额/上年利润总额 × 100%

本年利润总额增长额 = 本年利润总额 − 上年利润总额

8. 营业总收入增长率（%）= 本年营业总收入增长额/上年营业总收入 × 100%

本年营业总收入增长额 = 本年营业总收入 − 上年营业总收入

附录三:

企业绩效评价行业基本分类与代码对照表

行业分类	标识代码	范　围
一、工业	06～46	包括采矿业、制造业、电力、热力、燃气及水生产和供应业
（一）煤炭工业	06	包括煤炭开采和洗选业
（二）石油石化工业	07、25	包括石油、天然气开采，精炼石油产品、煤炭加工、核燃料加工、生物质燃料加工
1. 石油和天然气开采业	07	
2. 石油加工及炼焦业	25	
（三）冶金工业	08、09、31、32（不含0933）	包括黑色、有色金属矿采选、冶炼等
1. 黑色金属矿采选业	08	包括铁、锰、铬和其他黑色金属矿采矿、选矿等
2. 有色金属矿采选业	09（不含0933）	包括铜、铅锌、镍钴、锡、锑、汞等采矿、选矿等
3. 黑色金属冶炼业	31	包括炼铁、炼钢、钢压延加工和铁合金冶炼业
4. 有色金属冶炼业	32	包括重、轻、贵等有色金属冶炼、加工业
（四）建材工业	10、30、331、335（不含102、103）	包括非金属矿采选、建筑用金属制品等
1. 建筑用矿石采选业	101、109	包括石灰石、建筑装饰用石、耐火土石等的开采业和石棉、云母、石墨、滑石、宝石、玉石等的采选业
2. 水泥及石膏制造业	301	
3. 水泥及石膏制品业	302	包括水泥管、电杆、轨枕、坑柱支架、水泥船、水泥砖、商品混凝土、水磨石等的生产
4. 砖瓦、石材等建筑材料制造业	303	包括砖瓦、石材、建筑陶瓷、隔热保温材料等的生产
5. 平板玻璃制品业	3041	

行业分类	标识代码	范围
6. 结构性金属制品制造业	331	包括建筑用金属结构、金属门窗等的制造
7. 建筑、安全用金属制品制造业	335	包括建筑小五金、水暖管道零件制造业
（五）化学工业	102、26、28、29	包括化学矿采选、化学原料及化学制品制造、化学纤维制造、橡胶及塑料制品制造
1. 基础化学原料制造业	261	包括无机酸、无机碱、无机盐及其他有机化工原料的制造业
2. 肥料制造业	262	包括氮磷钾复合肥料等制造业
3. 农药制造业	263	包括化学农药、生物农药制造
4. 日用化学产品制造业	268	包括肥皂、合成洗涤剂制造，香料、香精、化妆品、口腔清洁用品、火柴等的制造
5. 化学纤维制造业	28	包括纤维素、纤维合成、纤维渔具及渔具材料制造业
6. 橡胶制品业	291	包括轮胎、力车胎、橡胶板、管、带、日用橡胶制品等制造业
7. 塑料制品业	292	包括塑料薄膜、板、管、棒材、丝、绳及编织品等制造业
（六）森林工业	20	包括锯材、木片加工、人造板制造、木制品、竹藤制品业
（七）食品工业	13、14	包括农副食品加工业、食品制造业
1. 农副食品加工业	13	包括粮食及饲料加工、植物油、制糖、屠宰及肉类蛋类、水产品、蔬菜水果等加工业
2. 食品制造业	14	包括糕点、糖果、乳制品、罐头食品、方便食品、发酵制品、调味品等制造业
（八）纺织工业	17	包括纤维原料加工，棉、毛、麻、丝绢等纺织业
1. 棉化纤纺织业	171、175	包括棉纺、化纤纺织与印染加工
2. 毛纺织业	172	包括毛条加工、毛织、毛染等
3. 麻纺织业	173	包括苎麻、亚麻等纺织业

行业分类	标识代码	范　　围
4. 丝绸纺织业	174	包括缫丝、绢纺、丝印染、丝制品、棉、毛、丝等针织品业
（九）医药工业	27	包括化学药品原药、化学药品制剂、中药、兽药、生物制品、医用品制造业
1. 化学药品制造业	271、272	包括进一步加工化学药品制剂、生物药品制剂所需的原料药生产活动及直接用于人体疾病防治、诊断的化学药品制剂的制造
2. 中药材及中成药加工业	273、274	
（十）机械工业	33～38、40、43	
1. 金属制品业	33	包括结构性金属制品制造、金属工具、集装箱及金属包装容器、金属丝绳及其制品、建筑安全用金属制品、搪瓷制品、金属制日用品等的制造，金属表面处理及热处理加工
金属工具制造业	332	包括切削、手工具、农用及园林用金属工具、刀剪及类似日用金属工具等的制造
2. 通用设备制造业	34	包括锅炉及原动设备，金属加工机械，物料搬运设备，泵、阀门、压缩机及类似机械，轴承、齿轮和传动部件，烘炉、风机、包装等设备，文化、办公用机械，通用零部件等的制造
（1）锅炉及原动设备制造业	341	包括锅炉、内燃机、汽轮机、水轮机等的制造
（2）金属加工机械制造业	342	包括金属切削机床、成形机床、铸造机械、金属切割及焊接设备、机床功能部件及附件等的制造
（3）其他通用设备制造业	343、344、346	包括在工厂、仓库及其他场地进行起重、输送等作业的机械设备及车辆、泵、风机、气体压缩机及气体分离设备、冷冻设备、风动工具、电动工具等的制造
（4）轴承制造业	345	包括轴承、齿轮及齿轮减、变速箱等传动部件的制造
3. 专用设备制造业	35	包括采矿、冶金、建筑，化工、木材、非金属加工，食品、饮料、烟草及饲料生产等专用设备的制造

行业分类	标识代码	范　围
（1）冶金矿山建筑设备制造业	351	包括矿山机械、石油钻采专用设备、深海石油钻探设备、建筑工程用机械、建筑材料生产专用机械、冶金专用设备、隧道施工专用机械制造
①矿山机械制造业	3511	指用于各种固体矿物及石料的开采和洗选的机械设备及其专门配套设备的制造
②建筑工程用机械制造业	3514	指建筑施工及市政公共工程用机械的制造
③冶金专用设备制造业	3516	指金属冶炼、锭坯铸造、轧制及其专用配套设备等生产专用设备的制造
（2）化工、木材、非金属加工设备制造业	352	包括炼油、化工生产，橡胶、塑料、木竹材加工等专用设备的制造
（3）轻纺设备制造业	355	包括纺织专用设备，皮革、毛皮及其制品加工专用设备，缝制、洗涤机械的制造
（4）电子和电工机械专用设备制造业	356	包括电工机械和电子工业专用设备制造
（5）农林牧渔专用机械制造业	357	包括拖拉机、机械化农机具、营林机械、畜牧机械、渔业机械、棉花加工机械等的制造
（6）医疗仪器设备制造业	358	包括医疗诊断、监护及治疗设备，口腔科用设备及器具，医疗实验室及医用消毒设备和器具，医疗、外科及兽医用器械，机械治疗及病房护理设备，康复辅具，眼镜等的制造
4．交通运输设备制造业	36、37	包括汽车、铁路、船舶、航空航天和其他运输设备制造业
（1）汽车制造业	36	包括汽车整车、汽车用发动机、改装汽车、低速汽车、电车、汽车车身、挂车、汽车零部件及配件的制造
①汽车整车制造业	361	包括汽柴油车和新能源车整车制造
②汽车零部件及配件制造业	367	指机动车辆及其车身的各种零配件的制造
（2）铁路运输设备制造业	371	包括高铁车组、铁路机车车辆及配件、窄轨机车车辆、高铁设备及配件、铁路专用设备及器材等的制造

行业分类	标识代码	范 围
（3）船舶制造业	373	包括船舶、船用配套制造，船舶改装，海洋工程装备、航标器材等装备的制造
（4）摩托车制造业	375	包括摩托车整车、零部件及配件的制造
5．电气机械和器材制造业	38	包括电机、输配电及控制设备、电工器材、电池、家用电力器具、照明器具等的制造
（1）电机制造业	381	包括发电机、电动机、微特电机等的制造
（2）输配电及控制设备制造业	382	包括变压器、整流器、电感器、电容器、配电开关控制设备、电力电子元器件、光伏设备及元器件等的制造
（3）电工器材制造业	383、384	包括电线电缆、光纤、光缆、绝缘制品等电工器材以及锂、镍氢、铅蓄等电池的制造
（4）家用电力器具制造业	385	指使用交流电源或电池的各种家用电器的制造，包括家用制冷电器、空气调节器、通风电器、厨房电器等的制造
（5）照明器具制造业	387	包括电光源、照明灯具、舞台及场地用灯、智能照明器具、灯用电器附件等的制造
6．仪器仪表制造业	40	包括通用仪器仪表、专用仪器仪表、钟表与计时仪器、光学仪器、衡器等的制造
（1）通用仪器仪表制造业	401	包括工业自动控制系统装置，电工仪器仪表，绘图、计算、测量仪器，实验分析仪器，试验机等的制造
（2）专用仪器仪表制造业	402	包括环境监测专用仪器仪表，运输设备及生产用计数仪表，导航、测绘、气象及海洋专用仪器，农林牧渔专用仪器仪表等的制造
（3）钟表制造业	403	
（十一）电子工业	39	
1．计算机制造业	391	包括计算机整机、零部件、外围设备、工业控制计算机及系统、信息安全设备等的制造
2．通信设备制造业	392	包括通信系统设备、通信终端设备制造

行业分类	标识代码	范　围
3. 广播电视设备制造业	393	包括广播电视节目制作、发射、接收设备、广播电视专用配件、专业音响设备等的制造
4. 家用影视设备制造业	395	包括电视机、音响设备、影视录放设备等的制造
5. 电子元、器件制造业	397、398	包括电子真空器件、半导体分立器件、集成电路、电阻电容电感元件、电子电路等的制造
（十二）电力热力燃气工业	44、45	包括电力、热力、燃气的生产、供应业
1. 电力生产业	441	火力、热电联产、水力、核力、风力、太阳能、生物质能等电力生产
（1）火力发电业	4411	
（2）水力发电业	4413	
（3）风力发电业	4415	
（4）太阳能发电业	4416	
2. 电力供应业	442	
3. 热力生产和供应业	443	
4. 燃气生产和供应业	45	
（十三）水生产与供应业	46	
（十四）轻工业	103、15、18、19、21～24、305、404	包括采盐，酒、饮料和精制茶制造，服装服饰制造，皮革、毛皮、羽毛及其制品制造，制鞋，家具制造，造纸，印刷和记录媒介复制，文教、工美、体育和娱乐用品、玻璃制品、光学仪器制造等
1. 采盐业	103	包括海盐、湖盐、井盐、矿盐业
2. 酒、饮料和精制茶制造业	15	包括各种酒类、碳酸饮料、天然矿泉水、果菜汁饮料等制造
（1）白酒制造业	1512	
（2）啤酒制造业	1513	
（3）精制茶加工业	153	
3. 纺织服装服饰业	18	包括机织服装、针织或钩针编织服装、服饰的制造

行业分类	标识代码	范　　围
4. 皮革毛皮羽绒及其制品业	19	包括皮革鞣制加工、皮革制品制造、毛皮鞣制及制品加工、羽毛（绒）加工及制品制造、制鞋等
5. 家具制造业	21	包括木质、竹藤、金属、塑料等家具的制造
6. 造纸及纸制品业	22	包括纸浆、纸制品等的制造及造纸
7. 印刷和记录媒介复制业	23	包括印刷、装订、记录媒介复制等
8. 文教体育用品制造业	24	包括文教办公用品、乐器、工艺美术及礼仪用品、体育用品、玩具、游艺器材及娱乐用品等的制造
9. 工艺品及其他制造业	305、404	包括技术玻璃制品、光学玻璃、玻璃仪器、日用玻璃制品等玻璃制品以及光学仪器的制造
（十五）其他工业		
二、建筑业	47~50	
（一）房屋和土木工程建筑业	47、48	包括房屋、矿山、铁路、公路、隧道、桥梁建造业
1. 房屋建筑业	47	
2. 土木工程建筑业	48	包括铁路、道路、隧道、桥梁、水利和港口工程建筑
（二）建筑安装业	49	包括电气安装、管道和设备安装等建筑安装业
（三）建筑装饰业	50	
三、交通运输仓储及邮政业	53~60	包括铁路、道路、水上、航空、管道运输业，多式联运和运输代理业，装卸搬运和仓储业，邮政业
（一）铁路运输业	53	包括铁路客、货运输
（二）道路运输业	54（不含541）	包括公路旅客运输、道路货物运输、道路运输辅助活动
高速公路		
（三）城市公共交通业	541	包括公共电汽车客运、城市轨道交通、出租车客运、公共自行车服务等
1. 公共电汽车客运业	5411	

行业分类	标识代码	范　　围
2. 城市轨道交通业	5412	
（四）水上运输业	55	包括水上旅客、货物运输
港口业	553	包括客运、货运港口以及其他水上运输辅助活动
（五）航空运输业	56（不含5631）	包括航空客货运输、通用航空服务、航空运输辅助活动，不含机场
机场	5631	
（六）仓储业	59	包括专门从事为货物储存和中转运输业务等提供服务的企业
四、信息技术服务业	63～65	包括电信、广播电视和卫星传输，互联网和相关服务，软件和信息技术服务
（一）电信业	631	
（二）软件和信息技术服务业	65	包括计算机服务和软件业
五、批发和零售业	51、52	
（一）商业贸易	51、52（不含511、516～519、5221、526、527）	
1. 食品、饮料及烟草制品批发与零售	512、522（不含5221）	
2. 纺织、服装及日用品批发与零售	513、523	
3. 文化、体育用品及器材批发与零售	514、524	
4. 医药及医疗器材批发与零售	515、525	
5. 综合零售	521	
（二）物资贸易	516、517、519、526、527	
1. 矿产品、建材及化工产品批发	516	

行业分类	标识代码	范　　围
2. 机械设备、五金及电子产品批发	517	
3. 汽车、摩托车、燃料及零配件专门零售	526	
（三）粮食业	511、5221、595	
1. 粮油批发与零售	511、5221	包括经营粮食及其制品、食用油的批发与零售
2. 粮油仓储	595	包括谷物、棉花等农产品仓储
六、住宿和餐饮业	61、62	包括住宿和专门从事餐饮服务的饭馆、菜馆、冷饮店等
（一）住宿业	61	
（二）餐饮业	62	
七、房地产业	70	
（一）房地产开发经营业	701	
（二）物业管理业	702	包括对房屋及配套的设施设备和相关场地进行维修、养护、管理，维护环境卫生和相关秩序的活动
八、社会服务业	71～84	
（一）投资公司	7212	
（二）信息咨询服务业	723、724	
（三）人力资源服务业	726	
（四）大旅游	7291、786、611	包括旅行社、旅游饭店、游览景区管理
（五）科研设计企业	73、748	包括研究与试验发展、工程技术与设计服务
工程管理服务业	7481	
（六）地质勘查业	747	
（七）公共设施管理业	78（不含786）	包括市政设施、环境卫生、城乡市容、绿化、城市公园管理
（八）汽车维修与维护服务业	8111、8112	
九、文化、体育和娱乐业	86～90	
（一）出版业	862	

行业分类	标识代码	范围
（二）广播电影电视业	87	
（三）文化艺术业	88	
十、农林牧渔业	01~05	包括农业、林业、畜牧业、渔业
（一）农业	01	
（二）林业	02	
（三）畜牧业	03	
（四）渔业	04	

附录四：

中央企业综合绩效评价管理暂行办法

第一章 总则

第一条 为加强对国务院国有资产监督管理委员会（以下简称"国资委"）履行出资人职责企业（以下简称"企业"）的财务监督，规范企业综合绩效评价工作，综合反映企业资产运营质量，促进提高资本回报水平，正确引导企业经营行为，根据《企业国有资产监督管理暂行条例》和国家有关规定，制定本办法。

第二条 本办法所称综合绩效评价，是指以投入产出分析为基本方法，通过建立综合评价指标体系，对照相应行业评价标准，对企业特定经营期间的盈利能力、资产质量、债务风险、经营增长以及管理状况等进行的综合评判。

第三条 企业综合绩效评价根据经济责任审计及财务监督工作需要，分为任期绩效评价和年度绩效评价。

（一）任期绩效评价是指对企业负责人任职期间的经营成果及管理状况进行综合评判。

（二）年度绩效评价是指对企业一个会计年度的经营成果进行综合评判。

第四条 为确保综合绩效评价工作的客观、公正与公平，有效发挥对企业的全面评判、管理诊断和行为引导作用，开展综合绩效评价工作应当以经社会中介机构审计后的财务会计报告为基础。

按规定不进行社会中介机构审计的企业，其综合绩效评价工作以经企业内部审计机构审计后的财务会计报告为基础。

第五条 开展企业综合绩效评价工作应当遵循以下原则：

（一）全面性原则。企业综合绩效评价应当通过建立综合的指标体系，对影响企业绩效水平的各种因素进行多层次、多角度的分析和综合评判。

（二）客观性原则。企业综合绩效评价应当充分体现市场竞争环境特征，依据统一测算的、同一期间的国内行业标准或者国际行业标准，客观公正地评判企业经营成果及管理状况。

（三）效益性原则。企业综合绩效评价应当以考察投资回报水平为重点，运用投入产出分析基本方法，真实反映企业资产运营效率和资本保值增值水平。

（四）发展性原则。企业综合绩效评价应当在综合反映企业年度财务状况和经营成果的基础上，客观分析企业年度之间的增长状况及发展水平，科学预测企业的未来发展能力。

第六条 国资委依据本办法组织实施企业综合绩效评价工作，并对企业内部绩效评价工作进行指导和监督。

第二章 评价内容与评价指标

第七条 企业综合绩效评价由财务绩效定量评价和管理绩效定性评价两部分组成。

第八条 财务绩效定量评价是指对企业一定期间的盈利能力、资产质量、债务风险和经营增长四个方面进行定量对比分析和评判。

（一）企业盈利能力分析与评判主要通过资本及资产报酬水平、成本费用控制水平和经营现金流量状况等方面的财务指标，综合反映企业的投入产出水平以及盈利质量和现金保障状况。

（二）企业资产质量分析与评判主要通过资产周转速度、资产运行状态、资产结构以及资产有效性等方面的财务指标，综合反映企业所占用经济资源的利用效率、资产管理水平与资产的安全性。

（三）企业债务风险分析与评判主要通过债务负担水平、资产负债结构、或有负债情况、现金偿债能力等方面的财务指标，综合反映企业的债务水平、偿债能力及其面临的债务风险。

（四）企业经营增长分析与评判主要通过销售增长、资本积累、效益变化以及技术投入等方面的财务指标，综合反映企业的经营增长水平及发展后劲。

第九条 财务绩效定量评价指标依据各项指标的功能作用划分为基本指标和修正指标。

（一）基本指标反映企业一定期间财务绩效的主要方面，并得出企业财务绩效定量评价的基本结果。

（二）修正指标是根据财务指标的差异性和互补性，对基本指标的评价结果作进一步的补充和矫正。

第十条 管理绩效定性评价是指在企业财务绩效定量评价的基础上，通过采取专家评议的方式，对企业一定期间的经营管理水平进行定性分析与综合评判。

第十一条 管理绩效定性评价指标包括企业发展战略的确立与执行、经营决策、发展创新、风险控制、基础管理、人力资源、行业影响、社会贡献等方面。

第十二条 企业财务绩效定量评价指标和管理绩效定性评价指标构成企业综合绩效评价指标体系。各指标的权重，依据评价指标的重要性和各指标的引导功能，通过参照咨询专家意见和组织必要测试进行确定。

第三章 评价标准与评价方法

第十三条 企业综合绩效评价标准分为财务绩效定量评价标准和管理绩效定性评价标准。

第十四条 财务绩效定量评价标准包括国内行业标准和国际行业标准。

（一）国内行业标准根据国内企业年度财务和经营管理统计数据，运用数理统计方法，分年度、分行业、分规模统一测算并发布。

（二）国际行业标准根据居于行业国际领先地位的大型企业相关财务指标实际值，或者根据同类型企业组相关财务指标的先进值，在剔除会计核算差异后统一测算并发布。

第十五条　财务绩效定量评价标准的行业分类，按照国家统一颁布的国民经济行业分类标准结合企业实际情况进行划分。

第十六条　财务绩效定量评价标准按照不同行业、不同规模及指标类别，分别测算出优秀值、良好值、平均值、较低值和较差值五个档次。

第十七条　大型企业集团在采取国内标准进行评价的同时，应当积极采用国际标准进行评价，开展国际先进水平的对标活动。

第十八条　管理绩效定性评价标准根据评价内容，结合企业经营管理的实际水平和出资人监管要求，统一制定和发布，并划分为优、良、中、低、差五个档次。管理绩效定性评价标准不进行行业划分，仅提供给评议专家参考。

第十九条　企业财务绩效定量评价有关财务指标实际值应当以经审计的企业财务会计报告为依据，并按照规定对会计政策差异、企业并购重组等客观因素进行合理剔除，以保证评价结果的可比性。

第二十条　财务绩效定量评价计分以企业评价指标实际值对照企业所处行业、规模标准，运用规定的计分模型进行定量测算。

管理绩效定性评价计分由专家组根据评价期间企业管理绩效相关因素的实际情况，参考管理绩效定性评价标准，确定分值。

第二十一条　对企业任期财务绩效定量评价计分应当依据经济责任财务审计结果，运用各年度评价标准对任期各年度的财务绩效进行分别评价，并运用算术平均法计算出企业任期财务绩效定量评价分数。

第四章　评价工作组织

第二十二条　企业综合绩效评价工作按照"统一方法、统一标准、分类实施"的原则组织实施。

（一）任期绩效评价工作，是企业经济责任审计工作的重要组成部分，依据国资委经济责任审计工作程序和要求组织实施。

（二）年度绩效评价工作，是国资委开展企业年度财务监督工作的重要内容，依据国资委年度财务决算工作程序和财务监督工作要求组织实施。

第二十三条　国资委在企业综合绩效评价工作中承担以下职责：

（一）制定企业综合绩效评价制度与政策；

（二）建立和完善企业综合绩效评价指标体系与评价方法；

（三）制定和公布企业综合绩效评价标准；

（四）组织实施企业任期和年度综合绩效评价工作，通报评价结果；

（五）对企业内部绩效评价工作进行指导和监督。

第二十四条　任期绩效评价工作可以根据企业经济责任审计工作需要，聘请社会中介机构协助配合开展。受托配合的社会中介机构在企业综合绩效评价工作中承担以下职责：

（一）受托开展任期各年度财务基础审计工作；

（二）协助审核调整任期各年度评价基础数据；

（三）协助测算任期财务绩效定量评价结果；

（四）协助收集整理管理绩效定性评价资料；

（五）协助实施管理绩效定性评价工作。

第二十五条　管理绩效定性评价工作应当在财务绩效定量评价工作的基础上，聘请监管部门、行业协会、研究机构、社会中介等方面的资深专家组织实施。管理绩效评价专家承担以下工作职责：

（一）对企业财务绩效定量评价结果发表专家意见；

（二）对企业管理绩效实际状况进行分析和判断；

（三）对企业管理绩效状况进行评议，并发表咨询意见；

（四）确定企业管理绩效定性评价指标分值。

第二十六条　企业在综合绩效评价工作中承担以下职责：

（一）提供有关年度财务决算报表和审计报告；

（二）提供管理绩效定性评价所需的有关资料；

（三）组织开展子企业的综合绩效评价工作。

第五章　评价结果与评价报告

第二十七条　评价结果是指根据综合绩效评价分数及分析得出的评价结论。

第二十八条　综合绩效评价分数用百分制表示，并分为优、良、中、低、差五个等级。

第二十九条　企业综合绩效评价应当进行年度之间绩效变化的比较分析，客观评价企业经营成果与管理水平的提高程度。

（一）任期绩效评价运用任期最后年度评价结果与上一任期最后年度评价结果进行对比。

（二）年度绩效评价运用当年评价结果与上年评价结果进行对比。

第三十条　任期绩效评价结果是经济责任审计工作中评估企业负责人任期履行职责情况和认定任期经济责任的重要依据，并为企业负责人任期考核工作提供参考。

第三十一条　年度绩效评价结果是开展财务监督工作的重要依据，并为企业负责人年度考核工作提供参考。

第三十二条　企业综合绩效评价报告是根据评价结果编制、反映被评价企业绩效状况的文件，由报告正文和附件构成。

（一）企业综合绩效评价报告正文应当说明评价依据、评价过程、评价结果，以及需要说明的重大事项。

（二）企业综合绩效评价报告附件包括经营绩效分析报告、评价计分表、问卷调查结果分析、专家咨询意见等，其中：经营绩效分析报告应当对企业经营绩效状况、影响因素、存在的问题等进行分析和诊断，并提出相关管理建议。

第三十三条　对企业综合绩效评价揭示和反映的问题，应当及时反馈企业，并要求企业予以关注。

（一）对于任期绩效评价反映的问题，应当在下达企业的经济责任审计处理意见书中明确指出，并要求企业予以关注和整改。

（二）对于年度绩效评价结果反映的问题，应当在年度财务决算批复中明确指出，并要求企业予以关注和整改。

第六章　工作责任

第三十四条　企业应当提供真实、全面的绩效评价基础数据资料，企业主要负责人、总会计师或主管财务会计工作的负责人应当对提供的年度财务会计报表和相关评价基础资料的真实性负责。

第三十五条　受托开展企业综合绩效评价业务的机构及其相关工作人员应严格执行企业综合绩效评价工作的规定，规范技术操作，确保评价过程独立、客观、公正，评价结论适当，并严守企业的商业秘密。对参与造假、违反程序和工作规定，导致评价结论失实以及泄露企业商业秘密的，国资委将不再委托其承担企业综合绩效评价业务，并将有关情况通报其行业主管机关，建议给予相应处罚。

第三十六条　国资委的相关工作人员组织开展企业综合绩效评价工作应当恪尽职守、规范程序、加强指导。对于在综合绩效评价过程中不尽职或者徇私舞弊，造成重大工作过失的，给予纪律处分。

第三十七条　所聘请的评议专家应当认真了解和分析企业的管理绩效状况，客观公正地进行评议打分，并提出合理的咨询意见。对于在管理绩效评价过程中不认真、不公正，出现评议结果或者咨询意见不符合企业实际情况，对评价工作造成不利影响的，国资委将不再继续聘请其为评议专家。

第七章　附则

第三十八条　根据本办法制定的《中央企业综合绩效评价实施细则》和评价标准另行公布。

第三十九条　企业开展内部综合绩效评价工作，可依据本办法制定具体的工作规范。

第四十条　各地区国有资产监督管理机构开展综合绩效评价工作，可参照本办法执行。

第四十一条　本办法自 2006 年 5 月 7 日起施行。